Esta es nuestra historia

Esta es nuestra historia
Anna García

Título: Esta es nuestra historia

© 2016 Anna García

Primera Edición: Abril 2016

ISBN-13: 978-1530510771

ISBN-10: 1530510775

Licencia: Todos los derechos reservados

Diseño de portada César Gil

Para todas a las que Lucas les

hizo escapar algún que otro

suspiro y pasar noches en vela

CAPÍTULO 1: ¿CUÁNTOS MESES PIENSAS ESTAR EMBARAZADA?

—Esto... Val... ¿Estás... bien?

—¡¿A ti cómo te parece que...?!

Pero ya no es capaz de hablar más porque escucho cómo vomita al otro lado de la puerta del lavabo.

—Escucha, Val... Voy a entrar...

—¡No!

—Por Dios... No seas tonta...

—¡No! ¡Ya casi estoy!

Apoyo las manos en el marco de la puerta y espero paciente, escuchando atentamente cualquier ruido que suceda al otro lado. Escucho el agua del grifo correr y empiezo a tranquilizarme. Cuando abre la puerta, su cara lo dice todo. Está muy pálida y tiene unas ojeras oscuras debajo de los ojos.

—¿Sigues pensando que te ha sentado mal algo o crees que podemos ir ya al médico por si...?

—Tú tranquila, Valerie. No va a pasar nada...—empieza a decir en tono de reproche, repitiendo lo que le dije esa mañana durante nuestra luna de miel, cuando intuimos que habíamos olvidado "protegernos".

—Entonces... Vas a...

—¡Sí, claro! ¡Claro que voy a pedir hora con el médico!

—Vale... Esto... ¿Vas a ir a trabajar?

—Sí, claro que iré.

—Ah, vale... ¿Quieres comer algo...?

—Lucas, déjame sola un rato, por favor.

La miro sin saber bien qué hacer porque he convivido con cuatro mujeres en casa y tengo experiencia sufriendo su extraño comportamiento cuando están enfadadas. Quizá me está pidiendo que la deje sola cuando en realidad no quiere que lo haga y si le hago caso, se enfade aún más conmigo. Es como esa célebre respuesta a tu pregunta...

—¿Estás enfadada?

—¡No! —te contesta gritando con esa cara que asusta más que la del pobre Alien...

Así que, para no cagarla, me quedo quieto en el sitio, intentando buscar su mirada.

—¡¿Se puede saber qué miras?!

—¿Realmente quieres que me vaya o...? —le pregunto con un hilo de voz.

—¡¿Eres sordo o qué?!

—Vale, vale, vale... ¿Te preparo algo de desa...? Vale, no, no. Estaré en la cocina por si me necesitas... Me iré en unos quince minutos, por si quieres que te lleve a... Vale, hasta ahora.

Cierro la puerta del dormitorio a mi espalda y me apoyo en ella unos segundos, resoplando aliviado aunque aún con un leve temblor en las rodillas. Preocupado y bastante confundido, arrastro los pies hasta la cocina y empiezo a prepararme el café. Me lo tomo con la vista fija en el pasillo, cada vez más consciente de la realidad que se nos viene encima. Una realidad de la que ambos éramos muy conscientes, aunque intentáramos negarlo e intentáramos camuflarla pensando en motivos dispares para sus dolencias.

Veinte minutos después, cinco más tarde de lo que antes he dicho, sigo en la cocina cuando ella aparece, arrastrando los pies. Tiene bastante mejor cara que antes, gracias a Dios, aunque el cansancio sigue siendo patente.

—¿Quieres...?

—No. Vámonos ya.

No insisto, así que actúo como un autómata, sin mirarla directamente aunque controlándola por el rabillo del ojo. Dejo la taza en el fregadero, cojo mi juego de llaves del cuenco, los dos cascos y aguanto la puerta mientras ella pasa.

—Como esto sea cierto —dice señalándose la barriga mientras empieza a bajar las escaleras—, tendré que ir pensando en ir a trabajar en otro medio de transporte, porque llegará un momento en el que no podré agarrarte.

Ralentizo el paso de forma inconsciente, clavando los ojos en su espalda mientras intento seguir caminando a pesar de la losa que parece haberme caído encima. Quedaría muy feo dejar que mi mujer fuera sola al trabajo, así que debería... renunciar a mi moto. Solo pensarlo me provoca escalofríos. ¿Hay embarazadas a las que no se les nota la barriga hasta casi el final, no? Valerie es más bien menuda, así que puede que ese sea su caso, y entonces podríamos ir en la moto hasta... ¿el séptimo u octavo mes? Puede incluso que ella coja la baja para entonces y yo no tenga que renunciar a la moto...

—Tengo hora en el médico a las tres de la tarde.

—¿Eh? —le pregunto volviendo a la realidad para darme cuenta de estamos ya en la calle, frente a la moto, y ella me mira fijamente.

—Que he llamado al médico y me han dado hora para hoy a las tres de la tarde.

—Tres de la tarde...

—Era la única hora que había libre.

—A las tres tengo una reunión con unos proveedores de servidores y con Jennifer pero puede que...

—No hace falta que vengas. Me puedo apañar sola.

—Pero puedo...

—No te molestes. Te llamaré al salir —concluye poniéndose el casco, convirtiendo cualquier opción de continuar con el diálogo en algo prácticamente imposible.

≈≈≈

—¿Me lo estás diciendo en serio?

—¡Te lo juro!

El cursor parpadea de forma incansable en la pantalla. Hace un buen rato que sigue en la misma posición, aunque mis dedos reposen encima de las teclas.

—No me lo creo.

—¡Que sí! Me ligué a la rubia del pub.

Además, tengo un tic en la pierna que me obliga a moverla sin parar. ¿Está enfadada conmigo?

—Pero si tu táctica consistía en jadearle en la oreja, por favor. No me creo que eso la haya conquistado.

—Porque ya se había fijado en mí... Además, yo no jadeo en su oreja... Le susurro con mi voz sexy.

—¿Voz sexy? Por el amor de Dios, si pareces el muñeco ese blanco con coloretes que va en triciclo... el de las pelis de miedo... Lucas, ¿tú te lo crees?

Algo no pasa si dos no quieren y, aunque los dos estábamos muy borrachos y no recordamos demasiado de esa noche, sé que ambos estábamos de acuerdo en lo que pasó. De acuerdo, no pensé en ponerme el preservativo, pero porque estaba demasiado ocupado con su lengua en mi tráquea. Ella tampoco hizo mucho por recordármelo...

—¡Lucas! ¡Eh!

—¿Qué? —pregunto al darme cuenta de que todos me miran.

—Que si te crees lo de Roger...

—¿El qué de Roger?

—Eh... ¿Dónde has estado toda la mañana? Llevamos hablando de lo mismo desde que hemos llegado... ¿Me estás diciendo que llevas cuatro horas ignorándonos por completo?

—No... No he dormido muy bien —atino a decir.

—¡Qué cabrón! Toda la noche follando, como si lo viera —dice Bruce.

—Esto... Sí... Eh... Hoyt, ¿podemos hablar un momento?

—Claro.

Vamos a la máquina del café y le invito a uno. Cuando lo tenemos ya en la mano, me vuelvo a perder en mis pensamientos, dándole vueltas con la cucharilla, totalmente hipnotizado por el movimiento circular.

—Esto... ¿Me vas a echar?

—¿Cómo?

—Porque no es un buen momento... Con el tema del bebé y eso...

—¡No te voy a echar! De hecho, te quería hablar de... bebés...

—Vale... —contesta riendo mientras se apoya en mi costado.

—Aunque si te caes boca arriba y no puedes levantarte, puede que tarde un rato en ayudarte porque te estaré grabando para luego colgar el vídeo en YouTube —digo al tiempo que ella me da un manotazo en el brazo—. Eso está mejor. Esta es mi Valerie...

La estrecho entre mis brazos y apoyo los labios en su pelo. Entonces me doy cuenta de que mi mano reposa en su vientre y de forma inconsciente, lo acaricio con la yema de los dedos.

—¿Sra. Turner? —dice una enfermera que aparece en la puerta de la sala de espera.

—¿Sabes? Me parece que es la primera vez que me llaman así —me comenta mientras se pone en pie al tiempo que levanta una mano—. Soy yo.

—Si me acompañan...

En cuanto entramos, la enfermera nos indica que nos sentemos frente a un escritorio. Esperamos muy poco porque enseguida entra la doctora, a la que Valerie debe de conocer, porque se saludan de forma efusiva. Después de contarle el motivo de nuestra visita, con una sonrisa, le pregunta:

—¿Cuántas faltas has tenido?

—Debería tener el periodo ahora mismo... Pero el mes pasado tampoco me vino.

—¿Y has esperado hasta ahora para comprobar si estás embarazada?

—Bueno... Pensamos que sería algo que comí que me sentó mal... Y luego el ajetreo de volver a casa...

—Si a las dos faltas le sumamos los vómitos que dices que sufres cada mañana, me parece que me estáis poniendo las cosas muy fáciles...

—Y creo que también me han aumentado los pechos... —dice con un hilo de voz.

—Sí —intervengo asintiendo con la cabeza.

La doctora sonríe mientras Valerie me mira con una ceja levantada.

—Bueno, pues aunque yo creo que la cosa está muy clara, vas a hacer pis en este frasco y luego, si sale el resultado que imagino, haremos una ecografía para intentar verle.

≈ ≈ ≈

—Bueno... Pues habéis hecho bien en venir porque si os descuidáis, pasamos por alto el primer trimestre del embarazo. Estás de nueve semanas, Valerie.

—¿Nueve semanas? O sea que esa noche dimos en el clavo... —dice mirándome.

—A la primera —contesto yo con una sonrisa satisfecha.

—Lo que os demuestra que, a partir de ahora, si no queréis que os vuelva a pasar, deberíais poner medios para evitarlo.

—Sí... —contestamos los dos a la vez, aunque no podemos dejar de sonreír.

—Pero ahora, vamos a lo que toca... Chicos, vamos a conocer a vuestro bebé. ¿Preparados?

Ambos asentimos sin dudarlo ni un segundo y en cuanto la doctora le introduce a Valerie ese aparato, me acerco más a ella y mientras le acaricio el pelo con cariño, le pregunto:

—¿Estás bien? ¿Te duele?

—Tranquilo... —me contesta riendo y acariciándome la mejilla, hasta que la habitación se inunda con el sonido de los latidos de un corazón.

—¡Joder! —digo poniéndome en pie y dando vueltas sobre mí mismo, como aturdido.

En la pantalla de televisión se ve una imagen pero yo soy incapaz de distinguir nada, aunque Valerie y la doctora la miran con una sonrisa en la cara. Me acerco con los ojos a punto de salirse de sus órbitas. Muevo la cabeza a un lado y al otro, pero sigo sin distinguir nada parecido a un bebé. De hecho, distingo poco más que unas manchas blancas, pero temo decirlo en voz alta y despertar a la bestia que parece en estado de letargo desde que he llegado al hospital.

—Lucas... —Me doy la vuelta al escuchar su voz emocionada. En cuanto veo las lágrimas rodando por sus mejillas, se me encoge el corazón y me apresuro a su lado—. ¿No es precioso?

Levanto las cejas alucinado. ¿Acaso sabe distinguir algo en esa imagen? Si digo la verdad, ¿se enfadará conmigo? Si descubre que le mentí, ¿despertaré la ira de los dioses si se entera? Pero entonces comprendo que me da igual no distinguir nada porque realmente todo es precioso: el sonido de los latidos, el momento... ¡Incluso ese pegote blanco en la pantalla es precioso!

—Lo es... —digo mientras ella me coge una mano y la aprieta contra su vientre, como si quisiera hacerle saber a ese renacuajo que no está solo.

≈≈≈

—Listos. Tenemos el resto de la tarde libre —digo guardándome el teléfono en el bolsillo del pantalón.

—¿Así? ¿Sin más?

—Así de fácil. Yo soy jefe del departamento de informática y tú te acuestas con uno de los jefes. ¡Anda! ¡Conmigo!

—Espero que no se lo hayas argumentado así a Jennifer...

—No. Le dije que te había dejado preñada y que estábamos discutiendo...

Me conoce lo suficiente como para saber que estoy de broma, así que ya no hace aspavientos ni se molesta. Sonríe y se deja abrazar por mí mientras paseamos por el parque.

—¿Quieres comer algo? —le pregunto al ver un puesto ambulante.

—¿Ya me quieres cebar?

—No te lo preguntaba a ti. Le preguntaba a mi hijo.

—Pues no, creo que no le apetece nada. Pero no me iría mal descansar un rato... ¿Nos sentamos allí? —me pregunta señalando hacia el césped.

Se estira allí, apoyando la cabeza en su bolso y mira al cielo con aire pensativo. Al rato, viendo que no me estiro a su lado, me mira y, sonriendo, me pregunta:

—¿No te sientas?

—Sí...

—¿Estás bien?

—Estoy algo... alucinado aún... —digo mientras me estiro a su lado aunque boca abajo.

—Pues ve haciéndote a la idea...

Balancea la foto de nuestro bebé frente a su cara y no puedo dejar de sonreír como un bobo. La cojo y la miro fijamente, girándola algo confundido.

—Antes no has visto nada, ¿verdad?

—No... Lo siento...

—No pasa nada... Mira... Cabeza, cuerpo y esto son los brazos y las piernas...

—Eso no son brazos y piernas, son muñones. De verdad que las mujeres tenéis una imaginación increíble...

Lejos de enfadarse, la veo mirar la foto embelesada y siento una punzada de celos, porque creo que nunca la he visto mirarme a mí de esa manera.

—Si te digo que he soñado con este momento toda mi vida, ¿te asustarías? O sea... No contigo... Si no, ser madre... Con quién sea...

—Bueno, reconozco que ahora me siento como un mero proveedor de espermatozoides, pero creo que entiendo lo que quieres decir...

—¿Y si te digo que ya he pensado en los nombres? Que ya sé que los tenemos que decidir entre los dos pero... bueno... siempre he pensado que mis hijos se llamarían Harrison y Rosie. Pero no pasa nada si a ti no te gustan porque...

—Pues así será.

—Pero si...

—Val, son geniales. Rosie y Harry.

—Harrison...

—Como "Harry El Sucio". Me mola... —digo sin hacerle caso—. ¿Y qué prefieres que sea? ¿Harry o Rosie?

—Me da igual... ¿Y a ti?

—Bueno, las chicas me dais un poco de miedo, así que preferiría un Harry que una Rosie...

—Vale. Pero yo también quiero una niña.

—Vale, pero más adelante.

—No mucho más.

—Lo suficiente.

La miro de reojo y me arrastro hacia ella para besar sus labios. Luego centro mi atención en su vientre.

—¿Notas algo...?

—No. Aún es pronto.

Pero entonces acerco la cabeza a su barriga y apoyo la oreja en ella. Mientras Valerie enreda los dedos en mi pelo, yo me esfuerzo por escuchar algo.

—¿Y puede oírnos?

—No tiene orejas, Lucas... Así que lo dudo.

Pero a pesar de todo, acerco la boca y empiezo a hablarle.

—Hola... Somos tus padres y no es por nada, pero molamos un montón. Puede que no hayamos empezado con buen pie y que no hayas sido planeado ni buscado, pero ya que estás aquí, pues oye, que nos hace ilusión y eso.

—¡No le digas eso!

—¡¿Pues no dices que no nos oye?!

—Por si acaso... No le hagas caso —dice hablándole a su propia barriga—. Te queremos un montón, cariño. Y da igual que seas producto de una borrachera y de un descuido por parte de tu padre...

—Y de tu madre, que tampoco estaba por la labor de recordármelo...

—Lo que tú digas... Como iba diciendo, que casi que me alegro de no haberte planeado, porque has sido una fantástica sorpresa. Espera a que se lo contemos a tus abuelos y tíos...

—De aquí a siete meses y medio —añado yo.

—¿Tú quieres que tu familia me coja manía, no?

—No, lo que quiero es mantener la cordura. No quiero que el embarazo se convierta en una tortura y tú no sabes lo absorbente que puede llegar a ser mi familia.

—¡Pero el nacimiento de un nieto les hará muchísima ilusión a tus padres!

—El primero, les hizo ilusión. El siguiente, también. Cuando nació la primera chica, también. Pero créeme, cuando iban por el octavo, empezó a ser algo repetitivo... Este sería número quince... Delante de ti harán que se alegran y eso, pero por dentro pensarán: ¿otro más al que cuidar?

—¡Anda ya! ¡Eso es mentira! Lo inventa esa mente de antisocial que tienes. Estoy segura de que tanto tus padres como tus hermanos estarán encantados con la noticia. Les voy a enviar una foto de la ecografía —dice sacando el teléfono de su bolso.

—¡No! Por favor...

—Entiéndeme... Yo no tengo a nadie a quién contárselo... —me dice haciendo pucheros con el labio inferior.

—Esto es un chantaje emocional en toda regla, ¿verdad?

—Sí. ¿Cuela?

En cuanto ve que mi expresión se suaviza, saca una foto de la ecografía y la envía al grupo que tiene montado con mi familia en el que, por deseo expreso mío, yo no estoy.

—Estamos perdidos... —empiezo a decir justo cuando mi teléfono empieza a sonar y el suyo empieza a recibir respuestas a la foto—. Oh, mierda...

—¿Quién te llama?

—Mi madre...

—Responde.

—Hola, mamá... —Es lo único que me deja decir antes de gritarme.

—¡¿Cuándo pensabais decirnos que Valerie estaba embarazada?!

—Bueno, creo que la tradición es que los padres sean los primeros en saberlo, y teniendo en cuenta que de eso hace una hora escasa, creo que puedes estar contenta...

—¡Pero si está de nueve semanas!

—¿Cómo sabes que está de nueve semanas?

—Tu padre lo ha sabido por la foto. Parece mentira que aún lo preguntes... Pero dime, ¿cómo se encuentra Valerie?

—Bien... Bueno, por las mañanas tiene náuseas, pero de momento, todo bien —contesto mirando a Valerie, que me sonríe ilusionada.

—¿Se le nota algo de barriga?

—No, aún no...

—¿Por qué no me dijiste que estabais buscando un bebé?

—Mamá, por favor...

—Ay, perdona... A veces me olvido que hablo contigo y que no eres como tus hermanos...

—Gracias por el halago.

—Lucas... —me reprocha justo antes de suavizar el tono y volver a hablar—. ¿Y tú cómo estás?

—Bien. Muy bien.

—¿Bien por decir o bien de verdad? Te conozco y sé que no eres amigo de ataduras y te puedo asegurar que ese bebé será tuyo de por vida. Para siempre.

—Gracias, mamá... —digo justo al tiempo que escucho otra llamada entrante. Miro el teléfono y, frunciendo el ceño, le pregunto—: ¿Por qué me llama papá? ¿No estáis juntos?

—Está aquí a mi lado.

—Esto... No entiendo nada... ¿Sabe que estás hablando conmigo?

—Sí, pero dice que como no le paso el teléfono...

—Por el amor de Dios, mamá. Dile que cuelgue, que estoy hablando contigo...

—Dice que cuelgues. Que está hablando conmigo. —Escucho la voz de mi padre de fondo y cómo mi madre le responde, discutiendo con él—. No va a colgar.

—Vale, pues pásamelo un momento.

—Ni hablar. Aún no he acabado. ¿Cuándo vais a venir a vernos? ¿O preferís que vayamos nosotros y así Valerie está más tranquila?

—Vale, pues te cuelgo. De hecho, os cuelgo a los dos.

—Lucas, no...

Pero entonces cuelgo el teléfono y lo lanzo en el césped, justo antes de estirarme de nuevo en la hierba.

—¿Le has colgado el teléfono a tu madre?

—Y a mi padre.

—¿No estaban juntos?

—Sí... —Y al ver su cara de asombro, acabo por la vía rápida—: No preguntes. ¿Muchos mensajes?

—Decenas. De todos tus hermanos, cuñados, cuñadas, y de tus padres... —responde en el momento en que tanto su teléfono como el mío empiezan a sonar—. Tu padre.

—Levy —le informo enseñándole mi móvil, antes de descolgar y llevármelo a la oreja—. Eh. ¿A qué debo tu llamada? —le pregunto moviendo las cejas arriba y abajo mientras Valerie descuelga la llamada de mi padre.

—Sabes perfectamente a qué debo mi llamada, así que, enhorabuena.

—Ajá.

—¿Cómo está Valerie?

—Bien. Bueno, ya sabes...

—¿Y tú?

—También.

—Lucas, tu falta de experiencia en relacionarte con la raza humana en general te va a jugar malas pasadas, así que acepta mis consejos... Uno, la gente te va a felicitar por la noticia, así que da las gracias. Dos, la gente te va a preguntar por Valerie, y un "bueno, ya sabes" no se considera una buena respuesta. Tres, también te van a preguntar por tu estado, así que si no quieres parecer lo que eres, un sociópata antisocial, responde cosas como "muy feliz", o "exultante", pero por Dios, di algo.

—Vale.

—De acuerdo. ¿Y bien?

—¿Y bien qué?

—Oh, por favor, Lucas. ¡Que me respondas a alguna de las preguntas!

—Valerie tiene náuseas matutinas, pero por lo demás está perfectamente. Bueno, y le han crecido las... tetas —digo bajando el tono de voz al tiempo que me pongo en pie y camino de un lado a otro mientras escucho a mi hermano reír—. Yo estoy... confundido. O sea, feliz, pero a la vez estoy acojonado. ¿Es...? ¿Es normal sentir cosas tan contradictorias? Por un lado quiero enseñarle un montón de cosas a mi bebé, pero por otra me dan ganas de gritarle que no salga porque no soy lo que él o ella espera de mí.

—Lucas, ¿te cuento un secreto? Ellos no esperarán nada de ti excepto que estés a su lado cuando te necesiten. —Nos quedamos callados durante un buen rato, hasta que vuelve a hablar—. ¿Crees que podrás hacerlo?

—Creo que sí...

Contesto mientras vuelvo a acercarme a Valerie, que sigue al teléfono con mi padre. Sonríe, así que es buena señal. Me siento frente a ella y nos miramos a los ojos.

—Sí, Jerry, estoy segura de que solo es uno —dice entonces mientras pone los ojos en blanco y yo me llevo la mano a la frente—. Ajá, sé que puedo estar tranquila porque puedo dar a luz a más de un bebé...

—Papá, corta el rollo, ¿vale? —grito para que me oiga mientras Levy ríe a carcajadas.

—No puedes con él —me dice—, así que, que no te pase nada...

—Gracias, colega.

—De nada, hermano. Nos vemos pronto, ¿vale?

—Vale.

—Te quiero.

—Ajá.

Al rato, Valerie cuelga también y me mira levantando las cejas. Resoplo agachando la mirada, que ella busca al tiempo que me coge de las manos.

—Es normal que estén eufóricos...

—Lo están —afirmo asintiendo con la cabeza torciendo el gesto.

—A pesar de ser el número quince.

—Eso parece...

—Les he prometido que iremos a verles...

—Oh, mierda...

—Pero sabes que debemos hacerlo... Y podemos ir en moto.

—Eso es chantaje emocional de nuevo.

—¿Cuela, otra vez? —La miro a los ojos hasta que se me escapa la risa y me abalanzo lentamente sobre ella para besarla—. Me tomaré eso como un sí.

≈ ≈ ≈

Unas semanas más tarde...

Un niño. Vamos a ser padres de un niño. Hoy nos han dado la noticia. Le ha costado dejarse ver, pero en poco menos de tres meses, Harry formará parte de nuestras vidas, o como dice mi madre, será toda nuestra vida. Los vómitos han desaparecido y Valerie se encuentra muy bien. Ya tiene mucha barriga y, aunque no le cabe su ropa, está preciosa.

Hoy sus amigas han invadido nuestro apartamento para celebrar una fiesta para el bebé. Se ve que es algo habitual, aunque yo no acabo de entender cómo se puede celebrar una fiesta en la que el homenajeado aún no ha nacido. Yo he aprovechado para salir con los chicos a tomar una cerveza, pero ya estoy volviendo a casa porque Valerie acaba los días agotada y quiero estar allí para cuidar de ella.

—¡Hola! —saludo al entrar. Nuestro salón está plagado de globos y envoltorios de papel. Hay un cartel colgado del techo que reza: "¡Es un chico!" y otro hecho a mano en el que se puede leer: "¡Bienvenido, Harrison!"

—¡Hola!

—¡Hola, friky!

—¡¿Qué tal?!

Me preguntan todas mientras me acerco a Valerie, a la que beso con ternura mientras susurro en oído:

—¿Cómo te encuentras?

—Bien. ¡Mira cuántas cosas le han regalado a Harrison! —dice enseñándome decenas de conjuntos de ropa, chupetes, zapatitos pequeños de lana, gorritos e infinidad de cosas más.

—Dios mío. Aún no ha nacido y ya tiene más ropa que yo. ¿Nos habéis regalado también un apartamento más grande? —pregunto mirando a todas las chicas presentes en el salón, muchas más de las que yo conozco—. ¿Vosotras habéis tenido en cuenta los metros que tiene este apartamento, verdad?

—Pero si toda la ropa es pequeña. Además de monísima... Fue entrar en la tienda y volvernos locas —dice Carol.

—Por muy pequeña que sea, no sé si cabrá en el armario de Harry.

—Harrison —dicen todas a la vez.

—¿Y esto? —digo levantando un vestido blanco—. Es Harry, no Harriet.

—No es ni Harry ni Harriet. Es Harrison. Y esto es un faldón para el bautizo —me contesta Gloria—. Y es precioso.

—¿Y Bruce? —me pregunta Janet, que se ha acercado y me habla con susurros—. ¿Está en casa ya?

—Sano y salvo, señora —contesto haciendo una reverencia—. ¿Y todas estas chicas...?

—Trabajan contigo, pedazo de antisocial.

—¿En serio? Bueno, la verdad es que me suena esa señora de allí...

—Esa señora es la madre de Andrea y no trabaja con nosotros, así que es la única que no debería sonarte —contesta riendo a carcajadas mientras me da palmadas en el hombro antes de alejarse.

—Lucas, mira —me vuelve a llamar Valerie, cogiéndome de la mano hasta llegar a la mesa de al lado del sofá. Me sienta en él, y me pone una pila de libros en el regazo.

—Esto... Qué bien... —digo porque se supone que es lo que tengo que hacer, pero no puedo disimular el pavor que siento al leer títulos como "Ahora que vais a ser padres", "Guía para padres primerizos", "Cómo ser padres y no morir en el intento", "La Biblia del embarazo" o mi favorito "¿Qué esperar cuando estás esperando?". El que se inventó ese título, se merece un premio.

—¿Qué te parecen?

—¿Cuántos meses más piensas estar embarazada?

—¿Cómo...? No te entiendo.

—Creía que salías de cuentas en tres meses como mucho... Y aquí tengo lectura para dos años...

—Se supone que los listos leéis rápido...

Hago un mohín con la boca mientras le doy la vuelta a algunos de los libros para leer sus contraportadas. Como esperaba, todos acaban contando lo mismo, así que intento averiguar qué tienen de diferente para que las amigas de Valerie hayan decidido comprar todos los que existen en el mercado.

—¡Vamos! Será divertido...

—Aunque admito que este juego de palabras llama mi atención, creo que divertido es ser muy optimista. Me temo que van a estar llenos de topicazos y de consejos que puede que no sirvan por igual a todas las mujeres.

—Pues yo creo que nos van a ayudar a solucionar muchas dudas.

—Si tienes dudas, te las debería resolver tu ginecóloga, ¿no? Y si no puedes esperar, usa Google... Te diré más: si mandas tu pregunta en forma de mensaje a ese grupo que tienes con mi familia, seguro que en menos de dos minutos tienes la respuesta. Te recuerdo que en temas de bebés, están muy puestos...

≈≈≈

Algo más de tres meses después...

—Vamos... Yo sé que puedes...

Sonrío y peino su pelo con mis dedos. Contrae la cara con cada contracción y realmente debe de dolerle muchísimo, pero está aguantando como una campeona.

—Menos mal que nos leímos todos esos libros, ¿eh? Seguro que te están sirviendo de mucho para sobrellevar esto con mayor entereza...

—Cállate, idiota —dice entre dientes mientras me estruja la mano. Río a pesar del dolor, y entonces veo cómo ella me mira de reojo también sonriendo.

—Lo estás haciendo genial —le susurro antes de besar su frente.

—Pero tienes razón. Ahora mismo arrancaría todas las hojas de esos libros...

—Está bien, Valerie. Ahora te voy a pedir que empujes con todas tus fuerzas —dice entonces la doctora, cuya cabeza emerge de entre las piernas de Val—. ¿Lista?

—Eso creo —contesta ella.

—Pues vamos allá. ¡Empuja!

Valerie contrae el rostro y hace fuerza. La doctora y las enfermeras la animan. Yo en cambio no puedo dejar de admirarla y lo único que hago es agarrar su mano para infundirle ánimos.

—Eso es. Ya asoma la cabeza.

—¿Ya? —digo sorprendido.

—¿Quieres venir a verlo?

Miro a Valerie, que asiente, y entonces me acerco al otro lado de la sábana. La cabeza ya está fuera y en cuanto Valerie vuelve a empujar, asoman los hombros. El resto sucede con tanta rapidez que creo que ni siquiera me ha dado tiempo de asimilar las imágenes. Cuando pensaba cómo sería esto, tengo que reconocer que pensaba que sería más... sangriento. En cambio, si me preguntan ahora, creo que el único adjetivo con el que podría calificar el nacimiento de mi hijo sería fácil.

Antes de acercarnos a nuestro hijo, la doctora lo coge y espera a que llore, pero en lugar de hacerlo, Harry solo emite un quejido que hace reír a las enfermeras.

—¿Eso es normal? —pregunta Valerie.

—Bueno, parece que vuestro hijo no es de lágrima fácil. No pasa nada. Reacciona y está perfecto, así que no seré yo la que me queje porque no llore —dice mientras lo enrolla en una manta—. Aquí tenéis a vuestro pequeño.

—Hola, cariño —le dice Valerie en cuanto le tiene encima—. Soy mamá. Y este de aquí es papá. Pero qué guapo eres, mi vida.

Me acerco con tiento porque no quiero romper la magia de este momento, pero en cuanto le miro a la cara, compruebo que ha cerrado los ojos y se ha quedado dormido.

—Vaya... No llora, duerme... Si en unas semanas aprende a limpiarse solo el culo, esto va a ser coser y cantar. ¡Jodeos, libros de pacotilla!

CAPÍTULO 2: ¡¿NO QUIERES CUIDAR DE TUS HERMANOS PERO SÍ DE ESOS GUSANOS ASQUEROSOS?!

5 años después...

Recuerdo la palabra con la que Lucas definió el nacimiento de Harry hace ya casi cinco años... Sí, he desistido y nadie le conoce como Harrison, así que ya sabéis lo que se dice: si no puedes con el enemigo, únete a él. A lo que iba, la palabra con la que Lucas definió el feliz acontecimiento: fácil. Pues bien, nada más lejos de la realidad. Lo sencillo se acabó en ese preciso instante.

Comía bien, dormía mejor y nunca nos montó ningún berrinche. No se ponía malo prácticamente nunca y era obediente. Pero a pesar de todo eso, Harry fue un niño especial desde que nació. Es muy callado y solitario y no suele sonreír a menudo. Tampoco es cariñoso, no da abrazos ni besos y nunca nos cuenta nada a no ser que le preguntemos, y aun así, responde con monosílabos. A veces me pregunto si es feliz y es algo que discuto muchas veces con Lucas. Él siempre me contesta que no hace falta sonreír para demostrar que se es feliz, pero es algo que yo no concibo.

No me gusta decirlo y no es algo que sepa mucha gente, pero me cuesta sentirme su madre. Es como un extraño con el que convivo. Con Lucas se comunica algo más, pero él también es más partidario de que vaya a su aire, así que Harry pasa horas y horas solo. Incluso ahora, en el parque, mientras todos los niños juegan en el parque infantil, o corren detrás de un balón, él está agachado junto a un árbol con un tarro de vidrio en la mano, persiguiendo a vete tú a saber qué bicho.

Dejo de mirarle cuando escucho mi teléfono sonar dentro de mi bolso. Debe de ser Lucas.

—Hola —le saludo nada más descolgar.

—No me gusta ese tono. ¿Pasa algo?

—No, nada.

—¿Dónde estáis?

—En el parque.

—¿Qué hace?

—La verdad, no lo sé —resoplo echándole otro vistazo para verle totalmente estirado en el suelo, arrastrándose para meter algo en el bote de cristal.

—¿Se lo has dicho?

—¿Y qué me odie aún más? Ni hablar. Te dejo a ti ese privilegio.

—Val, Harry no te odia.

—Ya, bueno... No quiero tentar a la suerte.

—Voy para allá.

—Aquí te esperamos los cuatro.

—Cuatro... La hostia...

—Sí...

En ese momento, antes de que hayamos colgado, Harry se acerca hasta mí. Va sucio, lleno de tierra, barro y restos de hierba incluso en el pelo, y sostiene el bote de cristal lleno de gusanos.

—Valerie, tengo sed. ¿Me das agua? —me dice.

—Toma —contesto tendiéndole su botella de agua—. Cariño, ¿por qué no me llamas mamá?

—Porque te llamas Valerie —me contesta secándose la boca con la manga de la sudadera.

—Pero soy tu madre.

—Y yo tu hijo, y me llamas Harry, no hijo.

Sin más, sin esperar mi réplica, me devuelve la botella y sale corriendo de nuevo. Resoplo hastiada y entonces escucho:

—Juego, set y partido para Harry.

—Ven ya y dale la noticia. No puedo esperar a ver su cara de ilusión cuando sepa que va a tener dos hermanos más...

≈≈≈

—Hola, preciosa —dice sentándose a mi lado en el banco justo antes de darme un beso.

—Hola —contesto apoyando la cabeza en su hombro.

—Te he traído una dosis de chocolate —dice enseñándome una bolsa—. ¿Cómo están?

—Perfectamente —contesto mordiéndome el labio inferior, muy ilusionada aunque aún asustada ante la expectativa de tener mellizos.

—Oye, siento no haber ido contigo a la revisión... No podía faltar a esa reunión, y Jennifer intentó cambiarla de hora pero no pudo ser y...

Ya, claro. Seguro que Jennifer hizo todo lo posible por cambiar la hora de esa reunión... Está secretamente enamorada de Lucas, estoy segura. Y digo secretamente porque lo hace tan bien, la muy perra, que nadie más se da cuenta. Ni siquiera las chicas, que la adoran y creen que sería incapaz de romper nuestra familia, menos ahora que vamos a aumentarla.

—¿Quieres saberlo? —decido cortarle para que deje de nombrarme a Doña Perfecta.

—¿Saber el qué? Espera... ¿Lo han visto ya? ¿Sabes el sexo de los bebés?

—Ajá...

—Es más pronto que cuando Harry... ¿no?

—Sí... Parece que estos dos nos quieren poner las cosas más fáciles que su hermano desde un principio...

—¿Y bien?

—Uno de cada —contesto encogiéndome de hombros—. Niño y niña.

—¡¿En serio?! —me pregunta muy ilusionado mientras yo asiento sin poder reprimir la sonrisa.

—Hola, Lucas —nos interrumpe entonces la voz de Harry—. ¿Por qué estás tan contento?

—Hola, campeón —le contesta Lucas tendiendo los brazos para que se acerque.

—No he ganado nada. No soy campeón de nada.

—Es una forma de hablar, Harry. Es un calificativo cariñoso —le explica Lucas mientras le sienta en su regazo—. ¿Qué llevas ahí?

—Gusanos.

—¿Y para qué los coges?

—Para cuidarlos.

—¿Vas a meter eso en casa? —le pregunto con una mueca de asco en la cara mientras Lucas me aprieta el brazo para intentar calmarme.

—Si los dejo en el parque no podré cuidarlos.

—A lo mejor ellos no quieren que los cuides... —digo sonriendo forzosamente.

—Pero sí los va a poder cuidar —interviene entonces Lucas mirándome con los ojos muy abiertos y asintiendo a la vez con la cabeza—, porque yo creo que Harry es ya tan mayor que puede cuidar animales más pequeños que le necesiten... ¿No crees?

—Eh... Sí... Vale... —contesto no muy convencida.

—Pero nos tienes que prometer que vas a ser muy responsable... —Harry asiente un par de veces—. Y volviendo a lo que me has preguntado antes, estoy muy contento porque tenemos algo que contarte. Verás... Como vemos que te estás haciendo muy mayor... ¿Cuántos días tienes ya, por cierto?

—2.104 días.

—¡Vaya! Eso son 5,76 años, ¿no?

—Más o menos, supongo.

—¿Sabes que si nos rigiéramos por el calendario lunar en lugar del solar, ya tendrías 6 años? Exactamente... —dice mirando al cielo mientras calcula mentalmente—, 6,14 años.

Harry le mira atento y con la boca abierta, como si estuviera grabando ese dato en su pequeña cabeza. Pongo los ojos en blanco y entonces Lucas, al verme, decide ir al grano.

—A lo que íbamos... Como ya tienes 5,76 años y creemos que eres muy responsable, hemos decidido ascenderte a hermano mayor. Y confiamos tanto en ti que no solo vas a tener un hermano pequeño, sino también una hermanita. ¿Qué te parece?

Harry frunce el ceño y creo adivinar una mueca de asco en la boca. Deshecho esa idea de mi cabeza rápidamente y agarrando su pequeña manita, la apoyo en mi barriga y con voz dulce, le digo:

—Aquí dentro hay dos bebés, cariño. Y vamos a necesitarte un montón porque queremos que nos ayudes a cuidar de ellos... Además, tú serás su hermano mayor y como tal, podrás enseñarles un montón de cosas —le digo poniendo en práctica algunos de los consejos que he leído en la multitud de libros que he consultado acerca de cómo hacer frente a este momento. El síndrome de "El príncipe destronado", lo llaman algunos psicólogos, término que a Lucas le horroriza.

—No quiero cuidarles —dice con seriedad.

—¡¿No quieres cuidar de tus hermanos pero sí de esos gusanos asquerosos?!

—No son asquerosos.

—Por ejemplo —interviene Lucas para intentar calmar los ánimos—, puedes empezar a ayudarnos pensando con nosotros los nombres que les vamos a poner. ¿Tú qué crees? ¿Cómo te gustaría que se llamasen?

Harry nos mira a uno y a otro hasta que, sin molestarse en sonreír ni un ápice, dice:

—Idiota e imbécil.

Al instante siento de nuevo la mano de Lucas agarrándome el brazo para evitar que le pegue otro berrido al niño mientras él, lejos de sulfurarse, dice:

—Bueno... Tendremos en cuenta tu sugerencia, pero como aún queda un tiempo, seguiremos dándole vueltas, ¿vale? No dejes de pensar y si se te ocurren algunos más, nos los dices...

Sin más, Harry se baja del regazo de su padre y se vuelve a alejar hacia el barro. Yo apoyo los codos en las rodillas y hundo la cara en mis manos.

—Cambiará de idea... —intenta tranquilizarme Lucas.

—¿Qué narices le pasa? ¿Por qué nada le hace ilusión?

—Esos gusanos le hacen ilusión.

—Lucas, por favor —digo mirándole con las cejas levantadas.

—Es diferente, Valerie. Yo también lo era y al final, tampoco salí tan mal, ¿no?

≈≈≈

—¿Este coche es nuevo?

—Sí.

—¿Y tus motos?

—No podemos ir en moto a casa de la abuela.

—¿Y por qué no vamos en avión como siempre?

—Porque ahora tenemos este coche.

—¿Y tus motos? —insiste incansable.

—En un parking cercano a casa.

—A partir de ahora, cuando vayamos en familia, iremos en este coche —intervengo intentando que comprar este coche deje de ser la peor decisión del siglo—. ¿A que es grande? ¿Y has visto que tienes una pantalla para ver películas? Y tiene mucho maletero para cuando vayamos de viaje...

—¿Has renunciado a tus motos por esos dos? —le pregunta Harry a su padre, ignorándome.

—No he renunciado a nada —contesta Lucas con serenidad.

—¿Por qué habéis metido una maleta ahí atrás?

—Porque, como te he explicado varias veces, te vas a quedar unos días en casa de los abuelos. Esta semana no tienes colegio pero papá y mamá trabajan. ¿Con quién quieres que te dejemos si no?

—Solo. Puedo quedarme solo.

—No lo dudo —contesta Lucas—. Pero si nos pilla un asistente social, nos quitará tu custodia y vivirás en una casa de acogida en la que convivirás con un montón de niños y donde dudo mucho que te den la libertad que nosotros te damos.

—Me dejáis en casa de los abuelos para deshaceros de mí y para pasar más tiempo con caca y culo.

—¡Harry! —le increpo, aunque ninguno de los dos me hace caso.

—¿Esos son los nuevos nombres que estás barajando? Veo que has tenido en cuenta el sexo de los bebés... Vamos mejorando —le dice

Lucas moviendo la cabeza de un lado a otro, como si sopesara en serio esos nombres—. Y no, aunque te parezca mentira, no queremos deshacernos de ti para siempre. Solo durante esta semana.

—Además —intervengo en un tono mucho más conciliador—, cualquiera diría que te vamos a dejar en un campo de concentración...

—Las tías son escandalosas, el abuelo se empeña en que hagamos cosas juntos, la abuela no para de darme besos y achucharme y Levy se cree mi padre y no para de mandarme...

—Bienvenido a mi infancia —le contesta Lucas.

≈ ≈ ≈

—¿Os quedaréis también a cenar? —me pregunta Alice.

—No lo sé. Discútelo con tu hijo... —le respondo con desgana.

—¿Te encuentras bien? Pareces cansada...

—Sí. Los mellizos se están portando muy bien y no me dan nada de guerra —digo tocándome la barriga con ambas manos—. Es por Harry...

—¿Sigue igual?

—Peor.

—Cariño, te acuerdas de lo que te conté de Lucas, ¿verdad?

—Lo sé, lo sé... Y no paro de repetirme que, a pesar de todo, después de todo esto, se convertirá en alguien como Lucas, pero aun así...

—¿Aun así...?

Resoplo y relajo los hombros con resignación. Me siento en uno de los taburetes de la cocina. Nunca le he confesado esto a nadie, ni siquiera a Lucas, pero necesito compartirlo con alguien y creo que Alice es la persona más indicada.

—Verás... Todo gira alrededor de Harry... Todo. Incluso la decisión de ir a por otro bebé...

—¿Cómo? No entiendo...

—Harry no me hace sentir madre... O sea, soy consciente de que le tuve dentro de mí durante nueve meses y cuatro días. Sé que le di de mamar cada tres horas. Sé que pasé noches en vela cuando tuvo cólicos y recuerdo cómo lloré cuando le dejé por primera vez en la guardería. Pero... Es tan frío... Tan serio... Tan...

—Adulto.

—¡Sí! ¡Eso es! Es como si no tuviera un bebé, como si hubiera parido a un adolescente arisco... Yo quiero a mi niño pequeño. Un niño que me necesite y que me pida que le abrace o le acompañe a la cama para arroparle y darle un beso de buenas noches.

—Que no necesite esas cosas, no quiere decir que no te quiera.

—Pero yo necesito que me pida esas cosas. Y lo he intentado. He intentado hacerlo, pero me mira como si estuviera loca... Y como si me estudiara...

—Como si te estuviera psicoanalizando —interviene Alice riendo.

—Exacto. Siento como si estudiara y evaluara todos y cada uno de mis movimientos. Por eso le dije a Lucas que quería tener otro hijo. Pero entonces nos enteramos de que eran dos...

—¿Y qué tiene de malo?

—Nada. Al menos para mí... Pero siento como si Lucas estuviera haciendo demasiados sacrificios... Y encima ahora hemos tenido que comprarnos un coche más grande...

—Lo dices como si fuera algo malo...

—Lo es para Lucas. Ya le conoces... Eso de no poder ir a todas partes con su moto... De sentirse atado a alguien... Rodeado de gente... Mucha...

—Valerie, os adora. A los dos. Y a los mellizos también.

—Lo sé, lo sé...

—Escucha... ¿Quieres que intente hablar con él durante estos días...?

—Si puedes sacarle más de dos frases seguidas... Tengo que advertirte además que tiene la convicción de que Lucas y yo le traemos aquí para deshacernos de él y quedarnos con caca y culo.

—¿Caca y culo?

—Los mellizos —respondo mientras Alice ríe a carcajadas—. Te pido que no tengas esa reacción delante de él.

—¿Sabes cómo quería llamar Lucas a Liz? Lameculos. Recuerdo que cuando le dije que no, me miró con los ojos muy abiertos y me dijo: "Pero mamá, ¿por qué no? Empieza por L".

Aunque intento no hacerlo, se me empieza a escapar la risa. Pocos segundos después, las dos acabamos incluso llorando.

—Aun así, creo que nos decantaremos por Rosie y Simon.

—¡Qué nombres más bonitos!

—Sí... —contesto habiendo recuperado la sonrisa.

—¡Vaya! Parece que estamos de mejor humor... —dice entonces Lucas, que acaba de aparecer en la cocina—. Tengo que confesar que el hecho de que lo haya conseguido mi madre y no yo, me escama un poco, pero no me voy a quejar.

—¿Os quedáis a cenar, cariño? Y a dormir, claro está... Valerie no puede estar pegándose esas palizas en coche...

—Eh... —balbucea mirándome a mí—. Puede que sea lo mejor... Por Harry, digo. Que no parezca que llegamos, le dejamos y nos largamos... ¿No?

—Me parece bien... —contesto sonriendo.

—Pues entonces os preparo la habitación y aviso a tus hermanos para que vengan a cenar.

—Mamá...

—¡A callar! A saber cuándo voy a volver a tener la oportunidad de teneros a todos juntos en mi casa...

Mientras Alice se aleja con el teléfono en la mano, Lucas me abraza por la espalda y besa mi cuello.

—¿Está algo mejor? —le pregunto.

—No le vamos a convencer de lo contrario, pero al menos parece resignado. Me ha preguntado si puede dormir en el jardín.

—¿En el jardín?

—Sí... En mi tienda de campaña...

—No sabía que te gustara ir de acampada.

—Y no le gustaba —me responde su madre—. Pidió a Santa Claus la tienda para poder dormir en el jardín de vez en cuando. Para "alejarse" de nosotros —dice entrecomillando las palabras con los dedos.

—No me lo puedo creer... —digo mirándole—. ¿Y le has dicho que sí?

—Sí.

—Pero hará frío.

—Pues le sacamos una manta.

—Pero...¿Y si entra algún animal?

—No te preocupes, mi madre mantiene a raya a los caimanes, boas constrictor, buitres y hienas... —se burla Lucas aguantando estoicamente mi manotazo—. Tiene todo el jardín lleno de trampas.

—Como al menos uno de estos dos no coma arena en el parque o se rasque las rodillas jugando al fútbol —digo señalando a mi barriga—, te juro que me compro un hámster.

≈≈≈

—Y dime, Harry, ¿te gusta el colegio? —le pregunta Levy en un momento de la cena.

Tengo muy claro que no va a hacer nada por contestar o que, como mucho, lo hará con un monosílabo. No me equivoco. Harry encoge los hombros a modo de respuesta.

—¿Qué quiere decir eso? ¿Qué sí o que no?

—Que a veces.

—Pero tienes que atender en clase para sacar buenas notas y…

—Esto no me lo voy a comer —dice Harry mirándome mientras separa los espárragos verdes con el tenedor, pasando totalmente de lo que le decía su tío.

—Harry, tío Levy te estaba hablando… —me veo forzada a decir.

—Vale, lo haré —le contesta mirándole, sin inmutarse lo más mínimo, justo antes de volver a mirarme esperando mi respuesta.

—Pero si te gustan mucho… —resoplo agotada.

—Pero no me apetecen, y esta semana he comido verdura todos los días, así que ya he ingerido las dosis necesarias.

—Mamá, ¿qué quiere decir ingerir? —le pregunta Barry a su madre.

Harry le mira frunciendo el ceño, sin comprender por qué su primo de diez años no conoce el significado de esa palabra.

—Por cada espárrago que te comas, te doy un dólar —comenta Lucas sin más. Harry le mira durante unos segundos con el tenedor aún en la mano y entonces pincha uno y se lo empieza a comer.

Realmente él sabe cómo tratarle. Puede incluso que sea el único que le entiende realmente, a pesar de que Lucas me ha confesado en más de una ocasión que a veces le descoloca.

Le observo detenidamente mientras da cuenta, poco a poco, de todos los espárragos. Con la vista fija en el plato, mueve la boca como si estuviera manteniendo una conversación consigo mismo, cosa que no dudo que esté haciendo. Pincha otro espárrago y lo mira muy de cerca, poniéndose bizco al mirarlo. Se me escapa la risa mientras le observo. Con su pelo despeinado, al que ya le haría falta un buen corte, sus ojos azules y esos hoyuelos en las mejillas... Todo heredado de su padre...

Entonces me doy cuenta de que me mira fijamente. Debe de haberme escuchado reír. Ladeo la cabeza y le sonrío de forma cariñosa. Daría la vida por recibir un gesto similar por su parte, pero en lugar de eso, frunce el ceño confundido, seguramente planteándose por qué sonrío, como si no entendiera el motivo.

—¿A ver? ¡Caray! Al final te has comido todos los espárragos. Toma tus cinco dólares —dice Lucas tendiéndole el billete que Harry enseguida coge y se guarda en su bolsillo.

—Si me como los de la bandeja, ¿me das un dólar por cada uno?

—Esos no entraban en el trato.

—¿Qué ibas a hacer con tanto dinero? —le pregunta Lori.

—Estoy ahorrando —contesta sin mirarla, agarrando el vaso de agua con ambas manos.

—¿Para qué? —insiste ella.

—Cosas mías...

Sin pretenderlo, Harry se ha vuelto a convertir en el centro de todas las miradas.

—Jerry, vuelve a dejar ese trozo de carne en la bandeja y acábate la verdura —dice entonces Alice, echando la bronca a su marido.

—Es que... —se queja este—. ¡No me gustan...!

—Pero te convienen. No hagas que me enfade.

—Lucas, a lo mejor si me animas con algún billete... —dice moviendo las cejas arriba y abajo.

—Buen intento papá, pero aparentas algo más de cinco años como para que tenga que sobornarte de semejante manera.

—Tu hijo también los aparenta y mírate...

—Cómetelas y no hay más que hablar —asevera Alice, dando el tema por zanjado, justo antes de centrar su atención de nuevo en Harry y decir—: ¿Sabes qué podemos hacer mañana, cariño? Podemos ir al centro comercial. Han abierto una zona de juegos para los niños con una piscina de bolas...

Lucas, de forma disimulada, le hace señales con las manos para hacerla callar, pero cuando su madre se da cuenta, ya es demasiado tarde.

—No, por favor... —contesta Harry.

—¿No? ¿No te gustan las piscinas de bolas?

—Son un foco de parásitos y virus... A saber la de niños que habrán vomitado dentro. ¿Acaso os pensáis que si eso pasa, se molestan en limpiar las bolas una a una? ¿Y qué me decís de los piojos? —dice justo antes de encoger el cuerpo cuando un escalofrío le recorre de pies a cabeza.

—Vale... Pues... Ya pensaremos qué hacer... —balbucea Alice.

—Abuela, ¿me puedo levantar? —le pregunta con el plato en las manos.

—Eh... Claro, cariño. Pero no hace falta que recojas tu plato. Eres mi invitado.

—Más bien soy tu inquilino porque, por lo que parece, no estoy de paso. Así que mejor colaboro un poco...

Todos le miramos con la boca abierta mientras entra en casa y se pierde escaleras arriba.

—¡Adoro a ese niño! —dice Jerry sonriendo de oreja a oreja.

—Es más raro que tú —añade Liz mirando a Lucas—, que ya es decir...

—Es muy complicado entenderle —intervengo removiendo la comida de mi plato con el tenedor—. Demasiado...

≈ ≈ ≈

—Pórtate bien con los abuelos, ¿vale? —Agachada frente a él, le subo la cremallera de la sudadera y le peino un poco el pelo con los dedos, en un acto más cariñoso que eficaz porque sé que en cuestión de segundos lo volverá a tener igual de despeinado que siempre—. Te llamaremos cada noche, ¿vale?

—¿A qué hora?

—Eh... No sé...

—Lo digo para organizarme...

—Harry, da igual la hora —dice Lucas agachándose a mi lado, de frente a él—. Si no puedes ponerte cuando te llamemos, te llamaremos más tarde.

—Vale.

—¿Te has traído los gusanos?

—Sí.

—A la abuela no le hacen gracia, así que mantenlos escondidos y, sobre todo, cierra bien el bote.

—Vale.

—Intenta ponerles las cosas fáciles, ¿de acuerdo? Intenta ser...

—Menos yo. Lo sé.

—Oye... Sé que cuesta un poco al principio, pero luego te acostumbrarás y verás que no es tan difícil...

—Es un poco cansado a veces...

—Lo sé, colega, pero te prometo que la cosa mejorará con el tiempo. Te lo aseguro. ¿Me crees?

Harry aprieta los labios con fuerza, sopesando las palabras de su padre hasta que, al cabo de unos segundos, asiente con la cabeza. Lucas le abraza y, aunque él se deja, no le devuelve el gesto.

—Dale un abrazo a mamá... —le susurra en voz baja aunque no lo suficiente como para que yo no lo oiga.

≈ ≈ ≈

Por la noche, ya en casa, estamos viendo una película. Lucas ocupa un lateral del sofá mientras que yo estoy estirada en él, apoyando la cabeza en su regazo. Aunque miro la pantalla, la verdad es que no estoy siguiendo el argumento porque tengo la cabeza a varios kilómetros de aquí.

—¿Eras feliz? —le pregunto de repente.

—Eh... ¿Qué? —dice totalmente confundido.

—Cuando eras pequeño, me refiero... ¿Eras feliz?

—Sí. Claro.

—Y... Es que... ¿Cómo podías ser feliz sin ser tú mismo? ¿Cómo podías vivir siendo alguien que no eres durante todo ese tiempo?

—¿Aún le estás dando vueltas a eso? Valerie, Harry es feliz. A su manera, pero lo es.

—Tu madre me ha contado cosas que hacías de pequeño y... Harry es como tú... Y luego le has dicho que intente ser menos él... ¿Cómo le puedes decir eso a tu hijo? ¿Cómo puedes coartarle de esa manera?

—No le digo que no sea él, le recomiendo que sea menos él. No le digo que renuncie a su carácter, pero le recomiendo que sea más comedido. Si nacemos con dos ojos, dos orejas y una boca es porque tenemos que ver y escuchar dos veces antes de abrir la boca. Él sabe las respuestas a cosas que mucha gente no sabe, pero a la vez vive en la inopia acerca de muchos temas. Conozco la sensación de estar aislado a pesar de estar rodeado de gente. En mi propia casa, por ejemplo. Pero entonces aprendí a no responder a todas las preguntas y a no preguntar acerca de todo lo que no comprendía. De repente empecé a sentirme más integrado y mi madre sonreía más... Y al verla feliz, yo también lo era.

Mientras hablaba me he incorporado y permanezco sentada a su lado, girada de cara a él, con las piernas encogidas, escuchándole con atención. Su explicación me deja alucinada y, por qué no decirlo, apenada. No puedo creer que nadie supiera comprenderle entonces y que se viera obligado a "hacerse el tonto" para ser aceptado por los demás. Y me cabrea que le haya dado ese mismo consejo a nuestro hijo, aunque no me enfado con ellos, sino conmigo misma por no haber sido capaz de comprenderle antes y de quererle tal y como es. ¿Por qué me enfado cuando me llama por mi nombre cuando su explicación es totalmente correcta? ¿Por qué quiero forzarle a ser cariñoso?

—Valerie, ¿recuerdas cuando en nuestra boda te di las gracias por dejarme ser como soy? —me pregunta y yo asiento con la cabeza—.

Pues hablaba en serio. Eres la primera persona que me quiere tal y como soy. Exactamente como soy, en mi totalidad. Contigo no tengo que ser menos yo.

—¿Quieres decir que algún día Harry encontrará a esa persona con la que ser él mismo? Sinceramente, me gustaría que fuera feliz antes...

—Sí, eso pasará algún día, pero no me refiero a eso. Lo que quiero decir es que si yo puedo ser yo contigo, quizá puedas demostrarle que él puede ser él contigo también. —En cuanto lo dice, me mira fijamente a los ojos, esperando mi reacción. Sonríe sin despegar los labios y sus ojos se iluminan—. Sé que los gusanos de tierra son asquerosos, pero por alguna razón, a él le parecen de lo más interesantes. Puede que si tú mostraras algo de... entusiasmo por ellos, él compartiera más cosas contigo.

—Eso creo que puedo hacerlo... —contesto mirando mi regazo.

—Y sé que le va a costar ser cariñoso, pero llegará un momento en el que entienda que esas muestras de cariño le hacen un bien y comprenda que tú también las necesitas... Por muy inteligente que sea, no deja de ser solo un niño y hay muchas cosas que aún le quedan por aprender.

Empiezo a sonreír poco a poco y entonces él me abraza. Me sienta en su regazo y me mira embelesado, peinando mi pelo hacia atrás con sus dedos. Me coge la cara y me acerca a él hasta que nuestros labios se rozan.

—No tienes ni idea de lo que significó para mí que me pidieras que me abriera a ti. Recuerdo perfectamente tu frase... Cuéntame algún dato de esos tan chulos, me dijiste. ¿Sabes? Nunca nadie quiso escuchar esas cosas, o si alguna vez las decía, me miraban raro. Tú en cambio, me mirabas como si me... admiraras. Al principio pensé: "no te flipes, Lucas. Ve tranquilo. No la asustes". Pero a pesar de las cosas que te contaba, de las cosas que te confesaba que sabía solo porque sí, tú seguías ahí. ¿Sabes lo bien que me sentí?

—Creo que me hago una idea...—contesto al rato.

—Me alegro.

—Y ahora me voy a duchar —digo con rotundidad.

—De acuerdo.

—Y tú te vas a duchar conmigo.

—Me parece una idea brillante.

Y sin esfuerzo me coge en brazos y me lleva a cuestas mientras yo me acurruco contra su pecho. Escucho los latidos de su corazón y entonces una idea cruza por mi cabeza. Es una obviedad, pero a pesar de ser tan simple, me hace abrir los ojos: es humano, como mi pequeño extraño.

CAPÍTULO 3: ¿QUÉ LLEVAS PUESTO?

5 años después

—¡Simon! ¡El tiempo de desayuno se acaba en cinco minutos!

—¡Que ya voy!

—¡¿Ya de ahora?!

—Se está poniendo las botas de agua —me informa su hermana.

—Hace un sol radiante y hace semanas que no llueve.

—Eso díselo a él. Además, no le pegan nada con los pantalones cortos que le dejó mamá preparados para que se pusiera. Yo de ti le diría algo, porque mamá se va a enfadar cuando le vea.

—Lucas, no me conviene tener a Valerie enfadada —interviene Harry.

—A mí tampoco, créeme.

—Cierto —interviene Rosie—, porque entonces no te dejará ir solo a la exposición esa de cerebritos y a ti no te dará besos.

—¿Exposición de cerebritos? —le pregunto a Harry.

—En el Museo de Historia Natural hay una exposición itinerante de fósiles... Solo durará unas semanas, pero algunas tardes hay unas charlas a las que me gustaría asistir...

—Suena a peñazo —interviene entonces Simon, que acaba de aparecer con su estrambótica indumentaria compuesta por las botas de agua, unos pantalones cortos de color rojo, una camiseta de manga corta con un dibujo de un zombi, una sudadera anudada a la cintura de color verde y su inseparable gorra de los Yankees con la visera hacia atrás—. Mamá no te va a acompañar a eso ni de coña...

—No pretendo que me acompañe. Puedo ir solo.

—¡Jajaja! —se carcajea Rosie—. Sigue soñando, colega...

—Modera tu lenguaje, jovencita —la reprende Harry—. Yo no soy tu colega.

—Ni tú mi abuelo y ya hablas como si tuvieras ochenta años.

—Haya paz —decido intervenir finalmente—. Rosie, no chinches a tu hermano. Y tú, Simon, ¿es necesario que vayas de esa guisa al colegio? A tu madre le va a dar un patatús cuando te recoja esta tarde...

—Pero así voy cómodo... Si subo a cambiarme, fijo que llegamos tarde... Tú mismo...

—De acuerdo... Pero luego no llores si mamá se enfada contigo. Venga, que nos vamos —digo cogiendo mi americana y la maleta—. ¿Habéis cogido las bolsas de deporte?

—Sí —contesta Rosie.

—¡Pero no me he acabado la leche! —se queja Simon.

—Mala suerte. Te he advertido antes.

—¡No! ¡Que se cambie! —interviene Harry mientras bajamos las escaleras—. Mañana inauguran la exposición y quiero ir. ¿Cómo puedes estar tan tranquilo sabiendo que Valerie se va a enfadar?

—Porque no voy a estar aquí cuando se desate la ira de los Dioses.

—¡Mierda! ¿Te vas de viaje?

—Harry, esa boca. Y sí, me voy a Canadá.

—¿Otra vez?

—A Canadá hace mucho que no voy.

—Otra vez de viaje, me refiero —me contesta exasperado mientras yo le hago una mueca por haber conseguido chincharle de nuevo—. ¡Pues vaya mierda!

—Harry... —le reprendo de nuevo—. Mira, vamos a hacer una cosa: intentaré hablar con tu madre antes de irme, pero tienes que poner de tu parte. A ver si puedo tantear el terreno y luego tú la convences del todo.

—¿Crees que me dejará ir solo al museo? —me pregunta mientras se sienta a mi lado en el coche.

—Ir solo, seguro que no. Pero a lo mejor podéis llegar a un acuerdo de que ella te lleve y te deje allí en la charla y que luego te recoja... No sé... Son hipótesis, pero déjame hablar con ella primero.

—Fantástico... —contesta resoplando.

—¿Listos por ahí atrás? —digo mirando por el retrovisor para encontrarme con las caras risueñas de los mellizos.

Simon levanta los dos pulgares mientras que Rosie asiente con orgullo. A pesar de ser mellizos, son la noche y el día. Físicamente son casi iguales los dos, muy parecidos a su madre: más bien rubios, de piel pálida y unos preciosos ojos azules. En cambio, son completamente diferentes de carácter. Simon es un payaso, despreocupado e irresponsable. Rosie, por su parte, es algo tímida y muy dulce .

—¿Qué me vas a traer de Canadá, papá? —me pregunta Simon.

—¿La camiseta de los Blue Jays de Toronto, por ejemplo?

—Genial. Esa me falta.

—¿Y a mí, papá? ¿Me traes un peluche o una muñeca?

—Bueno, veré qué puedo hacer... ¿Y tú qué quieres que te traiga, Harry?

—Nada —contesta, aún enfurruñado.

—¡Vamos! Te he dicho que lo intentaré —le digo mientras él tuerce las comisuras de los labios.

—¿Y a mamá qué le vas a traer? —me pregunta Simon.

—Mamá lo que quiere es que papá viaje menos, idiota. No quiere que le traiga nada.

—¡Idiota tú!

—¡Uy, qué original! Repitiendo lo que yo digo...

—Uy, qué original —repite Simon en tono de burla—. Pues mira, esto no lo has dicho tú: ¡culo gordo!

—Pero qué infantil eres...

—Pero qué infantil eres...

—¡Que te calles!

—¡Que te calles!

—¡Aaaah! ¡Papá...!

—¡Vale ya los dos! Que paro aquí mismo y os hago ir andando, ¿eh?

—¡No! —contesta Rosie.

—No hay huevos... —hace lo propio Simon.

Le miro por el espejo interior con una ceja levantada, retándole a que vuelva a decir algo, justo cuando escucho a Harry:

—Solo ocho años más... Solo ocho años más...

≈ ≈ ≈

Entro en el vestíbulo del edificio y subo corriendo por las escaleras. Llego a mi despacho, situado en la primera planta, justo al lado del de Jennifer. Es uno de los "privilegios" que me fue otorgado junto con el nuevo cargo de Director de Sistemas, una manera como otra de darle un nombre más pomposo al cargo que ya ocupaba antes. La única diferencia es que, tras la expansión por todo Estados Unidos y Canadá, ahora viajo por todas las delegaciones para comprobar que los sistemas informáticos funcionen como deben y para resolver las dudas que los empleados puedan tener.

—¡Buenos días, compañero! —me saluda Jennifer apoyada en el quicio de la puerta de mi despacho—. ¿Todo listo?

—Eso creo —contesto poniéndome la corbata, que llevaba guardada en el bolsillo de la americana.

—¿Los niños bien?

—En su línea. Voy a pasar el parte con la jefa y ahora vuelvo.

—De acuerdo. Recuerda que el vuelo sale a las once así que deberíamos estar en el aeropuerto sobre las diez. Eso nos da un margen de...

—Lo sé, lo sé —digo mientras paso por su lado y corro hacia las escaleras—. Solo será un momento, pero necesito besar a mi esposa.

Saludo a todos en cuanto entro en la décima planta, hasta que llego a la zona de las chicas.

—¡Buenos días, guapo! —me saluda Gloria, a la que me acerco para darle un beso en la mejilla—. Ya nos han contado que te vas otra vez de viaje...

—Sí. Toronto. ¿Queréis algo?

—Ya que lo dices, hay unos caramelos de sirope de arce que me encantan... —interviene Franny.

—Pues sí que me vais a salir baratas esta vez.

En ese momento, Valerie acaba con la llamada que estaba atendiendo y se levanta de su silla. Camina hacia mí con gesto cansado aunque esbozando una sonrisa.

—Hola, preciosa —susurro.

—Me encanta esta corbata —me dice mientras se encarga de acabar de anudármela bien.

—Lo sé. Por eso me la pongo. Ya que tengo que ponerme traje, al menos que uno de los dos esté contento por ello.

—Estás guapísimo. Incluso demasiado.

—¿Demasiado? Pensaba que te gustaba...

—Y me encanta, pero por desgracia no voy a ser yo quién te disfrute —hace un mohín con la boca y enseguida cambia de tema—. ¿Qué tal los niños?

—Bien.

—¿Han cogido las mochilas de deporte?

—Sí. Simon con todo lo de natación y Rosie con la ropa del gimnasio.

—¡Noooooo! La clase de Rosie es la que va hoy a natación y la de Simon es la que tiene gimnasia... —empieza a decir, hasta que me ve sonreír y se da cuenta de que me estoy burlando de ella. Me da un manotazo en el pecho y deja que la estreche entre mis brazos.

—Parece mentira que aún sigas cayendo en estas cosas... Me sé de memoria el calendario de tus hijos, tanto el escolar como el de sus actividades extraescolares, desde cinco minutos después de enseñármelo. Y hablando de actividades extraescolares...

—¿Me tengo que poner a temblar?

—No demasiado... Verás, hay una exposición de fósiles en el Museo de Historia Natural...

—Y Harry quiere que le lleve.

—Bueno, no exactamente... Quiere ir y además asistir a alguna de las charlas que dan por las tardes...

—Pero yo no puedo pasarme varias tardes allí dentro con él. ¿Qué hago entonces con Simon y Rosie? Además que el tema no es que me entusiasme...

—Y él lo sabe. Por eso te quiere pedir que le dejes ir solo. —Valerie abre la boca para empezar a poner trabas, así que me apresuro a echarle un cable a mi hijo—. Espera, espera. Yo ya le he dicho que solo no puede ir, pero que hablaría contigo para ver si puedes, por ejemplo, dejarle dentro y luego quedar con él para recogerle al acabar...

—¡Tiene diez años, Lucas! ¡¿Cómo le voy a dejar solo allí dentro?!

—Es el Museo de Historia Natural, no la cárcel... Y sabes que puedes confiar en él... No se le ocurriría moverse de allí ni que le amenazaran...

—¿Pero son charlas para niños o...? —empieza a preguntarme hasta que ve cómo niego con la cabeza—. Así que sería algo raro que él esté allí...

—¿Y qué más da? Es lo que a él le apetece hacer... Cuando vuelva de viaje puedo acompañarle yo... A mí no me importaría asistir a alguna. De todos modos, le he dicho que lo hable contigo luego.

—Está bien... —resopla resignada.

—¿Estás bien?

—Sí... Es solo que te echo de menos...

—Pero si no me he ido...

—Ya me entiendes.

—Te prometo que cuando tenga más tiempo, nos escaparemos tú y yo solos.

—No me hace falta escaparme a ningún lado. Solo quiero pasar algo de tiempo los cinco...

—Pues te prometo que lo pasaremos.

—Ya... Bueno... —En ese momento, su teléfono vuelve a sonar—. Tengo que seguir... Ve con cuidado, ¿vale? Y llámanos cada noche para que los chicos puedan hablar contigo.

—Lo haré.

—Te amo. No lo olvides.

—Tú tampoco.

Me alejo caminando de espaldas, poco a poco, sin dejar de mirarla. Las demás me dicen adiós con la mano hasta que Janet se acerca hasta mí y me acompaña hacia el vestíbulo de la planta.

—¿Va todo bien...? ¿Ha tenido algún problema con algún cliente...?

—Demasiado tiempo haciendo la misma promesa, ¿no crees?

—No entiendo...

—Pues con lo listo que eres, no lo entiendo... Lucas, a ti te encanta esto, ¿no? Viajar, ver sitios, sentirte libre, pasarlo bien...

—No son viajes de placer.

—Ya me entiendes. No te das cuenta de las cosas porque te encanta lo que haces.

—Viajar es algo que viene con el cargo.

—Ya, bueno... Tú asegúrate de darle pronto ese tiempo en familia que le llevas prometiendo desde hace tanto tiempo.

≈≈≈

—¡Hola, papá!

—¡Hola, Simon!

—¿Me has comprado ya la camiseta?

—No he podido aún. Hemos llegado esta mañana y no he parado hasta ahora. Mañana. Te lo prometo.

—Espero que tampoco hayas comprado el peluche de la culo gorda.

—Si no tengo tiempo para uno, tampoco lo tengo para el otro. Y no llames así a tu hermana.

—Ya, últimamente no tienes demasiado tiempo para ninguno de nosotros... —me dice como si nada, haciéndome mucho más daño del que él se piensa—. ¿Sabes qué?

—¿Qué?

—Al final llovió.

—¡Venga ya! —digo riendo.

—¡Acerté al ponerme las botas de agua!

—¡Jajaja! ¡Qué bueno, colega!

—¡Sí! —ríe conmigo, hasta que cuando se calma, me pregunta—: ¿Cuándo vuelves?

—El sábado por la mañana.

—El viernes es el festival de música... Toco la flauta... ¿No podrías volver antes?

—Lo siento mucho, campeón...

—Tampoco la toco tan mal...

—No es por eso... Ojalá pudiera estar...

—Ya, bueno... Te paso a Rosie.

—Adiós, Simon. —Pero él ya no me escucha y entonces oigo la voz de mi niña preciosa—. ¡Hola, princesa!

—¡¿No vendrás al festival?! —me grita en cuanto escuchami voz.

—Lo siento...

—¡Pues vaya mierda!

Lejos de molestarme en reprocharle sus palabras, resoplo agotado e intento poner el tono más conciliador posible.

—Escucha, cariño...

—Lucas, soy yo.

—Hola, Harry. ¿Y tu hermana?

—Se ha ido a su cuarto, creo. ¿Sabes qué? Mañana Valerie me va a llevar al museo y preguntará si puedo ir a alguna charla solo.

—Eso es genial... Pero escucha, hazme un favor... Intenta que tus hermanos no estén tristes...

—¿Por qué yo?

—¡Joder, Harry! Por empatía, ¿quizá?

—Me refiero a que no soy yo el que se va a saltar el festival ese dichoso, básicamente porque a mí me toca cantar en él. Así que no sé por qué tengo que intentar hacer algo que solo tú puedes conseguir.

—Vale... Lo pillo... Oye, ¿cantas en el festival?

—Muevo los labios y hago ver que lo hago. Así la profesora está contenta y Valerie también.

—Bien hecho...

—¿Te paso con Valerie?

—¿No tienes nada más que contarme?

—Nada relevante, al menos...

—¿Y qué me dices de ese examen de cálculo?

—He sacado un diez.

—Perfecto.

—Por eso, nada relevante que contarte.

—De acuerdo... Pues pásame con mamá, entonces.

—Vale. Adiós.

—Adiós, Harry. Te quiero.

—No te molestes —me dice enseguida Valerie—. No te ha oído.

—Hola... —la saludo con un deje de cansancio en la voz.

—Hola... —me responde ella en el mismo tono.

Escucho de fondo una puerta cerrarse y cómo ella resopla, seguramente al estirarse en nuestra cama.

—Lo siento —le digo.

—¿Te ha contado Harry que mañana vamos al museo? —me pregunta sin hacer caso de mis disculpas. Me parece que ya no se las cree...

—Sí. ¿Cómo lo harás con los enanos?

—Se quedarán en casa de Bruce y Janet un rato. Quiero hablar con alguien de la exposición para plantearle nuestro... problema y ver si ve viable que se pueda quedar solo... Está muy emocionado.

—Genial —digo sonriendo—. Es increíble lo que haces por él...

—Bueno, no quiero que se vea obligado a ser menos él conmigo... —me contesta, rememorando las palabras que le dije hace unos años, cuando los mellizos aún no habían nacido y ella estaba tan confundida por la actitud de Harry—. ¿Qué tal por Toronto? ¿Hace frío?

—No... Se está bien... Bueno, la verdad es que no he pisado mucho la calle, así que puede que ahora mismo haga un frío de la hostia y no me haya enterado. Hemos estado en la sede de la empresa desde que el taxi nos dejó allí al recogernos en el aeropuerto y hemos llegado al hotel hace quince minutos escasos. Ahora me daré una ducha... Te juro que me metería en la cama y no saldría hasta mañana...

—¿Y por qué no lo haces?

—Porque nos han invitado a cenar a Jennifer y a mí...

—Ah... Pues nada, no te entretengo más. Pasadlo bien.

—¡No, Valerie! Espera, que aún tengo un rato... No me cuelgues...

—Está bien...

—¿Qué haces?

—Nada. Me acabo de estirar en la cama para descansar unos minutos mientras hablo contigo. Los chicos están haciendo deberes. Bueno, Harry y Rosie los están haciendo. Simon, tengo mis dudas...

—Ajá... —contesto antes de quedarnos callados, escuchando solo nuestras respiraciones—. ¿Qué llevas puesto?

—¡Anda ya, Lucas! —la escucho reír a carcajadas al otro lado y solo entonces mi ánimo mejora considerablemente.

—Misión cumplida... —susurro para mí mismo. Adoro oírla reír.

—¿Y tú? ¿Qué vas a llevar puesto a la cena?

—Tranquila. Pienso deshacerme del traje y despeinarme todo lo que pueda para estar lo menos atractivo posible...

—Mmmm...

—¿En qué quedamos? ¿Con traje o informal?

—Ambas.

—Eres insaciable... Tranquila, para ti guardo mi indumentaria más especial...

—A ver, sorpréndeme.

—Ninguna.

—Más te vale, guapito. ¿Hay mucha mujer por ahí?

—¿Te refieres a en Canadá en general? Creo que son unos 35 millones de personas, contando que la mitad sean mujeres, pon que habrá unos 17 millones y medio de mujeres.

—No, me refería a... Espera, ¿y en Toronto, cuántos habitantes son? Lo sabes, ¿verdad?

—Lo leí hace unos meses en un informe...

—Y por supuesto, te acuerdas.

—Casi tres millones de personas.

—Así que un millón y medio de mujeres en Toronto, ¿eh? Mmmm... ¿Y en esa cena?

—Puedes estar tranquila, solo Jennifer.

—Me quedo mucho más tranquila, sí...

Noto cierto tono de sarcasmo en sus palabras, pero entonces oigo cómo Rosie la llama porque parece ser que Simon la está molestando.

—Te tengo que dejar... —me dice resoplando.

—Vale... Te quiero.

—No hagas nada de lo que te puedas arrepentir.

—Prometido. Te quiero.

—Y no te acuestes tarde.

—De acuerdo. Te quiero.

—Y no bebas mucho.

—Entendido. Te quiero.

—Y...

—Lo haces a propósito, ¿verdad? —digo mientras ella ríe al otro lado—. ¿Cuántas veces voy a tener que decirte que te quiero antes de escuchar esas mismas palabras de tu boca?

—Las que hagan falta... Te amo con todas mis fuerzas.

—Eso está mejor...

—¿Llevas la alianza puesta?

—¡Jajaja! Mejor me tatúo "propiedad privada" en el pito, ¿no?

—¿Harías eso por mí?

—Cuelgo antes de que creas en serio que lo voy a hacer.

≈ ≈ ≈

—¡Venga! Nos tomamos la última y os dejamos en el hotel.

—Si no me fallan las cuentas, me he tomado tres últimas copas en tres garitos diferentes... —le digo a Martin, el Director de RRHH de la sede de Toronto, uno de nuestros cuatro acompañantes de esta noche.

—Pues esta es la última pero de verdad. No nos movemos ni de local. ¿Trato hecho? —interviene Paul, el Director de Marketing.

—Una y solo una —les indica Jennifer apoyándose en mi brazo—. Porque empiezo a tener serios problemas para enfocar la vista y a este paso, este de aquí me va a tener que llevar en brazos hasta la cama.

—¿Cuánto hace que estáis casados? —nos pregunta Charlotte, de contabilidad.

—Eh... No estamos casados... —contesto yo arrugando la frente.

—Ah... Me habían dicho que estabas casado con alguien de allí y pensé que... ¡Oh, Dios mío, lo siento! ¡Qué vergüenza!

—No pasa nada —contesta Jennifer riendo.

—Estoy casado con Valerie, que trabaja en el Departamento de Atención al Cliente. De hecho, nos conocimos en el trabajo —contesto yo algo más serio, sin poder evitar pensar por qué ha llegado a esa conclusión. ¿Acaso damos a entender algo que no hay?—. Y tenemos tres hijos.

—¡Vaya!

—Sí. Harry, que tiene diez años. Y los mellizos, Simon y Rosie, de cinco.

—A mí se me va a pasar el arroz a este paso —me comenta Charlotte mucho más relajada después de haber pasado el mal rato—. Mi marido y yo tenemos 45 años y no tenemos hijos... Tampoco es que tengamos mucho tiempo libre para dedicárselo...

—Yo tampoco tengo todo el que me gustaría... —confieso—. Pero por suerte tienen una madre maravillosa que se desvive por ellos...

Por algún motivo me siento en la necesidad de ensalzar a Valerie. Aparte de la metedura de pata de Charlotte, he notado ciertas miradas cómplices entre los demás, y quiero que les quede claro que Jennifer y yo no nos acostamos juntos y que yo estoy totalmente enamorado de mi mujer.

—¿Os conocisteis en el trabajo? —se interesa ella.

—Ajá —contesto sintiendo los ojos de Jennifer clavados en mí.

—¿Y fue flechazo a primera vista?

—Bueno, más o menos... Hablamos bastante antes de vernos, y mientras eso duró, no nos llevábamos demasiado bien. Luego empezamos a... conectar de algún modo hasta que al final nos vimos y... bueno, hasta ahora.

—Suena muy romántico —me dice sonriendo y con los ojos iluminados, en parte por la emoción y en parte producto del alcohol—. Ya sabes lo que dicen, del amor al odio, y viceversa, hay un paso.

—Pues sí...

≈≈≈

Afortunadamente, solo una hora después estamos montados en el ascensor del hotel, subiendo a nuestras habitaciones. Estamos solos en el habitáculo y, por alguna razón, el ambiente entre nosotros ha cambiado. Quiero pensar que es por culpa del cansancio y del alcohol, pero sé que en mi caso es por culpa de la confusión de antes. No puedo dejar de pensar una y otra vez que ella llegó a esa conclusión viéndonos... ¿Y si ella lo ha pensado, acaso lo piensa más gente? ¿Hay rumores en la oficina? ¿Por eso está Valerie tan susceptible últimamente?

—Menuda noche, ¿eh? —dice Jennifer para romper el hielo.

—Sí...

—Estoy molida... —vuelve a decir agarrándose a mi brazo para descalzarse.

—Sí.

—¿Estás bien? —me pregunta en cuanto se abren las puertas y salimos al pasillo, ella descalza, con los zapatos de tacón en la mano.

—Sí, cansado.

—Ah, bueno... Te noto algo... distante conmigo —insiste cuando llegamos a las puertas de nuestras habitaciones, una al lado de la otra—. Y tengo la sensación de que ha sido justo después del... malentendido.

—No, no. Tranquila. Todo bien.

—Perfecto. ¿Colegas? —me pregunta mostrándome el puño.

—Colegas —contesto chocándoselo y metiéndome corriendo en la habitación.

Me descalzo y lanzo los zapatos a un lado de la habitación y luego camino hasta el cuarto de baño para mojarme la cara. Al acabar, me quito los vaqueros y la camiseta y me estiro en la cama vestido tan solo con el calzoncillo. Y entonces, sin saber por qué, cojo el teléfono móvil y mis dedos vuelan por las teclas.

"Ya estoy en el hotel. Buenas noches. Te amo"

Cierro los ojos y me froto el puente de la nariz con dos dedos. Resoplo con fuerza y entonces, cuando el móvil baila encima del colchón, doy un salto.

"¿Cómo ha ido?"

"Bueno... Así, así... Contigo me lo hubiera pasado mejor"

"Pues para no haberte divertido, es algo tarde"

"No quería ser descortés con la gente de aquí... No dejaban de invitarnos a copas"

"Ah, o sea que encima vas borracho"

"No lo suficiente como para no poder darte la réplica, así que no me vas a pillar. ¿Qué haces despierta, por cierto?"

"No podía dormir y me he puesto a leer"

"Te quiero. Lo sabes, ¿verdad?"

"¿El alcohol ya te está afectando y te estás poniendo empalagoso?"

"No es cosa del alcohol. Te quiero incluso sobrio"

"¡Qué gran frase! Te quiero incluso sobrio... Qué romántico eres cuando quieres"

"Te echo de menos, Val..."

"Y yo... Venga, ve a dormir que debes de estar agotado. Hablamos mañana, ¿vale?"

"Vale... Hasta mañana. ¿No quieres saber qué llevo puesto?"

"A ver... Espera... Te has quitado los zapatos nada más entrar y los has lanzado a un lado de un puntapié. Te has desabrochado los pantalones y los has dejado deslizar por tus piernas y te los has quitado ayudándote de los pies, dejándolos en el suelo y del revés. La camiseta, supongo que ha corrido la misma suerte que los zapatos y debe de estar, con suerte, encima del mueble de la tele. Así que dudo entre dos respuestas pero me voy a decantar por... solo el calzoncillo, básicamente porque no podría soportar saber que estás desnudo en esa cama sin mí"

Aún con la boca abierta, releo el mensaje una segunda y luego una tercera vez. Al rato, cuando se me dibuja una sonrisa, le contesto:

"Dios mío, ¿qué narices hago a 800 kilómetros de ti?"

"Yo también me lo pregunto. Te quiero, Lucas"

"Y yo, mi bella esposa"

CAPÍTULO 4: CONTESTARÉ TU MAIL CUANDO TÚ DECIDAS SER DEL TODO SINCERO CONMIGO

<u>De:</u> Lucas Turner (lturner@wwex.com)

<u>Para:</u> Valerie Turner (vturner@wwex.com)

<u>Asunto:</u> Esta tarde. Cama. Tú y yo.

<u>Mensaje:</u>

Tienes una cita.

Lucas Turner

Director de Sistemas

<u>De:</u> Valerie Turner (vturner@wwex.com)

<u>Para:</u> Lucas Turner (lturner@wwex.com)

<u>Asunto:</u> Re: Esta tarde. Cama. Tú y yo – ESTA TARDE. OFICINA. YO. TÚ, NO SÉ.

<u>Mensaje:</u>

Yo trabajo. Doy por hecho que tú tienes otros planes.

Aunque por otro lado, tienes razón, tengo una cita. Pero no contigo, sino con tus tres hijos en el colegio. ¿Te has olvidado de ellos o acaso te piensas que vuelven solos a casa?

Valerie

¿Por qué yo no tengo una firma de esas?

—Psss… Eh, Valerie…

—¿Qué?

—¿Qué haces?

—Recordarle a mi marido que tiene hijos.

—Eh... ¿Qué?

—Nada. Oye, ¿y por qué susurramos?

—Porque te quería decir una cosa y no me apetece que se entere todo el mundo...

—A ver, dime.

—Bruce me ha contado lo de Londres...

—¿Lo de Londres? —pregunto frunciendo el ceño.

—Ay, mierda... Luego hablamos, que tengo una llamada.

—¡Janet! ¡Janet vuelve!

Su cabeza ya ha desaparecido al otro lado de la mampara de separación y cuando voy a levantarme para seguirla, un nuevo mensaje llega a mi bandeja de entrada. Decido sentarme de nuevo porque por alguna razón, creo que "lo de Londres" tiene mucho que ver con el remitente del email.

De: Lucas Turner (lturner@wwex.com)

Para: Valerie Turner (vturner@wwex.com)

Asunto: Re: Re: Esta tarde. Cama. Tú y yo – ESTA TARDE. OFICINA. YO. TÚ, NO SÉ. – ¿No te lo han contado? Es la fiesta nacional de los Directores de Sistemas y tenemos la tarde libre

Mensaje:

Tema esta tarde... A ver qué te parece el plan: Te recojo a la hora de comer, pero no comemos, sino que nos vamos a casa y follamos.

Tema niños... ¿No tienen ningún deporte que practicar, instrumento que tocar o idioma que aprender?

Tema firma... Que yo sepa, solo la tenemos los jefes, pero si quieres, pregunto si tú, como persona que se acuesta a diario con uno de esos jefes, te puedes beneficiar de ese privilegio.

Lucas Turner

Director de Sistemas

Mis dedos, presos de la rabia, vuelan por encima de las teclas. Creo incluso que la barra espaciadora va a salir volando de un momento a otro de lo fuerte que la pulso.

—Estamos graciositos hoy, ¿eh? ¿O puede que me estés haciendo la pelota por "lo de Londres"? —susurro para mí misma mientras muevo la cabeza de un lado a otro—. Te vas a cagar, guapito...

—Te agradecería que no sacaras mi nombre a colación... —me pide Janet, haciendo aparecer un poco la cabeza, haciendo patente que ha estado atenta a mis quejas.

—Tú y yo hablamos luego...

<u>De:</u> Valerie Turner (<u>vturner@wwex.com</u>)

<u>Para:</u> Lucas Turner (<u>lturner@wwex.com</u>)

<u>Asunto:</u> Re: ReRe: Re: Esta tarde. Cama. Tú y yo – ESTA TARDE. OFICINA. YO. TÚ, NO SÉ. – ¿No te lo han contado? Es la fiesta nacional de los Directores de Sistemas y tenemos la tarde libre – ENHORABUENA, ALGUN PRIVILEGIO DEBE DE TENER EL CARGO

<u>Mensaje:</u>

Tema esta tarde: No. Tengo que trabajar.

Tema niños: No.

Tema firma: ¿Acostarse a diario contigo? ¿Y quién es esa afortunada?

Valerie

<u>De:</u> Lucas Turner (<u>lturner@wwex.com</u>)

<u>Para:</u> Valerie Turner (<u>vturner@wwex.com</u>)

<u>Asunto:</u> Re: ReRe: Re: Esta tarde. Cama. Tú y yo – ESTA TARDE. OFICINA. YO. TÚ, NO SÉ. – ¿No te lo han contado? Es la fiesta nacional de los Directores de Sistemas y tenemos la tarde libre – ENHORABUENA, ALGUN PRIVILEGIO DEBE DE TENER EL CARGO – Son algunos más...

<u>Mensaje:</u>

¿Estás bien?

¿Ha pasado algo?

Lucas Turner

Director de Sistemas

—Chicas, ¿nos vamos a comer? —digo cuando decido abandonar el intercambio de mails.

≈ ≈ ≈

—Janet, ¿qué es "lo de Londres"? —le insisto cuando ya llevamos un rato sentadas a la mesa, el mismo rato que ella lleva esquivando mi mirada.

—¿Lo de Londres? —pregunta Carol.

—¿Qué es eso? ¿Una peli? —interviene Gloria.

—No es nada... —contesta Janet.

—¿Y por qué tengo la sensación de que ese nada tiene que ver con Lucas? —digo.

—¿Londres? ¿Lucas? —pregunta Andrea mirándonos a las dos—. ¿Qué relación hay entre Lucas y Londres?

—Espera, espera... ¿Os mudáis a Londres? —me pregunta Franny, justo antes de mirar a Janet y preguntarle—: ¿Se mudan a Londres? ¿Trasladan a Lucas a Londres?

—¡No, no, no! ¡Serán solo unas semanas! —acaba confesando Janet sin querer.

Las chicas discuten, todas preguntándole detalles a Janet, que intenta zafarse del acoso. Yo ya no les presto atención, solo escucho el murmullo de sus voces. No me interesan los detalles. Solo me interesa un dato: Lucas se va a Londres unas semanas y aún no me ha dicho nada. De viaje a otro continente. No por unos días, sino por unas semanas. Y con Jennifer, supongo... Como no.

De repente los murmullos se apagan.

—Hola, friky... —dice Carol.

—Hola, chicas.

Giro la cabeza hacia él al escuchar su voz.

—No has contestado a mi mail... —me dice, pero me limito a masticar mi comida mientras las chicas miran hacia otro lado—. ¿Val...? ¿Hola?

—Hola —contesto aún sin mirarle.

—No has... —Carraspea y se agacha a mi lado, bajando el tono de voz hasta susurrar—: No has contestado a mi mail...

—Contestaré tu mail cuando tú decidas ser del todo sincero conmigo.

—Eh... ¿Qué? No te entiendo...

—¿No tienes nada que contarme, Lucas? —digo mirándole por fin.

—¿Contarte...? No... Valerie, mira, no sé qué esperas que te diga porque por primera vez en mucho tiempo, no sé la respuesta a tu pregunta.

—¿Te suena de algo Londres? Y te advierto que no hace falta que me digas los kilómetros que hay desde aquí, ni los habitantes que tiene, ni la renta per cápita del país...

—Oh, mierda... Val... No te dije nada porque no es seguro...

—No es seguro pero tus coleguitas lo saben antes que yo.

—Porque supongo que es algo que comenté delante de ellos, pero...

—¿Y no es más normal que sea algo que comentes delante de mí? —digo elevando el tono de voz lo suficiente como para que hacer girar las cabezas de las personas sentadas alrededor—. Pero supongo que no... De hecho, no tenemos mucho tiempo para comentarnos nada, ¿no?

—Valerie, yo...

De repente siento escozor en los ojos, pero no tengo ganas de darle la satisfacción de verme llorar. Y tampoco quiero dar el espectáculo delante de la mitad de la plantilla, así que me levanto y camino casi corriendo hacia la salida.

≈ ≈ ≈

—¿Quieres que hablemos? —me pregunta Gloria.

—No.

—Vale.

—Pero, ¿estarás bien? —insiste Franny.

—No tengo tiempo para estar mal —contesto encogiéndome de hombros—. Nos vemos mañana.

Empiezo a caminar hacia la boca del metro con la cabeza agachada y la vista fija en la acera. Como una autómata, esquivo al resto de peatones. Me he acostumbrado a ello, ya que no coincido en horarios con Lucas y es él el que lleva el coche porque es el que se encarga de dejar a los niños en el colegio. ¿Quién me iba a decir a mí que iba a ser asidua usuaria del metro? De repente me choco contra el cuerpo de alguien que se ha interpuesto en mi camino de sopetón. Cuando levanto la cabeza, aún aturdida, me encuentro con su mirada.

—Hola —me saluda con temor.

—¿Qué haces aquí? ¿No tenías fiesta esta tarde? —le pregunto esquivándole para empezar a bajar las escaleras de la estación de metro.

—Quiero acompañarte a recoger a los niños... —dice mientras me sigue—. ¿Puedo?

—Es un país libre... No te lo puedo impedir...

—¿Aún estás enfadada?

—No voy a contestar a eso porque conoces perfectamente la respuesta. Y si no la sabes es porque o bien eres más tonto de lo que pareces o no me conoces nada de nada.

—No te quería contar nada hasta que no fuera seguro... Imagínate que te digo que me tengo que ir a Londres unas dos o tres semanas y luego que no sea verdad...

—¿Es verdad?

—Eso parece. —En cuanto me contesta, le miro con una ceja levantada y los brazos cruzados encima del pecho—. ¿La he cagado bien, verdad?

—Es igual, Lucas... Estoy cansada y no tengo ganas de discutir. Solo te pediré que me avises con unos días de antelación para poder organizarme con los niños.

—Me voy la semana que viene.

Clavo los ojos en él y casi puedo verle sudar. Traga saliva con dificultad y abre la boca para volver a hablar, pero en ese momento entra el convoy en la estación y en cuanto se abren las puertas, me apresuro a entrar. Es hora punta, así que enseguida nos vemos aplastados por decenas de personas, separados por una distancia considerable. Me las apaño para encontrar los auriculares y ponérmelos en las orejas y enseguida me dejo invadir por la voz de Sade. Apoyo la espalda contra una de las puertas del vagón y cierro los ojos para intentar relajarme. ¡Odio que sea jefe! ¡Odio no verle a menudo! ¡Odio que no pase tiempo en casa con nosotros! ¡Odio que me mienta! ¡Odio que viaje! ¡Odio que sea jefe junto a Jennifer! ¡Odio que Jennifer le vea todo lo que yo no puedo! ¡Odio que me mienta para estar con Jennifer! ¡Odio que viaje con Jennifer! ¡¿Qué narices...?! ¡Odio a Jennifer!

Mucho más encendida que antes, abro los ojos y compruebo que la próxima parada es la mía. Me doy la vuelta sin mirarle y en cuanto se abren las puertas, me veo arrastrada por la marea de gente. Subo las escaleras escuchando su voz llamarme, pero no es hasta que salimos al exterior y camino unos cuantos pasos que consigue ponerse a mi lado.

—Era un secreto... Se suponía que nadie podía saber que vamos a expandirnos al extranjero y vamos a abrir una sede en el Reino

Unido... Por eso no te lo dije antes... Y como tampoco era seguro cuando tenía que ir y por cuánto tiempo...

Veo el edificio a unos metros y aprieto el paso.

—Me crees, ¿verdad? —me pregunta agarrándome del brazo—. Por favor, Val...

Me zafo de su agarre y en cuanto entro en el recinto del colegio, levanto el brazo para que Rosie me vea. Le dice a su profesora que ya he llegado, señalándome con el dedo, y en cuanto ella le da permiso, camina hacia mí. Entonces ve a su padre a mi espalda y la cara se le ilumina de felicidad. Empieza a correr con la mochila a cuestas y se lanza a sus brazos.

—¡Papi! ¡Has venido! ¡Qué sorpresa!

—Sí, cariño. Me han dado fiesta y he decidido pasarlo con mis personas favoritas del mundo —le dice mientras yo le miro entornando los ojos.

—¿Podemos ir al parque?

—Eh... No sé... Depende de los planes que tenga tu madre...

Evidentemente, no tiene ni la más remota idea de lo que hacemos por las tardes cuando les recojo. Supongo que se debe de pensar que la comida aparece por arte de magia en la nevera, que la ropa camina sola hacia la lavadora y que unos duendes ayudan a los niños a hacer los deberes. Claro, en su mundo de jefes, despachos, reuniones y viajes, esas cosas no las tienen que hacer nunca. Dudo mucho que Jennifer se preocupe por algo más allá del balance de cuentas a final de mes.

En ese momento, veo a Simon con sus amigos de clase y levanto la mano para que su profesora me vea. Empieza a caminar hacia nosotros y, como hizo su hermana antes, corre hacia su padre en cuanto le ve.

—¡Hola! ¿Qué haces aquí? No he hecho nada malo, ¿eh?

—Hola, Simon. No vengo porque hayas hecho nada... malo... Aunque me escama un poco tu preocupación. ¿Hay algo que me quieras contar?

—Que hoy la profesora de mates le ha castigado por no llevar los deberes —nos informa Rosie—. Lleva una nota en la mochila.

—Chivata asquerosa —le reprocha él.

—Simon, ¿no los acabaste ayer? —Niega con la cabeza agachando la cabeza—. Te dije que si tenías alguna duda, le pidieras ayuda a Harry.

—Harry pasó de mí.

—Ah, muy bonito. Y te quedas tan ancho. ¿Y por qué no me lo dijiste a mí? Pues que sepas que ya no vamos al parque.

—Pero...

—No hay pero que valga. A casa castigado.

—Pero yo no tengo la culpa... —se queja Rosie.

—Ahí tiene razón... —se atreve a decir Lucas, que al ver mi cara, decide apartar la vista y hacer ver que busca a Harry.

—No me puedo desdoblar, sois un pack, así que si uno está castigado, los dos lo estáis.

—Pero hoy está papá... Me puedo ir yo con él al parque... —insiste Rosie.

—¡No! ¡Y punto!

—Eres una aburrida... —susurra.

—¿Qué has dicho?

—Nada.

—Pues ala, ya lo has conseguido. Castigada también.

En ese momento, Harry aparece frente a nosotros. Lleva la capucha de la sudadera puesta, por la que asoman algunos mechones de pelo despeinados, y lleva los enormes auriculares en las orejas. Mueve la cabeza a modo de saludo, sin inmutarse siquiera por la novedad de que su padre haya venido a recogerles. Agarro un auricular, apartándolo un poco de su oreja, y digo:

—Hola. Tenemos que hablar.

—¿Qué he hecho? —contesta con apatía.

—¿Ayer te negaste a ayudar a tu hermano con los deberes de matemáticas?

—No me negué, le di por imposible.

—¿Perdona?

—Un niño con su edad debería poder decir cuántas decenas y unidades hay en el número cincuenta...

—¡Pero no me tenías paciencia y no me lo explicabas! No todos somos unos raritos y empollones como tú.

—Créeme, Simon, rebajo muchísimo mi nivel intelectual cuando hablo contigo. No puedo simular ser más tonto...

—Harry y Simon, por favor, haya paz.

—Sí se lo expliqué, Valerie —se excusa Harry—, pero era como hablarle a una pared.

—Harry, por favor... —le pido.

—Imbécil —le insulta Simon.

—Obtuso —le replica Harry.

—¡Basta! ¡Castigados! ¡A casa, ya!

—Eso no es un castigo para Harry... Él no tiene amigos con los que jugar en el parque...

Harry le pega un empujón a Simon y este cae al suelo poniéndose a llorar casi de inmediato. Lucas, que aún tenía en brazos a Rosie, se agacha y coge a Simon con el otro brazo.

—Venga, vamos. Haya paz... Vamos a hablar un rato, chicos...

Empieza a caminar hacia la salida con los mellizos en brazos y le hace una seña con la cabeza a Harry para que les acompañe. Rosie agarra la cara de su padre con ambas manos mientras le explica algo. Simon por su parte, sentado ahora a hombros de Lucas, apoya su cabeza en la de su padre. Harry va al lado de ellos, escuchando atentamente. Les observo caminando unos metros por detrás de ellos y de repente me siento triste. Esa es la imagen que me gustaría ver cada tarde, o si más no, de vez en cuando. Me siento agotada por tener que lidiar en solitario con los tres y estoy segura de que muchos de estos problemas se solucionarían si Lucas pasara más tiempo con nosotros.

En cuanto entramos en casa, los chicos van hacia sus habitaciones para dejar las mochilas y en cuanto vuelven, se plantan frente a mí y me dicen al unísono:

—Lo sentimos mucho.

—Los cuatro —añade Lucas.

—¿Nos sigues queriendo, mami? —me pregunta Rosie.

—Por supuesto que sí —contesto antes de darles un beso y un abrazo a los tres.

—¿A los cuatro? —me pregunta Lucas, que me mira con ojos de cordero degollado.

Resoplo y relajo los hombros mientras él se acerca hasta mí con mucho tiento. Busca mi mirada y sonríe tímidamente hasta que sus brazos me rodean y me estrecha contra su cuerpo. Estoy tan agotada y le echo tanto de menos que enseguida olvido mi enfado. Siento sus labios contra mi cabeza y sus dedos acariciándome el cuello y la espalda y me dejo ir.

—Lo siento... —susurra—. Te amo...

≈≈≈

De: Lucas Turner (lturner@wwex.com)

Para: Valerie Turner (vturner@wwex.com)

Asunto: Esta tarde. Parque. Tú, yo y los niños.

Mensaje:

¿Te apetece el plan?

Lucas Turner

Director de Sistemas

De: Valerie Turner (vturner@wwex.com)

Para: Lucas Turner (lturner@wwex.com)

Asunto: Re: Esta tarde. Parque. Tú, yo y los niños - ¿TIENES FIESTA DE NUEVO?

Mensaje:

¿No tienes que preparar la maleta?

De: Lucas Turner (lturner@wwex.com)

Para: Valerie Turner (vturner@wwex.com)

Asunto: Re: Re: Esta tarde. Parque. Tú, yo y los niños - ¿TIENES FIESTA DE NUEVO? – Hoy es el día del marido enamorado

Mensaje:

¿Y cuánto te piensas que tardo en hacer una maleta? Además, ¿te piensas que voy a dejar pasar la oportunidad de pasar una tarde con vosotros?

Lucas Turner

Director de Sistemas

De: Valerie Turner (vturner@wwex.com)

Para: Lucas Turner (lturner@wwex.com)

Asunto: Re: Re: Re: Esta tarde. Parque. Tú, yo y los niños – ¿TIENES FIESTA DE NUEVO? – Hoy es el día del marido enamorado – YA TE ESTÁS PASANDO DE PELOTA. EMPIEZO A SOSPECHAR QUE HAS HECHO ALGO MALO

> *Mensaje:*
>
> *Es verdad. Me olvidaba de que tienes mucha práctica haciendo maletas. Y siento decepcionarte, pero desaprovechas muchas tardes con nosotros.*

Después de ese mensaje, varias llamadas de teléfono me mantienen ocupada durante un buen rato. Además, Carol nos reúne un momento para hacernos partícipes de la noticia que lleva rondando hace unos días por la oficina: la expansión al extranjero de la empresa. Nosotras ya lo sabíamos por Lucas, pero no el resto del departamento de atención al cliente. Durante la explicación, las chicas no me pierden de vista porque saben que no estoy llevando nada bien separarme de él durante tantos días.

—¿Cuándo se van? —me pregunta Andrea.

—Mañana.

—¿Y cómo lo llevas?

—No muy bien, para qué engañaros... Y él sabe que lo llevo fatal y lleva unos días especialmente empalagoso.

—¿Lucas Turner, empalagoso? —interviene Carol.

—Sí...

—¡Madre mía! ¡Quién le ha visto y quién le ve! —dice Franny.

—Intenta salir de trabajar más o menos a su hora y ayudar a los chicos con los deberes. Baña a Rosie y Simon, charla con Harry...

—Pero eso es genial.

—Ya bueno... Yo empiezo a sospechar que ha hecho algo malo o que hay algo que no me ha contado...

—¡Anda ya! ¡Malpensada!

—Gloria, esta tarde quiere ir al parque con los niños —digo mientras todas me miran y ríen—. Lucas en el parque... Vamos, que no le veo.

—¡Pero si es un padrazo!

—No lo niego, pero nunca ha sido de los de empujar al niño en el columpio o sentarse con Rosie en la arena a hacer castillos.

—Pero sabe que a ti te encanta verle ejercer de padre, y sabes que por ti haría lo que fuera...

"Te he enviado un correo electrónico y no me lo has contestado... ¿Estás enfadada? ¿Pasa algo?"

Resoplo y compruebo mi correo electrónico.

<u>De:</u> Lucas Turner (*lturner@wwex.com*)

<u>Para:</u> Valerie Turner (*vturner@wwex.com*)

<u>Asunto:</u> Re: Re: Re: Re: Esta tarde. Parque. Tú, yo y los niños – ¿TIENES FIESTA DE NUEVO? – Hoy es el día del marido enamorado – YA TE ESTÁS PASANDO DE PELOTA. EMPIEZO A SOSPECHAR QUE HAS HECHO ALGO MALO – ¿Yo? ¿Por quién me tomas?

<u>Mensaje:</u>

No creas que no soy consciente de ello. Entonces, ¿te gusta el plan?

Lucas Turner

Director de Sistemas

—Esperad, que voy a contestarle un mail antes de que le dé un ictus.

<u>De:</u> Valerie Turner (*vturner@wwex.com*)

<u>Para:</u> Lucas Turner (*lturner@wwex.com*)

<u>Asunto:</u> Re: Re: Re: Re: Re: Esta tarde. Parque. Tú, yo y los niños – ¿TIENES FIESTA DE NUEVO? – Hoy es el día del marido enamorado – YA TE ESTÁS PASANDO DE PELOTA. EMPIEZO A SOSPECHAR QUE HAS HECHO ALGO MALO – ¿Yo? ¿Por quién me tomas? – VALE, PUES ENTONCES TIENES PENSADO HACER ALGO MALO

<u>Mensaje:</u>

De acuerdo. Me parece bien el plan.

A la misma hora de siempre. En el mismo sitio de siempre.

—Lo que os decía, sospechosamente cariñoso...

—¿Sigues pensando que Jennifer tiene oscuras intenciones?

—Sé que no me creéis, pero estoy completamente segura de que se siente atraída por Lucas.

—Cariño, déjame que te diga una cosa —dice Gloria—. Tu marido está tremendo, así que todas nos sentimos atraídas por él. No obstante, eso no quiere decir que vayamos a intentar nada...

—Básicamente porque algo no pasa si dos no quieren —añade Franny—. Y por mucho que desconfíes de Jennifer, o de cualquier mujer de la empresa, Lucas está perdidamente enamorado de ti.

—Y hablando del rey de Roma... —dice Carol mientras señala con la cabeza a alguien que se acerca por detrás.

—Hola, chicas —las saluda a todas.

—¿Qué haces aquí? —le pregunto.

—Carol, vengo a informarte de que vas a tener que prescindir de una de tus trabajadoras esta tarde...

—Y no seré yo, ¿verdad? —pregunta Gloria mientras Lucas ríe y niega con la cabeza—. Nunca me llevas a ningún sitio.

—¿Qué quieres que te traiga de Londres? —le pregunta sentándose en su mesa.

—Galletas de té.

—¡Hecho! Te las enviaré por mensajero. Así probaremos qué tal funcionan nuestras conexiones internacionales.

—¿A dónde me llevas? —le pregunto.

—He llamado al colegio de los niños para decirles que les pasaremos a recoger en una media hora. Quiero pasar toda la tarde con vosotros. Y luego nos iremos a cenar los cinco.

—Oh... Madre mía...

—Por favor...

Escucho varios suspiros a mi alrededor, y cuando las miro, las veo a todas mirándole embelesadas y parpadeando como unas bobas.

—Largaos de aquí de una vez y dejad de dar envidia —nos dice Carol.

≈ ≈ ≈

—¿Veo visiones, o Harry lleva a Rosie de la mano? —me pregunta Lucas.

—De vez en cuando suceden milagros como este...

Los dos caminamos agarrados mientras los tres niños caminan unos metros por delante de nosotros. Rosie y Harry charlan agarrados de la mano. Simon, en cambio, corre a su alrededor despreocupado.

—¿En serio?

—Sí, a veces Harry se vuelve humano y hace cosas como esas. El otro día, Simon se cayó en el parque y no me dio tiempo a levantarme que Harry ya estaba a su lado levantándole y llevándole a ponerse agua.

—¡Anda ya!

—Sí.

—Realmente me estoy perdiendo grandes progresos...

Apoyo la cabeza en su pecho y sonrío mientras le acaricio con una mano.

—Papá, ¿vamos a la pizzería esa que nos gusta? —pregunta Simon.

—Ajá.

—¡Bien! ¡Toma! —grita y salta—. Me voy a comer una pizza así de grande, Harry.

—Si la cortas por la mitad y luego, esas mitades las vuelves a cortar cada una por la mitad, ¿cuántos trozos tendrás? —escuchamos que le pregunta.

—¡Muchos! —contesta saltando—. ¡Y todos para mí!

Resignado, Harry niega con la cabeza. Lucas y yo caminamos en silencio, observándoles orgullosos. Esto es perfecto. Los cinco solos, paseando tranquilamente.

—Gracias —le suelto sin pensar.

—¿Por qué? No he hecho nada...

—Por esta tarde. Necesitaba algo así.

—Yo también. Voy a hacer todo lo posible por acortar mi viaje al máximo, ¿vale?

—Vale.

—Te amo.

—Y yo.

Se detiene y me acerca a él. Apoya los labios en los míos y me besa con dulzura.

—Mamá, ¿qué es esta tienda? —escucho que me pregunta Simon.

En cuanto giro la cabeza, le veo frente a un escaparate negro con corazones rosas. En el centro hay un maniquí vestido con lencería femenina de encaje negro. A su lado, otro con un calzoncillo de cuero negro, tirantes y sombrero a juego.

—Pues...

—¡Anda! ¿Entramos?

De repente dejo de prestar atención a Simon para mirar fijamente a Lucas.

—¿Estás loco? ¿Con ellos?

—¿No pueden?

—No.

—¿Y no hay ningún sitio donde dejarles aparcados? ¿Qué pasa? ¿Los que somos padres no follamos ni tenemos derecho a comprar juguetes de estos? Sería una idea cojonuda que alguien montase una especie de sala de juegos para los niños dentro de estas tiendas.. Ya sabes, con toboganes y piscinas de bolas... Bolas de plástico, no chinas...

—Lucas... —digo mirándole con los ojos muy abiertos.

—Sí, ya paro, que me vengo arriba.

—¿Es un "chiquipark"? —insiste Simon, que nos mira fijamente, y del que nos habíamos olvidado por completo.

—Eh... —balbuceo buscando las palabras adecuadas.

—Es una tienda para adultos —contesta Harry.

—¿Solo pueden entrar mayores?

—Sí.

—¿Y qué venden?

—Pues ropa, supongo —contesta Harry—. ¿No ves el escaparate?

—Ah... Pues vaya rollo...

En cuanto Simon se va, Harry nos mira y nos guiña un ojo. Al instante, se da la vuelta y sigue caminando junto a sus hermanos.

—¿Qué acaba de pasar? —pregunto totalmente descolocada.

—No estoy seguro... Pero creo que tu hijo mayor sabe perfectamente lo que es un sex-shop.

≈≈≈

Al salir del restaurante, Lucas tiene que llevar en brazos a Rosie, que de lo cansada que estaba, se ha dormido apoyando la cabeza en la mesa. Simon no tiene freno y sigue brincando mientras da cuenta de la piruleta que le han regalado. Harry camina perdido en su mundo, pero ha estado bastante comunicativo durante toda la cena, así que creo que ahora necesita encerrarse en sí mismo un rato.

—Te quiero —le susurro a Lucas agarrándole de la cintura.

—Y yo a ti, preciosa —contesta antes de apoyar los labios en mi pelo.

En ese momento, una enorme moto se detiene a nuestro lado. El conductor para el motor y se apea de ella. Cuando se quita el casco, reconozco la melena rubia que sale de él y entonces me fijo en la esbelta figura, enfundada en ese traje de cuero que se le ciñe de tal manera que no deja nada a la imaginación.

—¡Qué sorpresa! —dice con su simpatía innata.

—Hola, Jennifer —la saluda Lucas algo confundido, sin poder evitar mirar a la enorme moto aparcada al lado de ella.

Después de unos segundos de silencio incómodo, Jennifer se acerca a mí y me da un par de besos. Luego hace lo propio con Lucas mientras mis ojos intentan proyectar unos rayos láser que la fulminen al instante. No tengo éxito. Después se agacha frente a Simon y Harry y les revuelve el pelo.

—Tú debes de ser Harry y tú, Simon. Y esta pequeñaja de aquí —dice acercándose a Lucas para mirar a la niña—, la preciosa Rosie. Por fin os conozco en persona, aunque vuestro papá me ha enseñado muchas fotos.

Intento acompasar mi respiración y devolver los latidos de mi corazón a un ritmo normal. ¿Qué hace ella viendo fotos de mis hijos en el móvil de mi marido? ¿Quién se ha creído que es?

—¿Cómo estáis? —pregunta.

—Bien —contesto con una enorme y falsa sonrisa—. Pasando un rato en familia.

—Aprovechando un poco antes de irnos, ¿verdad? —dice mirando solo a Lucas, que asiente aún alucinado por la moto—. Yo también. Voy a echarla de menos...

—¿Esa moto es tuya? —pregunta Simon.

—Ajá.

—¿En serio?

—Sí.

—¡Guala! ¡Cómo mola!

—¿Por qué te parece tan raro?

—Porque las madres no tienen motos... Las madres son más... aburridas...

Esa frase cae como una losa encima de mí. ¿Aburrida? ¿Así es como me ven mis hijos?

—Yo no soy madre. Y las madres no es que sean aburridas, es que no tienen tiempo para estas cosas porque os cuidan a vosotros. Y muy bien, por cierto.

Jennifer juega el papel de simpática a la perfección, porque tengo muy claro que todo es pura fachada y por dentro está dando saltos de alegría al saber que mis hijos creen que soy un muermo.

—Mi papá también tiene dos motos, pero las tiene aparcadas porque mamá no le deja usarlas —prosigue Simon hundiéndome en la miseria.

—¿En serio?

—Sí... —contesta Lucas—. O sea, que sí tengo, no que no me deje usarlas... No puedo llevar a tres niños al cole en la moto...

—Claro... Oye, pues de vez en cuando voy a dar unas vueltas a un circuito... Para ponerla a prueba y eso... Si quieres algún día...

—Sí... —contesta, y juro por Dios que puedo ver una sonrisa de felicidad exultante.

—Pues ya me diréis de dónde sacáis el tiempo —suelto de repente—. Si estáis siempre viajando...

—Eso es verdad...

—Y hablando de viaje, tienes la maleta aún por hacer. Así que será mejor que vayamos tirando para casa ya...

—Sí...

—Yo tampoco la tengo hecha —contesta ella de forma despreocupada.

—Y los niños deben acostarse —añado.

¡Ajá, te pillé! No tienes niños así que no puedes decir "y yo también". Vale, se me está yendo de las manos.

—Sí...

Juro por Dios que si Lucas sigue como si le hubieran sorbido el cerebro durante más rato, le doy una colleja. Así pues, antes de tentar a la suerte, tiro de su manga mientras sonrío despidiéndome de Jennifer.

—Que vaya bien por Londres —digo.

—Ya te contaremos.

—Sí, ya me contará mi marido.

CAPÍTULO 5: ¿ME PREGUNTAS POR SU ESTADO DE ÁNIMO EN GENERAL O POR SU ENFADO CONTIGO EN PARTICULAR?

¿Por qué sigo aquí, en el bar del hotel rodeado de los mismos tipos con los que paso más de catorce horas al día trabajando? Estoy agotado, por el amor de Dios... ¿Por qué no simplemente me levanto y subo a mi habitación? Los demás ríen a mi alrededor y parece que se lo están pasando genial. Muevo el vaso y observo cómo el whisky baila en el interior.

—Este trabajo no es compatible con una familia... Bueno, puede que si eres un simple trabajador sí, pero para nosotros, los que dirigimos todo esto... —dice Joseph, el director de la sucursal de Londres.

—Tim tardó seis meses en darse cuenta de ello, ¿verdad? Lo que tardó su mujer en cansarse de sus ausencias...

—Pero salí ganando. Aguanto a mis hijos dos fines de semana al mes y el resto de días, puedo follarme a quien me dé la real gana.

—Supongo que si le tienes mucho apego a la familia, no puedes estar aquí arriba —interviene Jennifer señalándonos a todos con el dedo.

Arrugo la frente al escucharles y miro de reojo a Jennifer. Yo estoy tan arriba como ellos y adoro a mi familia. ¿Acaso no lo parece? ¿Doy la impresión de que quiero distanciarme de ellos? Valerie no lleva bien que viaje tanto, ¿será porque siente que quiero alejarme de ellos?

El impulso me hace mirar el reloj. Pasan de las once y media de la noche, las seis y media pasadas en Nueva York. Es miércoles. Simon y Rosie tienen karate. Harry seguramente haya querido ir a la biblioteca. A esta hora, Valerie ya les habrá recogido y habrán llegado a casa hace poco. Me pongo en pie y sin hacer caso de los demás, les doy la espalda y camino hacia los ascensores levantando una mano para despedirme. Saco el móvil del bolsillo del pantalón y busco su número en la lista de llamadas recientes. Tengo que bajar bastante hasta encontrarla. Hace tres días que no hablamos. Mierda...

El ascensor se detiene en mi planta y camino por el pasillo enmoquetado. Justo delante de mi puerta, después de varios tonos de llamada, salta el buzón de voz. Mierda...

Tiro la americana encima de la butaca del escritorio, me desato la corbata y empiezo a desabrocharme la camisa. Estoy realmente agotado, el trabajo me ha absorbido... Tanto que no me he acordado de Valerie y de los chicos en tres días. Mierda...

Y entonces el teléfono empieza a sonar. Fresco como una rosa de repente, me lanzo sobre la cama para cogerlo y comprobar que es Valerie quien me llama.

—Hola, cariño —respondo con una enorme sonrisa dibujada en los labios.

—Hola, papá.

—¡Rosie! ¿Cómo estás, pequeña?

—Bien. Me acabo de bañar.

—Ah, me parece muy bien.

—Iba muy sucia porque mamá nos ha llevado al parque. Simon me ha hecho una peluca de barro. —No puedo evitar reír—. No te rías... Mamá se ha enfadado mucho con él...

—No me creo que tú no le hayas hecho nada...

—Le he metido barro en los calzoncillos —confiesa riendo—. Parecía que se hubiera cagado, papá... Mamá dice que no le va ni a lavar los calzoncillos. Los ha tirado a la basura.

No puedo evitar reír a carcajadas, aunque luego me doy cuenta de que a Valerie no tiene que haberle hecho demasiada gracia.

—¿Qué haces tú? —me pregunta.

—Acabo de llegar a la habitación y estoy estirado en la cama.

—¿Trabajas mucho?

—Demasiado.

—¿Por eso no llamas a mamá?

—Eh... Sí... Pero me acuerdo de vosotros a cada segundo...

—Lo sé —me responde ella sin rencor—. ¿Quieres hablar con Harry?

—Sí, cariño.

—Vale. Te lo paso, espera... —la escucho caminar, supongo que por el pasillo hacia el dormitorio de Harry, donde debe de estar encerrado desde que han llegado a casa—. Está un poco raro últimamente... Más, quiero decir.

—Vale. Lo tendré en cuenta...

Oigo cómo abre la puerta y cómo Harry le grita que se largue.

—¡Idiota, es papá!

Tardo unos segundos en escuchar su voz, justo después de oír el ruido de la puerta al cerrarse.

—Hola, Lucas.

—Hola. ¿Cómo estás?

—Bien.

—¿Qué haces?

—Leer. He cogido unos libros en la biblioteca.

—¿Acerca de qué?

—De la Teoría de las Cuerdas.

—¿Y te gusta?

—Es interesante, pero no creo que sea algo en lo que quiera... profundizar...

—Bueno, tranquilo. Ya encontrarás aquello que te atraiga. Solo tienes diez años. Ten en cuenta que la mayoría de gente no sabe qué hacer con su vida hasta... Bueno, de hecho, mucha gente muere sin saber qué ha hecho con su vida.

—Pues a mí eso me preocupa y me estresa.

—Pues tranquilo. Oye... ¿Cómo está mamá...?

—¿Me preguntas por su estado de ánimo en general o por su enfado contigo en particular?

—Pues... Supongo que por lo segundo...

—Llevas tres días sin llamar...

—¿Con eso me quieres decir que está muy enfadada?

—Creo que sí... Pero Simon y Rosie también la hacen enfadar mucho, así que no sé dónde acaba el enfado con ellos y empieza el enfado contigo...

—Así que tú eres el único con el que no está enfadado...

—Sorprendentemente... Aunque creo que aún se frustra conmigo...

—Entonces quizá me podrías echar un cable.

—¿A sacarte las castañas del fuego? ¿Pretendes que arregle lo que tú has jodido?

—Por llamarlo de alguna manera, sí... Yo te he salvado el culo en más de una ocasión.

—Quid pro quo.

—Eso es.

—Veré qué puedo hacer. Mientras tanto, ¿quieres intentar hablar con ella o le tienes demasiado miedo?

—Creo que me arriesgaré.

—Vale. Espera.

—Gracias, Harry. Te quiero.

—Vale.

Escucho sus pasos y luego la voz amortiguada de Valerie. Les da algunas consignas a ellos y luego su voz más clara.

—Hola.

—Hola. ¿Cómo lo llevas? —le pregunto, aunque me puedo imaginar la respuesta.

—Lo llevo. Dejémoslo ahí. ¿Y tú? ¿Qué haces?

—Acabo de llegar a la habitación.

—¿Qué hora es allí?

—Casi las doce de la noche...

—¿Y a esas horas acabáis de trabajar?

—Bueno, estábamos tomando algo en el bar del hotel.

—Vale. Entonces no cuenta como trabajo, sino como placer.

—Créeme, si pudiera elegir, no hubiera estado allí.

—Créeme, puedes elegir.

—No tengo ganas de discutir, Val...

—Ni yo de que me mientan o me hagan creer algo que no es.

—¿Qué...? Es igual... Piensa lo que quieras...

—Al menos esta llamada me ha servido para saber el motivo por el que no me has llamado en tres días: estabas muy ocupado tomando copas en ese bar hasta las tantas.

—¡Eso no es verdad! ¡No te he llamado porque no hemos parado!

—¿Ni para escribir un triste mensaje? ¿En serio? Pues entonces pide un aumento porque no te pagan lo suficiente.

Estaba deseando escuchar su voz y demostrarme a mí mismo que quiero a mi familia. Quería demostrar que Jennifer se equivoca y que sí se puede compaginar el tener un puesto directivo y una familia. Ahora me doy cuenta de que quizá tengan razón.

—Valerie, no te llamo para discutir... Solo quería escuchar tu voz y decirte que te echo de menos...

—Pues a mí me vendría bien escuchar esto más a menudo. Lucas, tengo que colgar...

—¿Ya? ¿Por qué?

—Porque tus hijos tienen hambre. Yo no tengo servicio de habitaciones...

—Vale. Te llamaré mañana.

—No prometas nada que no vayas a cumplir. Adiós, Lucas.

—Te...

Pero la llamada se cuelga antes de poder acabar la frase. Lanzo el teléfono con rabia, pero lo oigo rebotar contra la moqueta del suelo. Odio los suelos enmoquetados. Odio los hoteles deprimentes con moqueta de flores. Odio las habitaciones de hotel. Odio Londres. Y de repente, mi cabeza da un giro y me descubro pensando cosas muy diferentes... Odio dar explicaciones acerca de mis movimientos. Odio depender tanto de alguien.

≈≈≈

—Tienes mala cara. ¿No has dormido bien? —me pregunta Jennifer después de llamar mi atención golpeando mi hombro con el suyo con suavidad—. ¿Tienes resaca de anoche? Te fuiste bastante antes que nosotros. No me digas que te estás haciendo viejo y te tumbo tan fácilmente...

—No es eso...

—¿Y entonces? Cuéntamelo. Pasamos demasiadas horas juntos. Además, sigo siendo tu jefa, y si no rindes lo suficiente, me veré obligada a despedirte. Pero me caes bien y eres un activo muy importante en la empresa y no me gustaría llegar a ese extremo, así que si te puedo ayudar...

—Estoy cansado... Y necesito irme a casa...

—Mmmm... ¿Problemas en casa?

—No... Es solo... Les echo de menos y ellos a mí... No es fácil con tres hijos y...

—Tu mujer te ha echado la bronca por pasar tanto tiempo fuera de casa.

—Eh... Sí. Algo así —confieso apoyando los codos en la mesa y la frente en las palmas de mis manos.

—No todo el mundo entiende que nos gusta nuestro trabajo... —dice apoyando la mano en mi hombro—. Y por eso nos cuesta tanto encontrar pareja o el alto índice de divorcios entre los directivos.

—Nosotros somos diferentes...

—Muchos piensan que los son y que podrán... soportar la presión, pero las estadísticas están ahí.

La miro entornando los ojos y entonces ella sonríe. Me reconforta que alguien haga eso. Estoy algo cansado de reproches y enfados.

Necesito alguien que me comprenda y que simplemente no se cuestione a qué hora acabo de trabajar. Y ahí está Jennifer.

—¿Sabes qué haremos esta tarde? —Niego con la cabeza—. ¿Qué darías por subirte en una moto y olvidarte de todo?

—¿Cuánto quieres? —contesto sacando la billetera del bolsillo del pantalón—. Te lo doy todo.

Jennifer ríe y luego mueve las cejas arriba y abajo, llevándose el móvil a la oreja. Se levanta y empieza a hablar con alguien. Segundos después, cuelga la llamada y se sienta con aire satisfecho.

—Esta tarde tenemos el circuito de Silverstone para nosotros solos.

—¿El de verdad? —pregunto incrédulo.

—¿Acaso hay uno de mentira? Eso sí, no tienen tu Ducati Diavel, así que espero que te conformes con una simple Kawasaki.

—Creo que podré soportarlo.

≈ ≈ ≈

Doy gas a tope en la recta del circuito y freno justo antes de la curva. La rueda trasera derrapa durante unos pocos metros y entonces me pliego para trazar la curva lo más cerrada posible. Aún no he salido de ella que fijo el punto de mira en la siguiente. Así pues, enderezo rápidamente la moto y vuelvo a hacerla rugir con un giro de muñeca. Trazo todas las curvas hasta volver a llegar a la recta principal, donde miro de reojo el tiempo que he marcado. Es algo más rápido que la vuelta anterior pero yo, lejos de moderar el ritmo, grito para descargar adrenalina y sigo dándole gas.

Una hora después, entro en el carril de los boxes y freno la moto al lado de los tíos que me esperan para agarrarla. Me bajo, me quito el casco y resoplo extasiado de felicidad.

—Ha sido acojonante —digo.

Jennifer camina hacia mí sonriendo. Se detiene a escasos centímetros de mi cuerpo y me peina el pelo con los dedos de forma cariñosa.

—No se te da nada mal, Turner... Has pulverizado mis tiempos. —Me mira de arriba abajo, mordiéndose el labio inferior—. ¿Estás mejor?

—Mucho mejor. Gracias. Hacia... uf... años que no disfrutaba así encima de una moto...

—Lo suponía. Esto debe de ser bastante difícil de hacer a menudo si tienes hijos...

—¿Insinúas que tú lo haces a menudo?

—Ajá. Cuando quieras, repetimos... Pero tendrás que deshacerte de tu mujer... —La miro frunciendo el ceño y entonces levanta las cejas al darse cuenta de cómo han sonado sus palabras—. O sea, no quiero decir que la mates ni nada de eso, sino que simplemente la convenzas para que te deje escaparte conmigo... Prometo ser buena. O no.

—¿Y ahora? —le pregunto sonriendo.

—¿Y ahora qué?

—¿Qué hacemos? ¿A dónde vamos?

—¿Aún no te has cansado de mí?

—No.

—¿Y no tienes que rendirle cuentas a tu mujer?

—No tengo que rendirle cuentas a nadie.

—Pues vamos a divertirnos.

≈ ≈ ≈

Acabamos en un pub cercano a nuestro hotel. Nos hemos decantado por ese porque hemos creído que seríamos capaces de llegar a nuestras habitaciones a pesar de estar muy bebidos. Es un trayecto que sobrio se puede hacer en tres minutos a paso ligero. El estado de embriaguez puede llegar a tergiversar la realidad lo suficiente como para añadir cinco minutos a ese paseo. Luego hemos concluido que íbamos a beber como si no hubiera un mañana, así que puede que tardemos cerca de media hora en poder estirarnos en nuestras respectivas camas.

—¡Bebe! ¡Bebe! ¡Bebe! ¡Bebe!

Los borrachos se hermanan entre ellos y eso es justo lo que está pasando en el pub y tenemos a varios seguidores entusiastas animándonos para bebernos una fila de veinte chupitos casi sin respirar. El juego consiste en que cada contendiente empieza por una punta de la fila, acercándonos al centro. Quien haya bebido más, gana. Mientras apuro el sexto vasito, miro de reojo a Jennifer, que se está destapando como una rival dura de roer. Bebe como un tío y a pesar de ser tan delgada, parece tener el mismo aguante que un tipo robusto de cien kilos.

Los aplausos se desatan cuando levanto los dos brazos al cielo. Aún no puedo hablar porque estoy intentando tragar el líquido del último vaso, el decisivo, el que ha decantado la balanza a mi favor. Jennifer me golpea con las manos mientras yo la esquivo. Intento no escupir el whisky mientras me río y esquivo sus golpes. Al rato, sus brazos se enroscan alrededor de mi cintura y apoya la cabeza en mi pecho.

—Madre mía... Creo que esta tanda de chupitos me ha noqueado —dice—. Todo empieza a dar vueltas a mi alrededor.

—Pues entonces ha llegado el momento de volver al hotel. Mejor ahora que parece que sigues pudiendo mantener la verticalidad y no hará falta que te lleve en brazos.

—¡Oye! ¡Pues menudo caballero estás hecho! ¿Me estás llamando gorda? ¿O es que eres un flojo y no podrías conmigo?

—Podría contigo, seguro. Pero no te prometo que llegaras a tu habitación sana y salva.

—Mmmm... Tentador...

—No en ese sentido...

—Oh... Vaya...

Al salir del pub, empezamos a caminar con algo más de dignidad de la que creía. Jennifer se agarra de mi brazo porque además ella tiene que lidiar con unos tacones de diez centímetros. Reímos de forma escandalosa, totalmente despreocupados. Nunca en la vida he hecho esto antes... Ni siquiera de adolescente, aunque también tengo que admitir que mi adolescencia no fue demasiado normal. ¿Es esto lo que se siente cuando nada te preocupa? ¿Cuándo sientes que nada te ata?

—¿Qué me dices? ¿Nos tomamos la última? —me pregunta moviendo la cabeza hacia el bar en cuanto entramos en el hotel—. Aquí no tenemos peligro de no poder volver...

—Aún tendríamos que ver cómo subir hasta nuestras habitaciones...

—Podríamos reptar por el suelo...

—¿Y frotarme contra esa moqueta llena de ácaros? Creo que conservaré mi dignidad...

—Bueno, quizá quieras frotarte contra mí... —No sé si es producto del alcohol, pero en cuanto dice eso, arrugo la frente y sonrío moviendo la cabeza. Al momento, ella se lleva una mano a la boca y se separa de mí, muy sonrojada—. Lo siento. Lo siento. Oh, Dios mío. Qué vergüenza... No sé cómo he sido capaz de decir eso...

—No... No pasa nada... —digo para tranquilizarla—. Aunque para no tentar más a la suerte, mejor damos por acabada la velada.

—Sí, mejor. Por favor, qué vergüenza... ¿Qué habrás pensado de mí? No quiero que te pienses que yo... O sea... Soy consciente de que estás casado y eso... Me siento cómoda contigo y es evidente que eres muy guapo, pero yo nunca haría nada...

—Tranquila...

Supongo que movido por un impulso, puede que para hacer algo para intentar disimular mi incomodidad, saco el teléfono del bolsillo.Tengo dos mensajes de Valerie. Uno es una foto de un Simon sonriente con el brazo escayolado y el otro es un mensaje de texto.

"Simon me ha pedido que te la envíe y que te diga que tiene unas fotos súper chulas de los huesos de su brazo"

La sonrisa se me congela al instante.

—¿Estás bien? —me pregunta Jennifer.

—Eh... Es... Es Simon... Creo que se ha roto un brazo...

—Bueno, dicen que los niños son de goma, ¿no? Se pondrá bien. ¿Qué me dices de esa copa?

—Eh... No... No creo que deba... Mi hijo lo ha pasado mal...

—No tiene pinta de estar pasándolo mal, la verdad —dice mirando la foto.

—Voy a subir y llamarle...

—Llámale ahora y vamos al bar.

—No puedo estar aquí abajo sabiendo que él está así...

—¿Y qué vas a ganar subiendo? Solo amargarte. Llámale desde aquí.

La miro durante unos segundos. Luego miro mi teléfono y al final decido hacerle caso. Escucho los tonos mientras llamo. Me alejo unos pasos para tener algo más de intimidad. Jennifer camina hacia la barra y se sienta en uno de los taburetes.

—Hola —me saluda Valerie con voz cansada.

—Hola, cariño. Acabo de ver la foto... —me excuso, aunque ella me la ha enviado hace como una hora—. ¿Qué ha pasado?

—Subió la bicicleta a un banco del parque para intentar saltar al suelo subido en ella. Evidentemente, no lo ha conseguido con éxito.

—Dios mío... En la foto parecía estar bien...

—Sí, bueno. Esa foto es de dos horas después del accidente. Tardé poco en llegar al hospital con los tres, pero las urgencias estaban colapsadas y supongo que un brazo roto no es de máxima urgencia. Cuando se lo hizo lloró muchísimo y no paraba de llamarte a gritos, pero le prometí que te enviaríamos una foto cuando todo acabara. No quería molestarte en plena jornada de trabajo.

Trago saliva con la culpabilidad aplastando mi pecho. Mientras mi hijo lloraba y me llamaba a gritos, yo me lo pasaba en grande subido en una moto para olvidarme de mis responsabilidades.

—¿Cómo está ahora?

—Durmiendo. Le he dado un calmante que me han recetado en el hospital para que pase buena noche. Rosie se ha asustado mucho al verle el brazo. Harry, en cambio, se ha comportado como el perfecto hermano mayor...

—¡Lucas, ¿lo mismo de antes?! —grita Jennifer en ese momento.

Mierda... Espero que no la haya oído... Pero su repentino silencio no me da lugar a muchas dudas... También el mío debe de ser algo sospechoso.

—Me parece que estoy interrumpiendo algo importante... —dice finalmente.

—¡No! ¡Valerie, espera!

Pero entonces la llamada se cuelga. Tengo la sensación de que últimamente, todas las conversaciones con Valerie acaban de la misma manera. ¿Por qué todo es tan complicado? ¿Por qué las cosas no pueden ser tan fáciles como lo son con Jennifer?

CAPÍTULO 6: POR DIOS, SI TEMO HASTA

DEJARTE SIN RESPIRACIÓN SI TE BESO

En cuanto cuelgo la llamada, lanzo el teléfono a un lado del sofá y me pongo en pie. Camino con decisión hacia la cocina, abro el armario, saco una copa, y descorcho una botella de vino. Estoy tentada en dejarla encima del mármol de la cocina, pero viendo que me he bebido de un sorbo lo que acabo de echar en la copa, decido llevarme la botella al sofá.

Vuelvo a llenarme la copa, encojo las piernas y me hago un ovillo. Mientras yo corría con nuestros tres hijos hacia el hospital, mientras yo sentía un enorme cargo de conciencia por haber perdido de vista a Simon durante un rato y no poder evitar que hiciera esa tontería, mientras yo intentaba calmarle, mientras le convencía para no llamar a su padre,suponiendo que estaría trabajando, él se lo pasa en grande con Jennifer. Y si ya llevaba mal que pasara tanto tiempo trabajando codo con codo con ella, ya no hablamos de cómo me sienta que pase tanto tiempo divirtiéndose con ella.

Por otro lado, le compadezco... No es consciente de lo mucho que se pierde. Se pierde sus risas, su divertida visión del mundo, el cambio que Harry está experimentado poco a poco... Adoro arropar a mis pequeños justo después de explicarles un cuento. Me encanta escuchar a Harry aun cuando no entiendo prácticamente nada de lo que me dice. Siento un amor infinito por mis hijos cuando corren a abrazarme al salir del colegio y me llena de orgullo cuando los profesores de Harry me hablan de sus capacidades y de lo lejos que puede llegar. No entiendo cómo puede soportar vivir sin el ritual de cada noche, cuando él llegaba a casa después del trabajo y los mellizos corrían para abrazarle, haciéndole caer al suelo en varias ocasiones. Tampoco cómo puede haber olvidado su cara de orgullo cuando Harry le enseñaba sus cualificaciones o cómo no echa de menos sus largas charlas.

Siento escozor en los ojos pero no tengo fuerzas para retenerlas ni para secarme la cara, así que en cuanto parpadeo, las lágrimas empiezan a rodar por mis mejillas. Al rato incluso empiezo a moquear y a sollozar sin parar. Debo de estar de foto, divina y con glamour... Igualita que Jennifer, que debe de estar perfecta, con su pantalón híper mega ajustado, sus zapatos de tacón de aguja y su camisa de seda. A mí no me sale a cuenta tener camisas de esas, no son cómodas cuando tengo que lidiar con tres hijos. Tampoco puedo llevar el pelo siempre peinado de peluquería y suelto como lleva Jennifer. Me gustaría verla en el parque, rescatando a Rosie de esas pirámides de cuerdas creadas por el demonio o persiguiendo a Simon por dentro de esos tubos de plástico que huelen a pipí, con la melena ondeando al viento.

—Hola...

Doy un respingo en el sofá y me giro rápidamente. Harry me mira con los ojos y la boca muy abiertos.

—Hola, cielo —me apresuro a contestar mientras me seco las lágrimas con movimientos torpes—. Pensé que estabas dormido...

—¿Estás... llorando?

—No es nada.

—Sí es algo. No se llora por nada. Siempre hay una razón. De alegría, de pena, de miedo, de añoranza, o incluso cuando cortas una cebolla y el azufre que contiene se volatiliza y reacciona con la humedad de los ojos, generando ácido sulfúrico, que produce la sensación de quemazón e irritación que estimulan la glándula lagrimal.

Y de repente sonrío, y segundos después se me escapa la risa.

—Y ahora estás... riendo... Eres complicada de entender... incluso para mí...

—Créeme, para muchos hombres, ese es uno de los grandes enigmas de la humanidad. Si consigues desvelarles el secreto, serás como un Dios para ellos.

Para mi asombro, Harry camina lentamente hacia mí y se sienta a mi lado en el sofá. Mira la botella de vino, ya casi vacía, y la copa en mi mano.

—Lloras, bebes... Permíteme que vuelva a preguntarte pero, ¿estás bien?

—Estoy... —Intento buscar la palabra adecuada. Sé que no debo mentirle, pero tampoco creo necesario contarle toda la verdad. Puede ser muy inteligente, pero no deja de tener diez años.

—Pareces triste —se adelanta él.

—Un poco, sí...

—¿Por mi culpa? ¿O por culpa de Sy o Rosie?

—No, cariño. Vosotros sois lo mejor de todo. Siempre —me apresuro a decir para que no tenga la más mínima duda de ello.

—Vale, pues entonces es por Lucas. ¿Qué ha hecho?

—Él no... ¿Por qué piensas que es culpa suya? También puedo estar triste porque se haya enfadado conmigo por algo que yo he hecho...

—No. Imposible —añade con seguridad—. Tú nunca haces nada mal.

—Aunque no puedo negar que eso me halague, tengo que quitarte la venda de los ojos. Hago muchas cosas mal y me equivoco muy a menudo.

—Vale, puede ser. Pero algo me dice que esta vez es culpa de Lucas. Estás cansada, triste y le echas de menos. Y él no hace nada por remediarlo. No sé mucho de... amor y de novios, pero creo que si tu chica está molesta por algo, debes intentar... no sé... hacer las cosas bien.

—Bueno... A veces las cosas no son tan sencillas... Papá quiere que yo sea feliz, que todos lo seamos, pero no puede estar aquí ahora porque tiene mucho trabajo.

Harry frunce el ceño y entorna los ojos. Casi puedo escuchar los engranajes de su cabeza pensando en mis palabras. Reposa las manos en su regazo, frotándolas una contra la otra, hasta que al rato gira la cabeza hacia mí y me mira apretando los labios con fuerza hasta convertirlos en una fina línea.

—He hecho algo, Valerie...

—¿Algo...? O sea... ¿Te refieres a algo por lo que me debería asustar?

—Creo que no. Mañana vamos a ir a un sitio.Tú y yo. He hablado con Janet y Bruce, y mañana se quedarán con Simon y Rosie.

—Mañana no podemos ir al museo, cariño... Dijimos que iríamos la semana que...

—No es eso. Prometido. ¿Confías en mí?

≈ ≈ ≈

Mientras caminamos por la acera, miro de reojo a mi hijo, ese gran desconocido por el que daría la vida, esa pequeña persona que se da cuenta de muchas cosas y que parece comprenderme mucho más de lo que creo. Aún no sé a dónde vamos y tampoco él parece estar emocionado, así que no las tengo todas conmigo y reconozco que voy con un poco de miedo.

En ese momento, como si hubiera leído mi pensamiento, Harry me mira y las comisuras de sus labios se curvan levemente hacia arriba.

—¿A dónde vamos?

—Es una sorpresa —me contesta encogiéndose de hombros. Entonces vuelve a mirar al frente y, sin darle la mayor importancia, añade—: Creo que estás siempre preocupándote por nosotros y ya va siendo hora de que te preocupes solo por ti... Al menos durante un rato, porque no creo que Simon esté preparado para ser responsable. Ya hemos llegado.

Sin cambiar la expresión de estupor de mi cara, dejo de mirarle y giro la cabeza para comprobar que estamos justo delante de un local enorme de fachada gris y dos fuentes de agua con piedras redondas situadas a ambos lados de la puerta. Todo muy feng shui, pienso justo antes de levantar la vista y leer el rótulo de un spa urbano.

—Cariño...

—No es gran cosa... O sea, un circuito de aguas y luego te darán un masaje relajante... Me hubiera gustado regalarte algo más, pero creo que no era del todo consciente de los precios de estas cosas...

—¿Cómo has...? ¿Cómo has pagado esto?

—Aún no lo he pagado. Llevo el dinero aquí para hacerlo ahora. Lo he sacado de mi hucha.

—Pero no puedo...

—¡No! ¡Te lo prohíbo! ¡No te voy a permitir que digas que no puedes aceptarlo!

—Pero no traigo bañador...

—Pero yo sí —dice señalando la mochila que lleva colgada de los hombros.

—Pero... No deberías ser tú quién me pague...

—¡Basta! —grita bastante exaltado, hasta que al rato rebaja el tono y prosigue—: Quiero hacerlo, mamá. Déjame hacerlo.

Empiezo a llorar como una Magdalena mientras Harry da un par de pasos hacia atrás, mirándome asustado.

—¿Por qué lloras ahora?

—Porque... Me... Me... —sorbo los mocos e intento secarme las lágrimas con las mangas, así que hasta yo misma me doy cuenta de que resulta muy difícil entenderme, de ahí la cara de susto de Harry—. Me has llamado mamá.

—Eh... Vale...

—Es la primera vez que lo haces...

—¿Y eso no te gusta?

—¡Claro que me gusta!

—¡Pues aclárate, mujer! —dice gesticulando con las manos mientras entra en el recinto.

Me ha vuelto a dejar de piedra, así que tardo un poco en reaccionar. Además, tampoco quiero entrar en el edificio montando el espectáculo... Cuando lo hago, comportándose como si fuera un adulto, veo a Harry hablando con la recepcionista. Cuando me planto a su lado, sonrío ilusionada, encogiéndome de hombros cuando la chica me mira.

—Parece que su hijo la quiere muchísimo —dice ella.

—Sí... —contesto y miro de reojo a Harry que, sonrojado, agacha la cabeza.

—Si me acompañan...

≈≈≈

Me dispongo a salir del vestuario femenino con el bañador puesto. La chica me ha dado un esponjoso albornoz y unas zapatillas a juego. Todo huele a incienso y cítricos y está iluminado de forma tenue con velas. De fondo se escucha una música algo mística y la gente habla en susurros. En cuanto llego a las piscinas y al circuito de agua termal, me encuentro a Harry, también vestido con su bañador, esperándome. Cuando le sonrío, me devuelve el gesto.

—Hola —susurro cuando llego hasta él.

—Hola... Tenemos una hora aquí dentro. Podemos ir a la piscina que queramos... Algunas de agua caliente y otra de agua fría. Se supone que soportar ese calvario ayuda a la circulación de la sangre y mantiene la piel tersa... Hay también saunas de varios tipos e incluso una piscina de agua del Mar Muerto. Le llaman así pero no creo que hayan traído el agua desde allí, sino que habrán aumentado la salinidad para que la gente flote.

—Vale... —contesto sonriente mientras dejamos los albornoces en un banco y nos descalzamos.

Harry se sienta en el borde de una de las piscinas y se sumerge enseguida, así que yo le imito. Nadamos hasta unos enormes chorros que nos caen directamente en los hombros. Al instante, cierro los ojos y me dejo masajear.

—Oh... Por Dios... Qué bien...

—Espero que no te moleste que esté aquí contigo... O sea, en un principio pensé en que estuvieras sola, y el masaje te lo darán solo a ti y yo te esperaré fuera, pero me gustaba la idea de hacer esto contigo porque... Bueno, a veces creo que piensas que prefiero a Lucas y... no es verdad... Os prefiero a los dos por igual, aunque es cierto que intelectualmente, siento que él me entiende algo más. Por eso de que somos raros y eso... Creo que te sientes frustrada conmigo y yo quiero que sepas que no es culpa tuya, es mía. Voy a aprender a ser diferente, lo prometo.

—No, cariño. No quiero que cambies.Soy yo la que tiene que aprender a entenderte. Y creo que es algo que estoy mejorando estos últimos años, ¿no?

—Si... —ríe achinando los ojos—. Mucho más...

—Y por supuesto que me encanta hacer esto contigo. Yo a veces también he pensado que no es justo que pase más tiempo con tus hermanos que contigo...

—Es normal. Son más pequeños, más malos, más dependientes y mucho menos frustrantes que yo. ¿Sabes? A veces les envidio... ¿Cómo debe ser hacer las cosas sin pensarlas antes?

Le observo durante unos minutos y luego miro alrededor. Estamos solos en esa piscina, así que nado hacia el borde y salgo de ella.

—Ven. Sal —le pido.

Cuando me hace caso y se planta a mi lado, mirándome sin conocer mis planes, muevo las cejas arriba y abajo y le digo:

—Vamos a tirarnos en bomba.

—¿Qué...?

—No lo pienses. Vamos a hacerlo. Uno, dos... ¡y tres! ¡Ya!

Me impulso con los pies y me hago un ovillo en el aire sin dejar de mirarle de reojo. Justo antes de sumergirme en el agua compruebo cómo me hace caso y da un salto. Emerjo y espero a que él lo haga, y entonces se obra el milagro.

—¡Jajaja! ¡Qué pasada! —dice riendo a carcajadas.

—No siempre se siente eso... Me refiero a cuando haces las cosas sin pensar... A veces es tan genial como ahora, pero a veces sale tan mal como le resultó a Simon...

—El secreto entonces está en encontrar un equilibrio en todo...

—Exacto...

—Pero eso debe de ser difícil de encontrar... Quiero decir, Lucas también debería poder encontrar el equilibrio entre estar en el trabajo y estar con nosotros, y si no lo ha encontrado, será porque es muy difícil...

—Supongo... Aunque en ese caso, también debe de ser cuestión de tener claras las prioridades de cada uno.

Harry me mira frunciendo el ceño. Mueve los ojos de un lado a otro, pensando, hasta que al final, dice:

—En ese caso, me parece que Lucas no es tan listo como parece. Si lo fuera, tendría claro que no está haciendo bien las cosas. Yo sé que su prioridad eres tú, pero creo que no sabe demostrártelo como te mereces —dice, una vez más, dejándome con la boca abierta—. ¿Por qué me miras así?

—Porque no puedo creer que esté teniendo esta conversación contigo. Porque me alucina que alguien de tu edad pueda entender tan bien los sentimientos de alguien...

—Me doy cuenta de muchas cosas, y entiendo muchas más cosas de las que parece... Lucas me enseñó a guardarme para mí muchas cosas.

—Pues conmigo, no quiero que te guardes nada. ¿De acuerdo, cariño?

—Vale, mamá.

≈ ≈ ≈

—Hola a todos. Pasad. Gracias.

El señor Brancroft nos ha reunido a todos en la sala de juntas para explicarnos los últimos avances de la expansión de la empresa en el extranjero... Vamos, del viaje de diversión y desenfreno que se están pegando Jennifer y mi marido.

Así pues, con toda la desgana del mundo, me dejo caer en una silla y aguanto el discurso en el que se alaba el enorme esfuerzo que está haciendo la empresa, cosa que no pongo en duda, y lo mucho que están trabajando Jennifer, Lucas y el equipo de trabajadores autóctonos, cosa de la que sí dudo algo más. Luego nos recalcan que han sido necesarias varias noches en vela, hecho que puedo constatar yo misma, de duro trabajo...

—Durísimo, sí... —susurro para mí misma.

Finalmente, cuando Brancroft estaba a punto de explotar de orgullo, nos muestra unas cuantas fotografías de la nueva sede.

—Jennifer y Lucas me han enviado estas fotos para que veáis las maravillosas instalaciones...

Las pasa una a una y todo va bien hasta que en una sale Jennifer mostrando uno de los camiones de reparto de paquetes con una pose cómica que a todo el mundo parece resultarle graciosa. A mí se me retuerce el hígado. Se suceden unas cuantas fotografías más hasta que llega una en la que se ve a Lucas con las mangas de la camisa arremangadas, hablando con uno de los tipos ingleses que han fichado allí. Está de lo más sexy, con un brazo cruzado sobre el pecho, señalando algo en una pantalla con un dedo de la otra mano, mientras frunce el ceño. La fotografía no tiene ningún valor informativo acerca de la sede, porque se centra en Lucas y poco más, pero Jennifer no sale, así que doy por hecho que la habrá hecho ella misma... ¡Será buscona! ¡Habrase visto! ¡Haciéndole fotos a mi marido! ¡El mío, no el suyo!

—Puedo escuchar el rechinar de tus dientes desde aquí... —me dice Janet inclinándose hacia la izquierda para acercarse a mí.

—Tu marido está que cruje, nena... —me dice Gloria acercándose a mí por la espalda.

—No me calentéis... —susurro, aunque al parecer, no lo suficientemente bajo.

—¿Quieres decir algo, Valerie? —me pregunta el señor Brancroft—. Supongo que tú debes de saber mejor que nadie el duro trabajo que están desempeñando allí, ¿verdad?

—Sí... Están... trabajando mucho. Hasta altas horas de la noche... Pero están muy contentos con el resultado...

Por fin acaba la reunión y casi corro hacia mi sitio para esconderme en mi pequeño cubículo. Mi triste maniobra de evasión no calma las ansias de las hienas de mis amigas de saber qué me pasa, porque me rodean enseguida, ávidas de información.

—¿Nos estamos perdiendo algo? —me pregunta Franny.

—¿Ha hecho algo el friky de lo que deba arrepentirse toda la vida? —añade Carol.

—Espera, espera... ¿No tendrás aún esa idea rocambolesca de que Jennifer tiene un plan malvado para arrebatarte a tu marido? —interviene entonces Janet.

—¡Claro, claro! Son imaginaciones mías... ¿Y por qué no se lleva a Bruce con ella? O mejor, a Hoyt, que seguro que está deseando tirársela.

—Pues porque ni Bruce ni Hoyt son el Director de Sistemas...

—Puesto que, por otra parte, le otorgó Jennifer —añado.

—Y por el que deberías de estar agradecida porque os permitió mudaros a un apartamento más grande.

—Al que yo no quería mudarme porque estaba muy bien en el piso de mi abuela.

—Pues haber dejado de tener hijos, porque en el piso de dos habitaciones de tu abuela, no cabíais.

—Es igual. No me entendéis —digo dando por zanjada la conversación.

Hago girar la silla con brusquedad y, muy digna yo, intento concentrarme de nuevo en mi trabajo, pero las chicas parecen no haber dado por acabada la conversación y vuelven a girarla hasta que me quedo de cara a ellas.

—¿Acaso te ha dado Lucas motivos para dudar de él?

—Aparte del hecho de que parece que fui la última en enterarme de este viaje a Londres, puedo dar fe de que están despiertos hasta altas horas de la madrugada, pero no trabajando precisamente...

—¡Venga ya! —grita Andrea—. No insinuarás que ellos dos...

—¡¿Se han liado?! —interviene Gloria mucho menos discreta que Andrea.

—¡No! O bueno, supongo que no...

—Joder, qué susto, nena.

—Pero salen a cenar todas las noches...

—¿Y qué esperas? ¿Qué se alimente del aire? Y si están los dos en el mismo hotel y son compañeros de trabajo, lo lógico es que cenen juntos, ¿no?

—Y salen a tomar una copa todas las noches...

—Bueno, en Londres también son mayores de edad para beber, ¿no?

Las miro a todas una a una y luego chasqueo la lengua contrariada. Nadie entiende mi preocupación...

—Valerie, tienes que reconocer que no te han dado motivos para estar celosa...

—¿Y esas fotos? —les pregunto con un hilo de voz, y entonces veo sus caras y me desinflo del todo—. Sois mis amigas y deberíais apoyarme...

—Vamos a ver... Llámale ahora —dice Janet.

—¿Ahora? Estará trabajando...

—¿Y cuál es el problema? —replica.

—¿Y qué le digo?

—¡Joder, qué poca imaginación! ¿Qué tal estás? ¿Cuándo vuelves? Brancroft nos ha enseñado algunas fotos vuestras. Simon dice que no quiere quitarse el yeso porque "huele a asco". A Rosie le han dado el cinturón amarillo de karate. Harry me llevó a un spa pagado con su dinero... ¿No me dirás que no tienes cosas que contarle?

—¿Y os parece normal que desconozca tanto?

—Quizá no... Pero tampoco es muy normal que tengas tanto que contarle en veinticuatro horas.

—Llámale, Val... Cuéntaselo todo. Dile lo mucho que le echas de menos... —insiste Franny.

Miro mi bolso, saco el teléfono y me pongo en pie. Busco su número en la agenda, le doy al botón de la llamada y resoplo un par de veces para tranquilizarme.

—¿Diga? —responde al otro lado de la línea con voz de agobio.

—¿Hola? Lucas, soy yo.

—Ah, hola, Valerie... Lo siento, descolgué sin mirar la pantalla... ¡Espera! ¡¿Ha pasado algo?! ¡¿Se ha roto Simon algún hueso más?!

—No, no... —contesto riendo, aunque al instante se me escapan unas cuantas lágrimas y unos pocos sollozos.

—Eh... Eh... Valerie... ¿Qué te pasa? —pregunta con voz preocupada. Escucho cómo se excusa a alguien y oigo sus pasos—. ¿Estás bien?

—Siento interrumpirte... Sé que tienes mucho trabajo... Brancroft nos ha enseñado las fotos...

—Valerie...

—Está muy contento con lo que estáis haciendo y yo...

—Val...

—Yo estoy muy orgullosa, cariño...

—Valerie... No me interrumpes. Nunca lo haces. Siento si ha podido parecerlo, pero... hablaba en serio, ¿sabes?

—¿Cuándo?

—Cuando te dije que eras la única persona con la que podía ser yo mismo... Sigues siéndolo, Val... Y eso nunca va a cambiar porque sé lo difícil que soy —dice consiguiendo que sonría a pesar de las lágrimas—. Valerie, te amo por encima de todo y de todos.

—Te echo de menos —sollozo—. Los cuatro te echamos de menos, pero me siento muy sola y sabes que yo no sé estar así... No soy como tú o Harry...

—Lo sé... Yo también... Estoy trabajando a destajo porque no puedo soportar el hecho de que Simon me llamara llorando y yo no estuviera ahí para cogerle en brazos. No quiero que Harry tenga que cuidar de ti por mí...

—¿Sabes lo que hizo el otro día?

—Sí... Me envió un correo electrónico en el que me ponía: "No eres tan inteligente como pensaba". Le contesté y entonces me lo explicó todo. Y le adoro por lo que hizo pero le odio por haberlo hecho en mi lugar...

—Se portó como todo un caballero... —sonrío al recordarlo—. Y hablamos mucho. Y me llamó mamá. Dos veces.

—Eso no me lo dijo...

—Pues lo hizo...

De repente me doy cuenta de que he caminado hasta llegar a las escaleras, las cuales nadie usa excepto Lucas y una decena de personas más en todo el edificio. Estoy sola y el eco de mi voz rebota de una pared a otra. Apoyo la espalda contra una de ellas y resbalo hasta quedarme sentada en el suelo. Me abrazo las rodillas e intento secarme las lágrimas mientras sonrío al recordar la imagen de mi chico grande llamándome mamá.

—Estás sonriendo —me dice.

—Sí... Y tú también...

—Sí. Cuéntame más cosas...

—Pero estás trabajando...

—A la mierda. Que se esperen.

Me muerdo el labio inferior porque no puedo ser más feliz. Esas son las palabras que necesitaba oír. Saber que prefiere hablar conmigo a trabajar, que me antepone a Jennifer.

—Rosie ya tiene el cinturón amarillo.

—¿En serio? En nada nos va a pegar unas palizas...

—¡Sí! ¡Jajaja! Está muy contenta.

—¿Y Sy? Supongo que con el brazo roto, no habrá podido hacer el examen.

—No, pero ahora dice que no quiere quitarse nunca la escayola porque huele a asco y ahuyenta a las chicas, su hermana incluida.

—¿Tan mal huele?

—Peor. Pero lo que él no sabe es que,en cuanto se lo quiten, le voy a sumergir entero en la bañera y no saldrá de ella hasta que sus pedos huelan a gel de baño.

—Eso sí que no puedo perdérmelo. Y luego quizá seamos tú y yo los que nos metamos en esa bañera...

—Después de cambiar el agua.

—Por supuesto. Aunque puede que mejor le pida a Harry el teléfono de ese spa tan chulo al que te llevó, ¿no?

—Lucas, mientras esté contigo, como si me llevas a una conferencia de física cuántica.

—¿En serio? Porque creo que...

—Vale, estaba exagerando. En la bañera de casa sería perfecto.

≈≈≈

—¿Qué es eso que estás tomando?

—Algo que espero que sea un milagro efectivo contra el resfriado —balbuceo con una voz nasal difícil de entender—. Al menos así me lo han vendido en la farmacia...

Estornudo y saco un pañuelo de papel del paquete. Cuando me sueno la nariz, hago una mueca de dolor cuando el papel roza mi piel roja e irritada.

—Pero me tengo que poner bien...

—¿Cuándo dices que vuelve Lucas? —me pregunta Janet apoyada en la mampara que separa nuestros pequeños cubículos.

—Mañana. Y tengo que estar divina para entonces.

—Pues yo de ti no pondría muchas esperanzas en ello.

—¡Pues tengo que conseguirlo! Llevo cinco semanas sin ver a mi marido...

—También es mala suerte pillar un resfriado justo ahora... —interviene Gloria.

—Estas cosas solo me pasan a mí... Después de cinco semanas acompañado de la rubia perfecta, aterriza en casa y me encuentra a mí, llena de virus, con la nariz roja, la voz gangosa y los ojos llorosos...

—Tranquila, el amor es ciego —dice Franny.

—Gracias, amiga.

—¡Vamos! ¡Es broma! Anímate un poco...

—Lo conseguiré. Tengo dos cajas del milagro ese. Si en vez de cada ocho horas, me lo tomo cada seis, mañana, para cuando él llegue, me habré tomado seis sobres.

—¿Seis? No me salen las cuentas...

—Bueno, en cuanto he llegado, me he tomado dos de golpe.

—¡¿Estás loca?!

—Bueno... no me he pasado de la dosis diaria...

—Vas a pillar una sobredosis y te van a tener que hacer un lavado de estómago.

—Si me quito de encima el catarro, habrá valido la pena.

—Pues me parece que no te va a dar tiempo a curarte del todo —dice entonces Janet, mirando a algún punto detrás de mi espalda.

Al principio no la entiendo, pero en cuanto me doy la vuelta, le veo con las manos en los bolsillos del pantalón de traje, la camisa por fuera de los pantalones y las mangas arremangadas, el nudo de la corbata flojo y su pelo totalmente despeinado. Ladea la cabeza y me mira apretando los labios, esbozando una sonrisa pícara, haciendo asomar las arrugas a ambos lados de las comisuras.

—¿Qué haces aquí? —Es lo único que atino a decir.

Lucas alza las cejas sorprendido y se encoge de hombros.

—Vaya... Pensaba que te iba a hacer algo más de ilusión verme... He cogido dos aviones para llegar antes. He venido en clase turista con las rodillas pegadas al asiento de delante, y vengo directo desde el aeropuerto, tal cual he bajado del avión. ¿Y esa es mi bienvenida?

—Pero volvías mañana... —insisto.

—Esto... ¿Me voy?

—No... Pero... Estoy resfriada, y horrible. Tenía esperanzas de curarme antes de que volvieras, y...

Y entonces Lucas no me deja decir nada más. Coge mi cara entre sus manos y me besa con ansia, al menos hasta que empieza a faltarme el aliento y le doy unos suaves golpes en el pecho.

—Que ando escasa de aire...

—Perdona... —dice sonriendo mientras besa cada centímetro de mi cara—. Te he echado de menos...

—No me digas... Yo no... Nada de nada...

Agacha la cabeza sin dejar de sonreír. Acaricia mi pelo y lo peina hacia atrás con las manos, despejando mi cara.

—No me mires mucho, por favor.

—¿Bromeas? Creo que he gastado la foto de mi móvil de tanto mirarte... Así que ahora que te tengo cerca, no quiero dejar de mirarte ni un segundo.

—Pues anda que estoy guapísima...

—Lo estás...

En ese momento estornudo y me sueno la nariz. Lucas frunce el ceño y luego simula una mueca de asco con la boca. Le doy un manotazo mientras me tapo con el pañuelo, intentando destapar la nariz para volver a respirar con normalidad.

—Carol, ¿me dejas que me lleve a mi mujer para cuidarla como se merece?

—Por supuesto —responde ella.

—Sí, llévate a este foco de virus, que luego enfermaremos todas— añade Gloria—. Y por cierto... ¿te has acordado de lo mío?

—Aquí tienes —dice Lucas sacando una caja de lata de su maleta—. Tus galletas para el té.

—¡Te has acordado! ¡Eres todo un detallista! ¡Qué caja más bonita!

—Las he comprado en el aeropuerto.

—No me hacía falta saber eso. Prefiero pensar que has ido a comprarlas expresamente para mí.

—He ido expresamente a comprarlas para ti.

—Mientes fatal. Pero aun así, me encantas.

≈≈≈

—La bañera está llena —me dice abrazándome por la espalda, justo antes de besar mi hombro.

—Pero los niños...

—Shhhh... Deja de preocuparte por los niños. Me encargo yo de ellos. Métete en la bañera y relájate. Te he dejado a mano el libro que tenías en la mesita de noche y —dice acercándose al pequeño reproductor de música que tenemos en nuestro baño—,John Mayer está listo para cantarte durante un rato.

—Hace tanto que no retomo esa lectura que me temo que tendré que volverlo a empezar...

—Pues empieza ahora... Te pongo el pijama en el radiador de la calefacción para que cuando te lo pongas esté caliente.

—Vale... Me parece que me voy a volver a acostumbrar rápido a tenerte por aquí. No permitas que me haga demasiadas ilusiones... Dime ahora mismo si tienes previsto irte en breve.

—No hay ningún viaje a la vista en los próximos tres meses.

—Alabado seas... —digo mirando al cielo o, en este caso, al techo del cuarto de baño.

Me sumerjo en el agua y me dejo envolver por la espuma. Me miro los dedos de los pies, que aparecen justo al otro extremo de la bañera. Cierro los ojos y me hundo hasta los hombros, dejando que los vapores del agua mezclados con el olor de las sales de baño invadan mis fosas nasales.

—¿Qué os apetece cenar? —escucho que les pregunta Lucas.

Ese es un error de novato. Los gustos con la comida son tan diferentes, que cualquiera que haya pasado algo de tiempo en casa, sabría que esta es una pregunta que nunca debe de hacer.

—¡Pizza! —dice Simon.

—¡Sándwiches de queso fundido! —dice Rosie.

Empiezo a compadecerme de él.

—¡Tacos! —escucho que dice Harry desde su habitación.

Esto va a acabar provocando la Tercera Guerra Mundial...

—¡Perfecto! ¡Comida tailandesa pues!

—Pero papá... —se quejan los mellizos a la vez.

—¡?Y para qué nos preguntas si vas a acabar haciendo lo que te dé la real gana?! —se queja Harry.

—El día que os pongáis de acuerdo, haremos lo que vosotros digáis.

—Vale, pues que sean pinchos de gamba con...

—¡No! Tallarines con...

—Esperad, esperad —se apresura a decir Harry—. Si no nos ponemos de acuerdo, pedirá lo que él quiera...

Sonrío al darme cuenta de que al parecer, Lucas ha salido bastante airoso del entuerto. Hace un tiempo, antes de darme cuenta de que preguntarles su opinión acerca de la cena era un error, esta situación habría dado lugar a gritos y enfados. Definitivamente, le echaba mucho de menos.

≈ ≈ ≈

—¡Venga! ¡A la cama todos!

—Lucas, ¿puedo leer un poco en la cama?

—Depende.

—¿Qué tienes pensado leer? ¿No será ese libro de la Teoría de las Cuerdas?

—Sí...

—Entonces no.

—¿Por qué? ¿No estás de acuerdo con ella? ¿Tienes una teoría que la contradiga?

—No estoy de acuerdo con que no te relajes ni un segundo —dice Lucas caminando hacia la biblioteca. Busca algo en concreto y cuando lo encuentra, con ello en las manos, se acerca de nuevo a Harry—. Toma. Si lees esto, te dejo un rato.

—¿Un... cuento?

—¡No es un cuento, pardillo! ¡Es un cómic! ¡Y no cualquiera! ¡Son los Watchmen! —le dice Lucas mientras Harry coge el cómic y lo mira con una mueca de asco en la boca.

—Pero esto no me gusta...

—¿Has leído alguno?

—No...

—Pues eso o nada. En las estanterías hay más... Coge otro si ese no te llama, pero nada de Teorías de Cuerdas...

—O sea, que o leo algo para tontos o nada.

Lucas le da una colleja y señala con el dedo hacia mí.

—¿Y a nosotros nos vas a "cuentar" un cuento? —le pregunta Simon mientras Harry pone los ojos en blanco al escucharle hablar.

—Uno de princesas —dice Rosie.

—¡Ni hablar! Uno de monstruos.

—Os cuento uno de monstruos y princesas, pero primero dadle un beso a vuestra madre.

Los tres se acercan a mí. Rosie y Simon se me lanzan encima y dejan que les achuche y les bese repetidas veces. Harry, en cambio, es mucho más comedido, aunque soporta mejor las muestras de afecto en público, impensables hace un año.

—Mientras les lees, haré nuestra cena —le digo a Lucas cuando me besa.

—Ni se te ocurra. Quédate sentada en el sofá tranquila. Toma, el mando de la televisión es tuyo, disfrútalo. En cuanto acabe con ellos, en el sentido figurado, claro está, me pongo con la cena. Te haré una sopa calentita.

—Nada que objetar —digo acurrucándome un poco más y tapándome con la manta.

Al rato, mientras sigo haciendo zapping, escucho la voz de Lucas a lo lejos, procedente de la habitación de los mellizos.

—... Y entonces la princesa Valentina conoció al ogro Luke...

—¿Como Luke Skywalker, papá?

—Eh... Sí, como él.

—Pero Luke no era un ogro...

—So idiota... No está hablando de la princesa Valentina y de Luke Skywalker... Está hablando de Valerie y Lucas... —sonrío al escuchar a mi pequeña Rosie y luego al imaginarme a Simon pensando con la boca abierta—. ¡De papá y mamá, so tonto!

—¡Oh, no! ¡Papá...! No me digas que esto es la historia aburrida de cómo os conocisteis mamá y tú...

—¿Cuándo una historia con ogros es aburrida? —le pregunta Lucas.

—Verdad. Sigue.

—Pues lo que os decía, la princesa Valentina conoció al ogro Luke...

—¿Cómo de feo era el ogro? —le interrumpe de nuevo Simon.

—Más que feo, era antipático y siempre estaba de mal humor... Y no le gustaba la gente.

—Un antisocial como Harry, vamos... —dice entonces Rosie.

—Si no paráis de interrumpirme, no os cuento el final.

—Lo sentimos... —se disculpan los dos a la vez.

—Pues Valentina conoció a Luke... Él se enamoró de ella al instante, pero no estaba acostumbrado a estar con gente, así que no sabía cómo hacer que se fijara en ella. E hizo lo único que se le daba bien hacer... Fastidiarla. La molestaba para pelearse con ella, para que ella pensara en él, aunque fuera solo en el mal sentido y nunca para bien.

—Pues vaya mierda de táctica —se queja Rosie.

—¿Y quién quiere ligarse a una chica? Es más divertido chincharlas.

—Vale, desisto. A dormir.

—¡No, papá...! ¡Nos callaremos! —le suplica Rosie.

—Pues si ya sabes el final —interviene Simon—. Valentina y Luke se casan y tienen tres hijos. Uno muy guapo, uno muy raro y una muy tonta.

—¡Idiota!

—Haya paz. Venga, taparos que apago la luz. Al primero que oiga, mañana se queda castigado sin parque.

≈≈≈

Me miro en el espejo del baño. Intento parecer atractiva, arrugando los labios y entornando los ojos, pero lo que me sale es una mueca bastante ridícula. ¿Cómo lo hace Jennifer? Porque, como mínimo, tengo que presentarme igual de sexy que ella. Al fin y al cabo, se ha pasado cinco semanas al lado de doña perfecta, así que tengo que hacer todo lo posible por igualarlo. Me coloco bien los pechos dentro de mi pequeño camisón. Al menos, el atuendo es bastante sexy. Nada apropiado para mi catarro, pero sexy a rabiar.

Justo antes de salir por la puerta, me doy cuenta de las ojeras que se me marcan debajo de los ojos y decido maquillarme un poco para intentar disimularlas. Luego, ya que estoy puesta, me doy algo de color en las mejillas y entonces, ya no puedo parar, y me pinto también los labios.

Compruebo el resultado en el espejo. Bien, bastante bien para lo que hay... Hundo los dedos en mi pelo y lo despeino estilo leona. En las películas funciona. A mí, en cambio, me queda simplemente enmarañado. Es lo que hay.

Abro la puerta con decisión y me apoyo en el marco de la puerta. Lucas está sentado en la cama, con las gafas puestas y varios papeles extendidos encima de la colcha. Ni siquiera ha levantado la vista, así que carraspeo para llamar su atención. En cuanto lo hace, me mira, arruga la frente y, sacándose las gafas, me pregunta:

—¿Qué haces?

—¿A ti qué te parece?

—Pues me parece que pillar una pulmonía como no te tapes un poco...

—Es que no quiero taparme... —digo subiéndome a la cama y caminando hacia él como si fuera un felino.

En lugar de sentirse excitado, Lucas aprieta los labios para intentar contener la risa. Aparta los papeles al ver que los voy a pisar y se echa para atrás conforme llego a él. Cuando está completamente echado, conmigo encima, le beso. Me estoy quedando sin aliento, pero no voy a perder mi oportunidad. Le he echado demasiado de menos, así que ahora no voy a detenerme... Hasta que él me aparta y de forma inconsciente, inspiro hasta hiperventilar. Me entra un ataque de tos y Lucas me ayuda a incorporarme y sentarme encima de él.

—Anda, ponte un pijama calentito antes de que te dé algo...

—¡No! —digo cuando el ataque de tos se pasa—. Te necesito...

—La fiebre te confunde. Necesitas un antigripal, no a mí.

—¡No! Te necesito, en serio...

—Valerie, tengo miedo de besarte...

—¿Tan horrible estoy?

—No, temo besarte y que te ahogues. Técnicamente, sería asesinato.

—¡Poséeme! ¡Hazme tuya!

—Valerie, tenemos tiempo... Te lo prometo...

—Ya, claro. Hasta que a Jennifer se le ocurra otro sitio al que arrastrarte con ella.

—Prometo que no me iré en una temporada.

Hago pucheros con el labio inferior y vuelvo a acercarme a él. Empiezo a darle besos por el cuello mientras le rasco la espalda de forma sensual con las uñas. Cierra los ojos y echa la cabeza hacia atrás mientras susurra mi nombre. Me encanta ser testigo de que no es inmune a mis caricias, para qué negarlo.

—Valerie...

—Shhhh...

—En tu estado no podemos...

—¿Por qué? —le pregunto mientras me quito la prenda de seda y me quedo frente a él vestida solo con el pequeño tanga de encaje.

—Porque me voy a sentir como si abusara de una inválida... Te cuesta respirar...

—Pues no me beses... —Me acerco a él y me quedo sentada a horcajadas. Rodeo su cuello con mis brazos y me froto deliberadamente contra su entrepierna—. Vamos... Seguro que me has echado de menos...

—Mucho... —resopla con los ojos cerrados.

Y entonces, olvidando sus reparos anteriores, me demuestra que realmente me ha echado mucho de menos, lento, suave y con todo el sentimiento del mundo.

Me duermo con su pecho en mi espalda, su brazo alrededor de mi cintura, sus labios apoyados en mi hombro y sobre todo, con la convicción de que Jennifer podrá tener muchas cosas, pero el corazón de Lucas me pertenece a mí.

CAPÍTULO 7: SER UN GENIO Y SER GENIAL, NO ES LO MISMO

—Simon, plato.

Y sin mirar, lanzo la tortita hacia atrás y, por sus gritos de júbilo, sé que la ha cogido al vuelo y ya la debe de estar sepultando bajo toneladas de chocolate.

—Rosie, prepárate que va la tuya.

—Preparadísima —dice mientras yo le doy la vuelta a la tortita en la sartén, justo antes de lanzársela con el mismo exitoso resultado que su hermano.

—Harry, ¿quieres?

—No... —contesta al cabo de unos segundos, sin mucho entusiasmo.

Me doy la vuelta y le miro, esperando encontrármelo amorrado a un libro, pero en cambio tiene la vista fija en el pasillo y mantiene una expresión de preocupación en el rostro.

—¿Harry? —le pregunto sentándome frente a él.

—¿Qué le pasa? —dice sin dejar de mirar hacia el pasillo.

—Está acatarrada.

—Lleva días así. Y le ha ido a peor, pero como estaba sola, no se ha podido tomar ni un día de descanso...

—Eh... Ya... Bueno, pero ahora estoy yo, así que...

—Un poco tarde, ¿no crees? —asevera después de clavar su fría mirada en mí, justo antes de levantarse sin probar su desayuno y perderse por el pasillo.

—Es raro con avaricia... —comenta Simon.

—¿Desde cuándo es tan... empático?

—¿Simpático? ¿Harry? ¿En serio, papá?

—Empático, no simpático... Déjalo —digo cuando veo su cara de no entender nada. Me quedo un rato mirando hacia el pasillo, hasta que de vuelta en la realidad, miro la hora y apremio a los chicos para que se den prisa—. Vamos, chicos. En diez minutos nos vamos. ¡Harry, diez minutos y nos vamos!

—No te molestes —dice en ese momento, apareciendo en la cocina con la mochila colgada en sus hombros—. Cojo el autobús.

Le sigo con la mirada hasta que sale de mi campo de visión. Luego espero hasta escuchar el ruido de la puerta al cerrarse.

—¿Debería impedir que se marche solo? —les pregunto a Simon y Rosie, que me miran con la boca abierta y se encogen de hombros a la vez—. Es igual. Dadle caña que nos vamos.

Me pongo en pie y me acerco al dormitorio para coger la americana y despedirme de Valerie, a la que encuentro roncando como una camionera. Sonrío con malicia, me arrodillo a su lado y, justo después de uno de sus monstruosos ronquidos, chasqueo la lengua repetidas veces, tal y como ella hace siempre conmigo. Abre los ojos de golpe y le lleva un rato enfocar la vista, hasta que entonces me ve sonriendo.

—¿Qué te pasa? —me pregunta con voz de camionera.

—Que estabas roncando —le contesto.

—Yo no ronco.

—No. Qué va. Para nada. Respiras muy fuerte, ¿no? Temblaban hasta los cimientos del edificio.

—¿Y si ronco qué? ¡So idiota! ¿Para eso me despiertas?

—Y para decirte que nos vamos.

—Pues vale.

—Y para decirte que Harry se ha ido en autobús. Creo que me odia —confieso al cabo de unos segundos.

—Bienvenido a mi mundo.

—Ya se le pasará, supongo... ¿Cómo te encuentras?

—Perfectamente. ¿Qué te hace pensar que me encuentro mal? ¿Quizá mi nariz de patata? ¿Mi voz nasal? ¿O mis ojos llorosos? ¿Serán todos estos pañuelos llenos de mocos que me rodean?

—O tu mal humor... —susurro entre dientes.

—Te creía más inteligente, Lucas... Y encima ahora estoy muy mareada...

—Porque llevas mucho tiempo estirada. Levántate, date un baño, tómate un té calentito...

—No me sirves de ayuda diciendo obviedades... Si poniéndome en pie no me sintiera como si me estuvieran apaleando las piernas, lo habría hecho hace unas cuantas horas. Largo. Ve a hacer algo más productivo —dice tapándose con la manta por completo y dándome la espalda. Me levanto y justo cuando iba a salir por la puerta, la vuelvo a escuchar de nuevo—. Simon tiene que comer más fruta. Ponle una manzana para el recreo.

—Me ha pedido un bollo...

—Buen intento... Cámbiaselo por una manzana.

—Pero me va a odiar.

—Lucas, cariño, de vez en cuando, ya va bien que te vean también como el poli malo.

—Vale.

—No me des la razón como a los tontos y hazlo.

—Relájate...

La escucho resoplar con fuerza y entonces me doy cuenta de lo que he hecho. Pronunciar algunas palabras frente a ella es arriesgarte a morir despellejado, como descubrí cuando un día se me ocurrió comentar que cuando tenía el periodo estaba algo más susceptible. Vale, quizá no usé esas palabras tan suaves, pero aun así, no hice más que comentar un hecho constatable cada veintiocho días.

Así pues, huyo de espaldas levantando una mano para decirle adiós.

—Adiós, cariño. Nos vemos por la noche.

≈ ≈ ≈

—¡Mierda!

—¡Simon ha dicho una palabrota, papá!

—¡Simon, no digas palabrotas! ¡Rosie, no seas tan chivata!

Les miro por el espejo de dentro, haciéndose muecas para chincharse el uno al otro hasta que Simon me mira y me dice:

—Papá, no te enfades pero creo que hoy vas a recibir una nota de mi profesora.

—¿Qué has hecho?

—Nada.

—¿Y entonces? ¿Prevés el futuro y sabes que te van a castigar por algo?

—No. Digo que nada porque es lo que he hecho. Nada. Tenía deberes y no los he hecho...

—¡Joder, Sy! ¡Échame un cable, macho! Con tu madre mala, soy yo el que tengo que bregar con vosotros arriba y abajo... Ayudadme un poco, al menos...

—Bienvenido al mundo de mamá —interviene Rosie.

—Calla, Rosie —decimos Simon y yo a la vez.

—A ver... Vamos a centrarnos. Saca el cuaderno. ¿Qué son esos deberes?

—Eh... Unas sumas... Creo.

—¿Crees?

—Estoy casi seguro.

—Vale, a ver... ¿Cuántas?

—Estas dos páginas —dice mostrándome el libro mientras resoplo hastiado.

—¿Pues sabes qué? Que te atiendas a las consecuencias. Y si recibo una nota, pues la recibiré. No puedes ir así por la vida, Sy.

—Yo no tengo la culpa de no ser tan perfecto como Harry y Rosie.

—¡Ah, no, amiguito! No vayas de víctima conmigo porque no cuela. Esto tendrá consecuencias.

—¿De qué tipo? Por favor, ¿no me digas que se lo vas a decir al abuelo y me voy a quedar sin pescar con él? —me dice mientras su hermana pone los ojos en blanco, alucinada por su simplicidad y a mí se me escapa la risa por la misma razón.

—Exactamente eso —aseguro con la máxima seriedad posible.

—¡Jolín, tío! ¿Y si los hago ahora?

—¿Dos páginas en... menos de cinco minutos?

—Diez si coges la Quinta Avenida...

—Buen intento. No.

—Vale. Pues tres si me dictas los resultados.

—Buen intento de nuevo. No.

—Rosie, ¿qué me dices, hermanita?

—No.

—Haré lo que me pidas.

Rosie me mira y yo me encojo de hombros dejando la decisión en sus manos.

—Un mes haciendo mi cama y dejándome todos los yogures de chocolate para mí.

—¡Anda ya! ¡¿Estás loca?!

—Vale, pues nada.

—¡Está bien! ¡Está bien! Pero empieza a cantar. Diez más tres.

—Por Dios, Simon. ¿No sabes hacer esa operación solo?

—Puede. Pero el precio que estoy pagando es muy alto, así que no me voy a molestar en hacer funcionar a mi cerebro.

—Demasiado buen concepto tienes de lo que hay dentro de esta cabeza hueca si le llamas cerebro...

—Repito: diez más tres.

—Trece.

Les escucho negando con la cabeza mientras bebo mi café y sorteo el infernal tráfico de Nueva York. Es todo un caos, y no me refiero solo a lo que sucede cada mañana encima del asfalto, sino hablo también de mi vida cuando estoy en casa, de nuestra familia en general. Pero es mi familia y estoy algo acostumbrado a lidiar con este estilo de vida desde pequeño. Gracias a mi enorme y estrambótica familia, he llegado a apreciar el caos de mi pequeña y singular familia.

≈ ≈ ≈

—En serio, tío. Alucinante.

—¿De qué habláis? —les pregunto a los chicos en cuanto llego al segundo piso para tomarme mi tercer café del día con ellos, tradición que no he dejado de hacer a pesar del ascenso.

—De la última peli de los X-Men. ¿La has visto? —pregunta Roger.

—No —contesto mientras meto las monedas en la ranura de la máquina.

—Janet y yo vimos el otro día la última de Fast 'n Furious —comenta Bruce—. Esa sí la has visto, ¿verdad?

—¿Sale un tal Mickey Mouse? —pregunto.

—Eh... No.

—¿Pocoyo, quizá?

—No...

—Pues entonces no la he visto, no.

—¡Joder, macho! Yo no sé cómo seguís teniendo hijos a pesar de lo coñazo que son.

—Porque compensa —digo casi sin pensar.

—Esa excusa está muy manida, y es muy de mujer. Conclusión: no me cuela. Así que esta tarde nos vamos a tomar unas cervezas.

—No puedo —contesto resoplando—. Tengo que llevar a Rosie a kárate y a Simon a natación, o al revés, no sé. Y le prometí a Harry que le llevaría a la biblioteca a devolver unos libros...

—Suena a planazo...

—Suena a cuidar de mi familia, Roger.

—Lo dicho... —repite él haciendo ver que se duerme y empieza a roncar.

—En serio, no puedo. Además, Val está enferma y se ha quedado en casa, así que...

—Bueno, pues sales de trabajar, repartes a los niños a donde quiera que tengan que ir, te vienes al pub, te tomas unas cervezas, y luego vuelves a por ellos y a casa a cuidar de tu mujer —insiste él.

—Suena bien... —añade Hoyt.

—Lo pensaré —digo para quitármelo de encima. Realmente me apetece tomarme un respiro, pero no creo que me dé tiempo... ¡¿Qué digo?! No es una buena idea, y punto.

≈ ≈ ≈

"Hola. ¿Estás despierta? ¿Cómo te encuentras? ¿Te has tomado tu dosis?"

—Kansas. En tres días. ¿Cómo te va?

"Me encuentro como una puñetera mierda. No puedo respirar. Me duele todo el cuerpo. No tengo fuerzas ni para arrastrarme hasta la cocina para tomarme el medicamento"

—Quizá podríamos atrasarlo a primeros de la semana que viene, pero no podemos alargarlo mucho más allá.

"Me lo imaginaba, por eso, si giras la cabeza muy lentamente hacia tu derecha (teniendo en cuenta que estés boca arriba), verás que te he dejado la medicina con la dosis preparada y un vaso de agua (sé lo mucho que odias el sabor de estas cosas)"

—¿Lucas?

—¿Eh? —contesto levantando la cabeza.

—¿Has escuchado algo de todo lo que hemos dicho hasta ahora?

—Eh... No... —confieso.

—Decíamos que tenemos que ir a Kansas —dice Jennifer—. El miércoles.

—¿En tres días?

—¿Te va mal?

—Me va fatal. Aterrizamos el viernes pasado después de cinco semanas fuera. Me dijiste que no habría más viajes hasta dentro de un tiempo.

—Ha surgido un contratiempo. ¿Tan mal te va?

—¿Tú qué crees?

—Podemos atrasarlo a primeros de la semana que viene, si te va mejor. Pero eso querría decir que pasaríamos Halloween fuera de casa...

"¿Qué haría yo sin ti? Gracias"

Resoplo con fuerza. Este viaje no me va bien ni en tres días ni en una semana, pero dentro de lo malo, elijo cuanto más tarde mejor. De todos modos, yo no soy de disfrazarme demasiado.

≈ ≈ ≈

—¡Vamos, vamos, vamos! —apremio a Rosie y Simon a que suban al coche. Mientras, Harry, apoltronado en el asiento del copiloto, se queda en el coche escuchando música a través de sus auriculares.

—¡Hola, Harry! —le saluda Rosie nada más entrar.

—¡Vale ya con las prisas! —se queja Simon mientras se sienta en su alzador en el asiento de atrás—. Hola, friky.

Harry ni se inmuta, posiblemente porque ni los haya visto entrar. Ahora le ha dado por llevar puesta la capucha de la sudadera siempre. Además, la música que escucha se oye incluso por encima de la radio del coche.

—Tenemos diez minutos para llegar al gimnasio. —Aparto el auricular de la oreja de Harry para que escuche el plan. Sé que me escucha porque me mira de reojo—. De camino, te dejo a ti en la biblioteca. Os recojo a eso de las seis de la tarde. ¿Sabéis bajaros en marcha de un coche? Para no tener que buscar aparcamiento y eso...

—¡Mola! —dice Simon.

—Mamá nos acompaña hasta dentro del pabellón —interviene Rosie.

—Mamá os está volviendo unos blandos. Tenéis que empezar a desenvolveros por vosotros mismos. Yo confío en vosotros y sé que sois lo suficientemente mayores como para hacer algunas cosas solos. ¿Qué me decís?

Con la moral por las nubes, los dos me miran con orgullo, asintiendo a la vez. Los tengo en el bote. Son fáciles de manipular.

—Valerie te va a matar —me suelta Harry. En cuanto le miro, se vuelve a colocar el auricular y esconde la cara tras la capucha.

Dejo a Harry al lado de la biblioteca y cinco minutos después, paro el coche en doble fila, delante del pabellón de deportes.

—¿Por qué paras? ¿No íbamos a bajar en marcha?

—Simon, colega, era una broma.

—Pero puedo tirarme en marcha. Creo que podría hacerlo bien.

—Perfecto. Me alegro. Oye... ¿mamá os lleva dentro del vestuario y eso...?

—No. Nos cambiamos solos. Pero sí nos lleva dentro —me contesta Rosie.

—Pero está oscuro... —interviene Simon.

—¿Tienes miedo?

—No. So idiota. Solo comento que está oscuro.

—Tenemos ojos.

—Vale, vale, vale. Vamos, os acompaño hasta la puerta —digo, dando por zanjada la discusión.

Me bajo del coche y, cogiendo de las manos a ambos, cruzamos la calle y corremos hacia la puerta. La abro y la aguanto para que entren.

—Adiós, terroristas.

—Adiós, papá —me dice Rosie mientras se pone de puntillas para darme un beso en la mejilla.

—Adiós —dice entonces Simon, chocando conmigo la mano con nuestro enrevesado saludo particular.

No puedo evitar que una sonrisa de bobo se forme en mis labios mientras les veo correr hacia los vestuarios. Cuando vuelvo a la realidad, me doy cuenta de que varias mujeres me miran sonrientes. Les devuelvo el gesto y entonces salgo corriendo hacia el coche.

≈≈≈

—Vale, de acuerdo. Tengo exactamente... cuarenta y siete minutos —digo en cuanto entro en el pub y levanto un brazo para que el barman me vea.

—Joder... Respira, tío.

Me dejo caer encima de la silla cuando me ponen la botella de cerveza delante. Rechazo el vaso levantando la mano y doy un larguísimo trago directamente de la botella. Luego, me aflojo algo más el nudo de la corbata y recuesto la espalda en el respaldo de la silla.

—Sí. Sí. Definitivamente, me dais mucha envidia con vuestras familias e hijos... —dice Roger.

—Tengo que contaros algo... —confieso sin dejar que siga hablando—. Y pediros consejo también.

—Te has tirado a Jennifer —suelta Hoyt.

—¡¿Qué?!

—¿Es eso, verdad? —me pregunta Roger.

—¡No! ¡Por supuesto que no! ¡¿Por quién me habéis tomado?!

—Por un tío.

—¡Venga ya!

—Os lo dije. No se la ha tirado.

—Gracias, Bruce.

—Las chicas también lo sospechan, que lo sepas —añade entonces, dejándome con la boca abierta.

—¿Sospechan... de qué? —pregunto—. No hay nada de lo que sospechar... Yo no he hecho nada.

—¿Eres gay?

—¿Eres gilipollas?

—¡Que os jodan! —digo acabándome la cerveza y poniéndome en pie.

—No, no, no. No te vayas —me pide Bruce—. Y vosotros, callaos. Verás. Janet me ha insinuado que... Valerie no lleva muy bien lo de tus viajes...

—Menuda novedad —digo volviéndome a sentar.

—Y creen que Jennifer tiene motivos ocultos para... sacarte tanto a pasear.

—¿Motivos ocultos? ¿Todas piensan eso? ¿Valerie también?

—Eso creo...

—Pues genial entonces... —resoplo.

—¿Por qué?

—Veréis... Jennifer me ha dicho hoy que tenemos que ir a Kansas...

—¡Pero si acabáis de volver!

—Eso he dicho yo... Pero se ve que ha surgido de improvisto. En principio nos íbamos el miércoles, pero estando Valerie como está, no puedo irme. Así que lo hemos dejado para la semana que viene. Pero entonces me pierdo Halloween, y habíamos quedado en celebrarlo en casa de mis padres con mis hermanos...

—¡Pues te ha salido redonda la cosa, entonces! —grita Roger levantando la mano para que le choque los cinco.

—Ese es el problema... No quiero que piense que lo hago para librarme de eso...

—Bueno, si lo que dice Bruce es cierto —interviene Hoyt—, ya no creerá que te quieres librar de la reunión familiar, sino que te quieres tirar a Jennifer.

—Menudo consuelo... —digo pidiendo otra cerveza.

≈≈≈

—Llegas tarde —dice Rosie, muy seria, cruzada de brazos.

—Nos podría haber secuestrado un secuestrador de niños —interviene Simon.

—Subid.

—¿Dónde está Harry? —pregunta Rosie.

—No le encuentro.

—Uy, uy, uy... Estás en un problema.

—Gracias, genio —digo.

—De nada, papá —contesta Simon.

—A ver si te sientas un día con él a explicarle lo que es el sarcasmo —dice Rosie.

—A ver si te sientas un día con la idiota esta para explicarle que algún día me cansaré y le diré a todos los de su clase que de vez en cuando se sigue haciendo pis en la cama y que le gusta Andy Clarence.

—¡Silencio los dos! —les grito. Cuando me miran con los ojos muy abiertos, me froto la sien con los dedos mientras me apoyo en el volante.

—¿Estás bien? —pregunta Rosie.

—Estoy en un problema, chicos... Si Harry no aparece, soy hombre muerto, y con razón.

Y en ese momento, de forma providencial, me suena el teléfono. Cuando veo el nombre de Valerie en la pantalla, se me corta hasta la respiración.

—Dame —dice Simon quitándome el teléfono de las manos—. ¡Hola, mamá! Papá está conduciendo y no se puede poner... Sí, ya nos ha recogido del pabellón... Ah, vale... De acuerdo, ya vamos para allá.

Entonces cuelga la llamada y me tiende el teléfono.

—¿Qué?

—Harry está en casa.

—¿Cómo...? ¿Qué...? —balbuceo.

—Llegó hace un rato, se ve. Y no, mamá no parecía estar enfadada contigo.

—¿Cuándo has aprendido a mentir así? —le pregunta entonces Rosie.

—No sé —dice encogiéndose de hombros—. Supongo que es un don natural. Soy un genio de la mentira. Quizá pueda ser espía de mayor.

≈ ≈ ≈

En cuanto entro en casa, los niños corren hacia la cocina para darle un beso a su madre. Después de hablar con ella durante unos segundos, los dos sacan todo el contenido de sus mochilas y lo meten dentro de la lavadora. Mientras, la observo desde la lejanía, intentando averiguar si realmente está enfadada conmigo. No lo parece, al menos con los chicos, así que me acerco lentamente.

—¿Cómo estás? —le pregunto cuando estoy lo suficientemente cerca de ella.

—Algo mejor... ¿Qué te parece mi voz? ¿A que sueno más a mí misma?

—Mucho más.

—Por cierto, sigo sin ver bien que Harry vaya por la calle solo. Ya me ha dicho que tú le has dejado, y que confías mucho en él, pero...

—Lo sé... Puede que tengas razón... ¿Dónde está?

—En su dormitorio.

—Voy a... hablar con él...

Su dormitorio está a oscuras excepto por la pequeña lámpara de su escritorio. Él está allí sentado, con la espalda encorvada, y ni siquiera se ha dado cuenta de que he abierto la puerta. En cuanto enciendo la luz, comportándose como si fuera un vampiro, mira hacia el techo entornando los ojos.

—Vale, si en dos segundos empiezas a humear porque te quemas, te clavo una estaca en el corazón.

—¿Qué? —me pregunta quitándose los auriculares de las orejas.

—Nada —contesto resoplando mientras me siento en su cama—. Oye... No vuelvas a largarte solo.

—Pero tú me dejas.

—Bueno, yo no lo veo tan grave porque confío en ti y sé que tienes recursos suficientes como para salirte de cualquier cosa, pero mamá no lo ve tan bien y creo que deberíamos respetar su opinión. Además, le has dicho que yo te he dejado y es mentira. Quedamos en que te recogía yo.

—Ya, pero de eso ella no se va a enterar. Como tampoco se va a enterar de que tú tenías tanta prisa por ir a algún sitio que dejaste a Sy y Rosie solos en el pabellón.

—¿Eso es chantaje?

—Me temo que sí.

Apoyo los codos en mis rodillas y resoplo cansado. Harry hace girar su silla y me mira durante un rato, hasta que al final, dice:

—¿Sabes que Valerie hace esto cada día, verdad?

—¿Eh? Ah, sí... No... No es eso... No estoy cansado...

—¿Y entonces? ¿Qué te preocupa?

—No sé qué hacer, Harry. Tengo un problema y no sé cómo solucionarlo.

—Tú también eres un tipo de recursos...

—Yo también lo pensaba, pero mi capacidad de reacción se ve mermada cuando entra tu madre en la ecuación...

—¿Me lo quieres explicar?

—No. Eres aún muy pequeño para estas cosas.

—Pero sabes que a lo mejor podría ayudarte. Al menos, seguro que te daría mejores consejos que esa panda de descerebrados que tienes por amigos.

—Sí —contesto riendo—, en eso tienes razón.

—Me parece que gran parte de los problemas... relacionados con el amor, se solucionan cuando tienes bien claras tus prioridades... Es algo que me dijo Valerie.

Le observo durante un buen rato y pocos segundos después sonrío. Me doy cuenta de que es mucho más listo de lo que yo me pensaba. Muchísimo más.

—Eres genial, ¿lo sabías?

—No sé... —dice encogiéndose de hombros—. Ser un genio y ser genial, no es lo mismo.

—Lo sé... ¿Ha pasado algo, Harry?

—En el cole, para parecerle genial a los demás, tengo que ser menos genio, ¿sabes?

—Un poco, sí. Tienes que aprender a saber cuándo ser más de una cosa que de otra. Al menos hasta que llegue ese día en el que encuentres a esa persona a la que le parezcas genial siendo un genio.

—De momento, excepto tú que no cuentas porque eres como yo, de los demás, solo puedo ser así con mamá.

—¡Qué casualidad! ¡Igual que yo!

Las comisuras de su boca se tuercen hacia arriba y entonces, añade:

—Pues me parece que ahí tienes la respuesta a tu problema.

≈≈≈

Al día siguiente, en cuanto entro en el edificio, camino con decisión hacia el despacho de Jennifer, dispuesto a negarme a ir a Kansas, ni el miércoles, ni la semana que viene.

Llamo a su puerta con fuerza y en cuanto escucho cómo me da permiso para entrar, agarro el pomo y entro con ímpetu. Me freno en seco cuando veo que Brancroft está con ella. Jennifer me mira y levanta un dedo para pedirme que espere un momento y entonces soy testigo de su conversación.

—Lo de Kansas es imperdonable. No podemos tener una delegación que nos reporte más pérdidas que beneficios.

—Lo sé, señor Brancroft, pero creo que es algo que podemos intentar remediar. Quizá si cambiamos los procedimientos de trabajo...

—Creo que no saldría a cuenta.

—Pero... Es una de las delegaciones donde tenemos más trabajadores... Dejaríamos a muchas familias tiradas... Había pensado que Lucas y yo podríamos ir unos días, ver su metodología de trabajo y quizá intentar un plan estratégico exclusivo para ellos...

Joder... Me parece que si ahora le suelto a Jennifer mi decisión, no solo la dejaré a ella tirada, sino que afectaría a cientos de familias.

—¿Cuándo teníais pensado ir? —pregunta Brancroft.

—Bueno... Puede que... ¿la semana próxima? —dice Jennifer mirándome como si estuviera pidiendo mi opinión.

Me veo acorralado y tengo que tomar la decisión en una fracción de segundo. Y entonces asiento con la cabeza. Brancroft me mira y luego gira la cabeza hacia Jennifer.

—Está bien. Última oportunidad. Confío en vosotros. Id y haced lo que tengáis que hacer.

CAPÍTULO 8: TE ESTÁS PERDIENDO A TUS HIJOS, Y ME ESTÁS PERDIENDO A MÍ

—Hola, chicas.

—¡Eh, Val! ¿Te encuentras mejor?

—Algo mejor —contesto aún con voz nasal—. Pero en casa no me podía quedar más tiempo. Necesito sentirme útil. Además, para qué negarlo, ver a Lucas encargarse de todo era divertido hasta que vi qué desayunaban y cenaban mis hijos...

—No me lo digas... Pizzas y hamburguesas.

—Y tostadas con mermelada también —les informo.

—¡Venga ya!

—Lo que oís... Con tal de no calentarse la cabeza y siendo fiel a su creencia "deja que tus hijos hagan lo que les dé la real gana", dejaba que ellos se hicieran su propia cena y, por lo tanto, eligieran qué querían cenar... Vale que él es partidario de dejar que los chicos se valgan por sí solos cuanto antes mejor, pero creo que en algunos casos, se pasa. El otro día dejó que Harry volviera solo a casa desde la biblioteca, por ejemplo. ¡Por Dios, que tiene diez años!

—No estoy de su parte, pero reconoce que Harry sabría volver a casa incluso con tres años.

—Vale, lo sé, lo sé...

—Tienes que... retar a ese crío de alguna manera. Puede que para ti sea algo irresponsable, pero para Harry es algo que necesita hacer. Piensa en él como si tuviera dieciséis años, no diez... —insiste Gloria.

—¿Has pensado ya en... lo de... el instituto? —me pregunta con cuidado Franny.

—No lo sé... No quiero que sea el tipo raro con el que todos se meten...

—No tiene por qué pasar —me dice Janet.

—¿Acaso has olvidado tu época de instituto? —le pregunto, dejando que piense la respuesta unos escasos segundos.

—Vale, cierto... Pero, ¿no crees que tiene que ser Harry quién decida? Sus profesores te han dicho que está preparado, él te ha dicho que se aburre, le tienes que llevar constantemente a la biblioteca para que coja libros complicados que reten sus capacidades, tienes el ejemplo de su padre... ¿Qué más necesitas?

—No quiero que vaya tan rápido. Quiero que lo viva todo a su debido tiempo. ¿Con cuántos años va a ir a su primer baile de instituto? ¿Con doce años? ¿Y luego a la universidad con cuántos? ¿Quince? ¿Dieciséis? Lucas no lo hizo y no le fue tan mal...

—Pero tú misma dices que Lucas sabe que Harry es mejor y que motivado puede llegar a ser lo que quiera en la vida.

—Pero no le hace falta correr...

—Valerie, tu hijo ya va muy por delante de todo el mundo...

≈≈≈

De: Lucas Turner (lturner@wwex.com)

Para: Valerie Turner (vturner@wwex.com)

Asunto: ¿Comemos juntos hoy?

Mensaje:

Todo en orden.

Les he puesto una manzana para almorzar y les he dado dinero para la comida.

Harry quiere volver a la biblioteca esta tarde... Le he prometido que luego le llevo.

Simon y Rosie tienen un cumpleaños. La madre de Tracy se los llevará. ¿Era ella o simplemente he encasquetado a nuestros hijos a la primera que me ha parecido?

¿Lo he hecho todo bien? ¿Me merezco una recompensa? Me conformaría con una simple comida (qué mal queda si dejo ahí la frase, ¿no crees?). ¿A la una en el vestíbulo?

Lucas Turner

Director de Sistemas

Tengo que reconocer que estoy sorprendida. Lo ha hecho todo a la primera y con un sentido común inaudito, al menos en cuanto a la elección del almuerzo.

De: Valerie Turner (*vturner@wwex.com*)

Para: Lucas Turner (*lturner@wwex.com*)

Asunto: Re: ¿Comemos juntos hoy? – SÍ, QUIERO

Mensaje:

Sí, era la madre de Tracy.

¿Otra vez a la biblioteca?

De: Lucas Turner (*lturner@wwex.com*)

Para: Valerie Turner (*vturner@wwex.com*)

Asunto: Re: Re: ¿Comemos juntos hoy? – SÍ, QUIERO – Tienes una cita con el jefe más sexy del edificio. A la una en el vestíbulo.

Mensaje:

Sí. Otra vez. Quizá deberíamos volver a hablar de lo del instituto... ¿No crees?

Lucas Turner

Director de Sistemas

Apoyo la frente en las palmas de mis manos. Me doy cuenta de que, por más que lo intente atrasar, es un tema que tenemos que tratar con urgencia. Todo el mundo nos lo recomienda, Lucas está de acuerdo, Harry estaría dispuesto a intentarlo... Y soy yo la única persona que se opone

---

De: Valerie Turner (*vturner@wwex.com*)

Para: Lucas Turner (*lturner@wwex.com*)

Asunto: Re: Re: Re: ¿Comemos juntos hoy? – SÍ, QUIERO - Tienes una cita con el jefe más sexy del edificio. A la una en el vestíbulo – MÁNDAME UNA FOTO SUYA PARA QUE LE RECONOZCA CUANDO BAJE AL VESTÍBULO

Mensaje:

De acuerdo... Luego lo hablamos...

Te dejo, que tengo mucho trabajo.

Atiendo varias llamadas a pesar de que sé que Lucas me ha contestado porque el icono del correo electrónico parpadea en el margen inferior derecho de mi pantalla. Hoy no debe de tener demasiado trabajo porque desde que le ascendieron, nuestro intercambio de mensajes disminuyó.

Cuando cuelgo, abro el correo electrónico y veo dos mensajes suyos. En el primer mensaje no hay ningún texto, solo una foto. Es una que tomó hace algún tiempo en el que solo se ven nuestras caras. Recuerdo cuando la hizo. Estábamos en la cama, desnudos, después de una sesión fantástica de sexo. Me acuerdo cómo él me dijo que estaba preciosa con las mejillas sonrosadas y el pelo alborotado y cómo cogió su teléfono y, colocándose a mi espalda, nos sacó una foto.

El segundo mensaje, enviado pocos minutos después, parece una aclaración de la foto del primer mensaje. No me hacía falta aclaración alguna, pero reconozco que me encanta.

De: Lucas Turner (lturner@wwex.com)

Para: Valerie Turner (vturner@wwex.com)

Asunto: Re: Re: Re: Re: ¿Comemos juntos hoy? – SÍ, QUIERO – Tienes una cita con el jefe más sexy del edificio. A la una en el vestíbulo - MÁNDAME UNA FOTO SUYA PARA QUE LE RECONOZCA CUANDO BAJE AL VESTÍBULO - ¿Te sirve esa foto? Es ese suertudo que sale a tu espalda

Mensaje:

Te espero a la una en el vestíbulo.

Te amo.

Lucas Turner

Director de Sistemas

≈≈≈

Cuando bajo al vestíbulo, pocos minutos después de la una del mediodía, Lucas ya me está esperando. Parece nervioso, caminando de un lado a otro, hasta que me ve y su cara se ilumina. No es que no me encante su actitud, porque esa manera de mirarme me deshace, pero esta ansiedad no es algo habitual en él.

—Llegas tarde —me dice después de darme un perfecto beso en mitad del vestíbulo.

—Solo... —Miro el reloj—, tres minutos.

—Pues ya te echaba de menos.

—Eh... ¿Estás bien? —le pregunto extrañada.

—¿Tan extraño es que quiera pasar tiempo contigo?

—No... No... Pero... Es raro...

Sonríe, me agarra de la mano y tira de mí hacia la calle.

—¿A dónde quieres que te lleve?

—Me da igual, la verdad. Cualquier cosa será mejor que la comida de la cantina...

—Perfecto entonces... Sígueme.

Diez minutos de paseo después, entramos en un restaurante francés con aspecto de ser muy caro.

—Esto... ¿Vienes mucho por aquí?

—Más de lo que a mí me gustaría. Pero no te preocupes, nunca he pagado yo, y entre tú y yo —susurra acercando su cara a la mía—, tampoco voy a hacerlo ahora. Alguna ventaja tiene que tener ser jefe.

—O sea... ¿Esto lo puedes hacer siempre que quieras?

—Sí —me contesta mientras el camarero nos acompaña a nuestra mesa.

—¿Y permites que coma todos los días esa bazofia?

—¿Tan mala es?

—¿No me digas que no te acuerdas? Te estás aburguesando... Oye, ahora que lo pienso, ¿no podrías usar tu influencia para que nos cambien la comida de la cantina? No hace falta que sea comida tan... sofisticada como esta —digo mirando la carta—, nos conformamos con que sea comestible.

Después de pedir la comida, algo que dejo en manos de Lucas porque el francés no es mi fuerte, vuelvo a notarle algo nervioso. Arruga la servilleta y mueve la pierna como si tuviera un tic nervioso. Al rato, apoyo la palma de la mano en su rodilla y le miro arrugando la frente.

—¿Estás bien? ¿Hay algún problema?

—Sí...

—Sí estás bien o sí hay un problema...

—Sí hay un problema.

—¿En el trabajo? —pregunto justo antes de que él asienta con la cabeza agachada—. Cuéntamelo.

—Brancroft quiere cerrar la sede de Kansas. No produce beneficios. Es la cuarta sede con más empleados... Significará que dejaremos a muchas familias en la estacada...

—Dios mío...

—Sí...

—¿Y es definitivo? ¿No hay nada que se pueda hacer?

—Brancroft nos ha dado algo más de tiempo... Nos ha dejado hacer un estudio para ver qué falla y quizá realizar un plan estratégico para intentar solucionar el problema, si es que lo hay...

—Bueno. Eso suena bien.

—Sí...

—Lo que sea por intentar salvar el empleo de tanta gente, ¿no?

—Eso opino yo también... Pero eso conlleva que me tengo que ir a Kansas unos días... —dice casi susurrando en cuanto el camarero se aleja tras servirnos los primeros platos.

De repente no me siento tan solidaria con esas familias. De repente siento cómo me hierve la sangre al darme cuenta del motivo del nerviosismo de Lucas. De repente entiendo a qué venía tanto mensaje.

—Sé que te prometí que estaría un tiempo sin viajar y te juro que iba a decirle que no a Jennifer, pero entonces supe del motivo del viaje...

Jennifer... Cómo no... Ha sido escuchar su nombre y perder el apetito de golpe. Empiezo a menear la lechuga de un lado a otro del plato, pinchándola de vez en cuando con el tenedor, como si quisiera clavárselo.

—He podido atrasar el viaje todo lo posible... No quería irme estando tú enferma, pero nos vamos el miércoles con lo que me temo que... —se calla para carraspear un poco y aclararse la voz, justo antes de continuar en un tono mucho más bajo—, no voy a poder estar en Halloween... Y no podré... —Vuelve a carraspear, echándome rápidos vistazos—, acompañaros a casa de mis padres...

Dejo el tenedor encima del plato y miro mi comida, aún intacta. Recuesto la espalda en el respaldo de la silla y apoyo ambos brazos al lado del plato. Las yemas de mis dedos acarician la tela del impoluto mantel. Escucho la silla de Lucas chirriando contra el suelo al acercarse a mí.

—Valerie —dice poniendo la mano encima de una de las mías—. Te prometo que...

—¿Cuánto hace que sabes de este viaje?

—Lo supe ayer, aunque hoy iba a decirle a Jennifer que esta vez tendría que buscarse a otro o ir sola. En su despacho me he encontrado a Brancroft que le estaba contando sus planes de cerrar la delegación y entonces ha sido cuando no me he podido negar...

—Todo sea por esas familias, ¿no?

—¡Exacto! —responde él, sonriendo de repente de oreja a oreja.

—¡¿Y qué me dices de la nuestra, Lucas?! —grito haciendo cambiar su semblante de inmediato.

—¿Qué...? Yo...

—¡Te preocupas por todas las familias menos por la tuya!

Y en un gesto muy de película, quito la servilleta de mi regazo y la lanzo encima de la mesa al ponerme en pie. Al principio, Lucas se queda tan atónito que no reacciona, pero antes de traspasar la puerta del restaurante, siento sus pasos aproximándose a mí.

—¡Valerie! ¡Valerie, espera! —me grita al salir a la calle.

Empiezo a caminar hacia la oficina de nuevo, aun sin haber probado bocado, haciendo caso omiso de sus gritos. Enseguida me agarra del brazo y me obliga a darme la vuelta.

—Por favor, Valerie...

—¡Me cansé! ¡Basta ya, Lucas! —le corto gritando, sin importarme el hecho de estar montando un espectáculo en plena calle—. Estoy cansada de tus ausencias.

—Los dos estuvimos de acuerdo en mi ascenso y...

—¡Cállate! ¡Ahora hablo yo! Al principio pasabas una semana fuera cada tres meses, luego cada dos... Más tarde cada mes y ahora tengo suerte si consigo acostarme a tu lado más de tres noches seguidas. ¿No te has fijado que ha llegado un punto en que tus hijos no te echan de menos? Hemos montado la rutina de nuestras vidas sin ti. Se están acostumbrando a que no estés, y puede que eso a ti te vaya de maravilla para tu libertad individual y tu alergia al compromiso, pero yo lo encuentro muy triste, la verdad.

A pesar de estar llorando desconsoladamente, las lágrimas siguen agolpándose en las cuencas de mis ojos, pugnando por salir. Le veo borroso por culpa de ellas, pero sé que está aquí delante, con gesto preocupado y asustado a la vez. Puede que se esté dando cuenta de que mis palabras suenan a lo que son: una despedida.

—Tengo la sensación de ser siempre la última en enterarme de estos viajes, y estoy muy cansada ya... Te quiero, Lucas, pero no puedo soportar que no estés comprometido al cien por cien conmigo y con los niños. Llámame egoísta, pero no quiero compartirte con nadie.

—No me... No me compartes con nadie...

—¿En serio? Refréscame la memoria: ¿cuántos días has pasado con nosotros este mes pasado? ¿Y con Jennifer?

—Yo...

—Te estás perdiendo a tus hijos, y me estás perdiendo a mí. —Me vuelvo a dar la vuelta y reemprendo la marcha. Esta vez, Lucas no me detiene, ni tan solo me sigue. Así que entonces aprovecho para lanzarle una última puñalada—. ¿Sabes qué? Por mí, vete ya a salvar a esas familias mientras dejas que la nuestra se vaya a la mierda.

≈ ≈ ≈

Lucas se marchó a Kansas esa misma noche. Ni siquiera se despidió de nosotros en persona. A los niños les dejó una nota en la que les explicaba que había surgido una emergencia y había tenido que marcharse de viaje. También les explicaba que no iba a poder acompañarnos a Richmond, y les pedía que se divirtieran mucho en casa de los abuelos.

Los niños ni siquiera se inmutaron. Ni una queja. Y no porque no quisieran que su padre viniera con nosotros a casa de sus padres, sino porque para ellos, lo extraño hubiera sido que lo hubiera hecho.

A mí me dejó una nota de voz en el teléfono. Tardé unos días en escucharla. Primero porque estaba muy cabreada con él, luego porque me obligué a mí misma a no hacerlo. Cuando no pude aguantar más, me encontré con una voz apagada y triste, agotada. Por primera vez desde que le conozco, creo que no sabía qué decirme.

"Hola... Yo... Te he hecho caso... Por supuesto que me preocupo por vosotros, aunque creo que me he acostumbrado a que, haga lo que haga, estéis siempre ahí... Siento si de esa manera te he hecho sentir abandonada. Escucha... Creo que tienes mucho que contarme. Quiero que me cuentes cómo te sientes... Tengo mucho miedo, Valerie... Tengo la sensación de que cuando vuelva... ¿Podré ir a casa? Os quiero. Mucho. Más de lo que al parecer os demuestro"

Lloré, lo reconozco. Porque le echaba de menos. Por escuchar su tono de voz compungido. Por haber dejado que se fuera sin vernos. Y sobre todo, porque yo tampoco sabía la respuesta a su pregunta. ¿Quiero que vuelva a casa? No. Sí. No lo sé.

—Mamá, ¿podemos parar? —interrumpe Rosie mis pensamientos.

—Eh... Queda muy poco para llegar, cariño.

—Es que me hago pis.

—¿Otra vez? —se queja Simon.

—Pues sí —le responde ella directamente, cruzándose de brazos.

—Está bien... Creo que hay una estación de servicio en pocos kilómetros —digo para calmar los ánimos—. ¿Crees que podrás aguantar?

—Eso creo.

—Mamá, dale caña al acelerador antes de que el coche empiece a oler como una caja de arena de gato —dice Simon.

—¡Cállate, idiota! —le grita Rosie.

—¡Cállate, idiota! —repite Simon con un tono de voz agudo y molesto.

—¡Mamá, dile que no me imite!

—¡Mamá, dile que no me imite!

—¡Mamá...!

—¡Mamá...!

—¡Basta ya u os obligo a bajaros del coche en marcha! —grito a la desesperada.

—¡Sí! ¡Sí! ¡Que al final no lo hicimos aquella vez con papá!

—Esto... ¿Qué? —le pregunto a Simon mirándole a través del espejo interior.

Veo cómo Rosie le mira entornando los ojos, como advirtiéndole de algo, y por el rabillo del ojo cómo Harry, que hasta ahora se había mantenido al margen distraído con sus auriculares y escribiendo en un cuaderno, pone los ojos en blanco.

—Sí, ¿no te acuerdas, Rosie? —le pregunta mientras ella niega con la cabeza apretando los dientes—. Aquella tarde que mamá estaba mala y papá nos dijo que nos dejaría en el pabellón de deportes y nos preguntó si seríamos capaces de tirarnos del coche en marcha para que él no tuviera que acompañarnos...

—Simon. Explícame eso con calma.

—Eh... Ah, no... No pasó nada de eso...

—Simon, cariño. Ya no cuela. Habla ahora o no te dejo disfrazarte... Ni siquiera ponerte los cortes con sangre que compramos ayer. ¿Papá os dejó solos en el pabellón?

—Eh... Sí... Pero nos llevó hasta la puerta...

—¿Y por qué tenía tanta prisa?

—No lo sé...

Estoy poniendo en un compromiso a Simon, que arruga la boca y mira su regazo, así que decido dejarlo ya.

—Mamá, ¿me podré disfrazar? —me pregunta al rato.

—Claro que sí, cariño.

Clavo la vista en el asfalto aunque mi cabeza ni mucho menos está pendiente del tráfico. No puedo dejar de imaginarme el motivo por el que Lucas abandonó a nuestros hijos de cinco años en el pabellón. No dejo de intentar averiguar qué era más importante que nuestros hijos para tener que dejarles allí solos.

—Mamá... —me llama Harry, sentado a mi lado—. Acabamos de pasar por una gasolinera...

—¡Oh, mierda! Rosie, cariño. Lo siento... —digo mirándola por el espejo interior.

—Mamá, para un momento en la cuneta y ya la acompaño yo detrás de los árboles.

≈ ≈ ≈

—¡Abuelo! —grita Simon corriendo hacia él, que le espera con los brazos abiertos.

Rosie se deja achuchar por su abuela mientras Harry me ayuda a sacar las maletas del maletero.

—Esto... ¿Y Lucas? —me pregunta Levy mientras me abraza.

—En Kansas.

—Mejor no pregunto detalles, ¿no?

—Mejor.

Saludo a todo el mundo y mis hijos son estrujados sin compasión por todos, incluido Harry, el cual no lo lleva demasiado bien pero sabe que es algo por lo que tiene que pasar, al menos, tres veces al año. Al fin y al cabo, son los más pequeños de la casa. Lori no deja de mirarme en todo el rato, y sé que luego tendré que someterme a su interrogatorio.

—¿Queréis comer algo? —nos pregunta Alice.

—Yo estoy algo cansada... Me gustaría echarme un rato...

—Claro. Ve. Nosotros nos encargamos de estos chiquitines...

—Abuela, yo me encargo de mí mismo... —interviene rápidamente Harry al ver el percal—. Me he traído el portátil, así que me subo a mi cuarto...

—Claro... —contesta ella cuando Harry ya ha salido corriendo escaleras arriba y yo le disculpo encogiéndome de hombros.

—¡Pues yo sí me comería una de esas galletas de chocolate que haces! —interviene Simon—. Porque las has hecho, ¿verdad?

—¿Cómo iba yo a dejar a mi chiquitín sin sus galletas?

Rosie ha desaparecido ya con sus primas mientras Simon se marcha a la cocina con Alice. Levy y Louis me ayudan a subir las maletas a nuestras habitaciones y yo arrastro los pies escaleras arriba y me tumbo en la enorme cama. Miro el techo durante un buen rato y me permito el lujo de cerrar los ojos durante un ratito.

≈ ≈ ≈

—Valerie... ¿Hola...? Eh... Valerie...

Abro lentamente los ojos y enfoco la vista hasta descubrir a Lori a mi lado. Me parece que me he quedado dormida, porque ya no se filtra nada de luz a través de las ventanas.

—¿Es de noche? —le pregunto.

—Sí. Te debes de haber quedado dormida.

—Mierda... Los niños...

—No te preocupes. Relájate. Están bien. Deja que te ayudemos un poco.

—No estoy muy acostumbrada a eso últimamente...

—Ya me imagino... ¿Quieres que hablemos?

—¿Qué quieres que te cuente?

—¿Estáis bien mi hermano y tú?

—¿La verdad? —Lori asiente—. Pues no tengo ni idea, porque estar, lo que se dice estar juntos, no estamos mucho. Y cuando está con nosotros, es como si quisiera...escaquearse. No sé si me entiendes...

—Es Lucas. Por supuesto que te entiendo.

—Llevaba cinco semanas sin vernos. Cuando vuelve, yo me encontraba fatal, y en vez de querer pasar tiempo con sus hijos, les deja solos en el pabellón para largarse a vete tú a saber dónde...

—¿Sabe lo del bebé?

Me la quedo mirando entornando los ojos, sin saber si he entendido bien lo que me ha dicho.

—¿Bebé? ¿Qué bebé?

—Vamos... Conmigo no tienes que disimular...

—Es que realmente no sé de qué me hablas...

—Eh... ¿En serio?

—En serio. ¿Por qué me dices que estoy embarazada?

—Porque tienes cara de embarazada.

—¡Anda ya! ¡Lo que tengo es cara de exhausta! ¡Y de resfriada!

—¿Y desde cuándo los resfriados provocan aumento de pecho?

—¡Eso son imaginaciones tuyas!

—¡Y una leche!

—Además, no puede ser...

¿Verdad? No pasa nada porque una se olvide de tomarse alguna pastilla, ¿no? Porque ahora que lo pienso...

—Esa cara no me inspira demasiada seguridad —me corta Lori—. ¿Estás cien por cien segura de que no estás embarazada?

—Bueno... Lucas ha estado de viaje cinco semanas y tuve la regla durante su ausencia... Es cierto que me he olvidado de tomarme alguna pastilla...

—¿Cuándo? —me pregunta de repente—. ¿Alguna de las primeras de la caja?

—Eh... ¿Sí? —contesto empezando a estar asustada.

—¿Y habéis...?

—Sí... Pero no puede ser... Si casi no nos vemos... Fue solo una vez...

—¿Cuándo te olvidaste esa pastilla?

—Una semana, más o menos... Pero me he tomado las de después... Recuperé las dosis que me olvidé... —Pero entonces me callo al ver su cara de susto—. Mierda, mierda, mierda...

—Espera aquí.

Lori sale de la habitación, dejándome agarrada a las sábanas, tapándome con ellas mientras intento calcular cuándo me olvidé de tomar las pastillas y cuándo me debería de venir la regla. Entra como un vendaval pocos minutos después con una caja en la mano.

—Vamos a salir de dudas.

—¿Qué...? —empiezo a preguntar, hasta que me doy cuenta de qué es la caja—. ¿De dónde has sacado esa prueba de embarazo?

—Me parece que olvidas la profesión de mi padre y Levy...

—¡¿No les habrás dicho nada?!

—No... Pero el despacho de mi padre está lleno de muestras de estas cosas... Para salir de dudas, nos viene de maravilla —dice agarrándome de la mano y arrastrándome al baño que, por suerte, tengo en mi misma habitación, la que Lucas y yo siempre usamos cuando venimos—. Bájate los pantalones y mea aquí.

≈≈≈

—Mierda, mierda, mierda...

—Lo sabía... Te lo he notado en la cara nada más verte...

—Si solo ha sido una vez...

—Esto... ¿Alguno de vuestros hijos ha sido hecho a propósito?

—Los mellizos. Bueno, al menos, uno de ellos... El otro vino de regalo.

—¿Y qué vas a hacer?

—No lo sé... Hasta hace cinco minutos, ni siquiera lo sospechaba, y debo de estar de poquísimo... No merece la pena ni que llame a mi ginecóloga, ¿no? ¿Me sigo tomando las anticonceptivas? ¿Qué hago?

—Te equivocas de Turner... Con los que deberías hablar, están abajo.

—Ni hablar. Ni una palabra a tu padre o a tu hermano.

—De acuerdo, pero supongo que sí hablarás con el otro Turner implicado...

—De momento, creo que no...

—No me digas que no vas a seguir adelante con el embarazo...

—No lo sé, Lori. No estamos pasando por nuestro mejor momento a nivel de pareja y no creo yo que otro hijo ayude a mejorar las cosas...

—En todo caso, él tiene que saberlo... Y tener la opción de opinar, ¿no?

—Sí, pero la que se quedaría sola con cuatro hijos, seguiría siendo yo, así que creo que llegado el momento, la elección sería mía.

≈ ≈ ≈

—¿Quieres salsa picante, Valerie? La he hecho especialmente para ti porque sé que te encanta —me dice Jerry.

—Eh... Muchas gracias pero no me apetece...

—¿No? —me pregunta extrañado.

—Es que tengo el estómago algo revuelto por culpa de los medicamentos que me he tomado para el resfriado —me excuso. Que no esté segura de si quiero tener o no este bebé, no quiere decir que no evite por todos los medios pasarlo mal hasta que tome una decisión. Y tengo malas experiencias previas con el picante estando embarazada que no acabaron muy bien.

—Ah. En ese caso... ¿Y vosotros, chicos? ¿Os echo un poco?

—¡Vale! —contesta Simon.

—¿Pica mucho? —pregunta Rosie.

—Sí, te sale fuego de la lengua —la asusta su hermano.

—No es verdad. Pica un poco, pero no mucho.

—No, no... Da igual... Paso.

—Como quieras. ¿Y tú, Harry?

Harry contesta negando con la cabeza mientras se echa mostaza, igual de callado que siempre, encerrado en su mundo.

—¿Y bien, Harry? ¿Qué nos cuentas? —le pregunta Louis.

—Nada —contesta encogiéndose de hombros, aun mirando el bote de la mostaza, frunciendo el ceño.

—¿Estás bien? Pareces como... distraído... —insiste Preston, el hijo mayor de Levy, el cual ha venido con su novia. Con el paso de los años, esta casa, la cual me pareció enorme cuando la vi por primera vez, se está quedando pequeña conforme la familia aumenta...—. ¿En qué piensas?

—En cosas...

—¿En qué cosas? —pregunta Jacob, el hijo pequeño de Liz, que tiene solo un año más que Harry—. Yo a veces también me quedo pensando en mis cosas... Ahora pienso mucho en cómo pasarme una pantalla de un juego que me tiene loco...

—Yo... Yo estaba pensando en... —Harry me mira y yo le sonrío para infundirle de la confianza que le falta. No puede vivir siempre en su mundo y siempre le animo a mostrarse tal y como es—. Pensaba en que los glucosinolatos que le dan sabor a la mostaza,fueron desarrollados como una defensa química en los repollos contra las orugas. O sea... Es una paradoja que algo que gusta tanto, sirviese para repeler a las orugas...

Todos se quedan callados, mirándole con la boca abierta. Al instante, agacha la cabeza, muy avergonzado, pero entonces Levy, dice:

—¡No sabía yo que las orugas eran tan quisquillosas con la comida!

Al instante desata las risas de todos, incluido Harry, que levanta la cabeza y mira agradecido a su tío, que le guiña un ojo de forma cómplice.

—Molan las cosas que piensas... ¿Se te ocurren más cosas así? De estas asquerosas, digo... —le pregunta su primo Martin.

—¡Martin! —le reprocha su madre, Laura.

—Pues... No sé...

—¿Sabes algo curioso acerca de... no sé... carne? —dice Martin blandiendo en alto la pata de pollo que se está comiendo.

—¡No, Harry, por favor! No cuentes nada asqueroso sobre comida —le pido a pesar de su sonrisa y de la decepción de muchos de los presentes—. ¿Tienes frío, Rosie? Estás tiritando...

—Un poco... —contesta ella.

—A lo mejor tiene kuru —dice Harry casi sin inmutarse—. Por el tiritar, me refiero. Es uno de los síntomas...

—¿Kuru? ¿Qué es kuru? —le pregunto.

—Es similar a la enfermedad de las vacas locas y sucede como resultado de la transmisión de priones, proteínas patógenas presentes en el cerebro. O sea, que te puedes contagiar si comes cerebros. Es incurable y los primeros síntomas son fuertes temblores corporales.

—Yo solo tengo frío... —balbucea Rosie al borde de las lágrimas.

—Mola... —interviene Simon, asintiendo con la cabeza—. ¿Recuerdas haberte convertido en zombi en algún momento, Rosie?

—¡No!

—¡Basta ya, chicos! Dejad de asustar a vuestra hermana —digo sentándola en mi regazo y apoyando su cabeza en mi pecho.

—¿Y... esa enfermedad se cura? —pregunta Jerry a pesar de mi mirada asesina.

—El cuadro clínico empeora y termina con una inevitable y dolorosa muerte.La enfermedad se identificó por vez primera en la década de los 50 entre los miembros de la tribu Fore, de Papúa Nueva Guinea. Una de las costumbres entre los miembros de la tribu era comer el cerebro de sus muertos como una forma de honrar al difunto y limpiar sus espíritus. Debido a esta práctica la infección de kuru se diseminó ampliamente entre los Fore...

—Normal... Claro... —comenta Alice simulando no estar lo escandalizada que sé que está.

Envalentonado por la reacción de todos, que lejos de mirarle de forma rara, parecen querer saber más, Harry sigue hablando.

—Lo positivo del tema es que algunos individuos de la comunidad han desarrollado una mutación genética que les impide contagiarse de kuru. Esto significa que los Fore comenzaron a adaptarse genéticamente para comerse a otras personas. Afortunadamente, en los últimos años se han suscitado varios cambios sociales y políticos en el país, y la práctica de devorar los restos de los difuntos es cada vez más extraña.

—Afortunadamente... —añade Levy, al que se le empieza a escapar la risa.

Segundos después, Harry le mira y se le escapa una carcajada al verle y luego, toda la mesa acaba riendo y secándose incluso alguna lágrima.

—¿Cómo sabes eso? —le pregunta Holden.

—Porque leo mucho. De todo —contesta Harry con algo de timidez—. Suelo... ir a la biblioteca a leer libros de todo tipo... Ciencia, política, medicina...

—Pero eso no viene en los libros de medicina —dice Jerry—, a no ser que hayan cambiado mucho en estos últimos años.

—Bueno... Esto lo leí en uno de enfermedades raras y casi extinguidas.

—¿Quieres ser médico como tu tío y como yo?

—Aún no sé qué quiero estudiar... No me decido...

—Pero si están casi extinguidas, no te hará falta estudiarlas —dice Simon.

—Es que no lo leo porque tenga que estudiarlo. Lo leo porque me gusta.

En ese momento, Harry me mira y me descubre observándole con la cara llena de orgullo. Le lanzo un beso y se sonroja. Él necesita ese tipo de estímulos y será feliz siendo retado intelectualmente, así que creo que empiezo a tener clara una de las tantas decisiones que me acechan.

—¿Sabéis qué? Harry va a ir al instituto el curso que viene —comento sin dejar de mirarle y sonreír.

—¿En serio? —preguntan todos.

—¡Eso es genial, colega! —dice Louis.

—Enhorabuena, cariño —le felicita Lori.

—Gracias —contesta Harry a todo el mundo.

—Nos lo han recomendado sus tutores del colegio e hicimos una primera entrevista con el director de un instituto... A mí me daba un poco de miedo, pero creo que lo va a hacer genial —digo sin dejar de mirarnos a los ojos.

≈≈≈

Al día siguiente, sigo sin recibir ni una llamada ni un mensaje de Lucas. Tampoco yo hago nada por ponerme en contacto con él. Reconozco que he comprobado varias veces a lo largo del día si se había conectado al programa de mensajes y, aunque lo ha hecho en varias ocasiones, ninguna ha sido para hablar conmigo.

Estoy en la habitación de los chicos, pintando la cara de Simon mientras Lori pinta la de Rosie. Jerry, Levy y Liz van a llevar a los chicos a hacer "truco o trato" por las casas de los vecinos.

—Mamá, cuándo hayas acabado, ¿me harás una foto y se la enviarás a papá? —me pregunta Simon.

—Por supuesto.

—¿Y a mí?

—Claro que sí, Rosie.

—¿Te ha dicho si va a poder venir?

—Eh... No creo que pueda, cielo.

Lori me mira interrogante y yo niego con la cabeza, confirmándole que sigo sin saber nada de él. En ese momento llaman a la puerta.

—¡Adelante! —dicen los mellizos a la vez.

—A ver... —asoma la cabeza Alice—. ¡Vaya! ¡Qué miedo dais!

Camina hacia nosotros y entonces me tiende el teléfono. La miro extrañada, porque no es muy habitual que yo reciba llamadas allí.

—Es Lucas... —me susurra mientras me mira con cara de no entender nada—. Pregunta si quieres hablar con él... ¿Pasa algo, cariño?

—No. No... Eh... Ahora vuelvo. —Agarro el teléfono y me alejo de ellos, tapando el auricular. Cuando salgo al pasillo, me apoyo en una de las paredes y, cruzándome de brazos, me llevo el aparato a la oreja—. ¿Qué?

—Hola...

—Dime.

—¿Están ya listos?

—Casi.

—¿De qué van disfrazados?

—Simon de zombi con la espada de Jedi y Rosie de hada madrina muerta.

—Ah... —contesta sin poder reprimir una sonrisa—. Originales, sí señor... ¿Y Harry?

—No se disfraza, ya lo sabes.

—¿Y el resto?

—No lo sé, Lucas. Si tanto te interesa, haber venido.

—¿Sigues enfadada?

—Joder, qué listo eres...

—Oye... Esto se va a alargar aquí unos días más, pero creo que podremos salvar la sede...

—Fantástico —digo sin la menor alegría. Lo siento por esas familias, pero mientras ellos se salvan, la nuestra se va a pique.

—Lo siento, Valerie.

—Y yo. Oye, luego te enviaré una foto de Sy y Rosie, porque quieren que les veas. Ten el teléfono a mano y dedícales cinco minutos de tu valioso tiempo para contestarles, ¿vale? Te tengo que dejar que tu padre y Levy se los van a llevar en un rato.

Cuelgo sin darle opción a réplica. En cuanto entro en la habitación, aunque esbozo una sonrisa, Alice me mira sospechando que algo pasa. Digamos que recibir una llamada de su hijo no es algo habitual, más aun pudiendo hacerla a mi móvil... Muy discreta, coge el aparato y aprieta los labios.

—Cuando estéis listos, bajad que os haré una foto —dice justo antes de salir por la puerta.

—Se huele algo... —susurra Lori en mi oído.

—Lo sé. Pero es mejor que no sepa nada.

—Mamá, ¿va a venir papá? —vuelve a preguntar Simon.

—No. De hecho, va a quedarse unos días más de lo previsto.

CAPITULO 9: OJALÁ SUFRAS Y ME ECHES DE MENOS

—¿Quedamos mañana para terminar el informe?

—No puedo.

—Pero…

—Jennifer, tengo que pasar tiempo con mi familia.

—Suena a obligación…

—¡No! No… No es una obligación… Para nada… Necesito estar con ellos.

—De acuerdo. Lo acabaré yo y el lunes quedamos y se lo presentamos a Brancroft.

—Genial. Eh… ¿Compartimos taxi?

—Claro.

Me acerco a la fila de vehículos amarillos y le indico a un taxista las dos direcciones a las que debe llevarnos. Jennifer vive en Manhattan, así que primero me dejará a mí en casa. Le ayudo a meter ambas maletas en el maletero mientras ella se sienta en la parte posterior. Cuando entro, me dejo caer con pesadez en el asiento, al lado de Jennifer, echando la cabeza hacia atrás mientras cierro los ojos. Segundos después, saco el teléfono del bolsillo y compruebo si Valerie me ha contestado. No sé de ella desde la noche de Halloween, cuando me envió la foto de Simon y Rosie disfrazados. Contesté a ese mensaje, pero luego fueron los críos los que me escribieron. Desde entonces, nada. Ni siquiera ayer, cuando le informé que volvía hoy. Ni esta mañana, cuando le decía que les echaba de menos y que tenía ganas de verles. Ni hace unas horas, cuando le informaba de que estábamos a punto de embarcar. Ni hace escasos minutos, cuando le dije que acabábamos de aterrizar.Aun así, no me rindo y la llamo. Después de varios tonos, salta el contestador, pero no voy a dejar mensaje porque no quiero que Jennifer me escuche, así que vuelvo a enviarle un mensaje.

"Estoy en un taxi camino a casa. Te quiero"

Me veo en la necesidad de decírselo, a todas horas, en cada mensaje que le escribo. No quiero que lo olvide.

—Parece que no hay nadie en casa, ¿no?

—¿Eh?

—Valerie y los chicos...

—Ah. Sí, seguro que están, pero Val debe de estar atareada con los enanos y no debe de haber oído la llamada —digo con toda la normalidad del mundo.

—No debe de tener ni un minuto de descanso...

—No... ¿Qué planes tienes para este fin de semana? —le pregunto para cambiar de tema.

—Nada más llegar, me quitaré estos tacones, me pondré un chándal y me tiraré en mi sofá a tragarme cualquier película que estén dando mientras me bebo una cerveza.

—Suena bien... —contesto sonriendo.

—Y mañana, nada más salga el sol, me subiré a mi moto y conduciré hasta que me canse. Sin rumbo, sin horarios. Solo por el placer de conducir...

—Eso suena mejor...

—Es lo que echo de menos de viajar, mi moto.

—Sí... —contesto sin pensar.

—Que no te escuche tu mujer decir eso. Creo que se molestaría un poco.

—¿Qué...? ¡No, no!

—Primera parada —dice en ese momento el taxista.

Hago el ademán de sacar unos billetes del bolsillo del pantalón, pero Jennifer me detiene, apoyando la palma de su mano en mi pierna.

—Ni hablar. Lo pago yo y ya lo pasaré como gastos de la empresa.

No tengo ganas de discutir y me siento algo incómodo, así que me apresuro a despedirme y a bajar del taxi. Saco mi maleta del maletero y levanto una mano mientras veo cómo el vehículo se pierde calle arriba, hacia el puente de Brooklyn. Me doy la vuelta, miro hacia arriba, hacia las ventanas de nuestro apartamento. Hay luz en su interior, así que no sé si sentirme aliviado por ello o aterrorizado por el hecho de que Valerie no me haya contestado aun estando aquí. Con esa mezcla de sentimientos, saco las llaves del bolsillo y abro la puerta. El ascensor está en el vestíbulo, así que las puertas se abren en cuanto aprieto el botón. Mientras asciende, miro mi reflejo en el espejo frente a mí. Tengo bolsas debajo de los ojos, el pelo más peinado de lo habitual y gotas de sudor por toda la frente. Tengo la mandíbula desencajada y mi respiración no es regular. Y todo es por culpa del miedo...

Cuando llego frente a la puerta de nuestro apartamento, agudizo el oído pero soy incapaz de escuchar nada. Hago girar las llaves, entro, y cierro la puerta a mi espalda, lentamente. Nadie corre a recibirme como era habitual, no escucho gritos, la tele está apagada, incluso el ambiente está enrarecido... Y entonces veo una maleta al lado de la puerta. Trago saliva para intentar deshacerme de esta sensación que oprime mi pecho cuando entonces escucho unos pasos acercándose a mí.

—Hola... —la saludo con un hilo de voz cuando la veo aparecer por el pasillo.

Viste con unas mallas grises, una sudadera enorme y unos calcetines también grises. Lleva el pelo recogido en una cola alta y, lo que más llama mi atención, la cara recién lavada pero con aún rastro de lágrimas. Se detiene a unos metros de mí, cruzándose de brazos. Me acerco lentamente y cuando extiendo los brazos para abrazarla, da un paso atrás. Se me escapa un jadeo y entonces sus ojos se clavan en la maleta al lado de la puerta.

—¿Y los niños? —le pregunto para intentar mejorar el ambiente enrarecido.

—Harry está en el campamento de ciencias del colegio este fin de semana y los mellizos han ido a dormir a casa de unos amigos de su clase.

—Ah...

—¿Qué pensabas, que iban a estar apostados en la puerta aguardando tu llegada? Se han acostumbrado a vivir sin ti, Lucas. La vida sigue y no se detiene cuando tú no estás.

—Lo... Lo siento...

—Todos nos hemos acostumbrado a tus ausencias.

—¿Tú también?

—Me siento muy sola, Lucas.

—Pero ahora estoy aquí.

—Incluso cuando estás, me sigo sintiendo sola. —Agacho la cabeza y me miro los pies—. He metido la mayoría de tu ropa en esa maleta...

Se le quiebra la voz. Levanto la cabeza de golpe para intentar averiguar si va en serio. Rehúye mi mirada y carraspea, colocándose varios mechones de pelo detrás de las orejas. Se limpia algunas lágrimas con los dedos y vuelve a abrazarse el pecho.

—Puedes venir mañana a por más ropa...

—Valerie, yo...

—Mañana hablaré con los chicos —me corta—. Podrás elegir el día que te vaya mejor para verles... No te voy a poner ningún impedimento para ello.

—¿Me estás... echando?

—No. Tú te has echado solito... Al fin y al cabo, eres un extraño en esta casa. Desde que nos mudamos, ¿cuántas noches has cenado con nosotros? ¿Cuántas veces te has acostado a mi lado, al menos, una semana seguida? ¿Cuántas mañanas has desayunado con los chicos?

—¿Y...? ¿Dónde voy a quedarme?

—En un hotel. No creo que sea algo que te parezca raro, ¿no? Debes sentirte como en casa en una de esas habitaciones enmoquetadas...

—Es... ¿definitivo?

—No lo sé... Ahora mismo solo necesito tiempo y no me apetece ser el segundo plato de nadie. Te doy vía libre para que pases todo el tiempo del mundo con Jennifer, sin ningún remordimiento.

—¡Pero yo no quiero estar con Jennifer! ¡Quiero estar contigo!

—Pues cualquiera lo diría.

—Pero... ¿y los niños?

—¿Los niños, qué?

—Me... Será un trauma para ellos no verme por aquí... ¿Qué les vas a decir, que nos hemos separado? ¿O que nos vamos a divorciar?

—Les voy a decir la verdad, que necesitamos estar un tiempo alejados.

—¡Pero no es verdad! ¡Yo no necesito eso!

—Sí. Lo necesitas. Más de lo que tú te crees. Necesitas que alguien te dé un escarmiento. Te crees que puedes pasarte el tiempo que te dé la gana fuera de casa, y que luego al volver, los niños se echarán en tus brazos y yo te esperaré desnuda en la cama para chupártela. Pues bien, lo siento pero las cosas no funcionan así. Quiero que te des cuenta de lo que es estar solo. Ojalá sufras y me eches de menos...

—Pero... Yo...

—Vete, Lucas.

—¡No! ¡Te necesito!

—¡Y yo a ti! —contesta con las lágrimas corriendo sin control por sus mejillas—. ¿Tanto te cuesta verlo? ¿Tan difícil es de entender que quiera pasar más tiempo contigo? ¿Tan raro es que quiera que viajes menos? ¿Te parece extraño que me enfade contigo cuando me mientes o cuando me ocultas tus viajes? ¿Acaso te piensas que no sé que te escabulles de tu familia para pasar tiempo a solas? ¿Crees que no me duele saber que te diviertes más cuando no estás con nosotros?

—¡Eso no es verdad!

—Lucas, vete, por favor.

—Valerie... —digo avanzando unos pasos, pero ella golpea mi pecho con fuerza y empieza a gritar.

—¡Vete! ¡Vete!

≈ ≈ ≈

Aún con la maleta a cuestas, estoy en un bar de mala muerte cercano al puente. A lo lejos se escuchan sirenas de coches de policía. El camarero me observa de reojo desde la otra punta de la barra. No debe de estar acostumbrado a que un tipo vestido de traje, arrastrando una maleta y con la cara desencajada, entre en su bar un sábado por la noche. Supongo que está más acostumbrado a los borrachos de manual, vestidos con harapos y gritando consignas contra el gobierno o maldiciendo a alguna mujer que les abandonó años atrás.

Llevo ya tres whiskys cuando el teléfono vibra encima de la barra. El alcohol aún no ha mermado mis reflejos y lo cojo rápidamente para ver si es ella, pero es Jennifer.

"Tus ideas son acojonantes. Estoy haciendo el informe y soy optimista. Creo que vamos a poder salvar la sede"

Sonrío sin despegar los labios al tiempo que acaricio las teclas del teléfono, decidiendo si contestarle o no. Al final, opto por hacerlo.

"¿Qué haces despierta y trabajando a estas horas?"

"El jet-lag me afecta"

"Es verdad... La hora de diferencia entre Nueva York y Kansas es especialmente dura..."

"Sumada a las cinco horas que llevábamos de Londres... Vamos, que no sé en qué franja horaria vivo..."

"Creo que te entiendo..."

"Tú mejor que nadie"

Me remuevo nervioso en el sitio, agarrando el teléfono con ambas manos. Me descubro sonriendo, olvidándome por completo del tercer vaso de whisky que reposa a mi lado. Entonces me siento culpable por estar sonriendo, pero tampoco me da tiempo de pensarlo demasiado, porque enseguida me llega otro mensaje.

"¿Cuál es tu excusa para estar despierto a estas horas?"

Trago saliva varias veces mientras lo pienso un rato. Entonces me acuerdo de las lágrimas de Valerie, de los golpes que me daba contra el pecho mientras me pedía que me fuera. Mi cabeza repite sus duras palabras, sus punzantes acusaciones, y siento cómo me hundo. Me doy cuenta, por primera vez en mucho tiempo, de que estoy solo, soy libre, lo que siempre quise y ansié. ¿Por qué me siento como una puñetera mierda? ¿Por qué tengo tanto miedo? ¿Por qué les hecho tanto de menos?

"Supongo que me cuesta hacerme a la idea de que estoy en casa... Buenas noches"

≈ ≈ ≈

—El informe es muy bueno... Aunque quizá algo optimista, ¿no?

—No, no, Sr. Brancroft. Para nada... Verá, Lucas y yo hemos...

Fuera está lloviendo. Me pregunto cómo habrá venido Valerie a trabajar... ¿Y los niños? ¿Habrán tenido que coger el autobús? ¿Debería haberle escrito para preguntárselo? Aunque yo no esté en casa, puedo pasar cada mañana a recogerles...

—Lucas, ¿tú también lo ves factible?

Giro la cabeza al escuchar mi nombre y descubro que Jennifer y Brancroft me miran fijamente.

—Sí... Sí —contesto intentando sonar convincente.

—Está bien. Adelante entonces. Pongamos en marcha vuestro plan estratégico. Os doy tres meses...

—Señor, creemos que tres meses es algo justo...

—Jennifer, es mi dinero. Créeme, tres meses de pérdidas son muchas.

—Está bien, señor.

Los dos nos ponemos en pie y salimos del despacho. Caminamos en silencio por el pasillo, camino de los ascensores. En cuanto se abren las puertas y entramos, apoyo la espalda en uno de los laterales del habitáculo. Jennifer, abrazando la pila de carpetas e informes, se me planta delante, quedándose a escasos centímetros de mí.

—Vale, ¿qué te pasa?

—Nada. Estoy cansado, simplemente.

—No solo estás cansado... Estás como... ausente.

—No eres la primera que me lo dice últimamente —susurro casi sin querer.

—¿Cómo?

—Nada. Olvídalo.

—Lucas, ¿sabes que puedes contar conmigo para lo que quieras, verdad? Pasamos mucho tiempo juntos... —Sí, ese es uno de mis mayores quebraderos de cabeza ahora—, y podemos hablar de otras cosas aparte de trabajo, ¿no?

—Supongo... —digo, más para quitármela de encima que a modo de respuesta.

—Escucha... Siento si este viaje te ha ocasionado alguna... pelea con Valerie... —Levanto la cabeza de golpe, mirándola extrañado. ¿Lo sabe? ¿Se ha dado cuenta de algo?

—¿Cómo...?

—¿Lo sé? —Asiento temeroso por saber la respuesta—. Porque llevas la camisa arrugada.Porque no has traído tu habitual pieza de fruta para comerte a media mañana. Porque has llegado taciturno y arrastrando los pies cuando normalmente llegas acelerado después de llevar a tus hijos al colegio. Porque estás muy distraído.

Resoplo con fuerza mientras me froto el puente de la nariz, y entonces siento sus brazos rodeándome y su frente apoyada en mi pecho. Mi quedo inmóvil. Ni siquiera respiro.

—Me siento en parte responsable... —susurra. Trago saliva, aún sin devolverle el gesto—. ¿Quieres que vaya a hablar con Valerie?

—¡No! —me apresuro a contestar. Jennifer se separa unos centímetros de mí y me mira muy seria, con gesto preocupado. Su mano sigue apoyada en mi antebrazo, el cual aprieta en un gesto de compañerismo—. Ha sido solo una pequeña riña... Nada de importancia... Lo habitual... ¿Qué sería de un matrimonio sin este tipo de alicientes, no?

Intento parecer simpático para quitarle importancia y para que se piense que solo es una simple pelea. Por nada en el mundo quiero que se entere de que ya no vivimos juntos. Sé que es una noticia que se va a extender como la pólvora porque Valerie se lo contará a las chicas, Janet a Bruce, Bruce a los chicos, y digamos que ellos no son nada discretos, por eso quiero intentar arreglar las cosas antes de que eso suceda.

—Prometo que no viajaremos más en un tiempo... Y si sale alguno, me las apañaré sola.

—Eso sería genial... —contesto sonriendo, aunque por dentro tengo la sensación de que esta promesa llega algo tarde.

El ascensor aminora la marcha y de forma inconsciente, miro hacia el indicador de planta. Se me corta la respiración al comprobar que va a detenerse en la décima planta. Aprieto la espalda contra la pared, como si intentara traspasarla y aprieto la mandíbula cuando las puertas empiezan a abrirse. Lo hacen como a cámara lenta, y creo que incluso llego a cerrar los ojos durante unos segundos. Cuando escucho voces masculinas, los abro y respiro de nuevo al comprobar que no es ella.

—Hola —nos saludan con respeto.

—¿Qué tal? —contestamos afables.

En cuanto llegamos a nuestra planta, salgo sin siquiera despedirme, llegando incluso a esquivar las puertas que aún se estaban abriendo. Jennifer no me detiene ni me acribilla a preguntas, así que puedo meterme en mi despacho y cerrar la puerta a mi espalda de forma brusca. Me quito la americana y saco la camisa por fuera de la cintura del pantalón. Aflojo el nudo de la corbata para desatarme un par de botones de la camisa y me arremango las mangas. Abro la mini nevera y saco una botella de agua pequeña, que me bebo de un trago. Estrujo con fuerza el plástico y lo lanzo a la otra pared. Me agarro la cabeza con ambas manos y deslizo la espalda por la pared hasta sentarme en el suelo. Encojo las piernas y apoyo los codos en las rodillas, apoyando la cabeza en los antebrazos para taparme los ojos.

—¡Oigan! ¡Perdonen! ¡No pueden entrar de esa manera!

—Nosotros sí.

La puerta se abre de golpe. Levanto la cabeza y veo a Bruce, Hoyt y Roger con cara de preocupación. Justo detrás está Martina, mi secretaria, que al verme de esta guisa y sentado en el suelo, se ha quedado muda y con la boca abierta.

—Está bien, Martina —digo de forma apática justo antes de que ella cierre la puerta para dejarnos solos y se vuelva a su mesa.

Los chicos corren para agacharse frente a mí. Bruce apoya las manos en mis rodillas y me mira durante un rato. No nos decimos nada, pero mi actitud debe bastar, porque finalmente se sientan en el suelo, a mi alrededor.

—Veo que las noticias vuelan —suelto al cabo de unos minutos.

—Janet me lo ha contado... —se excusa Bruce.

—¿Dónde estás viviendo? —me pregunta Hoyt.

—En un hotel a dos calles de casa.

—¿Por qué no te vienes con nosotros a casa?

—Porque no quiero alejarme de ellos, Bruce. Sé que quizá es algo tarde para no querer alejarme de ellos... Pero yo nunca quise alejarme en realidad... O sea, sí me alejaba porque tenía que viajar pero no quería deshacerme de ellos...

—Joder, macho... —me corta Roger—. Aparte de tener una pinta horrible, te está afectando también a la cabeza, ¿no? Te explicas como el puto culo...

—Ella cree que necesitaba alejarme de ellos, y eso no es verdad. Les quiero con toda mi alma. Aunque creo que quizá debería de haberme plantado antes, haberme negado a ir a algún viaje... Es cierto que yo era algo... solitario, pero eso era antes de conocerla a ella. Ahora no quiero estar solo. No sé vivir sin ella.

—Pues díselo.

—Ya lo he hecho... Pero dice que quiere que la eche de menos y que lo pase mal...

—¿Algo así como un escarmiento?

—Supongo —contesto encogiéndome de hombros.

—Bueno, pues tampoco suena tan mal —dice Hoyt.

—¿Perdona? ¿Dónde ves tú el lado positivo de todo esto?

—Pues a que no me suena definitivo... Me suena a un "ahora te jodes y sufres, y quiero que vuelvas arrastrándote y pidiéndome perdón". Ahora tendrás que currártelo, colega.

—No sé ni por dónde empezar...

—Por el momento, ni se te ocurra viajar. Y tienes que parecer el tío más desgraciado del mundo.

—Créeme, me siento como tal.

—Y sobre todo, haz que sepa que estás ahí —interviene Bruce—. Dale el espacio que te ha pedido, pero no te alejes demasiado de ella.

—Como cuando llevas a un chucho de paseo, que le das cuerda hasta que se aleja y entonces pones el seguro de la correa y... ¡zas! —Todos miramos a Roger con una mueca de asco dibujada en la cara, aunque él, lejos de molestarse, se pone en pie y acercándose a la nevera, dice—: Vamos a ver cómo está el presupuesto en bebida para los altos directivos de la empresa... ¡¿Agua?! ¡Pues vaya mierda!

≈≈≈

Llevo un buen rato frente a la pantalla de mi ordenador. El correo electrónico está abierto y un nuevo mensaje listo para ser escrito. El cursor parpadea sin descanso. Quiero decirle tantas cosas y a la vez no sé por dónde empezar...

<u>De:</u> Lucas Turner (*lturner@wwex.com*)

<u>Para:</u> Valerie Turner (*vturner@wwex.com*)

<u>Asunto:</u>

<u>Mensaje:</u>

He escrito y borrado varias frases decenas de veces. Primero pienso que debería empezar preguntándole cómo está, pero luego creo que se enfadará si le pregunto algo tan obvio. Aunque después me doy cuenta de que ya está enfadada conmigo, pero también recuerdo que lo que tengo que intentar es revertir la situación...

<u>De:</u> Lucas Turner (*lturner@wwex.com*)

<u>Para:</u> Valerie Turner (*vturner@wwex.com*)

<u>Asunto:</u> *¿TE VA BIEN SI PASO HOY A POR ALGO DE ROPA?*

<u>Mensaje:</u>

Ha llovido todo el día... ¿Estás bien?

Lucas Turner

Director de Sistemas

Le doy al botón de enviar antes de poder arrepentirme de nuevo. Me echo hacia atrás y recuesto la espalda en el respaldo de la silla, sin dejar de mirar la pantalla, sin siquiera parpadear. Compruebo el programa del reloj de fichar y veo que aún no se ha ido. Ya lo he hecho antes, pero quiero asegurarme de nuevo. De acuerdo, estoy muy nervioso, y quizá me esté volviendo algo paranoico obsesivo, comprobando el teléfono a cada segundo para ver si me ha escrito algo, pero no puedo evitarlo. Por eso, cuando recibo su correo respuesta, doy un bote en la silla para incorporarme.

<u>De:</u> Valerie Turner (*vturner@wwex.com*)

<u>Para:</u> Lucas Turner (*lturner@wwex.com*)

<u>Asunto:</u> *Re: ¿TE VA BIEN SI PASO HOY A POR ALGO DE ROPA? – Hasta pasadas las seis de la tarde no estaremos. Entra con tu llave y coge lo que necesites*

Mensaje:

No soy un Gremlin, así que el agua no me afecta más allá de empaparme la ropa. Tampoco destiño ni me deshago, así que puedo asegurarte que estoy bien.

Cuando empiezo a escribirle de nuevo, los dedos me tiemblan. Quiero que se dé cuenta de que me preocupo por ella, pero tampoco quiero quedar como un idiota.

De: Lucas Turner (lturner@wwex.com)

Para: Valerie Turner (vturner@wwex.com)

Asunto: Re: Re: ¿TE VA BIEN SI PASO HOY A POR ALGO DE ROPA? – Hasta pasadas las seis de la tarde no estaremos. Entra con tu llave y coge lo que necesites – ME GUSTARÍA QUE ESTUVIERAIS PARA PODER VEROS...

Mensaje:

Me refería a que... Bueno, quería saber cómo te lo habías montado con los niños... ¿Han ido en autobús? ¿Y tú, cómo has venido a trabajar? Más tarde me acordé de que me había llevado las llaves del coche...

¿Has hablado ya con ellos? ¿Qué opinan?

Dios... Valerie... Esto es una tortura...

Lucas Turner

Director de Sistemas

Me estoy arrastrando, y sé que no llevo ni veinticuatro horas fuera de casa, pero es que ya me siento como una mierda. Me siento solo y dejado, como si no encajara en ningún sitio, como si no perteneciera a ningún lado. A pesar de ser siempre tan independiente, siempre he tenido una casa a la que volver, ya fuera la de mis padres, mi apartamento de soltero o ese hogar que compartía con Valerie y nuestros hijos.

De: Valerie Turner (vturner@wwex.com)

Para: Lucas Turner (lturner@wwex.com)

Asunto: Re: Re: Re: ¿TE VA BIEN SI PASO HOY A POR ALGO DE ROPA? – Hasta pasadas las seis de la tarde no estaremos. Entra con tu llave y coge lo que necesites – ME GUSTARÍA QUE ESTUVIERAIS PARA PODER VEROS... – De acuerdo

Mensaje:

Lucas, lo creas o no, no es la primera vez que llueve y tú no estás... Pero como veo que te interesa mucho, te explico lo que hemos hecho: les he acompañado hasta la parada del autobús, ataviados con paraguas y chubasqueros, me he esperado hasta que les han recogido y luego yo he cogido el metro hasta aquí. No tiene mucho más secreto.

Sí, ya se lo he comentado. Se han encogido de hombros a modo de respuesta. Si quieres, cuando les veas hoy, les preguntas más detenidamente.

Me voy ya, que llego tarde para recogerles.

¿Se han encogido de hombros? ¿Sin más? ¿No han montado ningún drama? ¿Ni siquiera Rosie? Tenía la esperanza de que se lo tomaran mal cuando Valerie se lo explicara y ella, al ver su reacción, reconsiderara su decisión. De algún modo, confiaba en ellos para que estuvieran de mi lado y me echaran un cable.

Y entonces se me ocurre la idea de apuntarme un tanto y acompañarla a recoger a los niños al colegio y llevarles a lo que sea que tengan esta tarde. Cierro el portátil de un manotazo, cojo la americana y corro hacia las escaleras, las cuales subo de tres en tres. En cuanto llego al rellano de la décima planta, me encuentro con las chicas, que están esperando el ascensor. Todas menos ella.

—¿No está? —les pregunto, aun respirando de forma acelerada.

—Se acaba de marchar.

—Vale —digo dándome la vuelta.

—¡Lucas, espera!

—Tengo algo de prisa... —me excuso mientras me vuelvo a dar la vuelta, encontrándome con las cinco frente a mí.

—¿Te han entrado un poco tarde, no? —me pregunta Gloria.

—Dame un respiro, Gloria... Ya sé que estáis de su parte, pero tampoco hace falta que me machaquéis...

—Lo hago por tu bien, cariño. Además, nosotras queremos que arregléis las cosas, pero también somos partidarias de que recibas una lección.

—Y queremos que sepas que vas por buen camino —añade Franny.

—¿Vosotras creéis?

—¿Con esas pintas de indigente borracho? —contesta—. Sí, empezamos a pensar que la separación te está afectando y, para qué engañarnos, eso nos encanta.

Frunzo el ceño y las miro sin poderme creer tanta crueldad.

—Valerie lo ha pasado muy mal en tu ausencia... Mientras ella iba de bólido con los críos arriba y abajo, nos enterábamos de que tú y Jennifer salíais cada noche, comíais en restaurantes caros, os llevaban de turismo e incluso ibais a hacer el loco a un circuito con las motos... Entiende que eso no le sentara muy bien...

—Pero dicho así, parece que solo viajáramos para pasarlo en grande, y os juro que curramos, y mucho, y hasta altas horas de la noche...

—No lo negamos, pero encima, cuando estás aquí, lo poco que estás, dejas a los niños solos en el pabellón de deportes para irte por ahí —interviene Andrea—. Eso no me suena mucho a comportamiento de padre responsable...

—¿Cómo...? ¿Ella sabe todo esto? —pregunto mirando sobre todo a Janet, que asiente de forma solemne—. Pero... Yo la quiero... Y a los niños también... Dios mío... Soy un mierda...

Me doy la vuelta pero ya no corro escaleras abajo, sino que arrastro los pies con pesadez. ¿Con que cara me planto yo frente a ella y le pido que me perdone?

≈≈≈

Al final no corrí para acompañarla. No tenía sentido convertirme de repente en el marido perfecto, así que me arrastré hasta el coche, conduje hasta el hotel, me tiré bajo el chorro de la ducha como una hora, me puse unos vaqueros y una sudadera, y aquí estoy ahora, en la puerta del que era mi apartamento, esperando a que me abran la puerta a pesar de llevar las llaves en el bolsillo. ¿Podría abrir y entrar sin ser invitado? Posiblemente. Pero por algún motivo, ya me siento un intruso aquí. Se abre la puerta de repente y agacho la cabeza para encontrarme con la cara sonriente de Rosie.

—¡Hola, papá!

—Hola, cielo. ¿Cómo estás?

—Bien. He estado a punto de vomitar porque Simon me ha hecho tragar mucha agua en la bañera.

—¿Te encuentras mejor ahora?

—Sí. Mamá le ha castigado sin postre y a mí me ha recompensado con el suyo. Así que hoy tendré dos —me dice enseñándome las dos filas de dientes.

—Ah, ¿pero que Simon tomaba postre hasta hoy? ¿No le hiciste los deberes el otro día en el coche?

—¡Mierda! —se queja cuando se da cuenta de que su hermano la ha embaucado pero bien—. ¡Simon!

Se pierde por el pasillo, seguramente hacia el dormitorio de su hermano. Dentro de poco se escucharán gritos y habrá pelea. Alguno de los dos vendrá a quejarse del otro y acabarán los dos castigados. Como siempre. Nada ha cambiado. A pesar de que su madre me echó, todo sigue igual.

En ese momento, Valerie aparece por el pasillo. A pesar de su pelo despeinado y su cara de cansada, está preciosa. Sin pretenderlo, se me dibuja una sonrisa de bobo en la cara.

—Hola —digo casi jadeando.

—Hola. ¿Has traído la maleta?

—¿Maleta...?

—¿No venías a por el resto de tu ropa?

—Ah. Es... Es verdad. No me acordaba.

—Para eso venías, ¿no?

—Lo... Lo olvidé.

Señalo el sofá, pidiendo permiso para sentarme. En cuanto ella asiente con un leve movimiento de cabeza, me dejo caer en él y después de masajearme la frente con ambas manos, digo:

—Lo siento, Valerie... Por todo...

—Ajá —contesta ella, ahora desde la cocina, metiendo ropa en la lavadora.

—Te he traído las llaves del coche... Sé lo mucho que odias ir en transporte público y... yo tengo las motos... Puedes llevar a los niños al colegio y... Toma, también te doy la tarjeta del parking de la esquina...

No me contesta y sigue metiendo ropa de forma frenética, así que dejo tanto las llaves como la tarjeta en el cuenco donde siempre dejamos las llaves de casa, donde ahora reposan las suyas.

—Estoy... viviendo en un hotel a dos calles de aquí... Si me necesitas en algún momento para algo, solo tienes que llamarme y...

—¡Hola, papá! —me interrumpe Simon abrazándose a mis piernas.

—¡Eh! ¡Hola, campeón!

—Sy... —empieza a decir Valerie.

—Ya he recogido la habitación, mamá. Está más limpia que nunca. ¡No, espera! ¡Eso es imposible! Está algo menos limpia que cuando tú la limpias, pero creo que te podrás sentir orgullosa de mí...

—Vale, Simon. Corta el rollo —dice Valerie mientras echa el detergente y el suavizante.

—Papá, si ese hotel del viaje dónde estás ahora, está tan cerca, ¿crees que podremos ir a verte en algún momento?

—Simon, no te enteras —dice Harry, que ha aparecido por detrás de nosotros sin que nos demos cuenta—. Ya te lo he explicado, papá no está en un viaje. Él y mamá se han peleado...

—¡Eso no es verdad! ¡¿Acaso les ves pelearse ahora?! ¡No! Además, siempre que está en un hotel, está de viaje. Y ahora estás en un hotel, ¿a que sí, papá?

—Sí... Estoy en un hotel muy cerca de aquí...

—¡Qué suerte! ¡Pues podremos ir! ¡¿A que sí?!

Rosie también se ha unido a ellos y me mira expectante.

—Claro que podréis venir. Cuando vuestra madre os deje, me llamáis y vengo a buscaros...

—Yo no pienso ir contigo a ningún sitio —asevera Harry.

—¡Pero si va a ser muy chulo! —dice Simon—. ¡Es un hotel! Podremos saltar en las camas porque no las hace mamá. Las vienen a hacer. Y puedes llamar por un teléfono para que te traigan comida.

—Yo no voy. Me quedo con mamá.

Cuando dice esta última frase, se asegura de remarcar mucho la palabra mamá, mirándome a los ojos, desafiándome.

—Está bien... No es una obligación venir... Si queréis, perfecto. Si no, también —aseguro, intentando calmar los ánimos.

Miro a Valerie, que no para de moverse, ahora haciendo la cena para los chicos. Tengo a Rosie en mi regazo y a Simon sentado en el sofá a mi lado. Los miro y los estrujo con fuerza.

—Papá... mamá nos ha dicho que estarás en ese hotel durante un tiempo... ¿Cuánto?

—No lo sé, Rosie...

—¿Este viaje es más largo que los otros?

—Puede que sí... —contesto mientras dejo escapar algún suspiro—. Pero quiero que recordéis que estoy aquí al lado y podéis contar conmigo para lo que queráis... No es como los otros viajes... Puedo venir a veros cuando me lo pidáis, y podéis venir a dormir conmigo cuando queráis...

—¿Podemos ir hoy, papá? —me pregunta Simon.

—Eh... —balbuceo mirando a Valerie, que se apresura a contestar.

—No, cariño. Ya estoy haciendo la cena y mañana hay colegio. Mejor un fin de semana...

—¿Este fin de semana, papá? ¿Mamá, podemos?

—A mí me parece bien... —contesta ella sin levantar la cabeza para mirarme.

—Pues este fin de semana será.

—¡Genial! —grita Simon.

—¡Bien! ¿Y dormiremos en la misma habitación, papá?

—Eh... Sí, cariño. Si tú quieres, sí. Si no, puedo reservar otra habitación...

—¡No, no! ¡Contigo!

—Preparad la mesa, chicos. La cena está casi lista —dice Valerie.

Rosie y Simon se levantan rápidamente. Harry se mueve con más lentitud, apático.

—Eh, colega —le llamo—. ¿Cómo fue el campamento de ciencias?

—Bien.

—¿Querrás repetir el año que viene?

—Lo dudo. Estaré en el instituto.

—¿Sí? —le pregunto mirando a Valerie, hasta ahora, la reticente a que diera ese gran paso—. ¡Eso es genial!

—Sí.

—¿Habéis ido ya a verlo? ¿Os concedieron la entrevista? —pregunto a los dos.

—El colegio la solicitó y les enviaron su expediente. Prácticamente me rogaron para que le matriculara.

—Val, no quiero que te preocupes por el dinero para llevarle allí... Sé que es un instituto privado y que es muy caro pero...

—Le han becado —me informa de forma tajante.

—¿En serio? Guau.

Realmente parece que soy inservible... La vida sigue sin mí, y cada vez veo más complicado conseguir que me perdone. Recuerdo entonces los consejos de los chicos... Demuéstrale que estás hecho una mierda, hecho. Dale el espacio que te ha pedido pero mantente cerca, hecho. Y, sobre todo, no viajar. Creo que lo voy a poder cumplir todo... Ahora solo falta que ellos estén en lo cierto...

—Valerie... Yo... —digo cuando me acerco a ella, aprovechando que los chicos están distraídos poniendo la mesa—. Voy a estar aquí, ¿vale? Quiero decir... no me voy a ir y no voy a viajar en un tiempo...

—Haz lo que te dé la gana.

—Valerie. —La agarro del brazo para obligarla a mirarme. Cuando su mirada se clava en la mía, puedo leer el dolor en sus ojos y veo cómo las lágrimas se agolpan en ellos—. Quiero que me veas elegirte. Quiero demostrarte que tengo muy claras mis prioridades, y...Sé que he cometido muchas estupideces, pero te voy a conquistar de nuevo. Lo sé. Porque estamos predestinados a estar juntos y porque sin ti, no... Nada tiene sentido.

CAPÍTULO 10: LO QUE QUIERO ES QUE NADA

SEA COMO ANTES

—¿Qué tal hoy, Val?

—Dos mensajes y tres correos electrónicos.

—Dios mío... Hoy está empalagoso...

—Rosie y Simon se quedan este fin de semana con él, así que no para de preguntarme cosas...

—¿Y Harry?

—Harry quiere quedarse conmigo —contesto mientras las chicas me miran expectantes—. Él no quiere forzarle...

—Y tú encantada de que su "mini yo" te prefiera a ti —añade Gloria con malicia.

Una parte de mí, puede. De hecho, cuando Harry se encaró a él y le dijo que él se quedaba conmigo, llamándome mamá, tuve que hacer grandes esfuerzos para no sonreír y gritar "¡chúpate esa!". Pero ahora, después de varios días separados, casi una semana ya, sé que Lucas y Harry se necesitan y no puedo permitir que no se vean.

—Pero tengo que hablar con Harry para que vaya al menos un día, aunque sea un rato, a comer o a cenar.

—Eres demasiado buena con él.

—Me parece que olvidáis el hecho de que sigo casada con ese hombre, que sigue siendo el padre de mis hijos, y que sigo enamorada de él.

—Pues a mí me han dicho que tu marido, padre de tus hijos y enamorado, ha cambiado un poco desde que no estáis juntos...

—¿Qué? ¿Qué dices, Carol?

—Yo también he oído cosas... —apunta Gloria.

—A mí también me han contado alguna cosa —añade Janet.

—¿De Lucas? Conmigo sigue siendo el mismo de siempre...

—Por supuesto que contigo sigue siendo encantador, pero las malas lenguas le empiezan a llamar el "amargado"...

—El "mal follado" he oído yo...

—No entiendo nada...

—Por lo que se ve, está ejerciendo de jefe... a lo grande. Reprimendas en público, gritos, siempre de mal humor...

—¿Lucas? No puedo creerlo... Nunca he visto a nadie con menos aspiraciones de jefe que él.

En ese momento, la puerta de emergencia se abre bruscamente y Lucas aparece a través de ella. Hace un barrido visual por toda la terraza de la planta veinte, a la que salen los empleados fumadores. En mi caso, estoy acompañando a Janet, Gloria y Carol. Franny y Andrea se han quedado cubriéndonos las espaldas.

—¡Nick! ¡A mi despacho! ¡Ya! —le grita Lucas.

—Estoy en mi descaso, Lucas.

—Señor Turner para ti, si no te importa —le contesta con brusquedad—. Además, tu descanso es de diez minutos. Teniendo en cuenta que tardas entre tres y cinco minutos en levantarte, hacer la cola frente a la máquina y conseguir el café, de dos a cuatro en llegar hasta aquí arriba, dependiendo de si subes en ascensor o caminando, y luego una media de tres minutos en fumarte cada uno de estos cigarrillos, puedo precisar que llevas aquí entre nueve y catorce minutos aquí. Si llevas nueve, llego justo a tiempo para que me acompañes a mi despacho. Si llevas catorce minutos, me acompañarás a mi despacho y luego por la tarde recuperarás los cuatro minutos que llevas... descansando de más.

Cuando Lucas acaba de hablar, Nick está pálido y el resto de la gente se ha quedado muda. Muchos han decidido dar por concluido su descanso y se han escabullido discretamente por la puerta. Otros han preferido no moverse del sitio para no desatar la ira de los dioses contra ellos. Entre ellas, nosotras.

—Lo dicho —susurra Gloria en mi oído—, un "mal follado" amargado.

—Recuerda que quien se lo follaba antes era yo —contesto—, y no recuerdo que tuviera quejas. Y ahora... casi prefiero pensar que es un "no follado" que un "mal follado"... No quiero que nadie se lo tire, aunque sea mal.

—¡Y al resto! —grita Lucas fuera de sí, mirando a todos los que quedamos en la terraza—. ¡Se os paga por trabajar, no por holgazanear aquí arriba! ¡Si alguien quiere tener más tiempo para fumar, que pase por la segunda planta y le prepararemos el finiquito!

Todo el mundo empieza a desfilar hacia la puerta, agachando la cabeza cuando pasan al lado de Lucas. Entonces, sus ojos se posan en mí. Parece sorprendido, haciendo patente que no se había percatado de mi presencia hasta ahora. Cuando las chicas empiezan a caminar hacia la puerta, yo las sigo, sin mirarle en ningún momento. Pero entonces, cuando paso por su lado, siento sus dedos rozando la piel de mi mano. Susurra mi nombre, casi como un quejido que me empieza a romper el corazón, pero logro ser fuerte y cruzar la puerta.

≈≈≈

—Harry, cariño... Hazlo por mí...

—No quiero ir.

—¿Por qué?

—Porque no.

—¡Vamos! No me creo que alguien tan inteligente como tú no sea capaz de darme una excusa mejor —intento picarle, pero al ver que solo se encoge de hombros, opto por otra táctica—. Vamos, Harry... Es tu padre... Un día solo...

—¡No! ¡Y déjame ya en paz!

Cuando se va por el pasillo se cruza con Simon, que carga con su mochila. Le sigue con la mirada sin entender nada, pero enseguida viene hacia mí y muy sonriente, me dice:

—Mira, mamá. He metido el pijama, la linterna, los cómics, la gorra, el guante de baseball, la espada láser de Darth Vader, las zapatillas con ruedas y el disfraz de Batman. ¿Me dejo algo?

—Mmmm... Depende...

—No te entiendo...

—A mi modo de ver... Falta algo de ropa...

—¡Tienes razón! Espera...

Sonrío mientras le veo perderse por el pasillo corriendo. Para Rosie y Simon, este fin de semana es como una aventura. Como si su padre estuviera realmente de viaje por trabajo y les hubiera invitado a pasar un rato con él. Por una parte, me alegro de que no entiendan del todo la situación y lo vean como algo divertido, por otro, temo su reacción cuando se den cuenta de todo si su padre y yo no logramos superar este bache.

—¡Listo! —dice mostrándome lo que lleva en sus manos—. Vamos a estar dos días con papá, así que meto dos calzoncillos y dos pares de calcetines. Ahora sí que lo llevo todo.

—¿No crees que echarás de menos unos vaqueros y alguna sudadera?

—No.

—Vale... —contesto sonriendo.

En ese momento suena el timbre de casa. De nuevo, como ya ocurrió la vez anterior, en lugar de usar su llave, llama al timbre, como si esto ya no fuera su hogar, como si él fuera solo una visita. Carraspeo varias veces y me peino el pelo con los dedos. De camino a la puerta, me miro en el pequeño espejo del pasillo, hasta que me doy cuenta de la tontería que estoy haciendo y, resoplando, doy los últimos pasos y abro con desgana. Aguantando la puerta, le hago un gesto para invitarle a entrar.

—Hola —me saluda levantando una mano.

—Hola. Pasa.

Entra con timidez, frotándose las manos contra el vaquero. Cuando pasa por mi lado, de forma inconsciente, me dejo invadir por su olor corporal. Huele a gel y a loción para el afeitado. Incluso creo que se ha puesto colonia y se ha peinado un poco. Se queda parado en el salón, inmóvil, con las manos en los bolsillos.

—¡Chicos! ¡Papá está aquí! —les grito.

—¡Ya vamos! —gritan casi a la vez.

Le miro y le sonrío. Él me devuelve el gesto con timidez. Es una faceta de él que no conocía. Ni cuando no nos habíamos visto aún en persona se mostró tímido o comedido...

—Si pasara cualquier cosa... —empiezo a decir.

—Te llamaré, sí. No te preocupes.

—Simon no ha metido nada de ropa en la mochila excepto el pijama, calzoncillos y el disfraz de Batman...

—No hay problema —contesta sonriendo—. Me parece un atuendo de lo más indicado para un fin de semana.

—Sí...

En ese momento, Rosie aparece por el pasillo arrastrando su pequeña maleta rosa con ruedas.

—¡Papá!

—Hola, princesa —la saluda cogiéndola en brazos—. ¿Cómo estás?

—Bien.

—¿Lo llevas todo, cielo? —le pregunto.

—Yo sí. Pero... ¿sabes que Sy piensa ir vestido todo el fin de semana como Batman?

—Sí... Eso parece... Pero ha tenido la precaución de coger calzoncillos de recambio.

—Menos mal...

—¡Papá! —grita en ese momento Simon.

Lucas se agacha y, sin dejar a Rosie en el suelo, coge a Simon con el otro brazo.

—¿Cómo estás, colega?

—¡Bien! Llevo un montón de cosas. Y el cómic que dejamos a medias.

—Perfecto.

—Pues yo traigo el libro de las princesas...

—Bueno, no pasa nada. Os leeré a los dos.

—¡A mí primero! —gritan a la vez.

—Tranquilos... Lo haremos a suertes —les calma justo antes de mirarme—. ¿Y Harry?

—Eh... No sé si...

—¿No viene? —pregunta extrañado—. Sé lo que me dijo, pero pensé que intentarías convencerle...

—Lo he intentado...

—Ya, claro... —se queja dejando a los mellizos en el suelo—. Seguro... ¡Harry! ¡Eh, Harry!

—Lucas, he estado hablando con él hace solo un rato y me ha vuelto a repetir que no quiere ir.

—¡Pues le tenías que haber obligado y punto! ¡Que tiene diez años solo, por Dios! ¡No tiene la opción de decidir!

—¡¿Perdona?! ¡¿Ahora resulta que es pequeño?! ¡Déjame que me aclare...! ¡¿Es mayor para moverse solo por una ciudad de unos ocho millones de habitantes, pero no para tomar según qué decisiones?!

Lucas me fulmina con la mirada durante unos segundos, pero luego empieza a caminar de nuevo por el pasillo hacia el dormitorio de Harry.

—Lucas. Lucas... ¡Lucas! —le sigo intentando que me preste atención, pero está cegado de ira.

Sin molestarse siquiera en llamar a la puerta, la abre de golpe, asustando a Harry, que está sentado frente a su escritorio, delante de su cuaderno, con los auriculares puestos. Nos mira a todos con los ojos muy abiertos mientras se los quita y los cuelga de su cuello.

—Coge algo de ropa y métela en una mochila. Tienes cinco minutos —le dice Lucas en tono amenazante.

—No voy a ir —responde Harry.

—No lo entiendes... No es una proposición, es una orden.

—No puedes obligarme.

—¡Por supuesto que puedo! ¡Soy tu padre!

—¡No! ¡No puedes! ¡¿Acaso os habéis divorciado ya y hay una sentencia en cuanto a la custodia?! ¡Pues entonces no puedes obligarme y elijo quedarme con mamá!

—Mamá, ¿qué es divorciado? —me pregunta Simon, al que encuentro a mi espalda, atento a toda la escena junto a su hermana.

—Los padres de Cindy ya no se querían y están divorciados. Y viven separados... —dice entonces Rosie—. Pero vosotros ya vivís casi siempre separados... Y eso no quiere decir que estéis divorciados, ¿no?

—Chicos, id un momento al salón... —les pido.

—¿Mamá...? ¿Ya no os queréis? —insiste Simon sin moverse del sitio, como su hermana.

—Simon, por favor. Haz caso a tu madre —le pide Lucas—. En cuanto Harry prepare su mochila, nos vamos.

—¡Que no voy a ir!

—Harry, cariño —le pido—. Si no lo haces por mí, hazlo por tus hermanos...

—¡¿Te piensas que esto es idea mía?! —le grita Lucas.

Me giro para fulminarle con la mirada, sin poder creer que intente poner a nuestros hijos en mi contra. Está fuera de sí y muy rabioso, pero eso no le disculpa para comportarse como un verdadero gilipollas. Es justo de lo que las chicas me habían hablado... Lucas había cambiado. Todos lo habían notado, menos yo. Voy a gritarle, pero en cuanto abro la boca, pienso en los niños. En los tres, que nos miran con la boca abierta, asustados.

—Cariño —digo dirigiéndome a Harry—, las cosas no siempre salen como uno quiere...

—¡¿Y vosotros qué sabéis acerca de lo que yo quiero?!

—Harry... —interviene Lucas con un tono de voz mucho más calmado, seguramente asustado por las lágrimas de Harry, que ruedan por sus mejillas sin control, tiritando como nunca antes le habíamos visto—. Todo volverá a ser como antes...

—¡¿No lo ves?! ¡¿Es que no lo veis?! ¡No quiero que las cosas sean como antes! ¡Quiero no oír a mamá llorar todas las noches! ¡Quiero no hablar contigo a través de un teléfono todas las noches! ¡Quiero que estés en casa, siempre! —Su pecho sube y baja con rapidez. Aprieta los puños con fuerza contra sus piernas y se seca la cara con la manga de la sudadera. Y entonces, como si se hubiera desinflado, su voz suena como un susurro—. Lo que quiero es que nada sea como antes...

≈≈≈

Han pasado varias horas desde que Lucas se fue junto con Simon y Rosie. Definitivamente, no se fueron con el mismo humor que tenían hace unas horas e incluso pude notar cómo el abrazo que me hicieron ambos antes de irse era bastante más largo de lo habitual. Lucas se sentó con ellos y les explicó la situación con sinceridad. Les dijo que aunque viviéramos separados, les queríamos muchísimo y, aunque no se fueron convencidos del todo, consiguió que se calmaran.

Lo de Harry fue otro cantar. En el mismo momento en que su padre salió por la puerta, se estiró en su cama y lloró durante horas. Nada de lo que le dije le tranquilizó, nada de lo que hice fue suficiente, así que acabé sentándome a su lado en la cama y acaricié su cabeza y su espalda hasta que se quedó dormido. Lleva así una hora y a pesar de ese tiempo, sigo estirada a su lado, mirándole fijamente. No puedo dejar de pensar en sus palabras, en su desgarradora confesión. Parecía que nada le afectaba, pero en cambio, ahora sé que sufría.

Escucho el sonido lejano de mi teléfono al recibir un mensaje, así que me levanto, arropo a Harry y camino hacia la puerta. Al pasar junto a su escritorio, algo me llama la atención y me acerco. Su cuaderno, ese que lleva a todas partes, permanece abierto por la misma página que estaba cuando su padre entró. Está toda escrita, con frases o con simples palabras sueltas. Lo cojo, lo hojeo, y compruebo que todo es igual. Frases, párrafos, palabras sueltas y algún que otro dibujo. Miro a Harry, que sigue profundamente dormido, y entonces decido salir de la habitación con su cuaderno en la mano.

De camino al sofá, cojo el teléfono y me sirvo una copa de vino. En cuanto me siento, me tapo con la manta y, con el cuaderno en mi regazo, doy un sorbo mientras leo el mensaje que he recibido.

"¿Cómo está Harry?"

Sorbo por la nariz y miro la tapa del cuaderno. Lo acaricio con las yemas de mis dedos mientras me hago esa misma pregunta. Si me la llegan a hacer hace unas horas, hubiera tenido la respuesta muy clara: Harry está perfectamente. ¿Pero ahora? Abro el cuaderno y paso las páginas con cuidado. No es ningún diario, así que no sigue un orden cronológico. Son frases inconexas y escritos que no tienen nada que ver unos con otros, pero sin duda, llaman mi atención.

"Es triste ver cómo la gente que alguna vez estuvo más cerca de ti puede llegar a ser un total extraño".

"La soledad ayuda a conocerse a uno mismo. Pero, ¿y si no me gusta lo que soy?"

"Estar solo no es casualidad... Tú te lo has buscado..."

"Pienso todo lo que digo, pero no digo todo lo que pienso. Si lo hago, me odiarían y estaría aún más solo que ahora..."

"Ser diferente... Ser peor pero aceptado"

"No te muestres como eres. Huye de todos"

"Todo es por mi culpa"

"Estoy bien. Bien. Bien"

"Estoy cansado. Cierro los ojos. Relajo mi mente. No pienso. Pesadillas"

Cierro el cuaderno de golpe cuando ya mis ojos eran incapaces de leer nada por culpa de las lágrimas. No conozco a mi hijo. No sé qué le pasa por la cabeza.

"No está bien, Lucas. Y nosotros no le estamos ayudando"

≈≈≈

Escucho el sonido del timbre muy a lo lejos. Me remuevo en mi cama y me vuelvo a tapar con el edredón, pero vuelve a sonar de forma insistente. Me levanto de un salto y literalmente, corro hacia la puerta principal. Abro sin siquiera preguntar quién es, poniéndome en lo peor, pensando que me voy a encontrar a Rosie y Simon queriendo volver a casa. Pero no... A quién me encuentro es a Lori, mi cuñada, acompañada de Alice, su madre.

—¿Qué...? ¿Ha pasado algo? —Es lo único que se me ocurre preguntar.

—Valerie, cariño. ¿Estás bien? —me pregunta Alice abrazándome con fuerza.

—Eh... Sí...

—Lori me lo ha contado todo... —prosigue.

Miro a Lori, que niega con la cabeza de forma imperceptible. Vale, ahora me queda averiguar qué sabe: el distanciamiento entre su hijo y yo, o mi embarazo. Lori es la única persona que sabe ambas cosas, así que puede haberle contado cualquiera de las dos.

—Estoy bien... Pasad...

—Me ha dicho Lori que los niños están con él...

Vale, ahí tengo la respuesta. No sabe nada del embarazo.

—Menos Harry... Él no ha querido ir...

—¿Harry? —preguntan las dos a la vez, muy extrañadas.

—Sí... Lo está llevando peor de lo que yo pensaba y nuestro comportamiento no está ayudándole demasiado...

Alice, me agarra por los hombros y me lleva hasta la cocina. Me sienta en una de las sillas que hay alrededor de la mesa y, sintiéndose como en casa, enciende la cafetera y empieza a preparar el desayuno.

—¿Qué ha pasado?

Miro a Lori, que se sienta a mi lado y me agarra una de las manos.

—Lo siento... No se lo pude ocultar... En pocos días es vuestro aniversario de boda y quería regalaros un viaje... Se lo tuve que contar.

—Entiendo...

Asiento con la cabeza, agachando la vista hasta mis manos, que junto frente a mi cara. Lo había olvidado... Había olvidado nuestro aniversario de boda...

Ya con un café cargado en las manos, le cuento a Alice todo lo sucedido. Mi soledad, mis celos, su aislamiento, su distanciamiento de la familia, sus mentiras... Y finalizo con lo que pasó anoche, que Lori también desconocía.

—Cariño... Lucas os adora, pero ya sabes cómo es...

—Sí, Alice. Sé cómo es Lucas. Adoro su forma de ser, sus rarezas, su sentido del humor... El problema es que ya no tengo nada de eso porque no le veo... Me he cansado de vivir deseando esos, con suerte, escasos siete días al mes que pasa con nosotros. Le necesito, y sus hijos también.

—Y él a vosotros también.

—Permíteme que lo dude. Creo que a él ya le va bien este escaso contacto con nosotros... Unos pocos días al mes, a cambio de la libertad del resto. Libertad que disfruta junto a Jennifer, la guapa, joven y carismática jefa de recursos humanos de la empresa. La mujer que le ha ido haciendo ascender en la empresa hasta convertirle en su mano derecha. Una mujer sin hijos, sin obligaciones, con mucho dinero y total libertad de movimientos. ¡Por Dios, si tiene hasta moto!

—Entonces... ¿es definitivo?

—No lo sé... —contesto con sinceridad—. Yo le quiero... Muchísimo... Pero necesito saber que puedo contar con él. Necesito tenerle a mi lado, y que cuando esté, sea de verdad, comprometido al cien por cien. No sé si me explico...

—¿Abuela...? ¿Tía Lori...?

En cuanto escuchamos la voz de Harry, las tres nos giramos hacia él. Alice se levanta y corre a abrazarle.

—Hola, mi vida. ¡Pero qué grande y guapo estás!

Harry se deja achuchar mientras su abuela le conduce hasta la mesa. Luego le da un par de besos a su tía y se acerca hasta mí. Sin mediar palabra, me abraza sentándose en mi regazo. Hunde la cara en mi cuello y yo, tras superar el momento de estupor, acaricio su espalda.

—¿Has dormido bien, cariño? —le pregunto.

—Sí... ¿Y tú?

—También.

—¿Has comido algo?

—¡Oye! ¿Desde cuándo eres tú el que se preocupa por mí? —digo sonriendo al tiempo que le revuelvo el pelo.

—¿Sabes algo de Rosie y Simon?

—Están bien, tranquilo.

—¿Y vosotras por qué habéis venido?

—Para veros. ¿Te parece poco el motivo?

Harry las mira con el ceño fruncido. Luego chasquea la lengua y, casi sin inmutarse, dice:

—Yo también estoy preocupado por mamá. Pero podéis estar tranquilas porque yo la voy a proteger. —Las tres sonreímos y nos miramos con orgullo. Yo estrecho a Harry entre mis brazos aún con más fuerza y apoyo la frente en su hombro—. No pasa nada. Conmigo podéis hablar sin tener que esconderos.

≈≈≈

Dos horas más tarde, Alice ha convencido a Harry para ir juntos al parque, donde han quedado con Lucas y los mellizos, con la promesa de volver a casa luego, sin insistir en que se quede con su padre en el hotel. En cuanto cierran la puerta al irse, Lori no pierde ni un segundo en hacerme un tercer grado.

—¿Cómo te encuentras?

—Bien.

—¿Vómitos, mareos...?

—Nada de nada. Un embarazo totalmente distinto a los demás. Si no fuera por la prueba de embarazo que me hice y porque sigue sin bajarme la regla...

—Por las tetas enormes, porque vistes con sudaderas dos tallas más grandes... —me corta ella—. ¿En serio que Lucas no se ha dado cuenta?

—No nos hemos visto mucho que digamos...

—¿Cuándo se lo piensas decir?

—Supongo que no he encontrado el momento adecuado aún... De hecho, nadie lo sabe excepto tú...

—Qué honor. Pero sigo pensando que mi hermano debería saberlo. Quizá un nuevo bebé le vuelva más... familiar.

—¿Qué te hace pensar que lo que tres hijos no han conseguido, lo hará un cuarto? Además, si decidiera tenerlo, nunca se me ocurriría utilizarle para arreglar lo nuestro.

—¿Cómo puedes plantearte siquiera no tenerlo?

—¿Criar a cuatro hijos yo sola? Es algo que tengo que pensar mucho...

—No estás sola...

—Si Lucas sigue viajando sin parar, sí, estoy sola.

—No me refiero a Lucas. Me refiero a mí, mis padres, mis otros hermanos...

Me emociono por culpa de sus palabras... Bueno, quizá también porque tengo las hormonas algo revolucionadas. Lori me agarra de los hombros y me acerca a ella.

—Eres una Turner. Y ya sabes que tenemos fama de ser muy empalagosos. Para lo bueno y para lo malo. No te vamos a dejar sola.

—Gracias...

—Sé que la decisión definitiva es vuestra, pero tacha de la lista de contras que vayas a estar sola, porque eso nunca será así. Además, en el caso de que tú y mi hermano os separéis de forma definitiva, él tampoco se desentendería de los niños.

—Ya, bueno... Digamos que su manera de entender la paternidad y la mía, son bastante diferentes.

En ese momento me suena el teléfono y me abalanzo sobre él.

—Es un mensaje de tu madre...

—¡Léelo en voz alta! —me apremia.

—Es una foto...

En cuanto lo abro, veo una foto de Lucas y Harry de espaldas. Están caminando por el parque, y parecen estar charlando. Lucas va con las manos en los bolsillos del vaquero mientras que Harry lleva la capucha de la sudadera puesta.

Al instante, me llega otro mensaje, esta vez de texto.

"Parece que la cosa va mejorando..."

"Genial. ¿Y Simon y Rosie? ¿Están bien?"

Poco tiempo después, recibo la respuesta. Miro a Lori, sorprendida por su rapidez.

—Sí. Ella es así. Es una víctima de las redes sociales y la tecnología...

"¿Por qué no iban a estarlo?"

"Lucas ha cambiado un poco últimamente..."

"Tranquila, están aquí conmigo, en los columpios del parque. Están muy contentos porque dicen que les trajeron la cena en un carrito y la comieron en la cama. Por cierto, Simon va disfrazado de murciélago... Dice que es su ropa... ¿Es cosa de mi hijo que no se ha molestado en vestirle de persona o eres consciente?"

Negando con la cabeza con una sonrisa en la cara, escribo mi respuesta.

"Soy consciente de ello, pero no vale la pena discutir con él"

"Me parece que sé de qué hablas... Valerie, Lucas está sufriendo..."

"Yo también. Desde hace años..."

—¿Ya está haciéndote chantaje emocional? —me pregunta Lori cuando dejo el teléfono a un lado. Asiento con pesadez mientras hundo los dedos en mi pelo—. Entiéndela... Es su hijo.

—Lo entiendo y no la culpo, igual que si lo hicieras tú, pero espero que respetéis mi decisión, así como también el tiempo que tarde en tomarla.

—¿Cuándo vas al médico...? —me pregunta señalándome la barriga—. ¿Has pedido ya hora?

—Sí... El lunes por la tarde. Rosie y Simon tienen kárate y natación, y Harry se quedará estudiando en la biblioteca.

—¿Quieres que te acompañe?

—¿Y qué le vas a decir a tu madre? Mejor que no... Si queréis, id a recoger a los chicos y así iré yo también más tranquila.

≈ ≈ ≈

—¡Valerie! ¡Valerie!

Bastante me ha costado deshacerme de las chicas, que se han propuesto no dejarme sola en ningún momento, y ahora es Lucas el que me persigue por el vestíbulo.

—¡Eh, Valerie! ¡Espera!

—¡¿Qué quieres?! —le pregunto dándome la vuelta bruscamente.

Lucas me mira de forma severa, entornando los ojos y apretando los labios, mirando alrededor para comprobar si alguien se ha percatado del tono con el que le he contestado. Luego, me agarra con fuerza del codo y me lleva casi a rastras hacia fuera. Forcejeo con él, al principio de forma comedida porque no quiero montar el numerito delante de todos, pero en cuanto salimos fuera y caminamos unos cuantos pasos, le doy un manotazo y tiro de mi brazo.

—¿A dónde vas? Sales antes...

—¡¿Y a ti qué cojones te importa?!

—Me importa porque aún soy tu marido.

—También lo eras cuando te lo pasabas en grande con Jennifer durante vuestro viajecito a Londres.

—¡Vamos! ¡Supera eso de una puta vez!

—Es mucho que superar. Permíteme que me lleve mi tiempo.

—¡Entre Jennifer y yo no pasó nada de nada! —dice mirando alrededor, pendiente de que nadie que conozcamos nos vea u oiga—. ¡Madura un poco!

—¿Madurar yo? ¡Yo no soy quién deja a mis hijos de cinco años solos para irse por ahí a tomar unas cervezas con los colegas! ¡Yo no soy la que se olvida de recoger a Harry obligándole a volver solo! ¡Yo no soy la que te mentía y te decía que no iba a viajar durante un tiempo con las maletas prácticamente preparadas de nuevo! ¡Yo no soy la que te decía que trabajaba de sol a sol y me tiraba todas las noches en un pub! ¡Yo no soy la que se lo pasaba en grande descargando adrenalina en un circuito cuando podría estar en casa con su familia! ¡Madura tú, Lucas! ¡Tienes una familia, así que bienvenido al mundo de los adultos!

Me doy la vuelta y empiezo a caminar a toda prisa hacia el parking donde tengo estacionado el coche. Estoy a punto de conseguirlo, cuando vuelve a agarrarme del brazo.

—¡Vale! ¡Pues te lo exijo como tu jefe!

—¡¿Qué?! ¡¿Te has fumado algo o qué?!

—¡No! ¡Dime...! ¡Dime por qué sales antes o tendré que tomar cartas en el asunto!

—¡Anda ya, flipado! —digo incluso sonriendo mientras intento darme la vuelta de nuevo.

—¡Hablo en serio! —grita él volviendo a interponerse en mi camino.

Le observo durante unos segundos, aún sin poderme creer el enorme cambio que ha experimentado. Este sí es el "mal follado" amargado del que hablaban las chicas. Este no es mi Lucas.

—Está bien —digo resoplando—. ¿Así quieres que sea nuestra relación a partir de ahora? Pues así será. Señor Turner, advertí a mi jefa de departamento que hoy necesitaba salir antes y ella accedió. Es en total una hora que no hace falta que recupere porque la descontará de la bolsa de horas acumuladas. Y ahora, si me disculpa...

—¿A dónde vas?

—Con todo mi respeto, no creo que eso le incumba, señor.

—Valerie, ¿a dónde vas?

—Señor, si sigue acosándome de esta manera, me veré obligada a poner una queja en el comité de trabajadores de la empresa.

—¡Vamos! ¡Soy tu marido!

—Pues en ese caso —digo acercando mi cara a la suya—, no me infles las pelotas porque no dejaré que veas a los niños. Si quieres ir por las malas, que así sea.

≈≈≈

—Está todo perfecto, Valerie...

—Vale —contesto emocionada cuando la doctora me tiende la foto imprimida de mi ecografía.

—Tómate el tiempo que necesites...

—Vale —repito muy emocionada—. Gracias.

En cuanto me quedo sola, me siento en la camilla y miro fijamente la imagen que sostengo entre las manos. No he dejado de llorar prácticamente desde que entré en la consulta. La doctora lo ha encontrado normal y no ha sospechado que parte de esas lágrimas se deben a la cantidad de dudas que me asaltan en estos momentos. Al menos, una de ellas ha quedado resuelta: me da igual lo que vaya a pasar entre su padre y yo, pero este chiquitín o quitina se va a convertir en mi cuarto hijo.

—No te voy a abandonar... Te lo prometo... Además, puede que tu padre sea un completo imbécil, pero tienes unos hermanos increíbles y unos tíos y abuelos que te adoran.

Después de vestirme, salgo del hospital y envío un mensaje a Lori para decirle que ya voy para casa, y entonces recibo su respuesta.

"¿Todo bien?"

"Todo perfecto"

"Me alegro. Oye, Lucas nos ha llamado a mi madre y a mí. Quería saber por qué habías salido antes del trabajo"

Mierda... Alice no sabe nada de esto... Me preguntó cómo habrá salido Lori de esta...

"Mierda... Tu madre..."

"Lo sé. Delante de Lucas, ella ha interpretado perfectamente el papel, básicamente porque era verdad que no sabía nada. Luego me ha hecho un interrogatorio y le he tenido que decir que tenías una entrevista de trabajo en otra empresa"

"Bien pensado"

"No, para nada. Ha sido un error. No para de calentarme la cabeza diciéndome que tenemos que hacer algo porque tú quieres cortar todo contacto con mi hermano y eso ella no lo va a permitir. Palabras textuales"

"Joder... Llego en unos minutos"

≈ ≈ ≈

Cuando acostamos a los niños, nos sentamos las tres en el sofá. Me ha costado una hora que Harry se tomara el plato de sopa, que acabó vomitando media hora después. No sé si está enfermo, pero es verdad que últimamente come muy poco, tiene fuertes dolores de barriga a menudo, y empiezo a estar realmente preocupada.

—Esos dolores son cosa del estrés... —susurra Lori—. El estrés por... lo vuestro... Ya sabes...

—Lo sé...

Estoy agotada, pero sé que Alice lleva toda la noche queriendo hablar conmigo, y si no dejo que lo haga antes de que se marche mañana, no va a irse tranquila. Así pues, reposo la cabeza en el respaldo del sofá, encojo las piernas y resoplo, preparándome para la charla.

—¿Cómo ha ido la entrevista?

Ahí vamos...

—Bien.

—¿Es para un puesto similar al tuyo?

—Sí... De... administrativa.

—Ajá... ¿Y te pagan bien?

—Supongo...

—¿Por qué si no ibas a cambiar de trabajo? ¿O es para alejarte de mi hijo?

—Mamá... —le reprocha Lori.

—¿Tan mal estáis? ¿Tanto le odias?

—No... O sea...

—Valerie, entiendo tu postura y sé que mi hijo no se ha portado bien, pero le he visto y sé que está arrepentido. Él adora a esos niños —dice señalando hacia el pasillo—, y está completamente loco por ti. Esta tarde, cuando me ha llamado... parecía desesperado.

—Créeme, lo sé. Me ha abordado a la salida del trabajo y prácticamente me ha amenazado con despedirme si no le decía por qué salía antes...

—Dios mío... —resopla ella—. Está completamente descolocado y perdido. No sabe qué hacer sin ti y se comporta de forma irracional...

—No le odio, Alice... —susurro, completamente agotada—. Pero necesito algo más de él, y lo único que recibo es ira y resentimiento... Le grita a Harry, me grita a mí, me amenaza, me culpa de todo esto delante de los niños...

—Está asustado, Valerie.

—¡Ja! ¡¿Asustado él?! —grito en un tono de voz algo más alto de no debido—. ¡¿Y qué pasa conmigo, Alice?! ¡¿Quién vuelve a estar sola?!

—Él también está solo...

—Mamá... —vuelve a intentar reprocharle Lori.

—¡Pero yo estoy sola con los tres niños, Alice!

—Pero tú estás... acostumbrada a estar sin él... Lucas no está acostumbrado a estar sin ti... O mejor dicho, a pensar que no estarás ahí cuando vuelva a... esa habitación de hotel que tiene por hogar ahora mismo...

Agacho la vista a mi regazo y me froto las manos la una contra la otra de forma compulsiva mientras ella sigue hablando, intentando convencerme de lo desgraciado que es su hijo. Empiezo a sentirme cada vez más agotada y siento cómo las lágrimas se vuelven a agolpar en mis ojos.

—Estoy embarazada. —Lo digo casi susurrando pero surte el mismo efecto que una bomba, dejando a Alice callada de sopetón—. Así que créeme Alice, yo también estoy asustada.

CAPÍTULO 11: ¿NOS ESTAMOS VOLVIENDO EMOCIONALMENTE VULNERABLES?

—Cariño... Vente unos días a casa...

—No.

—Pero podrías cogerte unos días de vacaciones y venirte...

—No.

—¿Para eso has accedido a desayunar conmigo? ¿Para comportarte como un auténtico antisocial? Si lo sé, desayuno en casa con tus hijos que me dan muchísima más conversación que tú.

—¿Qué haces aquí, mamá?

—¿Perdona?

—¿Por qué has venido?

—Porque Lori me contó lo vuestro y estaba preocupada.

—¿Y cómo lo sabe Lori?

—Pues no por ti, claro está.

—No creo que tenga que escampar por ahí las desavenencias que tenga con mi mujer.

—No es escamparlo por ahí como si vendieras la exclusiva a una agencia de noticias. Es mucho más fácil que todo eso. Hola, mamá, soy Lucas. Pues no, no estoy muy bien porque Valerie y yo nos hemos peleado y ella me ha echado de casa —dice justo antes de darme unos segundos para asimilarlo todo—. Eso es lo que la gente normal hace, Lucas. Pero como sabemos que tú funcionas diferente, Lori me lo contó.

—Ella no me ha echado de casa —aseguro con el ceño fruncido—. Me fui porque quise.

—¿Te estás oyendo? Pareces un crío... Da igual si te echó o te fuiste herido en tu orgullo. La cuestión es que estáis separados y no estás haciendo nada para arreglarlo. Al contrario... Los chicos lo están pasando muy mal. ¿Sabes que Harry hace días que no come? ¿Sabes que Valerie encontró un cuaderno con cosas escritas por él que daban verdadero miedo? ¿Sabes que han llamado a Valerie del colegio para hablar con ella acerca del comportamiento de Simon? ¿Sabes que Rosie llora todas las noches en su cama?

Esas palabras me hacen tanto daño como si fueran puñales. Aunque sabía que los tres lo están pasando mal, no tenía ni idea de que fuera tan grave...

—¿Y qué se supone que debo hacer para arreglarlo, mamá?

—Hacerle saber que puede contar contigo, hijo.

—A veces tengo la sensación de que ella no quiere realmente que esté allí. No me cuenta nada, no me dice a dónde va...

—Y lo seguirá sin hacer si le exiges las cosas... ¿Quién te crees que eres para obligarla a hacer algo? ¿O para amenazarla con echarla si no te cuenta a dónde va?

—Eso estuvo mal... —resoplo cuando me acuerdo de aquel episodio sucedido hace escasamente dos días.

—Cariño... —me dice poniendo su mano sobre la mía—. Sé que la echas de menos...

—Echarla de menos no se ajusta lo más mínimo a cómo me siento, mamá... —contesto apoyando los codos en la mesa de la cafetería y agarrándome la cabeza—. Esto es una puta tortura. Estoy... solo... Y no quiero. Me siento perdido y... Joder... No sé ni cómo expresarlo...

—Lucas... Respira... —Levanto la vista y la miro a los ojos. Apoya la palma de su mano en mi mejilla y sonríe ladeando la cabeza—. Mi vida...

—¿Por qué sonríes? No me ayudas...

—Porque eres humano, cariño. Más humano que nunca y... No me malinterpretes pero adoro verte sufrir de esta manera. Me encanta ver que eres capaz de querer a alguien tanto. Sigue así...

—¿Sufriendo? —pregunto mientras se me escapa algo parecido a una sonrisa irónica.

—Sí. Demuéstrale que te importa... Pídele ver a los niños, interésate por ellos ahora que sabes lo mal que lo están pasando...

—No puedo verles así... Yo no quería hacerles sufrir...

—Lo sé, cariño —dice ella mientras acerca su silla a la mía y me estrecha entre sus brazos.

≈≈≈

De: Lucas Turner (lturner@wwex.com)

Para: Valerie Turner (vturner@wwex.com)

Asunto:

Mensaje:

> *¿Puedo recoger del colegio a Harry esta tarde?*
>
> *Lucas Turner*
>
> *Director de Sistemas*

Los siguientes siete minutos, hasta que recibo su respuesta, se me hacen interminables. La cagué a base de bien el otro día, y no estoy seguro de que quiera que vea a los niños. Sé que no me lo puede negar, pero tampoco quiero ponerla en mi contra, así que si me dijera que no, aunque me costase, creo que acataría su decisión.

> *De: Valerie Turner (vturner@wwex.com)*
>
> *Para: Lucas Turner (lturner@wwex.com)*
>
> *Asunto: Re:*
>
> *Mensaje:*
>
> *¿Crees que es una buena idea?*

No, es un suicidio, pero necesito hablar con él porque después de lo que me ha contado mi madre esta mañana, me doy cuenta de que no sé qué les pasa a mis hijos.

> *De: Lucas Turner (lturner@wwex.com)*
>
> *Para: Valerie Turner (vturner@wwex.com)*
>
> *Asunto: Re: Re:*
>
> *Mensaje:*
>
> *No lo sé... Pero quiero hablar con él...*
>
> *De hecho, me gustaría hablar con los tres, por separado. Me gustaría que me explicaran cómo se sienten y necesito hacerles saber que pueden contar conmigo si me necesitan... Me da la sensación de que nunca se lo he demostrado...*
>
> *Lucas Turner*
>
> *Director de Sistemas*

De: Valerie Turner (vturner@wwex.com)

Para: Lucas Turner (lturner@wwex.com)

Asunto: Re: Re: Re:

Mensaje:

De acuerdo. Nos vemos en la puerta.

≈ ≈ ≈

Cuando llego y me bajo de la moto, veo que Valerie ya les está esperando. Me acerco a ella y nos saludamos con la mano. Se me hace extraño hacerlo de una forma tan fría, y tengo que hacer verdaderos esfuerzos para ni siquiera rozarla.

—Hola...

—Hola...

—¿Qué tal el día? —le pregunto, aunque enseguida me doy cuenta de que parecemos patéticos.

—Bien. ¿A dónde vais a ir?

—No lo sé... A cualquier sitio en el que podamos hablar...

—Vale.

—Escucha... Si él quisiera, ¿podría llevármelo a cenar por ahí?

Valerie me mira y, sonriendo sin despegar los labios, asiente con la cabeza.

—Claro. A ver si consigues tú que coma algo...

—¡Papá! ¡Papá! —Escuchamos entonces los gritos de Rosie y Simon.

—¡Hola! —les saludo mientras me agacho, justo antes de que se me tiren encima, haciendo que casi pierda el equilibrio—. ¿Cómo estáis?

—¡Bien!

—¡Habéis venido juntos a recogernos! ¡¿Por qué no nos saltamos la natación y el kárate y nos vamos por ahí a merendar y...?!

—Simon, cariño —le corta Valerie agachándose a nuestro lado—. No puede ser...

—Vale, pues nos lleváis pero esperadnos a la salida y...

—¿Desde cuándo Lucas nos viene a recoger con mamá? —dice Harry se golpe, al que descubrimos a nuestro lado cuando levantamos la vista—. ¿No te parece raro?

—Pero... Pero a lo mejor... —insiste Rosie.

—Es mejor que os vayáis haciendo a la idea —asevera de forma brusca.

—Harry, hoy te vas con papá, ¿vale? —le dice Valerie al tiempo que se pone en pie.

—¿Y nosotros? —se quejan Rosie y Simon a la vez.

—Paso —dice Harry dándose la vuelta y alejándose de nosotros.

Valerie va tras él y le detiene a unos metros. Empiezan a hablar, supongo que ella intentando convencerle, cuando Rosie pone sus dos manitas en mis mejillas y me obliga a prestarle atención.

—¿Vendrás a buscarme a mí algún día? Yo sí que quiero...

Me mira con sus ojos azules muy abiertos, haciendo un mohín de pena con el labio inferior.

—Claro que sí, princesa. Os vendré a recoger un día a cada uno y nos iremos por ahí.

—¿Tú y yo solos? —insiste Rosie.

—Exacto. Y otro día, Sy y yo solos.

—Yo quiero con mamá también —dice Simon enfurruñado.

—Pero mamá tendrá que quedarse con Harry —le aclara su hermana.

Simon la mira y, puesto que no se le ocurre nada que decir para contradecirla, arruga la frente y desvía la mirada hacia otro lado. Justo en ese momento, Harry y Valerie vuelven a aparecer a nuestro lado. Me incorporo y les miro algo nervioso por saber si ha conseguido convencerle.

—Simon, Rosie, ¿nos vamos? —les pregunta Valerie.

Los mellizos se despegan de mí a regañadientes, no sin antes prometerles que mañana hablaré con su madre para organizar una tarde con cada uno. Cuando nos quedamos solos, Harry me mira muy serio, agarrando las asas de su mochila.

—¿Dónde quieres ir? —le pregunto.

—¿Y a mí qué me cuentas? Esta pantomima ha sido idea tuya... Y para que conste, he decidió acceder por mamá, no por ti.

—Vale... Lo tendré en cuenta... —le contesto sonriendo, cuando de repente se me ocurre dónde llevarle—. Toma, ponte el casco. Vamos a pasárnoslo bien.

—¿Me llevas a la exposición itinerante de los tesoros de Nefertiti del Museo de Ciencias Naturales?

—Eh... No. No es lo que había pensado pero, ¿quieres ir allí?

—Me da igual.

—No te debe de dar tan igual cuando es lo primero que te ha venido a la mente cuando he dicho que íbamos a pasárnoslo bien.

—Se me vienen muchas cosas a la mente, siempre, constantemente. Es imposible que de mi boca salgan todos mis pensamientos a la vez, así que, simplemente, elijo uno al azar. También me lo pasaría bien encerrado en mi habitación, o en la biblioteca estudiando solo, pero me parece que no te planteas ninguna de esas dos opciones.

—Eres más pedante que yo, ¿lo sabías? —digo mientras me pongo el casco.

—Querrás decir que soy mucho más inteligente que tú —me contesta mientras se baja la visera.

Cuando se sube a mi espalda, se agarra con fuerza y doy un fuerte acelerón, tal y como sé que le gusta.

≈ ≈ ≈

—Vamos a separarnos. Tú irás por la derecha y yo por la izquierda. Vamos a intentar rodearles abarcando el máximo de terreno posible. ¿Listo?

—Ajá —me contesta asintiendo a la vez con la cabeza.

—Son los últimos. Si nos los cargamos, ganamos. ¿Listo?

—Listo.

Le hago una seña con la cabeza y nos marchamos cada uno por nuestro lado, agazapados con nuestro rifle láser cogido con ambas manos. Nuestra táctica funciona porque poco después vemos a los dos últimos contrincantes, dos adolescentes, escondidos detrás de unas cajas. Levanto un brazo y le muestro a Harry una cuenta atrás con los dedos. Cuando cierro la mano en un puño, nos levantamos y, después de silbarles, se dan la vuelta y les disparamos sin darles opción siquiera a apuntarnos.

Al instante, suena una alarma que da el juego por finalizado y Harry levanta ambos brazos.

—¡Toma! —grita subiéndose a una de las cajas.

—¡Me cago en la hostia! —maldice uno de los adolescentes.

—¡Jajaja! ¡Cómo mola!

Grita y salta sin parar de reír, y yo no puedo hacer otra cosa que contemplarle embobado. Adoro verle feliz y, aunque nunca ha sido de grandes demostraciones de sentimientos de ningún tipo, ni alegres ni tristes, estos días estaba más taciturno de lo habitual.

Quince minutos más tarde, ya en la calle, caminamos lentamente hacia la moto, aunque la expresión de júbilo no se ha borrado aún de la cara de Harry.

—¿Te ha gustado?

—¡Me ha encantado! Cuando estaba ahí atrás agachado, notaba cómo el corazón me latía más rápido y cómo las gotas de sudor recorrían mi espalda... Ha sido... ¡asombroso!

—Me alegro. ¿Querrás... repetir algún día?

—¡Claro!

—No me refiero a solo aquí... Si no... ¿Te gustaría que pasáramos más tardes juntos?

Se le borra la sonrisa de la cara. Me mira pensativo durante un buen rato. Está nervioso y se nota porque no sabe qué hacer con las manos, así que las esconde en los bolsillos de la sudadera.

—Creo que la pregunta te la tendría que hacer más bien yo a ti.

—No te entiendo.

—Yo siempre he querido pasar tardes contigo, pero tú no parecías querer... ¿Por qué ahora de repente te apetece pasar tardes conmigo?

—Eso no es así... Harry yo... —Me froto la frente con una mano—. Antes viajaba a menudo y...

—Cuando estabas aquí tampoco es que pusieras mucho empeño en vernos... Por las mañanas todo eran prisas y por las tardes llegabas a casa tardísimo. Y las tardes que mamá no podía recogernos y lo hacías tú, intentas deshacerte de nosotros para irte a tomar unas cervezas con esa panda de raritos que tienes por amigos... Por eso, ¿qué ha cambiado? ¿Ya no trabajas? ¿Te han degradado de puesto y ya no tienes que viajar tanto? ¿O simplemente te has dado cuenta de que mamá tiene toda la razón del mundo en estar enfadada y la has cagado tanto que estás de mierda hasta el cuello?

—Mmmm... Mi sentido arácnido me dice que ya sabes esa respuesta, pero aun así, voy a darte el placer de escucharla de mi boca... La he cagado, Harry. Hasta el fondo. Siempre os he querido y siempre os querré, a los cuatro. Pase lo que pase. Estoy loca y completamente enamorado de tu madre y creo que no voy a ser capaz de vivir sin ella. Supongo que me confié y me relajé. No cuidé nuestra relación como debería haber hecho y mírame ahora.

De repente, sin previo aviso, Harry se abalanza sobre mí y rodea mi cintura con sus brazos. Estoy unos segundos confundido, pero luego apoyo una mano en su cabeza y otra en su espalda.

—Te quiero mucho, Harry.

—Y yo, papá.

Soy incapaz de retener el jadeo producido por la increíble sensación de escucharle llamarme papá.

—¿Nos estamos volviendo emocionalmente vulnerables? —me pregunta levantando la cabeza para mirarme.

—Eso parece. Tu madre y tus hermanos nos están ablandando.

—Sienta bien, ¿sabes? Pero mejor que no se lo digamos...

—Será nuestro secreto —digo chocando los cinco con él.

—Supongo que, en el fondo, estoy aprendiendo una lección gracias a tu cagada.

—Gracias. Supongo.

—Puede que aún estés a tiempo de recuperarla...

—¿Tú crees?

—Si no le importases, ¿crees que mamá hubiera llorado tanto? ¿Crees que la abuela y tía Lori hubieran venido si mamá no lo estuviera pasando realmente mal? Ya sabes cómo tienes que arreglar las cosas...

—¿Ah, sí? ¿Lo sé?

—Claro... Haciendo todo lo contrario a como lo has hecho ahora. Creo que vas bien. Ya sabes, ese rollo de querer pasar tiempo con nosotros y eso.

—Va en serio, Harry. Quiero pasar tiempo con vosotros.

—Y te creo, pero no seas tonto y aprovéchate de ello. Yo... Hablaba en serio cuando os dije que quiero que estés en casa... No quiero que vivas en ese hotel... En parte es eso por lo que no voy. Tú no tienes que estar ahí y siento como, de algún modo, si me quieres y eso, si sabes que no voy a ir, te esfuerces por volver a casa.

Le observo durante unos segundos. Harry me aguanta la mirada un rato, pero luego se muerde la carne de la mejilla y agacha la cabeza.

—¿Sabes una cosa? —digo haciendo que me mire de nuevo—. Tienes razón. Eres muchísimo más inteligente que yo. ¿Tienes hambre?

≈≈≈

De: Lucas Turner (*lturner@wwex.com*)

Para: Valerie Turner (*vturner@wwex.com*)

Asunto:

Mensaje:

Buenos días,

¿Puedo pasar la tarde con Rosie o Simon?

Lucas Turner

Director de Sistemas

Lo de ayer fue increíble. Me lo pasé en grande con Harry y creo que él se lo pasó muy bien también. Además, después de pasar la tarde en el juego de pistolas láser, nos fuimos a merendar y pude disfrutar de lo lindo viéndole comerse dos perritos calientes.

Cuando le dejé en casa, Valerie no se lo podía creer y no dejaba de sonreír mirando a Harry, que se empeñó en explicarle con pelos y señales nuestra enorme victoria en la guerra láser. La apoteosis fue cuando le explicó que luego habíamos ido al parque y que se había comido dos bocadillos. No contento con ello, al rato, antes de perderse por el pasillo para hacer los deberes, le dijo que le avisara para cenar.

Cuando nos quedamos solos, Valerie y yo solo reímos, hasta que unos minutos después empecé a retroceder hacia la puerta, obligándome a ello porque lo que hubiera deseado en ese momento era abrazarla y besarla sin descanso.

De: Valerie Turner (*vturner@wwex.com*)

Para: Lucas Turner (*lturner@wwex.com*)

Asunto: Re:

Mensaje:

Rosie tiene ballet y Simon muchos deberes que hacer. Sospecho que Sy te necesita esta tarde más que Rosie. ¿A las cuatro en la puerta del colegio?

Se me escapa la risa, hecho del que no me doy cuenta hasta que no me descubro observado por los chicos. Bruce tiene el teléfono en la mano y me hace una foto.

—Para cuando se lo cuente a Janet y no me crea —me informa.

—Que os den... —le digo justo antes de volverme a centrar en mi pantalla.

De: Lucas Turner (*lturner@wwex.com*)

Para: Valerie Turner (*vturner@wwex.com*)

Asunto: Re: Re:

Mensaje:

Sí, creo que el tutú no me queda demasiado bien.

Nos vemos a las cuatro.

Lucas Turner

Director de Sistemas

—¿Te estás volviendo a escribir con Valerie? —me pregunta Hoyt.

—¿Te las has vuelto a tirar? —interviene Roger. Todos le miramos con una mueca de asco dibujada en la cara—. ¿Qué? ¿A qué si no viene esa sonrisa? No me digas que tienes esa sonrisa solo por escribirte con ella...

—Yo... Esto...

—¿Qué tal fue ayer con el pequeño friky? —insiste Hoyt.

—Vamos, dadle un respiro... —me echa un cable Bruce, aunque tampoco tengo mucho tiempo para enfadarme con estos impresentables, porque enseguida me llega otro mensaje de Valerie.

De: Valerie Turner (*vturner@wwex.com*)

Para: Lucas Turner (*lturner@wwex.com*)

Asunto: Re: Re: Re:

Mensaje:

Perfecto.

Oye... Gracias por lo de ayer. Cuando te fuiste me di cuenta de que no te di las gracias. Supongo que estaba demasiado... alucinada y no pude hacer otra cosa que sonreír. Durante mucho rato. Toda la noche, de hecho.

Conozco esa sensación...

De: Lucas Turner (*lturner@wwex.com*)

Para: Valerie Turner (*vturner@wwex.com*)

Asunto: Re: Re: Re: Re:

Mensaje:

Yo también.

Lucas Turner

Director de Sistemas

De: Valerie Turner (vturner@wwex.com)

Para: Lucas Turner (lturner@wwex.com)

Asunto: Re: Re: Re: Re: Re:

Mensaje:

¿Tú también, qué?

De: Lucas Turner (lturner@wwex.com)

Para: Valerie Turner (vturner@wwex.com)

Asunto: Re: Re: Re: Re: Re: Re:

Mensaje:

Yo también sonreí. Durante mucho rato. Toda la noche, de hecho. Y lo estoy haciendo ahora también.

Lucas Turner

Director de Sistemas

De: Valerie Turner (vturner@wwex.com)

Para: Lucas Turner (lturner@wwex.com)

Asunto: Re: Re: Re: Re: Re: Re: Re:

Mensaje:

Vale.

Nos vemos a las cuatro.

≈≈≈

—¡Papá! ¿Me voy contigo? ¿Me voy yo contigo? —me pregunta Simon en cuanto se me tira a los brazos.

—Ajá.

—¡Toma! ¡Sí!

—¿Y yo? —me pregunta Rosie haciendo pucheros con el labio inferior.

—Mañana. Es que el ballet no se me da nada bien, cariño. —Para mi fortuna, consigo hacerla sonreír de inmediato, así que enseguida añado—: Mañana soy todo tuyo, así que ve pensándote qué querrás hacer.

—¿Lo que sea?

—Menos ballet.

—Hecho.

—Nos vemos luego, ¿vale? —le digo a Valerie en cuanto me pongo en pie, con Simon aún en brazos—. Adiós, Harry.

—Adiós, papá.

Empiezo a caminar calle abajo, alejándome de las chicas, cuando Simon me pregunta.

—¿No me llevas en moto?

—Sabes que no puedes montar conmigo aún. La he dejado aparcada en casa, así que nos moveremos en metro.

—¿Me llevas al sitio de los láser como a Harry?

—Tampoco.

—¿Y entonces? ¿Qué cosa divertida vamos a hacer?

—Deberes.

—¿Qué? ¡Y una mierda!

—¡Esa lengua!

—¡Es que no es justo! ¡A Harry le llevas a disparar, a Rosie le dices que la llevarás a dónde ella quiera, ¿y a mí me llevas a hacer deberes? ¿Tan mal te caigo?

—No es eso, campeón... Pero vamos a estar toda la tarde y parte de la noche en el estadio, y mañana tienes deberes que entregar, así que en algún momento los vamos a tener que hacer...

—¿En el estadio? ¿En qué estadio?

—¿En qué estadio, Sy? —repito su pregunta con una sonrisa en los labios.

—En el de los... ¿Yankees? —Saco las dos entradas a modo de respuesta y sus ojos se abren como platos—. ¡Guau! Esto es... Es... ¡Es genial! ¿En serio vamos a ir?

—Sí.

—No me engañes, ¿vale? Porque creo que ahora mismo, si me dijeras que es una broma, lloraría.

—No es una broma.

—Vale, vale... Pues venga. Vamos a sentarnos en este banco a hacer los deberes. Corre —me apremia obligándome a dejarle en el suelo y tirando de mi mano hacia uno de los bancos del parque.

≈ ≈ ≈

—¿Te lo estás pasando bien? —le pregunto en mitad de la tercera entrada.

—Es la mejor tarde de mi vida.

—Sí, los Yankees están jugando de maravilla...

—No es por eso... Si fuéramos perdiendo, seguiría siendo la mejor tarde de mi vida.

—Vaya... —contesto sonriendo mientras le siento en mi regazo.

Apoyo la barbilla en su hombro y le aprieto contra mi pecho mientras él se agarra de mis antebrazos.

—Papá...

—¿Qué?

—¿Volverás esta noche a casa?

—No, cariño...

—¿Por qué? —No quiero decirle que su madre no me quiere allí. No quiero volver a cagarla y poner a Simon en su contra, así que pienso durante un rato la respuesta, pero él se me adelanta—. ¿Qué ha hecho mal mamá?

—Mamá no ha hecho nada malo, cariño.

—¿Aún la quieres?

—Por supuesto.

—¿Y ella a ti?

—También.

—¿Y por qué no vivís juntos?

—Verás... A veces, la forma en la que quieres a la persona con la que estás casada, cambia. No dejas de quererla, pero necesitas que te demuestre que sigues queriéndola como el primer día.

—¿Algo así como decirle a mamá cada día que la quieres?

—Algo así.

—¿Y tú no lo has hecho?

—No tanto como debería haberlo hecho. Y es normal que ahora ella esté algo enfadada conmigo...

—Pero se le pasará y te perdonará.

—Eso espero, cariño. Pero si no lo hace, yo seguiré estando allí para todos, ¿vale?

—Papá... —Simon se da la vuelta y me mira de frente, dejando el partido a su espalda—. ¿Y la forma en la que quieres a tus hijos, cambia también?

—No, cariño. Pase lo que pase, papá y mamá siempre os querrán de forma incondicional. Siempre. ¿Me crees?

—Sí.

Hunde la cara en mi pecho y solloza mientras yo le acuno, moviéndome hacia delante y hacia atrás. Apoyo los labios en su pelo y acaricio su espalda sin parar.

—Te quiero con toda mi alma, Simon. No lo olvides.

≈≈≈

De: Valerie Turner (*vturner@wwex.com*)

Para: Lucas Turner (*lturner@wwex.com*)

Asunto: ECHO DE MENOS LOS ASUNTOS

Mensaje:

Dime que hoy te llevas a Rosie, o le dará un patatús.

Yo te echo de menos a ti, pienso mientras agacho la cabeza. Cada día de mi vida. Cada minuto. Cada segundo.

De: Lucas Turner (*lturner@wwex.com*)

Para: Valerie Turner (*vturner@wwex.com*)

Asunto: Re: ECHO DE MENOS LOS ASUNTOS – Y yo...

Mensaje:

Por supuesto. Hoy tengo una cita con mi chica.¿Ya ha pensado a dónde quiere ir?

Lucas Turner

Director de Sistemas

De: Valerie Turner (*vturner@wwex.com*)

Para: Lucas Turner (*lturner@wwex.com*)

Asunto: Re: Re: ECHO DE MENOS LOS ASUNTOS – Y yo... - ¿SIGUES SONRIENDO?

Mensaje:

Sí, pero no te lo voy a decir.

De: Lucas Turner (lturner@wwex.com)

Para: Valerie Turner (vturner@wwex.com)

Asunto: Re: Re: Re: ECHO DE MENOS LOS ASUNTOS – Y yo... - ¿SIGUES SONRIENDO? – Como un completo idiota

Mensaje:

Oh, mierda... ¿Princesas? ¿Osos de peluche? ¿Barbie?

Lucas Turner

Director de Sistemas

De: Valerie Turner (vturner@wwex.com)

Para: Lucas Turner (lturner@wwex.com)

Asunto: Re: Re: Re: Re: ECHO DE MENOS LOS ASUNTOS – Y yo... - ¿SIGUES SONRIENDO? – Como un completo idiota – COMO SIEMPRE, ENTONCES

Mensaje:

Mejor que todo eso. Te dejo, que tengo unos jefes algo tocapelotas

---

De: Lucas Turner (lturner@wwex.com)

Para: Valerie Turner (vturner@wwex.com)

Asunto: Re: Re: Re: Re: Re: ECHO DE MENOS LOS ASUNTOS – Y yo... - ¿SIGUES SONRIENDO? – Como un completo idiota – COMO SIEMPRE, ENTONCES – Sí

Mensaje:

Hay mucho "mal follado amargado suelto" por ahí.

Lucas Turner

Director de Sistemas

De: Valerie Turner (vturner@wwex.com)

Para: Lucas Turner (lturner@wwex.com)

Asunto: Re: Re: Re: Re: Re: Re: ECHO DE MENOS LOS ASUNTOS – Y yo... – ¿SIGUES SONRIENDO? – Como un completo idiota – COMO SIEMPRE, ENTONCES – Sí – YA NO PELEAS COMO ANTES

Mensaje:

Veo que las noticias, y en este caso los apodos, vuelan...

De: Lucas Turner (lturner@wwex.com)

Para: Valerie Turner (vturner@wwex.com)

Asunto: Re: Re: Re: Re: Re: Re: Re: ECHO DE MENOS LOS ASUNTOS – Y yo... – ¿SIGUES SONRIENDO? – Como un completo idiota – COMO SIEMPRE, ENTONCES – Sí – YA NO TE REBOTAS COMO ANTES – Ya no hago muchas cosas como antes

Mensaje:

Supongo que me lo merezco.

Y ahora... ¡A CURRAR O TE PREPARO EL FINIQUITO!

Lucas Turner

Director de Sistemas

≈≈≈

Estoy nervioso, lo reconozco. No me quiero hacer ilusiones demasiado pronto, pero ese intercambio de mails con Valerie me han parecido mucho más cordiales. Quizá mi madre tenga razón y acercarme a mis hijos sea la llave para acercarme a ella también.

Corro para llegar a la puerta del colegio. He salido algo justo de una reunión y he llegado a la estación justo cuando el metro se iba, lo que me ha obligado a esperar al siguiente. Les veo a lo lejos, esperándome. Harry es el primero en verme llegar, y al momento toca el hombro de su hermana y me señala. A Rosie se le ilumina la cara y corre hacia mí con los brazos extendidos.

—¡Papi!

—Hola, princesa. Siento haberte hecho esperar.

—No pasa nada. Has venido.

—Oye, ¿por qué vas tan guapa vestida? —le pregunto admirando su vestido y sus medias de rallas de colores.

—Porque tengo una cita contigo.

—Todos los chicos de la clase me van a tener envidia...

—¡Jajaja! No tengo novio, papá.

—Y que siga así durante muchos años. Solo puedes tener citas conmigo, ¿de acuerdo?

—Vale. Los de mi clase son todos muy feos, aunque en la de Harry hay un chico...

—Vale, no me hace falta escuchar más —le digo mientras camino hacia Valerie con ella en brazos, riendo sin parar.

—Siento llegar tarde —me excuso.

—No pasa nada... Acaban de salir.

—Pero aun así... He perdido el metro y he venido corriendo...

—Lucas, está bien. No pasa nada —me tranquiliza ella, sonriendo—. ¿Hacemos como siempre?

—Ajá...

Como siempre... Me duele escuchar eso, como si nuestra separación se hubiera convertido en lo normal. Quiero revertir esta situación... Tengo que hacerlo.

—Vámonos, papi. ¡Corre! —me apremia Rosie.

—Me tengo que ir, que mi chica se impacienta —le digo.

Valerie sonríe y entonces apoya de forma casual su mano en mi antebrazo. Una descarga eléctrica recorre todo mi cuerpo, demasiado sensible a su contacto debido a lo mucho que la echa de menos. ¿La habrá sentido ella también?

Sigo en estado de shock conforme nos vamos alejando. Rosie, agarrada de mi mano, habla, ríe y salta a mi alrededor, sin soltarme. ¡Joder, qué bien me siento! ¡Con qué poquito me conformo...! Y entonces giro la cabeza para verla alejarse, y como si el destino fuera una marioneta y alguien moviera sus hilos, Valerie se gira también y nuestros ojos se encuentran. Por una fracción de segundo, todo el mundo alrededor desaparece y solo existimos ella y yo sobre la faz de la Tierra. Sonríe, levanta una mano para decirme adiós y entonces se rompe el hechizo cuando un montón de gente se cruza entre nosotros y la pierdo de vista.

—¿Estás preparado, papá?

—¿Para qué?

—¡No me escuchas! ¡Para patinar!

—¿Patinar?

—¡Sí! La semana pasada se inauguraron de nuevo las pistas de hielo.

—¡Pero si estamos en octubre!

—Lo sé. ¿No es genial?

—Sí... —contesto no muy convencido, esbozando una sonrisa patética—. ¿Eso es lo que quieres que hagamos esta tarde? ¿Ver cómo tu padre se rompe una pierna?

—¡Anda ya! Si yo sé, tú también.

—Me parece que tienes demasiada fe en mí...

—Pues yo te ayudo.

Mi teléfono vibra y suena en mi bolsillo, así que le hago una seña a Rosie con una mano y me lo llevo a la oreja.

—¿Sí?

—Lucas, soy yo.

—Hola, Jen.

—Está hecho.

—¿El qué?

—El plan estratégico. Ya lo han puesto en marcha... Así que habrá que cruzar los dedos... Si sale bien, será una gran victoria... ¿Nos tomamos una copa para celebrarlo?

—No puedo... Tengo una cita —digo sonriendo y mirando a Rosie, que me devuelve el gesto.

—Ah...

—He quedado con Rosie, que me lleva a patinar.

—¡¿Han abierto ya las pistas?!

—Eh... Sí... Eso parece...

—¡Qué divertido!

—Sí... Si consigo no romperme una pierna en el intento, será genial.

—¡Vamos, no me digas que no sabes patinar!

—Bueno, creo que es una visión muy optimista llamar patinar a lo que yo hago...

—Madre mía... Me están entrando ganas de ir a espiarte...

—¡Jajaja! Te dejo, que mi chica me reclama.

—Pasadlo bien.

—Gracias. Nos vemos mañana.

—Chao.

≈≈≈

—¡Pero suéltate de la barandilla! ¡Si no, no vas a saber nunca si sabes patinar o no!

—Rosie, cielo, ¿por qué no das tú unas vueltas y yo te miro desde aquí?

—¡Porque entonces no sería patinar contigo!

—Sí, porque estoy aquí mismo.

—¡Vale, pues entonces lo que quiero es que patines a mi lado!

—Joder... Si esto no es amor, entonces no sé lo que es... —me quejo mientras intento acercarme a Rosie.

Lo consigo con más pena que gloria, y miro alrededor, atento de que nadie me dé un golpe y mande al traste mi valentía.

—Lo has hecho genial, papá.

—No hace falta que me mientas, Rosie.

—Vale, pues entonces digamos que no pareces muy seguro, pero tienes que soltarte un poco para coger confianza. Vamos. Confía en mí...

Damos unas vueltas y poco a poco voy perdiendo el miedo. Mientras, ella me rodea para darme ánimos, incluso patinando de espaldas. Me agarra de las manos y sonríe feliz, contagiándome hasta llegarme a dar igual mi integridad física con tal de que no deje de hacerlo en todo el rato.

—Pues tampoco lo haces tan mal.

En cuanto escucho su voz, me giro y descubro a Jennifer patinando a mi lado.

—¿Qué...? ¿Qué haces aquí?

—Adoro patinar. De adolescente, participaba en competiciones de patinaje artístico sobre hielo, así que pensé que quizá necesitabas mi ayuda para que tu hija te siga teniendo en un pedestal... Te puedo dar unas clases...

—¡Guau! ¡Qué patines tan bonitos! —le dice Rosie.

—¿Te gustan? He oído que te encanta patinar, y lo haces genial.

—Gracias.

—¿Quieres que demos unas vueltas aprovechando que hay poca gente?

—¡Vale! Pero... Papá, ¿estarás bien?

—Vosotras aparcadme aquí y ya os miro.

Y eso hago, durante unos quince minutos en los que mi hija parece pasárselo en grande junto a Jennifer, la cual no nos engañaba acerca de sus habilidades. Rosie la mira extasiada y la obedece cuando le intenta enseñar algo. De vez en cuando me miran sonrientes y me saludan, gesto que yo imito.

—Tu turno —dice Jennifer frenando justo delante de mí.

—No os molestéis, en serio. Soy un caso perdido...

—¡Vamos, papá! ¡Jennifer enseña muy bien!

Chasqueo la lengua y al ver que empiezo a claudicar, Jennifer extiende los brazos hacia mí. Me agarro de sus manos y entonces ella empieza a patinar hacia atrás, sin dejar de mirarme a los ojos. Rosie se coloca a mi lado, agarrándose de mi americana.

—¿Habías visto alguna vez a un tipo con traje patinando? —le digo.

—La verdad es que no —contesta Jennifer, la cual sí parece haber pasado por casa para cambiarse de ropa y ponerse algo más adecuado.

—Soy el tipo más ridículo de la pista.

—No. Eres el tipo más elegante y guapo de la pista. Pero sobre todo, lo que eres, con una diferencia abismal además, es el mejor padre de toda la ciudad.

Río sin despegar los labios, resoplando por la nariz.

—Hablo en serio. ¿A que sí, Rosie?

La observo mientras asiente con la cabeza, radiante de felicidad.

—Vale. Misión cumplida entonces...

—De eso nada —suelta Jennifer—. No dejaré que salgas de aquí sin perder el miedo. ¿Listo?

—¿Listo para qué?

—Contesta, ¿listo o no?

—No me gusta no saber qué va a pasar...

—Confía en mí —me susurra al oído.

Empieza a coger velocidad de forma progresiva. Al principio, me temblaban las piernas, pero cuando ya llevamos unas vueltas a la pista, puedo asegurar que me desenvuelvo bastante mejor de lo que yo pensaba. Pero entonces, supongo que debido a un exceso de confianza, doy un pequeño traspiés que me hace perder el control, dirigiéndome derecho a estrellarme contra la barandilla, arrastrando conmigo a Jennifer. Por suerte, en el último segundo, consigo reaccionar y la agarro de la cintura, alzándola y dándome la vuelta justo a tiempo de llevarme yo el golpe en la rabadilla.

—¿Estás bien? —me pregunta con la cara a escasos centímetros de la mía.

—No estoy seguro —contesto cerrando un ojo e intentando contener el grito de dolor.

—Pero en cambio, has sabido frenar a tiempo y dar un giro para salvarme la vida. Hubiera muerto aplastada por ti.

—¿Me estás llamando gordo?

—¡Jajaja!

—¡Lo has hecho genial, papá! —grita Rosie cuando llega a nuestro lado.

—Sí, pero mejor dejarlo ahora que estoy en la cumbre de mi éxito... Si no os importa, yo colgaré los patines por una temporada.

—Oh... ¿Nos vamos ya? Es muy pronto... Con Harry y Simon estuviste más rato...

—Yo me puedo quedar un rato más patinando con ella, si quieres... —dice Jennifer.

—¿Puedo, papá? Porfi... Y mientras tú te sientas ahí, relajado, mientras te tomas un café... —me dice dibujando una sonrisa angelical a la cual soy incapaz de resistirme.

≈≈≈

Rosie sigue igual de contenta cuando enfilamos nuestra calle. Sigue mostrándome las decenas de posturas que Jennifer le ha enseñado mientras yo no veo el momento de volver a ver a Valerie. Sigue sin quitárseme de la cabeza aquel momento en que decidimos darnos la vuelta a la vez y nuestros ojos se encontraron entre todo el gentío. Volví a sentir esa conexión innegable que existe entre ambos y pude ver en sus ojos que aún me ama. Puede que sea aún algo pronto, pero no quiero esperar ni un día más para preguntarle si me ha perdonado.

Cuando llamamos al timbre y nos abre, Rosie sube corriendo hasta casa y escucho su voz al empezarle a contar a su madre, de forma atropellada, lo bien que se lo ha pasado. Yo voy bastante más atrás, subiendo con lentitud por culpa del golpe que me he dado en la espalda contra la barandilla, aunque poco a poco, soy capaz de escucharla con más nitidez.

—Tiene unos patines súper bonitos, mamá... Y competía en campeonatos... Y entonces Jennifer me ha enseñado a hacer esto... Y me llevó de la mano y fuimos muy rápido... Y cogió de las manos a papá y el muy patoso casi la aplasta... Pero la agarró a tiempo y...

En ese momento entro en el apartamento. Simon corre para saludarme y luego viene Harry a darme un beso, como en los viejos tiempos, cuando llegaba a casa del trabajo. Rosie sigue hablándole a Valerie, que está agachada frente a ella, atenta a todas sus explicaciones.

—Vamos, chicos. Harry, ayuda a tu hermano a leer. Rosie, a la ducha.

—Vale... —contesta ella acercándose a mí—. Te quiero, papá.

—Y yo a ti, princesa.

—¿Repetiremos?

—Claro que sí.

Y entonces llega el esperado momento en el que me encuentro a solas con Valerie. Haciendo acopio de toda mi valentía, me acerco a ella y entonces, cuando me mira, sé que algo ha cambiado. En sus ojos ya no veo ni un ápice del amor que intuí antes. Ahora solo veo... ¿rabia?

—Que sea la última vez que esa esté presente cuando tengas a los niños.

—¿Cómo...? No... No entiendo...

—Tíratela todas las veces que te dé la gana, pero te prohíbo que ella esté cuando estén los niños contigo. Si no, no te los dejaré más.

—Valerie, yo... No...

—¡Dios mío, qué imbécil he sido! Yo que creía que... ¡Oh, joder! ¡Mierda! —dice tirándose del pelo de pura rabia.

—Valerie, yo no he ido allí con Jennifer... Ella se ha presentado allí. Y por supuesto que no me la tiro. No sé qué te ha hecho pensar eso pero...

—Lucas, vete.

—¡Pero yo no he hecho nada!

—¡¿Pretendes que me crea que se ha presentado allí sin que tú la invitaras?!

—¡Sí! ¡Porque es la verdad!

—Es igual, Lucas... Estoy harta de mentiras...

—¡Pero no te miento! ¡Confía en mí!

—¡¿Cómo pretendes que confíe en ti después de todo lo que ha pasado?!

—Porque contigo siempre he sido yo...

—Vete. Por favor.

CAPÍTULO 12: "¿RECUERDAS QUÉ ESTABAS HACIENDO A ESTA HORA HACE EXACTAMENTE DOCE AÑOS?"

—Valerie, ¿podemos hablar? —me dice apoyando ambas manos en mi mesa.

—Estoy trabajando —contesto sin siquiera mirarle.

—Carol, ¿te importa si te robo un momento a Valerie?

—No —contesta ella.

—Sí, le importa —intervengo yo—. Si me disculpas...

Atiendo la llamada que me acaba de entrar al teléfono, pero él me la cuelga.

—¡¿Se puede saber qué haces?! ¡Intento hacer mi trabajo!

—¡Y yo intento hablar contigo!

—¡Ahora no puedo!

—¡¿Y cuándo se supone que voy a hacerlo si no contestas mis mensajes, ni mis correos electrónicos, ni coges mis llamadas?!

Vale, si alguien de la planta aún tenía dudas acerca de si los rumores de nuestra separación eran ciertos o no, ahora mismo se deben de estar resolviendo.

—Chicos, por favor... —nos pide Carol—. ¿Por qué no vais a hablar fuera?

Resoplo mientras me quito los auriculares del teléfono y los lanzo encima de la mesa. Fulmino a Carol con la mirada y luego, con los brazos cruzados encima del pecho, camino hacia el rellano de la planta. Escucho sus pasos detrás de mí y su respiración pesada. Está furioso, pero me da igual. Yo también lo estoy. Cuando llego al rellano, giro hacia las escaleras y justo cuando voy a abrir la puerta, él me detiene agarrándome del brazo.

—¿A dónde cojones vas?

—¿No querías hablar?

—¿Y aquí mismo no puede ser?

—¿Quieres que la conversación sea solo entre tú y yo o que lo que digamos sea motivo de discusión a la hora de la comida? —Me mira frunciendo el ceño, sin entender nada, así que me veo obligada a aclararle—: Lucas, la gente es cotilla por naturaleza, y no tengo ganas de ser la protagonista de todas las conversaciones. Más aún de lo que ya somos, quiero decir.

Sin más, me doy la vuelta, abro la puerta y me detengo en el descansillo de las escaleras. Apoyo la espalda en una de las paredes y le miro de forma altiva.

—Habla —le digo.

—Quiero ver a los niños.

—No. ¿Eso es todo? Pensaba que había dejado clara mi postura.

—¡Pero quiero verles!

—Yo quiero tantas cosas, Lucas...

—¡Pero no es justo! ¡Les echo de menos y ellos también a mí!

—No creas... Esta situación no es que les parezca muy extraña...

Lucas camina desesperado de un lado a otro. Desde hace dos semanas, el tiempo que ha transcurrido desde que le eché de casa la tarde que permitió que Jennifer se entrometiera en su anhelado tiempo con su hija, su aspecto ha ido empeorando de forma exponencial... Si el peine no era antes su mejor aliado, ahora, añadiendo las pocas ganas de afeitarse, la palpable falta de horas de sueño que debe de acumular su cuerpo y las cada vez más escasas visitas a la tintorería para que planchen sus camisas, el resultado es la caricatura de Lucas que tengo delante. Si su madre le viera ahora, le daría un patatús.

—¡No tienes derecho a quitarme a los niños!

—¡Oh, vamos! ¡¿Cuándo los has querido?!

Las palabras salen de mi boca sin pasar por ningún tipo de censura, y me arrepiento de ellas nada más soltarlas. Puedo ver su cara contraerse de dolor y casi puedo asegurar que se le escapan unos sollozos. Aprieta la mandíbula con fuerza para retener las lágrimas que veo que se agolpan en sus ojos y entonces, producto de la rabia, da un puñetazo con todas sus fuerzas contra la pared. Creo escuchar algún hueso romperse, pero estoy demasiado impactada como para preguntarle nada, así que me limito a aguantar la respiración y a pegar mi espalda contra la pared más alejada.

≈≈≈

—Carol, me voy a tomar el descanso ahora, ¿vale? —digo sin mirar a ninguna, con la cara camuflada por el pelo, agarrando mi bolso sin esperar respuesta.

Camino rápidamente hacia las escaleras, porque no quiero perder el tiempo esperando al ascensor, y bajo los escalones a la carrera. Es un acto algo temerario, básicamente porque las lágrimas enturbian mi visión, pero necesito salir de este edificio y respirar.

—¡Valerie! ¡Espéranos, Valerie!

No les hago caso. Les llevo dos pisos de ventaja, así que sigo bajando. Pero entonces tropiezo y caigo de bruces. Me hago un ovillo en el suelo y lloro desconsoladamente.

—¿Te has hecho daño? —me pregunta Gloria.

Niego con la cabeza.

—¿Estás bien? —interviene entonces Janet.

Vuelvo a negar con la cabeza.

—¿Nos lo cuentas? Espera, antes de que niegues de nuevo con la cabeza, voy a cambiar la entonación de mis palabras. Nos lo cuentas. Sin interrogantes. Es una afirmación.

Desentierro la cara de las manos y levanto la cabeza para mirarlas. Me encuentro con el gesto preocupado de Gloria y Janet, las enviadas para mediar en este conflicto.

—Me ha pedido ver a los niños. Le he dicho que no. Me ha dicho que ellos también le echan de menos a él y yo le he dicho que están acostumbrados a no verle. Y entonces me ha echado en cara que no tengo derecho a quitarle a los niños y yo le he contestado que nunca los ha querido.

Es entonces cuando sus caras palidecen. Abren los ojos como platos y hacen varios intentos de hablar, pero supongo que no les salen las palabras. Están así de asombradas durante unos segundos más, hasta que yo suelto:

—Me he pasado, ¿verdad?

—¡Sí! —contestan las dos a la vez de sopetón.

—¿Tan claro lo veis?

—¿Tú no? —me pregunta Gloria—. Puedes acusar a ese chico de mentirte, incluso de intentar escaquearse de vosotros, pero no puedes acusarle de no quereros…

Chasqueo la lengua mientras niego con la cabeza.

—Lo sé pero… Es que simplemente, cada vez que le veo, recuerdo que permitió que esa… furcia pasara tiempo con ellos. Se suponía que era su tarde a solas... Y dejó que ella pasara tiempo con ellos, que le robara a mi hija parte de su tiempo con su padre.

—Pero... No me malinterpretes, ¿eh? —empieza a decir Janet—. Pero, ¿no dijiste que Rosie volvió encantada? No pareció importarle que ella estuviera allí...

Gloria le echa una mirada asesina nada disimulada, y entonces me doy cuenta de que el motivo real por el que no soporto que ella compartiera ese tiempo con ellos es que, precisamente a ellos, no les importó nada que lo hiciera.

—Supongo que... Supongo que eso es lo que más me molesta de todo... Que ella se lo pasara tan bien...

—Valerie, si a ellos no les importaba es porque no tuvo ninguna importancia, ¿no crees? ¿En serio crees que si Lucas tuviera algo que esconder con ella, dejaría que estuviera con Rosie sabiendo que ella te lo contaría todo?

—Mira, Val... Lo pillamos. Estás enfadada con Lucas, pero no creo que tengas el... derecho de prohibirle ver a los niños. ¿Y sabes por qué? Porque sabes que es un buen padre y que los niños están deseando verle... —dice Gloria con su tono de voz más conciliador.

—¿Y sabes qué otra cosa pienso? —interviene entonces Janet—. Que él no lo está pasando bien. Solo tienes que mirarle... Si estuviera con Jennifer, si fuera... feliz, ¿crees que llevaría esas pintas? ¿Crees que ella le dejaría siquiera salir a la calle con esas pintas?

—Por supuesto que le dejaría. Haría cualquier cosa por estar con él —aseguro.

—¿Sigues con esa teoría?

—¿Por qué si no se iba a presentar en la pista de patinaje si Lucas no la invitó? Para demostrarle lo perfecta que es encima de unos patines. Como cuando en Londres le llevó al circuito ese, para demostrarle lo bien que le queda un mono de cuero y lo bien que toma las curvas. Como...

—Vale, vale. No te hagas mala sangre. No pienses en Jennifer. Piensa en Lucas y, sobre todo, en tus hijos.

—¿Creéis que debo reconsiderar mi negativa? —Las dos asienten a la vez—. ¿Debo hablar de nuevo con él?

—Ajá... Si no quieres que haya nadie más con ellos, se lo dices. No creo que él invitase a Jennifer aquel día y no creo que lo haga nunca, pero díselo de todos modos. Recuerda que tú pones las condiciones.

≈≈≈

He aplazado este momento todo el día... Primero porque necesitaba pensar detenidamente qué decirle, así que opté por no llamarle nada más volver a mi sitio después de la "terapia" con Janet y Gloria. Luego llegó la hora de comer, y se me hizo un poco tarde. Después de comer, tuve bastante faena y no tuve ni un segundo de descanso. O bueno, sí, pero no los suficientes como para tener esa charla con él. Pero ha llegado el momento. Tengo que hacerlo...

—¡Oh, joder, que bien! —no puedo evitar decir al escuchar mi teléfono sonar—. ¡WWEX, le atiende Valerie! ¿En qué puedo ayudarle?

—Hola, señorita. Hace unos días le envié un paquete a mi hija y me gustaría saber la fecha aproximada de entrega. Es un regalo de cumpleaños, ¿sabe? Y no me gustaría que le llegara más tarde de su día...

—Claro que sí. No se preocupe... Yo le ayudo. ¿Cómo se llama?

—Bill. Bill Winters.

—De acuerdo. Manténgase a la espera solo unos segundos, Señor Winters.

Aprieto el botón para dejar la llamada en espera y me dispongo a buscar el paquete en el sistema cuando de repente el programa desaparece de mi pantalla, la cual se vuelve de color negra. Toco varias teclas pero nada parece cambiar. Estoy a punto de apretar el botón de encendido y apagado de la torre cuando de repente, unas letras se empiezan a escribir en la pantalla.

"¿RECUERDAS QUÉ ESTABAS HACIENDO A ESTA HORA HACE EXACTAMENTE DOCE AÑOS?"

Esto... ¿Qué? Miro alrededor, pero nadie parece prestarme atención. Nadie parece quejarse de su ordenador y todos pueden seguir trabajando sin problemas.

"SÉ QUE ME DIJISTE QUE NO QUERÍAS QUE TE COMPRARA NADA, Y TÉCNICAMENTE, TE ESTOY HACIENDO CASO, ASÍ QUE NO PUEDES REPROCHARME NADA"

¿Comprarme algo? Y entonces me quedo helada. Miro el reloj y compruebo que son las cuatro de la tarde del 14 de Octubre de 2014. Y me acuerdo perfectamente de lo que estaba haciendo a esta hora el 14 de Octubre de 2002... Casándome con Lucas. Hoy es nuestro doceavo aniversario de boda.

—Valerie, ¿me prestas...? —La cabeza de Janet aparece por encima de la mampara que nos separa y se queda muda al ver mi cara—. ¿Estás bien?

—No... No lo sé... —digo antes de taparme la boca con ambas manos.

"SÉ QUE ÚLTIMAMENTE NO PASAMOS MUCHO TIEMPO JUNTOS, PERO QUIERO QUE SEPAS QUE SIGUES SIENDO TÚ LA ÚNICA CON LA QUE SOY YO"

—¿Qué es esto, Valerie? —me pregunta Janet, que se ha colocado de pie a mi lado.

Su pregunta llama la atención de Franny, que mueve su silla hasta plantarse junto a nosotras. Poco después, se nos unen Gloria, Andrea y Carol.

—¿Quién...? Espera... ¿Lucas? —dice Gloria.

—Hoy es nuestro aniversario de boda... —susurro con un hilo de voz.

"NO PODÍA ELEGIR UNO SOLO DE TODOS LOS MOMENTOS QUE HE VIVIDO A TU LADO, ASÍ QUE HE RECOPILADO UNAS CUANTAS FOTOS PARA DARTE LAS GRACIAS POR LOS DOCE AÑOS MÁS FELICES DE MI VIDA"

Y entonces se empiezan a suceder las fotos, todas en orden cronológico. Están algunas de las primeras que nos hicimos juntos, como la que nos hizo su madre cuando fuimos a visitarles, cuando aún no había nada entre nosotros, o alguna hecha poco después de empezar a salir. Luego muchas otras que él me hacía y en las que yo intentaba taparme, otras en las que le sacaba la lengua y alguna colgada de su cuello. Después aparece alguna de la boda y del viaje y luego aparece mi enorme barriga en primer plano.

"Y, SOBRE TODO, GRACIAS POR EL MEJOR REGALO DE TODOS. ELLOS"

Multitud de fotos de Harry, Rosie y Simon empiezan a aparecer. De bebés, en mis brazos mientras les acunaba, durmiendo en nuestra cama, Harry leyendo junto a Lucas, Rosie sonriendo dentro de la bañera, Simon levantando los dos pulgares al lado de un campo de baseball, los cinco sonriendo cuando fuimos al parque de atracciones...

Sollozo sin control. Mi cuerpo tiembla.

—¿Por qué me hace esto? —me pregunto a mí misma.

—Esto no es algo que haya podido montar en pocos días... Hay fotos antiguas... Algunas que no debíais de tener ni vosotros... Buscarlas, seleccionarlas, hacer el montaje, ponerle música... —interviene Gloria—. Tuvo que haberlo preparado antes de... de que... Bueno, ya sabes... Hace bastante tiempo.

—Dios mío...

—Como hizo aquella vez que te hizo aparecer a la niña del exorcista... Lo debió de instalar en tu ordenador y programarlo para que saliera hoy, exactamente a la misma hora que os casasteis y luego...

—Lo olvidó —acabo yo la frase—. Olvidó nuestro aniversario. Los dos lo olvidamos. ¿Cómo hemos podido olvidar todas esas sonrisas? ¿Cómo hemos ignorado de un plumazo, estos doce años de felicidad?

De repente, sé lo que quiero hacer. Agarro el teléfono y marco su extensión.

—Turner —contesta con sequedad a los tres tonos.

—Hola... —sollozo.

—¿Qué quieres?

—He... He visto el vídeo...

—¿Qué...? ¿Qué vídeo?

—Hoy es 14 de Octubre, Lucas.

Nos quedamos unos segundos en silencio hasta que entonces él parece reaccionar.

—¡Mierda! Lo siento. No... No me acordaba. Lo siento.

—Lucas, no...

—No volverá a pasar. Lo borro. Lo borro.

—No...

—Lo siento.

Y cuelga la llamada de golpe. Aún con el auricular en la mano, veo cómo la pantalla en negro desaparece y el programa aparece de nuevo, borrando todo indicio de las imágenes que se sucedían delante de mis ojos hace solo unos minutos.

—No... —susurro, alargando la mano para tocar la pantalla.

≈≈≈

He estado toda la tarde reprimiendo las lágrimas delante de los chicos, así que en cuanto se han acostado, me he metido en mi cama y, hecha un ovillo, las he dejado escapar. Enseguida he empapado la funda de la almohada y las mangas de la sudadera de tanto intentar secarme las mejillas.

Recuerdo cuando hablamos de nuestro aniversario, cuando él me preguntó si me apetecería escaparme a algún sitio con él...

—No quiero irme a ningún sitio. ¿Sabes qué quiero para nuestro aniversario?

—¿Qué?

—Encerrarme en casa contigo.

Y era la verdad, porque le echaba tanto de menos, que mi mejor regalo hubiera sido tenerle para mí sola durante un rato. Pero debió de pensar que él no era suficiente regalo y me montó ese vídeo. Esa preciosidad que le debió de haber llevado mucho tiempo montar y que no he podido disfrutar todo lo que me habría gustado.

Y todo por su culpa... Ella me quitó a mi marido. Ella alejó a Lucas de mis hijos. Ella fue la causa de la mayoría de nuestras peleas. Y ella fue la causante también de la última, esa que sucedió justo cuando yo ya creía en la reconciliación. Cuando pasamos todo el día escribiéndonos unos correos electrónicos dignos de nuestra mejor época juntos. Cuando estuve a punto de pedirle que se quedara a cenar.

Por su culpa fui cruel con Lucas. Mucho. Hasta el punto de acusarle de no haber querido nunca a nuestros hijos, algo que sé que es mentira, pero que dije con toda la rabia del mundo.

—Mamá, ¿estás bien?

Me seco las mejillas con las mangas de mi sudadera, de forma precipitada, y luego me doy la vuelta. Harry me mira con timidez desde el quicio de la puerta.

—Sí, cariño...

—Vuelves a llorar... —dice agachando la cabeza, justo antes de empezar a caminar hacia mi cama. Se mete dentro y se acurruca a mi lado—. ¿Por qué?

—No es nada, cariño.

—Sí lo es... —insiste humedeciéndose los labios.

Le peino el pelo hacia un lado, apartándolo de su frente y dejando al descubierto sus preciosos ojos azules. Es tan parecido a su padre...

—¿Qué ha pasado, mamá? ¿Qué ha hecho papá para hacerte llorar?

Sonrío agachando la vista.

—Ha hecho algo precioso —contesto ante su sorpresa.

—¿Y entonces...?

—¿Sabes qué día es hoy, cariño? —Harry niega con la cabeza—. Hoy hace doce años que papá y yo nos casamos. E hizo un vídeo precioso, lleno de fotos nuestras y vuestras... Supongo que, aunque me ha encantado el regalo, no lo he visto en el mejor momento de mi vida... Ha sido un recordatorio de lo feliz que era al lado de tu padre y de lo mucho que le echo de menos...

—Pero él también te echa de menos a ti...

—Pero nos hemos hecho daño, cariño.

—¿Y por qué no os pedís perdón y ya está?

—Porque no es tan sencillo...

Harry entorna los ojos y me mira pensativo, hasta que se acerca un poco más a mí y me abraza.

—Sí lo es. Perdón. Así de fácil.

≈ ≈ ≈

De: Valerie Turner (vturner@wwex.com)

Para: Lucas Turner (lturner@wwex.com)

Asunto: ¿PODEMOS HABLAR?

Mensaje:

¿Tienes planes para comer?

Necesito hablar contigo.

Me ha costado decidirme a enviarle el mensaje, pero no puedo quitarme de la cabeza las palabras de anoche de Harry. Y lo mejor de todo es que una parte de mí no puede evitar pensar que tiene razón, así que tengo que intentarlo.

≈ ≈ ≈

De: Valerie Turner (vturner@wwex.com)

Para: Lucas Turner (lturner@wwex.com)

Asunto: NO ME IGNORES, POR FAVOR

Mensaje:

Lucas, sé que estás enfadado conmigo pero de verdad que necesito hablar contigo. Nos hemos hecho mucho daño y creo que tenemos que ponerle freno de alguna manera.

Tenemos que hablarlo, ¿no crees?

Dime algo.

Lleva toda la semana sin dar señales de vida. Puede que mi primer mensaje fuera algo ambiguo y le hiciera pensar que mis intenciones eran menos pacíficas de lo que realmente son, así que he decidido aclarárselo un poco y darle a entender que voy en son de paz.

≈≈≈

<u>De:</u> Valerie Turner (*vturner@wwex.com*)

<u>Para:</u> Lucas Turner (*lturner@wwex.com*)

<u>Asunto:</u> ME VOY A COMER

<u>Mensaje:</u>

Seguramente estés reunido y no hayas visto ninguno de mis mensajes.

Subo al comedor con las chicas.

Dime si te va bien vernos luego. Podemos hablar mientras los chicos están en las actividades extraescolares.

Es un tipo ocupado. Seguramente me haya equivocado y no es que esté tan enfadado conmigo que no quiera saber nada de mí, sino que debe de estar reunido.

≈≈≈

<u>De:</u> Valerie Turner (*vturner@wwex.com*)

<u>Para:</u> Lucas Turner (*lturner@wwex.com*)

<u>Asunto:</u> LLÁMAME SI QUIERES HABLAR

<u>Mensaje:</u>

Lucas, salgo ya de trabajar.

Insisto en que creo que tenemos que hablar, así que si piensas igual, llámame.

Reconozco que siento una pizca de desilusión por no haber recibido ninguna respuesta por su parte, pero tampoco me voy a arrastrar mucho más.

—Me voy, chicas.

—Hasta mañana, Val.

—Espérame, que bajo contigo —me dice Janet—. ¿Bajamos por las escaleras? Es que he quedado con Bruce en el rellano de su planta.

—De acuerdo.

—¿Qué toca hoy? —me pregunta mientras bajamos.

—Pues de todo, pero estoy tan cansada que creo que en cuanto los recoja, nos iremos para casa...

—Bien hecho —contesta Janet justo en el momento en el que nos encontramos con Bruce en el rellano de la segunda planta.

—Hola, Valerie. ¿Cómo estás? —me pregunta después de darle un beso a Janet.

—Siguiente pregunta...

—¿Sabes algo de Lucas?

—Eso mismo te podría preguntar yo...

—Ah... Pensaba que no nos hacía caso porque estaba ocupado peleándose contigo...

—Muy gracioso —digo mientras Janet le pega un manotazo—. Pues no, yo tampoco sé nada de él.

—Pues Roger le ha llamado al mediodía para que se viniera a comer con nosotros y no se lo ha cogido...

—Yo también le he escrito un mail para comer juntos y no me contestó...

—¡Qué chico más solicitado...! —interviene Janet cuando llegamos al vestíbulo.

Entonces, se detiene en seco y me agarra del brazo, haciendo un cambio de sentido tan brusco que me arrastra con ella.

—¿Qué haces? —le pregunto.

—Esto... ¿Me acompañas arriba que creo que me he dejado el móvil?

—¿Crees? Espera, que te llamo y comprobamos para no subir...

—Ah, no... Lo tengo aquí... —dice mientras intento darme la vuelta de nuevo—. ¡Pero ahora no sé si he apagado el ordenador! ¡Acompáñame!

—¡Y qué más da si te dejas el ordenador encendido!

—Es que... gasta energía y... ¡no es bueno para el medio ambiente!

—Janet, ¿estás bien? Te he dicho miles de veces que no es bueno comerse el tapón de los bolígrafos... —digo mientras me doy la vuelta y entonces le veo.

Me quedo petrificada en el sitio. Creo que ni siquiera respiro. Lucas y Jennifer, hablando mientras caminan hacia la salida. Él mantiene la cabeza agachada, con la americana colgada de un brazo, el casco del otro, y las manos en los bolsillos.

—Lo siento... —susurra Janet a mi espalda—. Intentaba evitar que les vieras...

—No... No pasa nada... Soy adulta y tengo que aceptar estas cosas... Lucas puede pasar de mí para estar con... ella —digo señalándola con la cabeza mientras vuelvo a caminar para salir del edificio.

Pero entonces, cuando traspaso las puertas acristaladas, giro la cabeza de forma inconsciente hacia donde él siempre aparca la moto y les veo abrazados. Algo dentro de mí se rompe, lo noto, y también siento una flojera en las piernas que me impide caminar con toda la serenidad que me gustaría aparentar. Incluso se me escapa un jadeo de puro dolor.

—Valerie, te acompañamos al coche... —dice Janet agarrándome del codo.

—No hace falta...

—Sí hace falta —interviene Bruce.

—¡No! Por favor... —rebajo el tono al darme cuenta de que ellos no tienen por qué pagar mi frustración—. Necesito estar sola...

≈≈≈

—¡Mamá! ¡Simon me ha llamado ballena!

—¡Eso no es verdad!

—¡Sí lo es!

—¡Chivata!

—¡Imbécil!

La imagen de ellos dos abrazados se ha grabado a fuego en mi memoria y no dejo de recordarla una y otra vez. No sé qué pasó luego, pero mi cabeza se encarga de inventar decenas de posibles finales y, como soy algo masoquista, ninguno de ellos acaba con cada uno yéndose por su lado a sus casas.

—¡Como me rompas eso, te vas a enterar!

—¡Pues retira lo que has dicho!

¿Tanto le costaba contestar a alguno de mis correos electrónicos con un simple "no tenemos nada de qué hablar"? De esa manera, yo no hubiera estado pendiente todo el día de él, ni le hubiera atosigado tanto...

—¡Simon, te odio!

—¡No más que yo a ti!

Si quería tirarse a Doña Perfecta, solo tenía que decírmelo y le hubiera dejado en paz. ¿Dónde ha quedado eso de que yo soy la única con la que es él mismo? Porque parecía no importarle demasiado no ser él mismo mientras se frotaba contra Jennifer...

—¿Mamá...?

—¡¿Qué?! —grito girándome para darme cuenta de que quién me llama ahora es Harry—. Perdóname, cariño.

—¿Estás bien? ¿Apago el fuego?

—Oh, mierda... —digo corriendo hacia los fogones, donde el agua de la olla debe de llevar hirviendo un buen rato.

—He mandado a Simon a la ducha y Rosie está recogiendo el cuarto de los juegos, por donde parece que ha pasado un tornado...

—Gracias, cariño. Y lo siento... No quería chillarte...

—No pasa nada —me contesta sonriendo—. Voy a preparar la mesa para cenar.

≈≈≈

Una hora después, Simon y Rosie siguen enfadados y echándose miradas de desprecio, cuando suena el timbre de casa.

—¡Voy yo!

—¡No, yo!

—Ni uno ni otro —dice Harry agarrándoles de la camiseta del pijama—. Voy yo. Por pelearos.

—¿Quién te ha dado a ti permiso para mandarnos? —le pregunta Simon.

—Yo —contesto para cortar la discusión de raíz—. Toma, recoge la botella de agua y déjala encima del mármol de la cocina.

—¿Quién es? —se escucha preguntar a Harry.

—Soy papá, Harry.

En cuanto escucho su voz amortiguada aún por la puerta principal, miro de sopetón hacia el pasillo. Rosie y Simon salen corriendo hacia la entrada, dejándome sola en la cocina. Escucho sus voces llenas de alegría y cómo se atropellan unos a otros para intentar hablarle a la vez. Segundos después, aparece en la cocina con los mellizos en ambos brazos y Harry sonriendo a su lado.

—Papá, ¿tienes hambre? Acabamos de cenar pero han sobrado espaguetis —le dice Rosie.

—No, cariño, gracias. Ya he cenado.

Con ella, seguro.

—¿Por qué vienes tan tarde? Estábamos a punto de meternos en la cama —dice Simon antes de girarse hacia mí y, juntando las palmas de las manos delante de la cara, pedirme—: Porfi, porfi, ¿nos podemos quedar un rato más ahora que ha venido papá?

Lucas me mira y entonces me veo acorralada.

—Mañana tenéis colegio —digo haciéndome la dura. Ha tenido toda la tarde para estar con sus hijos, pero claro, ha preferido estar con su amiguita—. Lo siento, pero si no os vais ya, mañana os va a costar mucho levantaros.

—Es que... Tengo que hablar con vosotros... —interviene entonces Lucas.

—¿Ahora sí quieres hablar?

No puedo evitar soltárselo. Él no me responde y aprieta los labios con fuerza. Avergonzado, agacha la cabeza y entonces me doy cuenta de que los niños nos miran sin entender nada.

—Por favor... —me suplica.

—Está bien...

Lucas se sienta en una de las sillas de la cocina. Rosie se sienta en su regazo mientras que Simon y Harry se plantan frente a él. Yo me mantengo a una distancia prudencial.

—Veréis... —Agarra la mano de Simon y mira a Harry antes de proseguir—. Papá se va a ir a vivir fuera...

¿Perdón?

—¿Fuera de dónde? —pregunta Simon—. ¿Fuera del hotel?

—No, campeón... A Kansas... Por trabajo.

—¿A...? ¿Kansas? ¿Dónde está Kansas?

—Está a menos de tres horas de aquí en avión...

—Pero... ¿y cómo me vas a llevar a los partidos de los Yankees? Me dijiste que me llevarías más veces...

—Pues puedes venir a verme y te llevo a ver los partidos de los Royals de Kansas City...

—Pero a mí me gustan los Yankees...

—Pues vendré algún fin de semana y te llevaré a verles... ¿Qué me dices?

—Que no quiero que te vayas...

—Simon, yo... —empieza a decir, pero entonces escucha sollozar a Rosie y se centra en ella—. Cariño, no llores. Papá va a seguir ahí para lo que necesitéis...

—¿A tres horas de avión? —pregunta ella con las mejillas mojadas de lágrimas.

—¡Pero eso es muy poco! ¿Y sabéis qué? No voy a vivir en un hotel, sino que voy a vivir en una casa que tiene piscina. Y va a tener una habitación para cada uno...

—¡Pero es invierno y no nos vamos a poder bañar en la piscina! —grita Simon.

—Bueno, tal vez ahora no, pero cuando haga mejor tiempo sí...

—¿Tanto tiempo vas a estar allí? —interviene ahora Rosie, obligando a Lucas a mover la cabeza de uno a otro como si estuviera en un partido de tenis.

—Cariño... No sé por cuánto tiempo será pero...

—¡Yo no quiero ser de Kansas! —grita Simon—. ¡Kansas es una mierda!

—No... Seguro que encontramos algo divertido que hacer en Kansas... —empieza a decir él.

—¿Kansas City de Kansas o de Misuri? —interviene entonces Harry, que hasta ahora se había mantenido callado.

—Eh... No lo sé... —contesta algo descolocado.

—La ciudad está dividida en dos partes por una frontera interestatal, así que existen dos ciudades con el mismo nombre, Kansas City de Misuri y Kansas City de Kansas, aunque en realidad es la misma ciudad.

—¡Pues vaya mierda! —vuelve a repetir Simon, que está en un plan negativo total.

—Harry, ¿qué más sabes de Kansas? —le pregunta Lucas para que le eche un cable.

—Eh... Una vez leí que es la segunda ciudad del mundo con más fuentes, por detrás de Roma, en Italia.

—¿Veis qué bien? —dice Lucas mientras los mellizos le miran con una mueca de escepticismo en la cara.

—Sí... Apasionante...

—Vamos, chicos... Ayudadme un poco... —les pide en tono de súplica—. ¿Sabéis qué? Os compraré los billetes de avión para que vengáis a verme y podréis viajar los tres solos. Yo os esperaré en el aeropuerto y...

—Yo no pienso ir —le corta Harry.

—Pero...

—Ni yo —interviene Simon, alejándose hacia su habitación detrás de su hermano.

Lucas mira a Rosie, que solloza en su regazo. La abraza y estrecha contra su pecho, agarrando su cabeza y meciéndola. La pequeña mano de ella se cierne contra el antebrazo de él, como si no quisiera dejarle marchar.

—Lo siento, mi vida... —susurra Lucas—. A veces las cosas no siempre salen como uno quiere... Pero no puedo perderos...

—Yo sí vendré, papá —dice ella al cabo de unos segundos, justo antes de ponerse en pie y secarse las lágrimas con las mangas del pijama—. Intentaré convencerles, pero no prometo nada...

—Vale, cariño.

—Adiós, papá —dice dándole un beso en la mejilla.

—Adiós, princesa —le contesta él abrazándola de nuevo con mucho sentimiento.

Rosie me mira antes de perderse por el pasillo. Luego giro la cabeza hacia Lucas y le encuentro mirándome derrotado.

—Kansas... —es lo único que puedo articular.

—Quise contestar tus mensajes... Pero he estado todo el día ultimando detalles...

—¿Cuándo te marchas?

—Mañana pasaré por la oficina para despedirme de los chicos... Puedo empezar cuando quiera y no voy a... alargar esto demasiado así que me iré esta misma semana...

—Ajá... —contesto dándole la espalda y haciendo ver que friego una olla.

—Hablo en serio con lo de que me vengan a ver... La empresa me pone una casa con habitaciones de sobra y... pueden venir cuando quieran... y cuando tú quieras, claro. Yo...

—Ajá... —repito.

—Yo sí les quiero, Val...

Cállate ya... Cállate ya... Le ruego una y otra vez. Noto cómo las lágrimas ruedan por mis mejillas, pero sigo haciendo ver que friego los platos, así que no hago ni el intento de secármelas. Pero entonces siento su presencia a mi espalda y su aliento en mi nuca.

—Valerie... ¿De qué querías hablar?

—De nada. No era nada... importante.

—No te creo.

—Vete.

—Odio que nos hayamos hecho daño...

—Pues no sigas haciéndomelo. Ya basta. Lucas, vete.

CAPÍTULO 13: AHORA MISMO, SI ESTAMOS CERCA SIN ESTAR JUNTOS, NOS HACEMOS DAÑO

—Señor, ¿quiere que le lleve?

—No hace falta, Bryan. Y no me llames señor...

—Lo siento... Es que, no es solo porque sea nuestro jefe, sino por todo lo que hizo... Todo el mundo aquí sabe lo que hizo por nosotros, señor. Y todos le estamos muy agradecidos... Los rumores decían que nos íbamos a quedar en la calle y... usted vino y...

—No fui solo yo, Bryan —le corto—. Jennifer también estuvo aquí conmigo y el señor Brancroft no hubiera dado luz verde a esto si no hubiera creído en vosotros... Y ahora, de nuevo, por favor, llámame Lucas.

—De acuerdo...

—Disfruta de tu bien merecido fin de semana.

—Vale. Gracias... —dice Bryan agachando la cabeza con timidez—. ¿A qué hora llegan los chicos, señor? Digo... Lucas.

—En... dos horas —digo tras comprobar el reloj con una sonrisa en la cara.

—¿Ya lo tienes todo planeado?

—No. No tengo nada planeado. Solo quiero... estar con ellos. Cuatro semanas son muchas... —digo mientras guardo algunas carpetas en mi mochila.

—¿Y su... tu mujer...? ¿Viene con ellos?

—No... Las cosas no...

—No hace falta que me dé explicaciones, señor... Siento haber sacado el tema. No debería meterme donde no me llaman...

—Bryan... Eh, Bryan... —le llamo antes de que salga por la puerta de mi despacho—. No pasa nada... Bueno, no te voy a decir que lo he superado, pero... estoy más o menos bien.

—Si algún día necesitas... salir y no pensar en todo eso, avísame.

—Lo tendré en cuenta. Te lo aseguro.

—Que pases un buen fin de semana, Lucas.

—Igualmente, Bryan.

≈≈≈

"Estoy en el aeropuerto esperándoles. Te llamaré para que habléis en cuanto esté con ellos. Gracias de nuevo"

Le escribo el mensaje a Valerie porque sé que ella ha tenido mucha parte de culpa en que Harry haya accedido finalmente a venir. No se ha querido poner ni una vez al teléfono cuando he llamado, cada noche, durante estas cuatro semanas, así que veía muy difícil que viniera si no llega a ser por la insistencia de su madre.

Vuelvo a comprobar el enorme panel con los vuelos y veo que el de Nueva York hace diez minutos que ha aterrizado. No es un aeropuerto grande, así que ya deben de estar recogiendo las maletas, pienso mientras camino arriba y abajo, por delante de la puerta.

—¡Papá!

Oigo las voces de Simon y Rosie llamándome a lo lejos. Me doy la vuelta de golpe y camino a ciegas, aún sin verles.

—¡¿Simon?! ¡¿Rosie?!

—¡Aquí, papá!

Les busco entre el gentío y entonces veo sus dos manitas levantadas, intentando hacerse ver por entre los cuerpos del resto de pasajeros.

—¡Esperad, chicos! —veo a una azafata que intenta correr tras ellos.

Salgo a su encuentro y cuando estoy a pocos metros, me dejo caer de rodillas y me deslizo por el pulido suelo de la terminal. Los dos se abrazan a mí con mucho ímpetu, haciéndome caer de espaldas. Lejos de quejarme, río de alegría, igual que ellos, que no se despegan de mí.

—Oh, Dios mío... Os he echado de menos... Tanto...

—Y nosotros —me informa Rosie.

—Dejadme que os vea... —digo separándome de ellos para mirarles de arriba abajo mientras ellos se yerguen orgullosos para que pueda comprobar lo mucho que han cambiado en tan solo cuatro semanas—. ¿Cómo podéis haber crecido tanto?

—Casi dos centímetros, papá. Hice que mamá me midiera.

—Di que no, que hoy llevas esas zapatillas que tienen más suela.

—¡Cállate, listilla! Tú en cambio, estás más ballena. ¿No lo notas, papá?

—No empecemos... —digo poniéndome en pie cuando la azafata que les ha acompañado todo el trayecto llega hasta nosotros—. Hola, soy Lucas Turner. Su padre.

—Me he dado cuenta —contesta ella con una sonrisa—. Ha ido todo perfecto y se han portado muy bien.

—Gracias...

Y entonces me doy cuenta de la presencia de Harry por detrás de ella. No me mira, sino que parece que todo lo que nos rodea le interesa mucho más que yo. Supongo que, que haya accedido a venir, no quiere decir que me vaya a poner las cosas fáciles.

—Hola, Harry —le saludo, pero lo único que recibo a cambio es un gruñido y un leve y casi imperceptible movimiento de cabeza.

Le observo de arriba abajo. Él también ha cambiado bastante. Lleva unas zapatillas de deporte muy gastadas de estilo retro, unos pantalones que se le caen, una sudadera ancha y un gorro de lana gris en la cabeza. Todo el conjunto lo coronan sus inseparables auriculares y unas gafas de pasta negras.

—¿Llevas gafas? —le pregunto, recibiendo la misma respuesta que antes—. ¿Esos pantalones no te vienen muy grandes? Parece como si te hicieran... bolsa en el culo.

—Son así —contesta cortante—. ¿Nos vamos o pretendes pasar aquí todo el fin de semana?

Le hago una seña para que caminen hacia la salida. Harry va por delante de nosotros, con los auriculares puestos de nuevo en las orejas.

—Déjale. Está pasando por esa fase... —me dice Rosie.

—¿Qué fase? ¿La del mendigo stripper? ¿Es por eso que parece que la ropa que lleva, recogida de la basura, se le vaya cayendo mientras camina?

—Supongo —me contesta encogiéndose de hombros—. Mamá dice que ha entrado en una especie de pre-adolescencia.

—Yo creo que, simplemente, es rarito —interviene Simon.

—Mamá, quiere comprarle pantalones nuevos que estén enteros, pero él se empeña en comprarlos en la tienda de segunda mano y de comercio justo... Dice que es... Espera... ¿Cómo era...?

—Consumo responsable —le ayuda Rosie.

—Yo lo llamo: ser tonto del culo.

—¿Ah, sí? —río.

—Sí, porque la ropa cuesta igual que si estuviera entera, ¡pero está rota! Yo voy a vender mis pantalones rotos a raritos como Harry... A lo mejor me saco una pasta...

—Ahora que me acuerdo... Tomad, llamad a mamá y decidle que habéis llegado bien —digo tendiéndoles el teléfono mientras aprieto el botón de la llave del coche para abrirlo y meter las maletas en el maletero.

—¡Hola, mamá! ¡Ya estamos con papá! —la informa Rosie.

—Papá, ¿habitaciones separadas, verdad?

—Ajá.

—Porque la situación en casa se está volviendo "insoltustible".

—Querrás decir insostenible.

—Lo que sea... —dice mientras le ayudo a atarse el cinturón de seguridad, una vez sentado en su silla. Rosie se está sentando al lado, sin dejar de hablar con su madre, mientras Harry ya se ha sentado en el asiento del copiloto, poniendo los pies encima del salpicadero.

—Está más delgado, mamá —dice Rosie al tiempo que yo pongo en marcha el motor. Arrugo la frente y miro por el espejo interior—. Pero guapo igual.

Simon pone los ojos en blanco mientras estira los brazos para hablar con Valerie. Yo sonrío. Le está pasando un informe completo a su madre, desde lo que la azafata les ha explicado en el avión, hasta mi estado físico. Entonces miro a Harry, que mantiene la vista fija en el paisaje que transcurre por la ventanilla.

—¿Cómo te va en el instituto, Harry?

—Como siempre —me contesta sin molestarse en mirarme.

—¿Te gusta? ¿Te has adaptado bien?

—Sí.

—¿Qué has pedido para Navidad?

—Nada. Tengo todo lo que necesito.

—¿Qué me dices de ese portátil que tienes? ¿No está algo antiguo?

—Le aumenté la memoria RAM... Ya no va tan lento...

—¿De dónde la cogiste?

—Se la pedí a Bruce uno de los días que nos quedamos con él mientras mamá hacía cosas...

—¿Qué cosas...? —pregunto sin pensarlo antes.

—Yo qué sé... Cosas...

—Está bien... —digo mirando por el espejo de nuevo para comprobar que Simon ya ha conseguido el teléfono.

—Papá, ¿a dónde nos vas a llevar?

—A dónde tú quieras.

—No conozco Kansas, papá... Solo te pido que no nos lleves a ver las famosas fuentes, por muchas que haya.

—De acuerdo —contesto riendo.

≈≈≈

—Entonces, ¿qué? ¿Os gusta la casa de papá?

—Mola mucho, sobre todo la piscina. ¿Podemos bañarnos? —pregunta Simon.

—Hace un poco de frío, ¿no?

—Además, mamá no nos ha metido los bañadores en la maleta... —le informa Rosie.

—Te equivocas... —dice Simon moviendo las cejas arriba y abajo.

—No me equivoco —responde su hermana—. Hice las maletas con mamá, y nos los metió.

—Mamá no los metió, no... Pero yo sí.

—¿El mío también?

217

—Sí.

—¡Qué bien, hermanito! —dice Rosie colgándose de su cuello.

—Vale, vale. No te pases... ¿Qué me dices, papá? ¿Nos dejas?

—Pero es que hace frío... ¿Y si os resfriáis?

—Papá, por Dios, no seas coñazo...

—No tengo ganas de que vuestra madre se enfade conmigo...

—No te lo tomes a mal, pero has tenido que poner 1.961 kilómetros entre tú y ella, así que creo que está ya bastante enfadada. No creo que un simple resfriado empeore mucho más las cosas...

Rosie, Simon y yo nos quedamos mirando a Harry, que aparece al pie de las escaleras con su nuevo ordenador portátil en las manos. Sonrío satisfecho. Sabía que este portátil le encantaría, así que se lo compré. Puede parecer que esté comprando su predisposición a venir a visitarme a menudo, y si lo parece es porque es así. Necesito verles a menudo y si tengo que chantajearles para ello, lo haré.

—¿Papá...?

Miro a Rosie y Simon, que me enseñan las dos filas de dientes, poniendo cara de no haber roto nunca un plato en su vida, así que chasqueo la lengua y les señalo el piso de arriba con un dedo, dándoles permiso para subir a ponerse el bañador.

—¡Corre! —dice Simon, tirando de la manga de la camiseta de su hermana.

Me doy la vuelta sonriendo y encuentro a Harry totalmente concentrado frente a su nuevo ordenador, sentado en uno de los taburetes de la barra de la cocina.

—¿Te gusta? —le pregunto sentándome a su lado.

—Es... Muchísimo más potente que el que tengo en casa...

—Sí. Ese habría que ir pensando en actualizarlo... Si quieres, tráemelo la próxima vez que vengas y te puedo cambiar el procesador, por ejemplo. Eso mejoraría mucho las prestaciones...

—¿Te piensas que no sé lo que pretendes? —me pregunta de repente. Trago saliva y me rasco la nuca. Intento hablar, pero no me salen las palabras—. Intentas comprarme para que quiera venir.

—Puedes llevarte el portátil a casa de tu madre, si quieres —digo mientras rezo para que no lo haga. Me mira entornando los ojos, como si me estuviera estudiando para ver si realmente creo en lo que digo, hasta que acabo confesando—: Pero la verdad es que me gustaría que lo dejaras aquí y vinieras a menudo... No paso mucho tiempo en casa, pero la he intentado adaptar a vosotros. Ni siquiera he encendido esa tele de cincuenta pulgadas del salón, pero la compré para que pudiéramos verla juntos. No he estrenado los fuegos de la cocina, pero he comprado toneladas de comida basura para este fin de semana. Y si quieres, podemos salir a comprar ropa para llenar los armarios de vuestras habitaciones y así no tengáis que hacer maletas cada vez que vengáis...

Me quedo callado durante unos segundos. Ahora soy yo el que le estudia. He abierto mi corazón, mostrando todas mis cartas. Soy totalmente vulnerable a sus ojos y podría despellejarme a su antojo.

—Con eso te quiero decir que... realmente quiero que vengáis... Quiero estar con vosotros. Pero quiero que vengáis a gusto, no obligados como tú esta vez.

Arruga la boca en una mueca de resignación, dándome la razón sin decírmelo abiertamente. Ya me lo imaginaba, y también sospechaba que Valerie hizo mucho para que viniera, pero ahora tengo la confirmación.

—¡Estamos listos! —grita Rosie plantándose frente a nosotros. Simon lo hace dos segundos después.

—Toalla no hemos traído...

—Está bien, pero esto se queda entre nosotros, ¿de acuerdo? Si volvéis a casa de vuestra madre moqueando, contadle cualquier milonga.

—¿Tú no te metes, papá?

—Eh... No lo sé...

—Simon, papá no tiene a nadie que le cuide si se resfría... —dice Rosie.

—Si eso pasa, podrías volver con nosotros, que mamá te cuide, y luego te vuelves para aquí.

—O también nos podríamos quedar aquí a cuidarte...

Simon y Rosie me miran y al rato ríen. De repente, me pongo en pie y suelto un rugido. Los dos gritan y salen corriendo por todo el comedor. Jugamos a que les persigo durante un buen rato, hasta que al final les atrapo y, colgándomelos de los hombros, salgo al jardín.

—¡Socorro! ¡Suéltanos! —gritan sin dejar de reír, justo en el momento en que los lanzo al agua. Sé que saben nadar perfectamente, pero aun así no dejo de mirar el agua hasta que emergen.

—¡Eres un canalla! —grita Rosie cuando saca la cabeza del agua.

—¿Está calentita el agua? —les pregunto mofándome de ellos.

Pero entonces, unas manos me empujan por la espalda y pierdo el equilibrio hacia delante. Con un movimiento ágil, me doy la vuelta en el aire y agarro al traidor de Harry de la mano, precipitándome al agua con él.

—¡Uh, joder! ¡Joder! ¡Qué fría está! —maldice Harry cuando sale a la superficie.

—¡No digas palabrotas! —le grita Simon.

—¡Cállate, enano! —le grita Harry salpicándole de agua.

—¡No me salpiques! —dice Simon tirándole agua con las dos manos.

—¡Ah! ¡Que me dais a mí! —se queja Rosie, iniciando una guerra de agua sin cuartel.

≈≈≈

—Papá, ¿esta casa no es muy grande para ti solo?

Miro a Rosie que, estirada encima de mí, deja que la arrope con la manta del sofá. A nuestro alrededor, cajas y cajas de comida que hemos pedido al restaurante chino que en breve me va a nombrar cliente del año debido a la asiduidad con la que reclamo sus servicios. El dueño y muchos de sus trabajadores ya me llaman por mi nombre de pila.

—Bueno, yo no la elegí. Yo solo pedí que tuviera una habitación para cada uno de vosotros...

—Está guay... Así puedes invitar a un montón de amigos tuyos —interviene Simon, que ha despegado los ojos de la tele y nos mira desde su posición, sentado en el suelo rodeado de cojines.

—No tengo demasiado tiempo para fiestas, me temo —contesto sonriendo.

—¿Y tienes muchos amigos...? —me pregunta Rosie.

—Pues... No demasiados, supongo. Conozco a mucha gente y a todos parece que les caigo bien y...

—¿Qué quieres? Eres su jefe. Delante de ti, todos van a simular que les caes bien. A tus espaldas, seguro que te ponen de vuelta y media —interviene Harry sin despegar los ojos del televisor.

—Gracias por tu abrumadora y aplastante sinceridad, colega.

—De nada. Lo hago para que no te hagas ilusiones y esas cosas... Así que no los cuentes como tus amigos.

—Y si no cuentas a esa gente, ¿cuántos amigos tienes aquí? —insiste Rosie.

—Pues... Supongo que ninguno —contesto resoplando con resignación.

—Vaya... Qué pena... Qué solo te debes de sentir, ¿no?

Miro a Simon, que me observa con los ojos y la boca muy abiertos. Me lanzan esos dardos envenenados sin la menor intención de hacerme daño, siempre acorde con su perfecta inocencia, así que no puedo enfadarme con ellos.

—Sí... —confieso—. Aunque trabajo mucho y llego tan tarde a casa, que no me da tiempo de darme demasiada cuenta de lo solo que estoy.

—Mamá también está muy sola —dice Harry cuando llevamos un rato sumidos en un absoluto silencio.

—No es verdad. Mamá tiene a sus amigas. Y a las titas y a la abuela. Y a tío Levy también —contesta Simon con el ceño fruncido.

—Pero aun así, se siente sola —insiste Harry.

Nos volvemos a quedar callados y sumidos en un silencio solo roto por la respiración pesada de Rosie. Giro la cabeza y la miro a la cara para descubrirla llorando.

—Eh, cariño... No llores, mi vida...

—Es que... —solloza—. Es que esto no es justo...

Su pecho sube y baja con rapidez y su pequeño cuerpo tiembla a pesar de estar envuelto en la acogedora manta de pelo. La estrecho con más fuerza entre mis brazos y beso su cabeza mientras intento calmarla.

—Mamá y tú tenéis que estar juntos. No quiero que viváis separados porque estáis tristes. Y nosotros también lo estamos. Esto de irnos a dormir tarde y... comer lo que nos dé la gana todos los días, está bien pero... Prefiero las normas de mamá y que estemos juntos en casa.

—Y yo —dice Simon agachando la cabeza, justo antes de ponerse en pie y caminar hasta el sofá, acurrucándose a mi lado, bajo la manta.

—Y yo —asegura Harry, que me mira apretando los labios en una mueca de resignación.

—Y yo —acabo confesando casi en un susurro.

≈ ≈ ≈

—Tened cuidado con el fuego, ¿vale? No creo que vuestra madre me perdonara que os devolviera con quemaduras de tercer grado por hacerme el desayuno...

—Tú tranquilo, que está todo controlado —dice Simon subido a uno de los taburetes. Lleva un enorme trapo de cocina a modo de delantal, las mangas arremangadas a la altura de los codos y la cara completamente llena de crema de chocolate.

—Corrígeme si me equivoco pero, ¿el chocolate lo vas a untar en mi crepe o voy a tener que restregarte la cara para poder conseguir algo?

—¿Eh? —me pregunta sin entender nada.

—Tu cara... —le aclaro señalándosela. Se pasa los dedos de la mano, se los mira, y entonces descubre que la tiene llena de chocolate y se los chupa con una enorme sonrisa en la cara.

—Mis crepes que los haga Rosie, si no os importa... Paso de que lleven babas de Simon —dice Harry, que aparece en la cocina ya vestido.

—Buenos días para ti también —digo despegándole uno de los auriculares de la oreja—. ¿Por qué no conectas el apartito ese al reproductor de música y así la escuchamos todos?

—Porque no os gustará.

—No escucha gente que canta —nos informa Simon—, solo hablan muy rápido.

—Se llama rap, idiota —le replica Rosie.

—Lo que sea... Y es algo así: "tengo una hermana, que es una idiota, y es más fea que una marmota..."

Río a carcajadas sin poderlo evitar, al igual que Harry.

—Qué rima más profunda, hermano —le dice.

—Gracias, colega —contesta Simon moviendo los brazos de forma exagerada, imitando a un rapero callejero.

—¿Os creéis muy graciosos los tres, verdad? —se queja Rosie, de brazos cruzados, empuñando una espumadera.

—Vale, está bien... Perdónanos, Rosie. Pongamos otro tipo de música... —digo cogiendo el mando a distancia del reproductor y encendiendo la radio.

Enseguida, toda la estancia se inunda con la voz del locutor de radio anunciando la siguiente canción que va a sonar.

—¡Eh! ¡Sube el volumen, papá! —grita entonces Rosie—. ¡Que esta canción nos encanta!

Ella y Simon se dan la vuelta para mirarnos mientras empiezan a gesticular y bailar como si cantasen la canción "Do you love me" de The Countours, una de las que sonaba en la banda sonora de "Dirty Dancing". Recuerdo que a mis hermanas les encantaba esa película y la vieron cientos de veces...

—"And now, I'm back, to let you know, I can really shake 'em down" —canta Rosie cogiendo la espumadera como si fuera un micrófono y señalándome con el dedo—. "¿Do you love me?"

—"I can really move" —le hace Simon los coros.

—"¿Do you love me?"

—"I'm in the Groove"

—"¿Ah, do you love me?

—"Do you love me".

—"Now that I can dance"

—"Dance".

—"¡Watch me now!"

Cantan a dúo la canción, contoneando sus pequeños cuerpos con mucha gracia, picando de manos y usando alguna cuchara como instrumento de percusión, mientras Harry y yo les miramos alucinados. Al rato, me pongo en pie y cojo en brazos a Rosie, haciéndola girar y bailar por toda la cocina mientras Harry sube a Simon a hombros y canta con él la canción.

≈≈≈

—¡¿Preparados?! —les pregunto a gritos con el bate de baseball en la mano y una pelota en la otra.

—¡Nacimos preparados! —contesta Simon mientras Harry levanta el pulgar y Rosie corre de un lado a otro cogiendo hojas.

En cuanto golpeo la pelota, veo como los dos miran al cielo y corren en su busca. Cuando la coge Harry, me la lanza y repito la acción, así como una docena de veces, hasta que mi chica favorita me reclama.

—Ahora os toca jugar a lo que yo quiera.

—De acuerdo. ¡Chicos, venid! —Cuando se acercan corriendo, miro a Rosie, que sonríe enseñándome las dos filas de dientes—. ¿A qué quieres jugar?

—A buscar hojas de colores bonitos.

—¡Pues vaya rollo de juego! —se queja Simon.

—Pues es lo que hay. Antes hemos jugado al baseball, ahora toca recoger hojas bonitas —contesto mientras le doy la mano a Rosie para que me guíe hacia donde quiera llevarme.

—Tomad estas —nos dice, dejándome un par en las manos—. Se las llevaré a mamá para que vea cómo son las cosas de aquí.

—¿Las hojas de aquí no son como las de Nueva York? —le pregunto mientras me agacho a su lado para inspeccionar con ella un montón que hay al pie de unos árboles.

—No lo sé... Pero mamá me dijo que quería saberlo todo de aquí, así que...

—Ya veo... Me parece que lo que quería decir mamá es que cuando vuelvas, le cuentes cosas de Kansas. Cosas como si es bonito, si hace frío, si hay tantas fuentes como dicen, si hay cosas divertidas por hacer, si mi casa es grande, si os lo habéis pasado bien...

—Si nos has dado bien de comer, si trabajas mucho, si has estado con nosotros a todas horas, si tienes amigos... —añade Harry

—¿Y qué le vais a contar? —pregunto tragando saliva.

Aún agachado, miro el suelo, rebuscando entre las hojas hasta que Rosie coge mi mano. Giro la cabeza para mirarla y fuerzo una sonrisa.

—Que ya no haces bromas... —dice Simon.

—Que estás muy solo... —añade Rosie.

—Que sonríes para hacer ver que estás bien, pero no es así... —susurra Harry.

Derrotado, me siento en el suelo y ellos me imitan, acercándose hasta apoyarse en mí.

—Lo siento... —les digo.

—Que ha sido genial estar contigo todo un fin de semana... —vuelve a hablar Harry—. Que has hecho todo lo posible para hacernos sentir como en casa... Que no nos has dejado solos en ningún momento...

—Que sigues siendo el mejor padre del mundo... —añade Rosie.

—Y que todo esto está guay, pero que queremos que vuelvas a casa —dice Simon.

≈≈≈

—¿Lo lleváis todo? —les pregunto mientras coloco bien la chaqueta de Simon, subiéndole la cremallera.

—Si nos dejamos algo, ya lo cogeremos la próxima vez que vengamos... —me contesta sonriente.

—Vale...

—¿Cuándo? —me pregunta Rosie.

—No lo sé... Tengo que hablarlo con mamá, ¿vale? Pero seguiremos hablando cada día, ¿eh?

—¿Podremos tener un perrito? —me pregunta Simon.

—Eso es algo complicado, campeón... No paso mucho tiempo en casa, excepto si venís vosotros.

—¿Y qué pasará cuando sea nuestro cumpleaños? ¿Lo celebraremos dos veces? —insiste.

—Si quieres...

—¡No! ¡No quiero! ¡Quiero celebrarlo solo una vez en casa con mamá y contigo!

—No te preocupes. Si eso es lo que quieres, lo haremos. Llegado el momento, lo hablaremos mamá y yo y seguro que llegaremos a un acuerdo.

Los tres asienten y entonces me centro en Harry. Le peino el pelo de forma cariñosa, como toda la vida hizo mi madre conmigo o como Valerie hacía también hasta hace poco. Los auriculares le cuelgan del cuello, no los lleva puestos, prestándome toda la atención que puede.

—He dejado el portátil en tu casa... —me dice.

—Genial... —contesto sabiendo lo que eso significa. No hace falta que me diga abiertamente que quiere volver. Me basta con ese gesto—. Cuida mucho de mamá y de tus hermanos, ¿vale?

—Vale.

—Y si tienes cualquier problema, no dudes en llamarme, ¿vale? Eso os lo digo a los tres. Nunca dudéis en llamarme para lo que sea. Pedídmelo y vendré.

—Pues vente con nosotros ahora. Te lo estamos pidiendo —dice Rosie.

—Cariño... Sabes que no es tan fácil. Papá trabaja aquí ahora...

—Trabajas aquí para alejarte de mamá.

—Eso no es del todo cierto...

—¿No? —pregunta Harry.

—No del todo. Vine aquí para alejarme de mamá en el buen sentido de la palabra.

—Alejarse de alguien no puede ser bueno, de ningún modo.

—Tenía que alejarme porque la quiero demasiado, cariño. Necesito estar con tu madre y no puedo estar cerca de ella sin estar con ella. Ahora mismo, si estamos cerca sin estar juntos, nos hacemos daño.

—¿Y por qué no estáis cerca y juntos a la vez como antes?

—Me encantaría volverlo a intentar, pero eso ahora, es algo complicado.

CAPÍTULO 14: NO PUEDO COMPETIR CONTIGO PORQUE SOLO HAY UNA MUJER A LA QUE VE CUANDO MIRA, Y ESA ERES TÚ

—¡Y tiene una tele enorme!

—Y la cocina no tiene paredes y tiene esos muebles en medio, para sentarse a comer allí, como te gustan —interviene Rosie.

—¿Ah, sí? ¡Qué bien!

—¡Y tiene una piscina genial! Pero no nos bañamos... No... Para nada... Ni metimos un pie ni nada... No... Nada de nada.

—Simon, si os bañasteis, no pasa nada —le digo para que pueda dejar de disimular de una vez. Simon tendrá muchas cualidades, pero es malísimo mintiendo.

—¡Menos mal! —resopla—. ¡Pues sí! ¡Nos bañamos los cuatro! ¡Y fue genial! ¡El agua estaba congelada, pero queríamos estrenar la piscina porque nadie lo había hecho y...!

—Pero tranquila porque enseguida nos secó con una toalla y nos cambió de ropa —dice Rosie, concentrada cien por cien en alabar a su padre todo lo posible.

Los dos están muy emocionados y se nota que se lo han pasado en grande, prueba de ello es que desde que los he recogido en el aeropuerto y durante todo el trayecto hasta casa, no han dejado de hablar ni un segundo. Eso sí, cada uno realiza una misión. Mientras Simon se dedica a enumerar todas las cosas divertidas que han hecho con Lucas, Rosie se encarga de ensalzar su sentido de la responsabilidad y su faceta de padre comprometido.

—Y tenemos una habitación para cada uno. Ya no tengo que compartirla con Rosie. ¿Por qué no puedo cambiarme aquí de habitación?

—Porque tendrías que ocupar la habitación de invitados y entonces la abuela tendrá que dormir en el sofá cuando venga a visitarnos.

—Y estuvo con nosotros todo el fin de semana —vuelve a la carga Rosie—. Apagó el teléfono móvil para que nadie nos molestara.

—¡Y cenamos comida china en el sofá! ¡Y a papá, el dueño del restaurante y el que nos trajo la cena, le conocen por su nombre! ¡Y por la mañana, Rosie y yo hicimos crepes con chocolate! ¡Y bailamos en la cocina!

—Eh... ¡Y el sábado merendamos fruta también!

Intento reprimir la risa al ver los esfuerzos que Rosie está haciendo.

—Ah, y nos ha dicho que nos va a comprar ropa para que no tengamos que llevar equipaje arriba y abajo.

—¡Y a Harry le ha comprado un ordenador portátil que es un pimiento!

—¿Un qué? —pregunto alucinada mientras abro la puerta de casa.

—Un pepino, Simon. No un pimiento —interviene Harry—. Es uno de los más rápidos del mercado. Una pasada...

—Ah, genial, ¿no?

En cuanto entramos en casa y dejan las maletas tiradas de cualquier forma al lado de la puerta, resoplo y les mando a la ducha con la promesa de que al salir, ya habré pedido pizza para cenar. Cuando creo estar sola, me descalzo y apoyo las palmas de las manos en el mármol de la cocina. Cierro los ojos y resoplo con fuerza.

—¿Mamá...?

Me giro de sopetón, como quien es descubierto haciendo algo malo, y me encuentro con Harry, que me mira muy preocupado.

—Sí. Dime, cariño —contesto disimulando.

—No es feliz.

—¿Cómo dices, cariño?

—Que no es feliz, mamá. Que te echa de menos cada día. Que ya no sonríe de verdad. Que ya no hace bromas como las hacía antes... Se pasa el día trabajando, no tiene amigos...

—Pero eso es muy triste, cariño.

—Pensaba que eso te haría sentir mejor...

—Yo no quiero que tu padre lo pase mal. Yo quiero que sea feliz.

—Pero es que sin ti no lo va a ser nunca.

—Pues ahora mismo no podemos estar juntos.

—¿Por qué no?

—Porque nos hemos dicho muchas cosas feas... Nos hemos hecho mucho daño, y necesitamos un tiempo para... perdonarnos. Las cosas son más...

—Ya, sí, esa me lo sé... Complicadas. Las cosas son más complicadas de lo que nos pensamos... Mamá, tengo un coeficiente intelectual de 180, así que creo que soy capaz de entender muchas más cosas de las que os pensáis. ¿Y sabes qué? Esto no es tan complicado como a vosotros os parece.

≈ ≈ ≈

—¿Cómo les ha ido? —me pregunta Janet.

—Muy bien. Han vuelto muy contentos.

—¿Han estado con él o Don Ocupado ha contratado a una niñera para cuidarles?

—No, Carol... Ha estado con ellos en todo momento... Incluso apagó el teléfono para que nada ni nadie les molestase. Se han bañado en la piscina, han comido lo que ellos han querido, les ha llevado al parque...

Y entonces me acuerdo de la cantidad de fotos que Harry me ha estado enviando durante todo el fin de semana. Fotos que Lucas no sabe que yo he recibido, según Harry, y que no han hecho más que acrecentar ese sentimiento de tristeza y de pérdida que oprime mi corazón.

—Valerie... ¿Estás bien? —me pregunta Gloria, desencadenando el torrente de lágrimas.

Niego con la cabeza, incapaz de articular palabra.

—Lo siento... No quería... —balbucea Carol—. No era mi intención decir nada que te molestase... Tú misma temías que Lucas no les prestara toda la atención que ellos necesitaban y...

—No es eso —digo mientras me sueno la nariz con un pañuelo de papel—. Es que he visto algunas fotos y... No paro de pensar que así es como deberían haber sido siempre las cosas... Que Lucas debería haber cuidado a los chicos como ha hecho este fin de semana... Que tendría que habernos prestado la misma atención a todos y que... ¡Que nada de esto habría sucedido!

Me sueno sin parar, intentado secar las lágrimas que corren por mis mejillas mientras las chicas me miran alucinadas, aún sin comprender por qué me he puesto así.

—¿Fotos?

—Sí... Harry me envió algunas fotos... Tan bonitas... Mirad...

Saco el teléfono del bolsillo y les muestro alguna... Como la que salen Lucas, Rosie y Simon durmiendo abrazados en el sofá. U otra en la que se ve a Lucas de espaldas cogido de la mano de Rosie, paseando por un parque. O mi favorita, una selfie en la que salen los cuatro, todos sonriendo.

—¡Le echo de menos pero también le odio mucho! ¿Por qué ahora es así? ¿Por qué no antes?

—Bueno, genial si es así con los chicos, ¿no? —me pregunta Andrea, algo temerosa.

—Sí, pero...

—Valerie, ¿estás bien? —interviene Franny, mirándome con el ceño fruncido—. ¿Ha pasado algo más?

—Puede... —contesto al cabo de unos segundos.

—¿Qué quieres decir con puede? —me pregunta Gloria.

—Es que... Estoy... —Levanto la vista y las miro, descubriéndolas a escasos centímetros de mí, con el vaso de café en la mano, haciendo corrillo a mi alrededor. Parecen un grupo de hienas acechando a su presa—. Estoy embarazada...

Janet casi se atraganta con el café. Carol se lleva una mano a la boca. Andrea parpadea sin despegar los ojos de mí. Franny abre la boca varias veces, intentando decir algo, pero la cierra al momento al pensárselo mejor. Gloria clava sus ojos en mi barriga, sin saber si reír o llorar.

—Estoy de ocho semanas... —me veo obligada a decir al ver que ellas siguen sin abrir la boca—. No se me nota mucho aún... No os lo dije antes porque... Bueno, Lucas no lo sabe... Los niños tampoco... De hecho, hasta hace unos días, no sabía si quería tenerlo o no... Pero fui a mi ginecóloga y... le escuché y... Dios mío, estoy muy asustada porque estoy sola con ellos y...

Pero las chicas no me dejan hablar más. Me abrazan y dejan que me desfogue a mis anchas, llorando, sollozando y moqueando sin control.

—No hace falta que te digamos que no estás sola —me dice Carol—, y que te vamos a apoyar en lo que haga falta.

—Lo sé... Gracias... —digo secándome las mejillas—. Y siento no habéroslo dicho antes pero...

—Lo lógico es que su padre lo sepa antes que nosotras... —interviene Gloria—. ¿Cuándo piensas decírselo?

—Aún no lo sé... No creo que sea algo que tenga que decirle por teléfono, ¿no?

—No, la verdad es que no...

—Janet, por favor, no le digas nada a Bruce, ¿vale? —le pido.

—Boca sellada. Prometido.

—Doy por hecho que no estaba muy planeado... —titubea Franny.

—Nada de nada. No ha podido aparecer en peor momento...

—Siendo tan... fértiles, no sé cómo no os empezáis a plantear algún método de anticoncepción...

—Muy graciosa, Janet... Con lo fértiles que somos, como tú dices, si no hubiéramos puesto medios, podríamos formar un equipo de fútbol...

—¿Algunos de vuestros hijos ha sido buscado? —pregunta Andrea sin poder contener la risa, contagiándonosla al resto.

≈≈≈

—Harry, cariño, ¿me haces el favor de ir a por dos botellas de leche?

—Ajá... —contesta sin dejar de mirar la pantalla de su reproductor de música, caminando por el pasillo casi arrastrando los pies.

—Mamá, ¿compras estos cereales? —me pregunta Simon.

—¿Esos te gustan?

—Seguro que sí.

—Simon, si los quieres solo por los colmillos de vampiro que regalan, no te los compro. Que luego se queda el paquete muerto de risa en el armario.

—Me gustan, te lo juro.

—Yo los prefiero con chocolate —dice Rosie.

—Esa es otra. No pienso comprar tres paquetes diferentes de cereales, así que u os ponéis de acuerdo o no compro ninguno.

—Yo quiero estos —Rosie coge una caja de la estantería y me la muestra poniendo su mejor cara de niña buena.

—¡Ni hablar! ¡Solo la quieres porque salen esos perritos! —se queja Simon.

—¡Y tú por los colmillos! —le replica Rosie.

—Pues ala, esta semana compramos los que me gustan a mí —digo metiendo el paquete en el carro de la compra.

—¿De qué son? —pregunta ella.

—¿Qué regalan? —pregunta él.

—Ricos en fibra, y no regalan nada —contesto.

—¿Fibra? ¿Qué es fibra?

—Algo bueno para ir al lavabo.

—Pero yo cago bien.

—Lo sé, Simon. Por eso no son para ti, sino para mí.

—¿No cagas bien, mamá?

—Simon, por Dios, habla más bajo. No creo que mis problemas de tránsito intestinal sean de la incumbencia de nadie.

Zanjando la conversación, empujo el carro con esfuerzo porque, además de ir cargado hasta arriba de comida, llevo a los dos colgados a cada lado. Esquivo a la multitud de gente buscando a Harry en el pasillo de los lácteos, y miro a un lado y a otro al no verle. Camino unos metros más, hasta que cuando paso por al lado de los congeladores, el helado de chocolate llama mi atención. Llevada por un impulso, abro la puerta y cojo un bote.

—¿Nosotros podemos coger también uno? —me pregunta Simon tirando de la manga de mi chaqueta.

—No es época para tomar helado.

—¿Y ese? —me pregunta Rosie señalando el bote que acabo de meter en el carro.

—Es para mí.

—¿Tú puedes y nosotros no?

—Si yo me resfrío, no pasa nada. Si vosotros os resfriáis, es un quebradero de cabeza.

—¡Pero eso no es justo!

Estoy a punto de pegarles un grito a los dos para hacerlos callar cuando entonces veo a Harry. Está unos metros más allá, con las botellas de leche en las manos, hablando con una mujer. Entorno los ojos para asegurarme de que no me engañan, porque creo que es Jennifer. No puede ser porque no vive por aquí... ¿O sí? De hecho, ¿dónde vive? Nunca antes nos habíamos cruzado aunque...

—¡Mira mamá, allí está Harry! —grita Simon, que sale corriendo hacia él, seguido de cerca por Rosie.

Cuando llegan a su altura, saludan con desparpajo y entonces me señalan, haciendo inviable mi plan de alejarme y meterme por otro pasillo. Así pues, sonrío y empiezo a caminar hacia ellos, empujando lentamente el carro, maldiciendo entre dientes.

—¡Hola, Valerie!—me saluda jovial.

—¡Hola, Jennifer! —saludo con mi mejor tono de ánimo y felicidad, perfectamente apta para ser nominada al Oscar a la Mejor Actriz Principal—. ¿Sueles venir mucho por aquí? No te había visto nunca...

—Sí, vivo por aquí cerca, aunque la verdad, no suelo venir mucho a comprar... Lo hago por internet y me lo traen a casa...

—No sabía que vivieras por aquí...

—Pues sí... ¿No te lo dijo Lucas?

Evidentemente no, pienso mientras intento que el ruido del rechinar de mis dientes no se oiga por encima del hilo musical del supermercado.

—¡Qué asco! —dice Simon mirando la pequeña cesta de la compra que lleva Jennifer.

—¡Simon! —le reprocho el comentario.

—No. Está bien —contesta ella riendo—. ¿Demasiada verdura?

—Sí...

—Yo no tengo la misma suerte que vosotros... Y si como chucherías y eso, me duele la tripa y me pongo mala —dice mirando nuestro carro de la compra, por el que de repente siento una vergüenza extrema al compararlo con el suyo. El nuestro está lleno de cosas nada saludables, mientras que en el suyo reina el color verde—. Además, yo no tengo hijos, con lo que compro menos cosas...

—Aquí también hay cosas de mamá, ¿eh? Porque estos cereales de fibra son de ella, porque no caga bien.

—¡Simon, por favor...! —le reprocho de nuevo.

—Vuestros padres no se aburren con vosotros, ¿eh? —dice Jennifer.

—¡Este fin de semana hemos estado con papá en Kansas! —dice Simon, dando muchísima más información de la que yo querría compartir.

—¿Ah, sí? ¡Qué bien! —contesta ella, sin querer perder la oportunidad de sonsacar más detalles—. ¿Y os ha gustado?

—Sí. Tiene una tele enorme, una piscina muy chula y ya no tengo que compartir habitación con Rosie.

—Ah... Pues genial, ¿no?

—Sería más genial si viviera aquí en Nueva York —interviene entonces Rosie, que la mira con cara de enfado.

—Eh... ¿Sabéis qué? Id a coger los cereales que queríais —les digo para quitármelos de encima—. Y tú, Harry...

—Ya. Les acompaño.

En cuanto nos quedamos las dos solas, parece que perdemos las ganas de hablar que hasta ahora aparentábamos tener las dos.

—Siento... —decimos las dos a la vez.

—Perdona.

—Tú primero.

—Yo... Te decía que siento lo vuestro... O sea que... Sé que lo estaréis pasando mal y...

—Jennifer, no te esfuerces —digo al tiempo que hago el intento de darme la vuelta para perderla de vista.

—Valerie, espera —me pide, agarrándome del brazo para detenerme—. De verdad que lo siento mucho...

—¡Vamos, por favor! ¡Ni que tú no te alegraras de todo esto! —le suelto sin reparo.

—¿Yo?

—Lo que me extraña es que no hayas pedido tú también el traslado a Kansas. Ahora que él no tiene que dar explicaciones a nadie y que solo tiene a los niños un fin de semana cada cierto tiempo...

—Yo no...

—¡Vamos! ¡No me digas que no te gustaría! Los demás, quizá no te hayan pillado, pero yo sé que te gusta Lucas desde el primer día que entraste a trabajar en la empresa.

—Es cierto —suelta de repente.

La verdad es que no me esperaba esa respuesta. Suponía que lo seguiría negando y no confesaría sus sentimientos hacia Lucas de forma tan abierta, y menos a mí. Había pensado en este momento varias veces. En alguna de ellas acababa gritándole y haciéndola llorar, en otras incluso llegaba a darle un puñetazo o incluso despreciándola al más puro estilo telenovela. Imaginé decenas de escenarios posibles, pero ninguno acababa así. Inesperadamente, toda la rabia que tenía acumulada hacia ella, se disuelve de golpe.

—La verdad es que me da un poco de vergüenza comentar esto delante de ti, pero creo que me comprenderás perfectamente porque debió de pasarte lo mismo... Su aspecto físico atrae, es... innegable, y por eso me sentí atraída por él desde que le vi. Pero luego me habló y... No sé si fue la seguridad en sí mismo, o su inteligencia, pero me dejó totalmente hipnotizada...

Agacho la cabeza y me miro los pies. Estoy bastante abrumada por toda la información. La verdad es que es exactamente lo mismo que me pasó a mí, pero al revés. A mí me impactó su descaro y su agilidad de palabra y luego, cuando le vi, me acabé de enamorar de él. Parece que, al fin y al cabo, Jennifer y yo no somos tan diferentes.

—Pero no tengo nada que hacer... —susurra, provocando que levante la cabeza y la mire a los ojos—. ¿No lo ves, verdad? Para él, no existe nadie más que tú. Siempre has sido tú. Solo tú. No puedo competir contigo porque solo hay una mujer a la que ve cuando mira, y esa eres tú.

≈≈≈

Salí despavorida de allí. Recogí a los niños y, aunque aún me faltaba alguna cosa por comprar, hui. Les bañé, hice la cena, nos sentamos todos juntos alrededor de la mesa, vimos un rato la televisión e incluso les expliqué un cuento a los peques...Y todo ello sin dejar de darle vueltas a la confesión que acababa de escuchar. Al menos, hasta que sonó mi teléfono y vi su nombre en la pantalla.

—Hola —contesté con suavidad.

—Hola. Siento llamar tan tarde. ¿Están ya acostados?

—Sí, pero están despiertos.

—Genial. ¿Me los puedes pasar?

—Claro. Espera… Toma, Simon. Luego pásaselo a tu hermana y luego llevadle el teléfono a Harry —les digo, justo antes de salir de su habitación y dirigirme a la cocina.

Que la mujer que ha provocado nuestra ruptura, de la cual sospeché que estaba liada con mi marido, me confiese sus sentimientos hacia él, me ha dejado totalmente descolocada. Pero también me ha confirmado que sabía que Lucas nunca hubiera accedido a nada. En pocas palabras, me ha confesado que estaba enamorada de él y que le hubiera encantado ligárselo, pero que él está enamorado de mí. O estaba… Ahora ya no lo tengo tan claro.

Lo sabía… Nadie me creía, pero yo sabía que ella estaba loca por él… ¡Oh, Dios mío…! Ahora me asaltan decenas de preguntas… ¿Podrían haberse evitado muchos de los viajes que hicieron? ¿Intentaba Jennifer tenerle para ella sola? ¿Lo había intentado alguna vez y Lucas le dio calabazas? ¿Dudó Lucas en algún momento? ¿Llegó a pasar algo entre ellos que ninguno de los dos me ha contado?

—No, no, no… —digo en voz alta, obligándome a desechar las imágenes que de repente se agolpan en mi cabeza. Recuerdos de sus caricias, de sus besos… De aquella sonrisa pícara tan característica suya que descubría cuando, después de un rato esperando en vano el contacto de sus labios, yo abría los ojos y le encontraba mirándome. No podría soportar que todo eso se lo hubiese hecho a ella también… De hecho, no puedo imaginarle haciéndoselo a nadie más que a mí.

—¿Mamá? —Me doy la vuelta de nuevo de sopetón. Últimamente no gano para sobresaltos, pienso, y es que estoy demasiado susceptible—. Toma.

—Gracias, Harry. ¿Le habéis dado las buenas noches a papá?

—Sí.

—¿Y le habéis dado las gracias por lo bien que os lo pasasteis en su casa?

—Ajá.

—¿Y por el ordenador que te compró?

—Que sí…

—Pues venga, a lavarte los dientes y a la cama.

—De acuerdo.

—Eh, Harry —le llamo antes de que se vaya—. Te quiero.

Agacha la cabeza con timidez y sonríe mordiéndose el labio inferior, justo antes de mirarme de nuevo.

—Y yo. También le he dicho lo mucho que le echas de menos —dice mientras empieza a caminar de espaldas.

—Harry, tira para la cama. Ya —contesto riendo.

—Ah, y no he colgado la llamada, así que sigue ahí...

Se pierde por el pasillo sin darme tiempo para reaccionar. Entonces, miro el teléfono y me doy cuenta de que su nombre sigue visible en la pantalla. Dudo unos instantes acerca de qué hacer, pero estoy segura de que ha podido escuchar mi conversación con Harry, así que me llevo el móvil a la oreja.

—¿Hola?

—Hola... Sí, te confirmo que te ha dicho la verdad. Me han dado las gracias por todo, aunque no tienen por qué hacerlo.

—Bueno... De todos modos, gracias. Me lo han contado todo, con pelos y señales...

—Es lo que debería haber hecho siempre... Se lo debo. De hecho, os lo debo a todos.

Ahora sería el momento perfecto para decírselo. Lucas, estoy embarazada. Así, sin más. Pero en lugar de eso, cuando abro la boca, lo único que sale por ella es un doloroso jadeo.

—Esto... Tengo que colgar... Eh... Me gustaría volver a tenerles pronto... En dos semanas, ¿por ejemplo?

Mi silencio le ha incomodado y perdí la oportunidad... Así, lo que podría haber sido algo parecido a un acercamiento, se acaba de convertir en una mera negociación entre dos partes enfrentadas tratando de llegar a un acuerdo acerca de una mercancía que se intercambian.

—Escucha... Veo que sigues enfadada... Ya hablaremos en otro momento...

No estoy enfadada, quiero gritarle, pero sigo sin poder articular palabra. No quiero hablar en otro momento porque no quiero dejar de escucharte ahora, pero ya solo escucho el pitido de la llamada al colgarse, y entonces, producto de una broma del destino, de mi garganta vuelven a brotar las palabras.

—Te echo de menos... —digo, aunque sé que demasiado tarde.

≈ ≈ ≈

—¡Mamá, hemos llegado!

—¡Muy bien, Simon! ¿Ha ido bien el vuelo?

—Aburrido... El avión no se ha movido nada de nada...

—Vaya... —digo, aunque yo respiro tranquila, porque no me hizo nada de gracia cuando vi que despegaban con la tormenta que estaba cayendo—. ¿Hace mucho frío?

—Sí. ¿Te imaginas que la piscina de papá se ha congelado y se ha convertido en una pista de hielo? Él dice que no puede ser, pero aun así tengo muchas ganas de llegar y comprobarlo.

—A ver si tienes suerte... —contesto sonriendo—. Pero, sobre todo, ponte el gorro de lana que metí en tu mochila.

—Es que no me gusta... Tiene una bola de lana en la punta... Como si fuera un bebé...

—Simon... Te lo hizo la abuela con todo su cariño...

—La abuela no me debe de querer tanto cuando me hace estas cosas para que haga el ridículo.

—Pásame a tu padre —resoplo al final, a sabiendas de que si no se lo digo a él, Simon no se lo pondrá.

—Chivata —me dice antes de pasármelo.

—Hola. Dime —responde en tono borde y cortante.

Reconozco que tengo que hacer un esfuerzo enorme para no suspirar al escuchar su voz.

—Hola... Escucha... Simon lleva un gorro de lana en la mochila y mucho me temo que no entra en sus planes ponérselo... Tiene algo de tos y no quiero que vaya a peor, así que, ¿podrías estar atento...?

—Descuida.

—Genial. Pasadlo bien.

—Tú también.

—¿Rosie o Harry se quieren poner al teléfono...?

—Eh... Pues espera... ¡Rosie, es mamá! —le escucho gritar.

—Dile que ahora no puedo —oigo que ella le dice.

—Que ahora no puede... Está muy ocupada viendo cómo envuelven unas maletas en plástico transparente...

—Ah...

—Es algo apasionante, compréndelo. ¿Te paso con Harry? Ha ido a la tienda de revistas a ver si tenían no sé cuál que quiere...

—No, tranquilo...

—De acuerdo. Te llaman mañana.

—Vale...

—Adiós.

La llamada se cuelga de inmediato y me doy cuenta de que estoy enfadada por ello. La próxima vez, aunque yo no quiera hacerlo, tengo que colgar antes que él y no poner ese tono de voz de animalito abandonado... Qué pena doy, por favor...

—¡Venga, ánimo! Voy a... —hablo sola mientras decido qué hacer para intentar animarme y no pensar en lo mucho que les echo de menos—, ¡película! ¡Eso es! ¡Seguro que hay algo bueno que ver en la tele!

Acurrucada en el sofá y tapada con mi manta polar, con el mando a distancia en la mano, voy cambiando de canal sistemáticamente, perdiendo la esperanza de encontrar algo decente que ver. Resoplo aburrida hasta que mi teléfono vibra por la llegada de un mensaje de Lucas. Los latidos de mi corazón empiezan a retumbar en mis oídos mientras mi dedo tembloroso abre la foto que me ha enviado. En cuanto veo la imagen de Simon con el gorro de lana puesto y cara de enfado, se me escapa la risa.

"Gracias"

No puedo contenerme y le envío el mensaje, aunque no recibo respuesta, por más que mire el teléfono cada cinco minutos hasta que caigo rendida en la cama, varias horas después.

≈ ≈ ≈

Salir a correr... Hace demasiado frío.

Ir a dar un paseo... Mismo problema.

Ir al cine... No hay ninguna película que me apetezca ver.

Ir de compras... Demasiada gente.

He desechado todas las ideas que se me han ido ocurriendo para hacer en este sábado y me he tirado todo el día dormitando en el sofá. Mi única actividad física ha sido comprobar varias veces cada hora si Lucas tenía el teléfono conectado. Me dijo que los chicos me llamarían pero aún no lo han hecho...

Por no apetecerme, no he preparado ni la cena, así que he acabado bebiendo vino y comiendo palomitas mientras me trago un maratón de capítulos de "Friends". Ya debo de estar deprimida para que ni ellos logren sacarme una sonrisa.

Doy un brinco en el sofá cuando, poco después, el teléfono empieza a sonar a mi lado. Lo cojo con ambas manos de forma precipitada, hasta que veo que es Janet y me invade una enorme desilusión.

—¿Qué?

—Bueno, bueno, bueno... ¿Estamos de mal humor, eh?

—Lo siento, Janet...

—No pasa nada. Te perdono. ¿Qué haces?

—Nada.

—Perfecto.

—¿Tanto me quieres?

—Digo que es perfecto porque si no estás ocupada haciendo nada, no tendrás excusa para no salir con nosotras.

—No tengo ganas de salir.

—Vístete porque te recogemos en... ¿En qué calle estamos? —escucho que pregunta.

—¿Con quién estás?

—En un taxi, con las chicas. Decid hola.

—¡Hola! —gritan todas casi al unísono.

—Lo dicho, que te vistas porque en cinco minutos llegamos.

—No voy a salir.

—No es una pregunta, es una exigencia.

—No os voy a abrir la puerta.

—Ya verás cómo sí. No sabes con quiénes estás jugando...

—En serio... Los chicos no están y les echo mucho de menos... Lucas pasa de mí... Estoy deprimida y agotada... Creo que incluso estoy pillando la gripe...

—Un derroche de virtudes, vamos. Pero aun así, te queremos —dice en cuanto empieza a sonar el timbre de la puerta de forma persistente.

—¿No decías que tardabais cinco minutos? No han pasado ni dos.

—Quería asegurarme de que estabas en casa. Escucho tu voz a través de la puerta mientras hablas conmigo. ¡Ábrenos! ¡Ya! ¡Te lo exigimos!

Arrastro los pies hasta la puerta y, como sé que no voy a convencerlas de lo contrario, y si siguen montando este escándalo va a aparecer la policía de un momento a otro, la abro con cara de hastío.

—Vale, nos necesitas... —dice Janet mientras todas me miran de arriba abajo.

—¿A dónde vais tan arregladas?

—Te lo hemos dicho. Esta noche salimos —dice Gloria.

Me conducen hasta mi dormitorio y me sientan a los pies de mi cama mientras abren el armario de par en par.

—Esto... ¿Lucas aún tiene ropa aquí? —me pregunta Franny al ver alguna camisa colgada.

—Algo... No mucho... —digo sin darme cuenta de que todas me miran y señalan mi sudadera—. Ah, esto... Sí, también es de él. Pero ya era mía cuando estábamos... cuando vivíamos juntos.

—Fuera. Ya —dice Carol quitándomela por la cabeza y dejándome en sujetador—. Y da gracias a que no la quememos. Así no vas a olvidarte de Lucas.

—Es que no quiero olvidarme de él —confieso, aunque luego me doy cuenta de mis palabras y, como no quiero parecer una desesperada mojigata, añado—: Al fin y al cabo, es el padre de mis hijos... De los cuatro.

—¿No decías que Lucas pasaba de ti? —interviene de nuevo Janet, recordando las palabras que le dije antes, cuando hablábamos por teléfono—. Pues esta noche vas a pasar tú de él.

—No soy la mejor de las compañías... Creedme, no queréis iros de fiesta con una depresiva embarazada...

—Somos algo masoquistas... —contesta Gloria.

—O amantes de las causas perdidas... —añade Franny.

—O simplemente idiotas —concluye Carol—, así que ponte esto ahora mismo.

≈≈≈

—¡No me digas que no te lo estás pasando bien! —me grita Janet en la oreja, ya que es la única manera de comunicarnos.

Me encojo de hombros mientras miro alrededor sin poder reprimir la mirada de pavor. La mayoría de la gente que nos rodea son, como mínimo, diez años más jóvenes que yo, no digamos ya de Gloria o Franny. De todos modos, a ellas dos es a quiénes menos parece importarles, ya que están dándolo todo en medio de la pista.

—¡Podrías poner el mismo interés que ellas dos! —me vuelve a gritar, obligándome a hacer una mueca de dolor al sentir como casi se me revienta el tímpano.

—¡Definitivamente, ya se me ha pasado el arroz. Además, no tengo el cuerpo como para lanzarme allí en medio...! —contesto.

—¡Mira! ¡Ahí están! —dice entonces, pasando totalmente de mis quejas, levantando un brazo para que alguien pueda verla.

—¿¡Ahí está quién?! —le pregunto.

—¡Nick y sus amigos! ¿¡No te lo habíamos dicho?! ¡Hemos quedado aquí con ellos!

—¿¡Nick?! ¿¡Nick de contabilidad?!

—¡El mismo! ¡Se alegró un montón de saber que estás soltera de nuevo!

—¡No estoy soltera!

—¡No, qué va!

—¡Además, ¿se alegró también de saber que estoy preñada!?

—¡Tampoco quise darle tantos detalles de tu vida!

—¡Qué casualidad...! ¡Pues yo creo que...!

—¡Hola, Nick! —le saluda pasando completamente de mí.

—¡Hola! ¡Hola, Valerie! ¡¿Cómo estás?!

—¡Embarazada! —contesto ante la mirada asesina de Janet.

—¡¿Cómo dices?! —me pregunta él, totalmente confundido.

—¡Esperanzada, ha dicho! —interviene rápidamente mi amiga—. ¡Llevamos toda la noche esperando a que pongan alguna canción que nos suene de algo!

—¡Ah! ¡Luego ponen cosas más ochenteras! —nos informa sonriente—. ¡Estos son John, Ryan y Warren!

—¡Encantadas! —dice Janet levantando una mano mientras me pega un pellizco con la otra para que haga al menos el esfuerzo de sonreír.

—¡¿Queréis tomar algo?!

—¡Sí! ¡Dos Cosmos sin alcohol!

—¡¿Sin alcohol?!

—¡Sí, es que somos muy sanas!

—¡Vale! ¡Ahora volvemos!

Janet sonríe hasta que nos dan la espalda. Entonces, se gira hacia mí y, con cara de mala leche, me dice:

—¡¿A ti qué narices te pasa?! ¡Está tremendo y muy interesado en ti!

—¡Perfecto! ¡Pues yo no estoy interesada en él!

—¡¿Por qué no?!

—¡Porque no!

—¡Ese no es un motivo de peso!

—¡Pues porque se depila las cejas!

—¡Oh, vamos! ¡Ni siquiera te habías dado cuenta hasta que Lucas lo comentó! ¡Además, eso es una leyenda que corre por la oficina pero que nadie ha podido contrastar! ¡Ya vuelven! ¡Alegra esa cara, maldita sea!

≈≈≈

—¡Ese tío nunca me cayó bien! ¡Siempre tan... sobrado y engreído! ¡Se creía que lo sabía todo!

Lleva como una media hora despotricando de Lucas. Supongo que se piensa que le odio a muerte por haberse largado, dejándome con los niños. Lo que no sabe es que ya pasé esa fase y ahora estoy en otra muy distinta... En la de echarle de menos tanto que me duele, en la de no poder acordarme de él sin sonreír, en la de que sus desplantes me hagan llorar, en la que escucho su voz cada vez que cierro los ojos...

—¡Yo creo que se le subió el puesto a la cabeza, aunque cuando era solo un puto informático de mierda, ya era un completo gilipollas!

O se calla, o le pego un puñetazo... Miro alrededor con apatía y entonces veo que las chicas me observan detenidamente. Todas me hacen señas con las manos para que le preste atención a Nick, pero me está costando horrores...

Entonces, de forma providencial, mi teléfono vibra encima de la mesa del reservado que estamos ocupando.

—¡Perdona! —le digo a Nick. Voy a coger esta llamada sea quien sea, aunque sea un comercial de telefonía intentando convencerme de que cambie de tarifa—. ¡¿Sí?!

—¿Mamá...?

—¡Cariño! ¡¿Rosie?! —Me pongo en pie y me alejo del reservado, intentando buscar un sitio en el que no haya tanto ruido—. ¡¿Hola?! ¡Rosie!

—Papá, se escucha mucho ruido —oigo que le dice a Lucas.

—¿Hola? ¿Valerie? —escucho entonces su voz.

—¡Lucas! ¡Sí, estoy aquí! ¡Espera! —digo corriendo hacia la salida, sin preocuparme por pasar por guardarropía a recoger mi abrigo, exponiéndome a coger un catarro de cuidado.

—Eh... Da igual, Val... Estás ocupada, por lo que escucho...

—¡No! ¡No! ¡No!

—No te escucho... Ya les digo que te llamen mañana...

—¡No, Lucas! ¡Ya está! ¡Ya está! —grito en cuanto pongo un pie en la calle, después de pugnar con el portero que se interponía en mi camino para ponerme el dichoso sello en la mano para cuando quiera volver a entrar.

Despego el teléfono de mi oreja cuando la llamada se corta y miro la pantalla. La vista se me va nublando porque las lágrimas se agolpan en mis ojos, pugnando por salir.

—Valerie... ¿Estás bien?

—¡No! ¡Por vuestra culpa! —digo nada más girarme, al verlas a todas expectantes—. ¡Yo no quería salir! ¡Tenía que haber cogido esta llamada!

—¿Ha...? ¿Ha pasado algo grave...?

—¡Mis hijos querían hablar conmigo y no he podido hacerlo por culpa de ese ruido infernal!

Supongo que me ven lo suficientemente mal como para no decirme nada más. Pocos minutos después me envuelven en mi abrigo, nos metemos en un taxi y me llevan a casa. Me dejo caer en el sofá, agarrando el teléfono con ambas manos, implorándole que vuelva a sonar.

—Lo sentimos... —dice Gloria—. Solo queríamos animarte...

—No pasa nada —contesto encogiéndome de hombros.

—No estás preparada para pasar página y no quisimos entenderlo... —se excusa Janet.

—Ahora mismo tengo la sensación de que nunca lo voy a estar...

—Pero eso te hace sufrir.

—Soy plenamente consciente de ello.

$$\approx \approx \approx$$

A pesar del cansancio, cuando las chicas se van y me meto en la cama, cerca de las cinco de la madrugada, soy incapaz de cerrar los ojos. Han hecho todo lo posible por hacerme sentir bien, dándome consejos y contándome anécdotas divertidas, pero aun así, sigo teniendo esa presión en el pecho que me impide respirar con normalidad. Me siento muy mala madre por no estar esperando su llamada como debería de haber hecho. Me duele que Lucas se piense que aproveché la más mínima oportunidad para salir de noche y divertirme. Sé que es una tontería y las chicas me han intentado convencer de que es de lo más normal y que todos los padres separados lo hacen. Necesito darle una explicación...

"A las chicas se les ocurrió que saliéramos a tomar algo... No me apetecía nada, pero insistieron tanto que no pude decir que no... Ha sido un horror... Ruido, música atronadora, demasiada gente... Nos hemos ido poco después de tu llamada. Me ha sabido muy mal no poder hablar con los chicos... Os llamo mañana por la mañana, ¿vale? Diles que les quiero mucho. Hasta mañana"

Tengo que tragar varias veces para intentar deshacer el nudo que se ha formado en mi garganta. En un arrebato, me bajo de la cama y prácticamente corro al cesto de la ropa sucia. Lo abro y rebusco dentro hasta encontrar mi sudadera. Me la pongo, y vuelvo a estirarme en la cama. Solo entonces parece que me siento más reconfortada, como protegida, como si solo así pudiera dormir.

Y entonces, me llega un mensaje de Lucas.

"No hace falta que me des explicaciones"

¿Está despierto? ¿Les pasa algo a los chicos? ¿Es por eso que me llamaban? Con dedos temblorosos, escribo de nuevo.

"¿Qué haces despierto? ¿Están bien los chicos?"

El programa de mensajería me chiva que Lucas está escribiendo, y casi puedo decir que aguanto la respiración hasta leer su respuesta.

"Sí. Están bien. Tranquila"

"¿Y qué haces despierto?"

Me atrevo a preguntarle, agarrando con fuerza el teléfono, como si temiera su desplante.

"Que no tengas que darme explicaciones, no quiere decir que no las necesite"

≈≈≈

Varias semanas después, a pesar de esa confesión, las cosas entre nosotros siguen igual. Los niños van de un lado a otro cada dos semanas y nuestra relación se basa en la información que nos transmitimos a través de nuestros hijos y en los escuetos y fríos mensajes que intercambiamos.

Todo eso me provoca mucho estrés, así que ni descanso ni como bien, tampoco me cuido como debería para estar en mi quinto mes de embarazo. Hoy me toca revisión y he venido algo preocupada porque algo dentro de mí me dice que la cosa no va bien. La cara de la ginecóloga confirma mis sospechas.

—Valerie, ¿cómo va todo? —me pregunta.

—Bueno...

—¿Te encuentras bien?

—Sí...

—No es verdad —interviene Alice, que se ha empeñado en acompañarme para "conocer en persona" a su nieto o nieta.

—Quizá algo cansada... —me veo obligada a decir—. ¿Cómo está...? ¿Está... bien?

—Valerie, voy a ser franca. Estás de cinco meses ya, y tu bebé no pesa lo que debería. Tú tampoco coges peso, prácticamente no se te nota la barriga... No es algo que puedas tomarte a la ligera. Estamos hablando de algo muy serio... ¿Me estás haciendo caso? ¿Te tomas las cosas con más calma? ¿Duermes lo suficiente? ¿Evitas las situaciones de estrés?

—Es que no sé cómo tomarme las cosas con calma trabajando y con tres hijos en casa...

—Pues cogiendo la baja en el trabajo y pidiendo ayuda con los niños... —afirma mientras Alice asiente con la cabeza.

—Es lo mismo que yo le digo...

—Pero no puedo coger la baja tan pronto...

—Valerie, ¿sientes a tu bebé moverse en tu barriga?

—No... —confieso con temor.

—Pues creo que eso debería de ser tu indicativo para tomarte las cosas de diferente manera... Te diré lo que vamos a hacer: Ahora viene la Navidad. Te voy a dar la baja para dos semanas. Tómate estos días con tranquilidad. Relájate, come, disfruta, duerme, déjate mimar... Y a primeros de año vienes y vemos cómo ha evolucionado tu bebé. Si has hecho los deberes, te daré el alta. Voy a por tu informe y a por los impresos.

—Es una idea genial —dice Alice en cuanto nos quedamos a solas en la consulta—. Te vienes a casa con los niños y dejas que nosotros te cuidemos...

—Es que... Lucas también estará, ¿no?

—Eso espero. Es mi hijo. Vamos, Valerie... Ninguna estamos disfrutando nada de este embarazo... Vamos a intentar revertir la situación... Deja que te cuide durante unos días... Además, ya va siendo hora de que des la noticia a la familia porque esto de que solo lo sepamos Lori y yo, es un suplicio...

—Pero es que... Lucas no lo sabe...

—¡Pues tendrás la oportunidad perfecta para hacerlo!

—Está bien, está bien... Se lo diré entonces...

—¡Genial! ¡Qué ganas tengo de teneros a todos bajo mi techo de nuevo!

En ese momento, se vuelve a abrir la puerta de la consulta y la doctora, al ver la cara de mi suegra, esboza una sonrisa mientras se sienta en su silla.

—Me alegro de tu decisión. Te voy a dar la baja hasta el dos de Enero... Venme a ver para entonces. Hasta esa fecha, tienes una misión: comer, dormir y descansar.

CAPÍTULO 15: SONREÍR ES SIEMPRE MÁS FÁCIL

QUE EXPLICAR PORQUÉ ESTOY TRISTE

—Hola, Harry.

—Hola, papá. ¿Qué quieres?

—¿Acaso me hace falta un motivo para llamarte?

—Por lo que parece, últimamente no. Pero es que no tengo nada que contarte... Además, mamá me compró el móvil cuando entré en el instituto pero la factura le llega a ella y te puedo asegurar que la puntea. Si ve que nos llamamos mucho, se va a pensar que tramamos algo y no quiero meterme en líos.

—¿Y cómo te va en el instituto?

—Pues igual que ayer, papá. Bien...

—¿Nada nuevo?

—¡Joder, papá! ¡Que no!

—¡Esa lengua!

—¡¿Y qué vas a hacer si no la modero?! ¡¿Darme una torta?! ¡Ah, no, que estás demasiado lejos!

—¡Pero puedo castigarte la próxima vez que vengas!

—¡Pues no iré y punto! ¡Adiós, papá!

—¡Harry! ¡Espera, Harry!

Pero es demasiado tarde, porque ya ha colgado. Resoplo y me paso una mano por el pelo mientras me bebo de un trago el whisky y me sirvo otro. Con el vaso lleno de nuevo, me acerco a los ventanales de mi despacho y apoyo la frente en el frío cristal. Fuera nieva pero aquí no resulta ni la mitad de bonito que cuando lo hace en Nueva York. Recuerdo los paseos por Central Park con Valerie pegada a mí como si fuera un koala, aquellas interminables tardes que me obligaba a pasar deambulando por los mercadillos de navidad, aquella sensación de quemazón en las mejillas cuando entrábamos en casa y sentíamos el calor de la calefacción, aquellas peleas de bolas que siempre empezaba Simon... Pensándolo bien, la nieve cae igual en ambas ciudades, pero Nueva York tiene algo que Kansas no tiene... A mi familia.

Después de no conseguir información a través Harry, voy a probar suerte con mi siguiente víctima de la lista. Busco su número en la agenda y cuando lo marco, me llevo el teléfono a la oreja.

—Hola... —contesta al tiempo que suspira.

—Hola, Janet. ¿Qué haces?

—Pues lo mismo que deberías de estar haciendo tú: trabajar.

—¿Cómo os va?

—Pues tú mejor que yo sabrás los resultados mensuales de la empresa, así que esa pregunta creo que no deberías de hacérmela a mí.

—Ya sabes a qué me refiero.

—Y tú ya sabes mi respuesta.

—Escucha...

—No. Escúchame tú. —La oigo moverse, posiblemente alejándose de Valerie para que no sepa que está hablando conmigo—. Lucas, llámala o envíale un mensaje. Deja de usarme porque al final se enterará y se enfadará con los dos. Y tú debes de estar acostumbrado a que eso pase, pero a mí me dolería perder a mi mejor amiga.

—¿Estás con ella, verdad?

—¡Oh, joder! ¿Has escuchado algo de lo que te he dicho?

—¿Tenéis pensado volver a salir de noche y eso...?

—¡Lucas! ¡Basta!

—No puedo, Janet... Ayúdame... —resoplo desesperado justo antes de dar un largo trago.

—¿Estás bebiendo?

—Puede...

—Por el amor de Dios... ¿De buena mañana ya? Esto se te está yendo de las manos.

—¿Y tú qué sabes?

—¿Te acuerdas de que me acuesto cada noche con Bruce, no?

—Maldito chivato calzonazos...

—Lucas, ahora en serio. Contrólate un poco con el tema de la bebida...

—¿Y si no qué? ¿Vas a venir a pegarme un tortazo?

—Esto... ¿Qué? ¿Eres idiota o qué te pasa?

—Estoy usando la misma frase que ha usado antes Harry conmigo... Les estoy perdiendo, Janet...

—Les has perdido hace tiempo... El problema es que no estás haciendo nada para recuperarles...

—No me has contestado. ¿Vais a salir alguna otra noche por ahí? ¿Sigue ese imbécil merodeando alrededor de ella?

—Adiós, Lucas.

—¡Janet, no! ¡Dime que no sale con nadie!

—¡Pregúntaselo tú, joder! ¡Llámala! ¡Interésate por ella! ¡Haced algo ya alguno de los dos y dejad de utilizarnos a los demás!

≈≈≈

Escucho el sonido amortiguado de unos golpes en la puerta. Espero a que se dejen de escuchar y me vuelvo a acurrucar, pero entonces suenan con más intensidad. Me incorporo de golpe y entonces me doy cuenta de que me había dormido en el sofá de mi despacho, con el vaso de whisky en la mano. Al despertarme de sopetón, vierto todo el whisky, empapándome toda la camisa.

—Mierda... Joder... —maldigo mientras me pongo en pie.

—¿Señor Turner? ¿Está usted bien?

—Sí, Doris, sí...

Y entonces se abre la puerta tímidamente y Doris, mi eficiente secretaria, asoma la cabeza. Frunce el ceño mientras hace un repaso exhaustivo de la escena, paseando la vista desde el vaso que yace en el suelo a mi camisa, para luego mirarme a mí.

—Señor... La reunión con los proveedores de...

—¡Mierda! ¡La olvidé! ¡¿Por qué no me despertaste, Doris?!￼ —digo mientras me quito la corbata y empiezo a desabrocharme la camisa. Por suerte, como paso más tiempo aquí que en casa, tengo varios trajes completos de recambio en el armario de mi despacho.

—Era mi hora de comer, señor... —me responde titubeante mientras gira la cabeza para no mirarme. Supongo que ver a su jefe desnudo de cintura para arriba no es algo que entre dentro de su zona de confort.

—¡Joder! ¿A qué hora es la reunión?

—Ya ha sido, señor... —susurra con temor.

—¡¿Qué?! ¡¿Pero se puede saber qué mierda de secretaría eres que no me recuerdas estas cosas?!

—Señor, yo... Usted la programó a la hora de comer y...

—¡¿Y qué?! ¡¿Ahora también me tengo que controlar yo la agenda?!

—No, señor... De hecho... Creo que hablamos de la reunión esta mañana cuando repasamos la agenda del día...

—¡Estás despedida, Doris!

—Pero...

—¡¿Acaso no me has oído?! ¡Largo!

Enseguida se da la vuelta y cierra la puerta a su espalda y entonces, preso de la rabia, recojo el vaso del suelo y lo lanzo con fuerza contra la madera, haciendo que cientos de trozos de cristal salgan disparados en todas direcciones.

Estoy tan furioso que estoy a punto de lanzar mi móvil al escucharlo sonar, pero afortunadamente, recapacito y descuelgo:

—Sí.

—Lucas, cariño.

—¿Qué quieres, mamá?

—¡Cuidadito con el tono que usas conmigo, jovencito!

—No me pillas en buen momento.

—¿Y dime cuándo lo es para ti?

—Mamá, ¿qué quieres? —claudico al final, sabedor de que cualquier batalla que empiece contra mi madre, es una derrota segura.

—Saber qué día vas a venir.

—¿Venir a dónde?

—A mi puesta de largo, ¡no te fastidia! ¿A qué va a ser? ¡A celebrar la Navidad en casa con toda la familia, so memo!

—Ah, eso...

—Dios mío... Podrías simular entusiasmo, al menos. Por tus hijos, más que nada... —resopla ella.

—No creo que vaya, mamá.

—Ah, ¿y cómo piensas pasar esos días?

—Pues... No sé... Con los niños, supongo...

—Pues entonces tendrás que venir aquí porque son míos esos días y no les pienso soltar.

—¿Estarán...? ¿Estarán en tu casa?

—Ajá. Ellos y Valerie. Así que, ¿qué día vienes?

Me dejo caer en el sofá y me froto la frente con una mano. No quiero parecer un desesperado, pero de repente, no me parece tan mala idea pasar la navidad rodeado de más de treinta personas si cuento que Preston, Michael, Jerry, Zack y Alice vengan con sus parejas...

—Vamos, sé que estás deseando ver a Valerie. Conmigo no hace falta que disimules...

—Mamá...

—Vale, vale... Disimula si quieres... Vamos a hacer que te suplico por venir... Por favor, cariño... Por favor... Ven...

Se me escapa la risa a pesar de mi estado deplorable, relajándome al instante. Respiro profundamente y entonces contesto:

—Intentaré llegar el 23.

—De acuerdo, cariño. Nos vemos entonces.

≈≈≈

Después de la charla con mi madre, vuelvo a ser algo más parecido a mí mismo. Vale, puede que no sea por la charla con mi madre sino por la expectativa de estas vacaciones de Navidad. De repente tengo ganas de cogerme esos días que se supone que me tocan de vacaciones. De repente siento cómo el espíritu navideño se apodera de mí. De repente me apetece visitar algún mercadillo navideño mientras se me congelan las orejas...

Y entonces me siento como una mierda por lo que le he hecho a Doris. Así que averiguo su dirección y conduzco hasta su casa. Por el camino me paro en una floristería, y cuando me planto frente a su puerta, me doy cuenta de que no he pensado demasiado en qué hacer para que me perdone. Resoplo con fuerza unas cuantas veces y entonces llamo al timbre. Me abre un hombre de unos sesenta años, mirándome por encima de las gafas que lleva apoyadas en la nariz.

—¿Puedo ayudarle en algo...?

—Estoy... —carraspeo para aclararme la garganta—. Estoy buscando a Doris.

—¿Y usted es...?

—Soy Lucas Turner... Su... Su jefe —digo casi en un susurro.

Estoy seguro de que este hombre podría tumbarme de un puñetazo, así que espero el golpe en cualquier momento. En vez de eso, me mira de arriba abajo y muy tranquilo, dice:

—Ex jefe, según tengo entendido.

—Eso fue... Fue un error... Yo no... No quería decir lo que dije. Realmente no...

—Eh, eh... No es a mí a quién tiene que pedirle disculpas. ¿Quiere pasar?

—Eh...

—¿Para eso ha venido, no? ¿O las flores son para mí?

—¿Eh? —Entonces me acuerdo de las flores que llevo en una mano—. ¡Ah! Sí...

Le sigo mientras me acompaña al interior de la casa, hasta que llegamos a la cocina y veo a Doris delante de los fogones, removiendo lo que debe de ser la cena de esta noche.

—Cariño, tenemos visita —dice su marido.

—Hola... —digo.

En cuanto escucha mi voz, se da la vuelta sobresaltada y me mira con los ojos muy abiertos, limpiándose las manos en el trapo de cocina que lleva colgado del delantal.

—Siento presentarme así... Y no quiero interrumpir nada... Solo... Solo quería pedirte perdón por mi comportamiento.

—Ha sido usted realmente grosero... —susurra.

—Lo sé.

—Es decir, nunca ha sido un derroche de simpatía, pero lo de hoy... se le ha ido de las manos...

—Soy plenamente consciente de ello. No espero que me perdones y estarías en todo tu derecho de mandarme a freír espárragos o incluso de denunciarme por acoso laboral o abuso de una posición de poder, o como cojones lo llamen ahora... Puedes hacerlo si quieres, no recurriré la sentencia y...

—Realmente está muy perdido —interviene entonces el marido, dejándome sin habla.

Doris se acerca a mí y coge el ramo de flores de mi mano. Abre un armario del que saca un jarrón, lo llena con agua y mete el ramo dentro. Mientras, su marido empieza a preparar la mesa para la cena. Ambos parecen seguir con sus quehaceres sin prestarme la más mínima atención, así que, a pesar de mi incomodidad, sigo hablando:

—Eh... Como iba diciendo... Lo siento mucho... No decía en serio nada de eso... Estaba... algo bebido y...

—Últimamente bebe usted mucho... —dice con un hilo de voz.

—¿Se queda a cenar, señor Turner? —me pregunta su marido.

—Eh... Yo solo venía a...

—Algo me dice que hace bastante que no disfruta de una cena casera... —insiste.

—Desde que llegó a Kansas —asegura Doris.

Entorno los ojos y me quedo paralizado en el sitio, totalmente descolocado. No esperaba esta reacción por parte de ninguno de los dos. Esperaba recibir algún golpe por parte de él y mucho enfado por el de ella, pero en ningún caso que me invitaran a cenar.

—¿Qué le apetece beber? —me pregunta él.

—Agua, Phil. Será lo mejor —contesta Doris por mí, mirándome con una sonrisa en la cara.

—Doris yo... Lo siento mucho.

—Vale, de acuerdo. Acepto sus disculpas.

—¿Así? ¿Sin más?

—No veo porqué no... Y ahora, tome asiento y no dude en repetir si quiere.

—Gracias...

—De nada —contesta ella mientras nos sentamos alrededor de la mesa.

≈ ≈ ≈

—¿Quiere repetir? ¿Le sirvo algo más?

—No, de verdad. No puedo más... Estaba todo delicioso...

—Pues se lo preparé para que se lo lleve a casa.

—No hace falta...

—A mí no me engaña. Sí hace falta.

—Está bien —claudico—. Pero solo me lo llevaré si dejáis de tratarme de usted y empezáis a llamarme por mi nombre.

—Es usted mi jefe, o al menos lo era...

—No, por favor. No hagas caso de nada de lo que dije antes. Te necesito allí conmigo. Sin ti me sentiría totalmente perdido...

—Además, no tenemos la suficiente confianza como para tutearle. No sé nada de usted excepto pequeños detalles, como que pasa más horas en su despacho que en su casa a pesar de estar casado, que nunca sonríe con sinceridad aunque intenta por todos los medios que no se note, o que desde hace un tiempo el tema de la bebida se la ha ido un poco de las manos...

Agacho la cabeza, muy avergonzado.

—Para no saber mucho de mí, me tienes un poco calado...

—Soy observadora...

—Mi familia está en Nueva York...

—No tiene que darnos explicaciones...

—Quiero hacerlo... —digo justo antes de levantar la cabeza y mirarles a los ojos—. Mi mujer y yo no estamos pasando por nuestro mejor momento. Yo viajaba muchísimo y cuando estaba en casa, digamos que no hice mucho por merecerme el premio a marido y padre del año... Así que me echó de casa... La situación se hizo insostenible, y por eso acepté el traslado... No tengo nada que hacer en casa porque no la siento como mi hogar... Solo me apetece estar allí cuando los niños vienen a verme cada dos o tres semanas... Solo entonces soy feliz y supongo que solo entonces sonrío de verdad... Sonreír es siempre más fácil que explicar por qué estoy triste.

—¿Cuántos hijos tiene?

—Tres... Harry, de diez años y los mellizos Simon y Rosie, de cinco —contesto mientras los dos sonríen—. Las primeras semanas lo llevaba algo mejor... Supongo que porque estaba cabreado con ella, pero entonces, con el paso de los meses, me di cuenta de que ella podía estar rehaciendo su vida y me empecé a obsesionar... Necesito saber cosas de ella, pero no mantenemos el contacto, así que uso a mi hijo o a alguna de sus amigas... Supongo que el hecho de no tener el control de nada en mi vida, me pone algo nervioso y... supongo que por eso bebo... Cada vez más...

Esbozo una sonrisa algo forzada y me encojo de hombros. Doris se pone en pie y empieza a recoger los platos mientras su marido se acerca a la nevera.

—Me temo que no teníamos ningún postre preparado...

—No hace falta. En serio —digo mientras me pongo en pie para ayudarles a recoger—. ¿Me he ganado ya el derecho a que me tuteéis?

—Por tus palabras, Lucas —empieza a decir Doris, sonriendo—, entiendo que no estás dispuesto a seguir adelante sin ella...

—No quiero hacer nada sin ella...

—¿Y ella lo sabe?

—No lo sé... No sé si quiere saberlo... No sé si le importa lo que yo quiera...

—¿Sabes cuántos años llevamos casados? —me pregunta entonces Phil mientras yo niego con la cabeza—. Cuarenta años. ¿Y sabes cómo hemos durado tanto tiempo juntos? Yo tampoco, pero lo que seguro que hemos hecho, y mucho, es hablar.

—Llámala —añade Doris.

—¿Con qué motivo?

—¿Porque te apetece no te parece suficiente motivo?

Sopeso sus palabras durante un buen rato, hasta que ella me pone en las manos un plato envuelto en papel de aluminio con las sobras de la cena.

—Habla con ella en cuanto llegues a casa. Y luego, duerme.

—¿Nos veremos mañana? —le pregunto.

—Nos veremos mañana.

—Gracias.

—No me las des. Necesitamos el dinero, no trabajo por amor al arte, y queremos ir algún día a Nueva York... Algo así como un sueño a cumplir antes de morir...

—No solo por aceptar que tu jefe sea un capullo, sino por todo lo demás...

—En ese caso, de nada. Puedes venir a cenar siempre que te apetezca.

≈≈≈

En cuanto entro en casa, lanzo las llaves encima del mármol de la cocina y meto el plato con las sobras en el frigorífico. Me quito la americana, la lanzo sobre el respaldo del sofá y me aflojo el nudo de la corbata. Me dejo caer sobre uno de los taburetes de la barra de la cocina y sostengo el teléfono entre mis manos. Quiero llamarla pero soy demasiado cobarde como para hacerlo porque sí... Necesito un motivo para hacerlo porque no quiero demostrarle lo desesperado que estoy. No quiero que me haga daño, mostrarme vulnerable ante ella.

Desbloqueo el teléfono y veo la foto del salvapantallas. No la he cambiado desde que la puse, hace ya mucho tiempo, y la observo embobado durante varios minutos. ¿Qué diría ella si supiera que aún la tengo y que cada noche me duermo mirándola? ¿Qué pensaría de mí si supiera que he recopilado todos los correos electrónicos que nos hemos enviado durante estos más de diez años de relación? Esos correos explican nuestra historia y a través de ellos se ve cómo se fue forjando lo nuestro. Mi intención era regalárselos, montar una especie de libro: nuestra historia contada a través de unos mails. Aún podría hacerlo, supongo. Sería un buen regalo de Navidad. Y podría incluir mi último correo, ese que escribí hace unas semanas en mi despacho y que nunca le llegué a enviar, pero que sigo guardando por alguna razón.

De: Lucas Turner (lturner@wwex.com)

Para: Valerie Turner (vturner@wwex.com)

Asunto: NO QUIERO QUE ESTO SE ACABE

Mensaje:

No sé bien por qué estoy haciendo esto, y tampoco tengo intención de enviarte este correo electrónico. Necesito hacer ver, al menos durante unos minutos, que nada ha cambiado entre tú y yo. ¿Recuerdas cuando nos escribíamos a diario, varias veces, muchas de ellas para no decirnos nada en especial? Pues lo echo de menos, así que...

Está lloviendo fuera. ¿Los niños se han llevado paraguas al cole? Aunque luego sabemos que no servirá de nada cuando salten encima de los charcos... No les grites cuando te empapen. Recuerda lo que dijimos, es solo agua. Sé que esto es Kansas y tú estás en Nueva York, y que la climatología no es la misma, pero por alguna extraña razón, pensar que tú ves lo mismo que yo cuando miro por la ventana, me hace sentir bien.

Este fin de semana se prevé una lluvia de estrellas. A Harry le haría ilusión verla... En el planetario han organizado unas charlas y eso... Te lo digo porque seguro que te pedirá que le dejes ir... Quizá incluso podrías acompañarle. No es aburrido, te lo prometo. Además, esta vez es especial porque no suelen darse este tipo de acontecimientos en esta época del año. Suelen suceder en verano, sobre todo entre mediados de julio y finales de agosto, aunque los días 11, 12 y 13 de agosto son los más proclives para observar este fenómeno. Por eso se las conoce como las "Lágrimas de San Lorenzo" debido a la proximidad con esta festividad, que es el 10 de agosto. Personalmente, me gusta más llamarlas Perseidas. ¿Sabías que van a 60 kilómetros por segundo en el momento en el que atraviesan la atmósfera terrestre?

¿Sabes de qué me estoy acordando ahora? ¿Te acuerdas de nuestra conversación acerca de la velocidad de la luz? Me dejaste alucinado cuando averigüé que sabías qué era el Halcón Milenario... Recuerdo incluso que te pedí que te casaras conmigo... Te lo tomaste a cachondeo y, ¿sabes qué? Me sentó fatal que lo hicieras... Estaba completamente enamorado de ti... Como lo sigo estando ahora... A pesar de los 1.961 kilómetros que nos separan... Por cierto, ¿sabes cuánto tardaríamos en recorrerlos si viajáramos a la velocidad de la luz? Es broma... Bueno, no. No lo es... 0,006 segundos. En menos de lo que tardas en parpadear, estaría a tu lado...

Me estoy dando cuenta del motivo por el que te escribo este mail... Porque no quiero que esto se acabe. No quiero dejar de hacer esto... Quiero gritar a los cuatro vientos que has sido lo mejor que me ha pasado en la vida. No me avergüenza confesar que me has hecho cambiar. No quiero olvidar nada de lo que hemos vivido juntos. Me gustaría que fueras consciente de todo el bien que me has hecho y de lo mucho que has significado y aún significas para mí.

Pero no me atrevo a decírtelo a la cara... Por eso tampoco enviaré nunca este correo...

Te amo. Para siempre.

Lucas Turner

Director General de WWEX Kansas

Releo ese correo varias veces a la semana, y en muchas ocasiones estoy tentado de enviárselo, pero soy demasiado cobarde para hacerlo. Sin embargo ahora, aunque sigo pensando que es demasiado tarde, quiero incluirlo en el libro. Quiero que ella lo lea.

≈≈≈

—¿A qué hora sale el avión?

—En... Dos horas.

—¿Y qué haces aún aquí?

—Tengo que firmar todo esto y...

—Por el amor de Dios, Lucas. Hace demasiado tiempo que no ves a tu familia y es Nochebuena... Atrasaste tu primer vuelo para asistir a esa condenada reunión.

Levanto la vista de los informes y la miro mientras golpeo los papeles con el bolígrafo de forma compulsiva.

—No me mires así... ¿Has firmado nuestras nóminas?

—Ajá.

—Pues confirmado, te puedes ir. —Sonrío agachando la cabeza pero Doris, no contenta con mi reacción, se acerca hasta mi mesa y cierra todos los expedientes. Los coge y los coloca en la bandeja de cosas pendientes—. Y ahí se van a quedar hasta que vuelvas. Que no será antes del dos de enero. En ningún caso. Te lo prohíbo.

Me agarra de la mano y me obliga a ponerme en pie. Me cuelga la americana del brazo y acerca mi maleta, que ya he traído conmigo esta mañana, pensando en irme directamente desde aquí hacia el aeropuerto. Entonces, meto la mano en el bolsillo interior de la americana y saco un sobre.

—Feliz Navidad, Doris —digo tendiéndoselo.

—¿Qué...? No... ¿Pero qué es esto?

—Mi regalo de Navidad.

—Pero no... No deberías...

—Claro que sí.

—Pero yo no te he comprado nada...

—No hace falta. Has hecho suficiente cuidándome como una madre...

—Supongo que el instinto maternal se me ha despertado un poco tarde.

—¿No lo abres?

—Es que... ¿Qué es? Estoy nerviosa...

La observo mientras sus manos, temblorosas por la emoción, abren el sobre y sacan de dentro un par de billetes de avión.

—¿Qué es...?

—Me parece que tú también tienes que coger un avión en breve... De hecho, este mismo mediodía. Pero no te preocupes por el equipaje, Phil se ha encargado de todo. Supongo.

—¿A...? ¿A Nueva York?

—Ajá... Me dijiste que te encantaría visitar la ciudad y no teníais planes para esta Navidad así que me he encargado de que los tengáis... Me he permitido el lujo de compraros también unas entradas para un musical de Broadway y...

De repente, Doris se me tira a los brazos y me estruja con fuerza.

—Muchas gracias, Lucas.

—Feliz Navidad, Doris.

—Y ahora... ¡vámonos de aquí cagando leches!

≈ ≈ ≈

¿Cómo debo saludarla cuando la vea? ¿Debo levantar la mano o inclinar la cabeza? ¿Darle un abrazo? ¿Un beso en la mejilla? Con suerte, habrá tanta gente por saludar que si me lo monto bien, puedo pasar más o menos desapercibido.

Abro la mochila y miro dentro para comprobar, por enésima vez quizá, que el libro sigue en el interior. No sé si tengo miedo a que se volatilice, o quizá la esperanza de que lo haga, porque aún no tengo claro que sea una buena idea dárselo.

—Hemos llegado, señor —me dice el taxista, apenándose del vehículo para sacar mi maleta del maletero.

En cuanto salgo, siento cómo me tiemblan las rodillas. Resoplo para intentar calmarme, pero el taxista lo interpreta como un signo de resignación, y dice:

—Es lo malo de estas fiestas... Familia y más familia.

—Sí... —contesto intentando comportarme como un hombre mientras le tiendo un billete de veinte dólares para pagarle—. Quédese con el cambio.

—Gracias. Y Feliz Navidad.

—Igualmente.

Espero hasta que el taxi se ha perdido calle abajo y entonces miro hacia la fachada de la casa de mis padres. Una parte de mí quiere correr hacia el interior mientras que la otra me pide que me lo tome con calma. No sé qué Valerie me voy a encontrar y puede que me lleve una desilusión. Me pondría las cosas muy fáciles si, nada más entrar, se me tirase a los brazos y me diera un sentido beso, pero sé que eso no va a suceder...

—Vamos allá... —me digo a mí mismo después de resoplar, al tiempo que llamo al timbre de la casa.

Pocos segundos después, escucho correrías, gritos, y la voz de mi madre por encima de todos ellos.

—¡Voy!

—¡No, abuela! ¡Voy yo porque seguro que es papá! —escucho que dice Rosie.

—¡Píllame si puedes, ballena! ¡Corro más que tú, así que abriré la puerta antes! —grita entonces Simon.

Sonrío y decido echarme a un lado y esconderme. En cuanto se abre la puerta, tengo que hacer verdaderos esfuerzos por aguantarme la risa al oírles.

—Qué raro...

—Pero han llamado, ¿no?

—Creo que sí...

—¡Abuela, aquí no hay nadie...!

—Pues entrad de nuevo y cerrad la puerta. Habrá sido algún gracioso...

Pero entonces, cuando calculo que deben de haberse dado la vuelta, salgo de mi escondite y les agarro por la cintura de sopetón. Los dos pegan un grito que alerta a todos, hasta que les doy la vuelta y al ver que soy yo, ríen sin parar y rodean mi cuello con sus brazos.

—¡Papá!

—¡Es papá!

—Hola, enanos. ¿Cómo estáis?

—Bien. Llevamos varios días aquí. ¿Por qué no has venido antes?

—Porque tenía que trabajar —contesto y, en cuanto les veo agachar la cabeza con gesto triste, me apresuro a añadir—: Pero ahora nadie me va a separar de vosotros hasta el dos de enero.

—¡¿En serio?! ¡¿Tantos días?!

—Ajá.

—¡Genial!

—A ver, dejadme sitio que quiero abrazar a mi pequeño —dice mi madre cuando llego a la cocina, aún cargado con Rosie y Simon en mis brazos. Los dejo en el suelo y me acerco a ella.

—Hola, mamá...

—Hola, mi vida... Estás muy delgado —me susurra, solo para que yo lo oiga—. Dime que estás comiendo bien...

—Lo estoy, mamá. Te lo prometo. Es solo... el estrés...

—Ya.

Ambos nos entendemos. Ese estrés no me lo provoca el trabajo, ni mucho menos, y ella lo sabe. Entonces se acerca mi padre y me da su típico abrazo de oso, justo ese con el que sientes que nada malo te va a pasar. Y luego saludo uno a uno todos mis hermanos, cuñados y cuñadas, sobrinos, y alguna novia de ellos a la que no tenía el placer de conocer.

Y entonces la veo, acompañada de Harry, que me mira fijamente. No sé cómo reaccionar. No sé si acercarme o quedarme donde estoy. No sé si levantar una mano y decir hola, o acercarme y susurrárselo al oído mientras le doy un abrazo. No sé si estaría bien visto siquiera que le diese un par de besos en las mejillas.

Finalmente, bajo la atenta mirada de todos, que lejos de darnos intimidad deciden seguir disfrutando del espectáculo, empiezo a caminar hacia ellos. Poco antes de llegar, Harry se abalanza sobre mí y rodea mi cintura con sus brazos.

—Hola —me saluda con la voz tomada por la emoción.

—Hola, Harry. ¿Cómo estás?

—Bien... Pensé que no venías...

—Te dije que lo haría.

—Bueno, digamos que no has hecho mucho últimamente para reafirmar mi confianza en ti...

—Tocado. ¿Has sido bueno? ¿Crees que Santa te va a traer lo que has pedido?

Harry me mira levantando una ceja, pero sabe que sus hermanos y primos pequeños están presentes y decide seguirme el rollo.

—Supongo que no lo suficientemente bueno para que me traiga lo que quiero.

Miro a Valerie entornando los ojos y ella asiente con la cabeza de forma imperceptible, confirmándome que sí encontró el monopatín que quería.

—Bueno, ya veremos pues...

Y entonces Harry se aparta y solo me queda ella a la que saludar... Camino los dos pasos escasos que nos separan y sonrío de forma forzada. Me rasco la nuca con una mano mientras levanto la otra.

—¿Qué tal?

—Bien...

—Genial.

—Pues eso... —dice ella, justo antes de mirar hacia otro lado y huir de mí.

Ha sido incómodo, para qué negarlo. Además, sentirnos como los protagonistas de una tragicomedia tampoco nos ha ayudado a romper el hielo. Está claro que el primer intento de acercamiento no ha sido nada fructífero, y temo que sea así siempre a partir de ahora.

—Esto... —dice entonces Levy, plantado a mi lado—. Eso ha sido algo... incómodo. ¿Ni un beso? ¿Ni un abrazo? Por Dios, Lucas, es la madre de tus hijos.

—Levy, si estáis faltos de escenas románticas, id al cine. Paso de dar el espectáculo delante de vosotros.

—Darle una muestra de afecto a tu mujer no es dar el espectáculo. En cambio, no darla te hace parecer algo... raro.

—Ella tampoco ha hecho nada por acercarse.

—¿Y si ella no da el paso, no lo vas a hacer tú?

—Si ella no da el paso, a lo mejor es que no quiere que me acerque...

—Parecéis idiotas.

—Yo también te quiero.

—Pues si va a ser así todos los días, el ambiente va a estar algo enrarecido...

—Siento arruinaros la Navidad. Pide la hoja de reclamaciones a mamá, que es la que me ha obligado a venir.

—Intenta no arruinar la de tus hijos, al menos.

≈≈≈

—Lucas, cariño, ¿puedes ir al cobertizo a por leña para la chimenea?

—Está nevando.

—Es nieve, no ácido. No me seas quejica.

—Está bien, mamá.

En cuanto abro la puerta que lleva al jardín, siento el frío en la cara, como si fueran cuchillos. Escondo las manos en las mangas del jersey y corro hacia el cobertizo, intentando no perder el equilibrio por el camino. Poco antes de llegar, veo que hay luz en el interior.

—¿Hola? —pregunto extrañado al entrar.

—Hola —me saluda Valerie, con varios leños en la mano y la misma cara de sorpresa que la mía.

—¿Qué...? ¿Qué haces aquí? —le pregunto.

Ella levanta los leños para mostrármelos mientras me dice:

—Tu madre me pidió que viniera a por algo de leña... —Chasqueo la lengua y relajo los hombros con pesadez, resoplando al descubrir el maléfico plan de mi madre. Si ahora escucháramos la cerradura del cobertizo al cerrarse, no me sorprendería nada—. Vale, ella ha orquestado todo esto para que tuviéramos un rato a solas, ¿verdad?

—Eso me temo... Dudo incluso de que realmente haga falta leña en casa... —resoplo.

—Lo siento. No creía que pasar un rato a solas conmigo te molestara tanto —dice ella con cara de enfado, caminando hacia la salida con los leños.

—Valerie, espera. No es eso... —La agarro del brazo y cuando ella forcejea, se le caen los troncos al suelo.

Rápidamente, se agacha para recogerlos justo cuando yo hago lo mismo.

—¡Déjame! —me grita.

—No... Te quiero ayudar.

—¡No! ¡Vete! —insiste con lágrimas en los ojos.

—Valerie... —digo buscando su mirada con insistencia—. ¿Estás bien?

—¡Sí, Lucas! ¡Estoy de maravilla! ¡¿Qué te hace pensar lo contrario?! —me pregunta con tono sarcástico.

—Vamos, Val... —le pido agarrándola de la mano con suavidad—. Vamos a intentar comportarnos como adultos...

Algo sucede entonces. Ella mira nuestras manos entrelazadas y por un instante, pienso seriamente en dejarla ir, pero un impulso suicida me obliga a no echarme atrás. No muevo los dedos, sino que me limito a agarrarla con firmeza.

—No soy yo la que quería salir corriendo de aquí hace un momento —me dice mucho más relajada.

—Está bien... Lo siento...

La miro ladeando la cabeza y entonces me pongo en pie sin soltarle la mano, ayudándola a incorporarse. Le cojo entonces los leños y la observo mientras se expulsa los restos de corcho de la sudadera.

—Escucha... ¿Al final encontraste los regalos que querían los niños...? ¿Tuviste suficiente dinero con lo que te di? —le pregunto para intentar relajar algo más el ambiente.

—Sí, sí... Todo perfecto. A Harry le encontré el monopatín, a Simon la equipación completa de los Yankees con el número del jugador y todo, y a Rosie la casa de juguete de los perritos esos que le gustan.

—Sí... —sonrío al recordarlo—. Estuvimos viendo los dibujos juntos la última vez que vino. Son bastante monos.

—¿Monos? —dice antes de reír—. ¿Quién eres tú y qué has hecho con el Lucas que yo conocía?

—Bueno, hay que expandir la mente a nuevas experiencias. Hace unos años, estar despierto a las nueve de la mañana de un domingo para ver en la televisión unos dibujos animados de unos perritos que ayudan a los humanos a desempeñar misiones, era algo impensable. Ahora, se me ocurren pocos motivos mejores que ese para madrugar un fin de semana.

—Realmente has cambiado, Lucas Turner... —asegura ella aun sonriendo.

—Me temo que algo tarde... ¿no? —me atrevo a preguntarle.

—Algo, sí.

Y entonces nos quedamos en silencio, mirándonos a los ojos. Algo ha cambiado en nuestras miradas. Ya no hay miedo ni resentimiento, ni siquiera una pizca de incomodidad. Es como si todo volviera a ser como antes. Como si solo nos hubiera hecho falta esta corta conversación para darnos cuenta de que puede seguir habiendo un nosotros...

—Será mejor que volvamos —dice ella entonces.

—Sí...

No. Yo no quería volver. Yo hubiera alargado ese instante algo más... Toda la noche. Todas las Navidades incluso. Pero al menos camino a su lado sonriente, con otro ánimo. Ya no veo tan difícil poder llevarnos bien. Ya no me parece un suicidio regalarle ese libro. Ya no me parece tan descabellada la idea de volver a intentarlo.

En cuanto entramos en casa, llevo los leños hasta el cesto de mimbre de al lado de la chimenea. Tal y como había sospechado antes, el cesto está lleno, pero ya no me importa porque gracias a mi madre, hemos tenido nuestro primer acercamiento. Ella pasa por mi lado y se mete en la cocina para ayudar a preparar la cena. Antes de perdernos de vista, nos miramos y nos sonreímos como un par de adolescentes.

—Así me gusta, que me hagas caso... —Giro la cabeza a un lado para encontrarme con Levy mirándome fijamente. Mueve las cejas arriba y abajo, en un gesto de superioridad absoluta—. Eres muy considerado al hacer el enorme esfuerzo de acercarte a ella para no jodernos la Navidad. Hablo en nombre de toda la familia cuando te digo: gracias de todo corazón.

—Que te follen.

—Eso espero —dice justo antes de empezar a alejarse. Entonces se detiene, se vuelve a dar la vuelta, y añade—: Y por tu bien, espero que a ti también. Ese es mi deseo para esta Navidad.

CAPÍTULO 16: ES LO MÁS BONITO QUE HE LEÍDO EN MUCHO TIEMPO, Y ES NUESTRA HISTORIA

—¿Y bien?

—¿Y bien, qué?

—¿No tienes nada que explicarme? O mejor dicho, ¿le has explicado algo a alguien?

—Alice, tu plan salió a la perfección…

—Entonces, ¿se lo has dicho? —me pregunta muy ilusionada.

—Excepto por un pequeño matiz… —contesto mientras su expresión se ensombrece y sus hombros se relajan de golpe, pero no debido al alivio, sino a la decepción.

—Vale, no se lo has dicho… —resopla mientras se frota la frente, mostrando su agotamiento—. ¿Pero qué voy a hacer con vosotros? ¿Acaso tengo que maniataros a una silla para obligaros a hablar?

—Al menos hablamos, que es mucho más de lo que yo pensaba que haríamos. Sí, no le confesé lo de mi… ya sabes… —digo señalando a mi barriga—. Pero fue un encuentro bastante… cordial.

—Valerie, no me malinterpretes, pero una conversación cordial es mucho menos de lo que a mí me gustaría que compartierais…

—¡Alice!

—¡¿Qué?! ¿Prefieres caerme mal?

—No… Es solo que… Bueno… Una suegra no suele…

—¿Querer que vuelvas a meter a su hijo en tu cama?

—Sí, más o menos…

—Pues sí, quiero que vuelvas a estar con mi hijo, con todo lo que eso implica. ¿Y sabes por qué? Porque sé que solo cuando estabais juntos, erais felices. Los dos.

—Pero... ¿Cómo sabes que este embarazo cambiará las cosas entre los dos? Podría fácilmente empeorarlas.

—Porque sé que crie bien a mi hijo. Porque confío en él. Porque sé que hará lo correcto.

—¿Y bien? ¿Cuándo crees tú que debería hacerlo? ¿Antes de la cena, durante, después, o mejor le dejo la prueba de embarazo debajo del árbol para que se la encuentre mañana por la mañana?

Alice me mira de reojo, entornando los ojos, con los labios apretados.

—Si no se lo dices tú, se lo digo yo. Tú misma. Es mi hijo, aún tu marido, padre de Harry, Simon y Rosie, y también de ese pequeño o pequeña que crece en tu barriga. Tiene todo el derecho a saberlo.

—Lo sé... Lo sé... Está bien... Déjame que vea el momento adecuado...

≈ ≈ ≈

—Mamá, ¿me vas a poner el vestido nuevo?

—Ajá...

—¡Bien! ¿Y me dejarás ponerme colonia de la tuya?

—Vale...

—Mamá, ¿me das veinte dólares para comprar petardos?

—Ajá...

—¡Toma!

—¿Mamá?

—Dime, Rosie.

—¿Estás bien?

—Sí... ¿Por qué lo preguntas?

—Porque Simon te ha pedido veinte dólares para petardos y le has dicho que sí...

Miro a Rosie y luego a Simon, que sonríe enseñándome las dos filas de pequeños dientes.

—Ahora no te puedes rajar porque me has dicho que sí —me dice señalándome con dos dedos mientras hace una especie de baile cómico.

—¿Y me has creído? —le pregunto—. Simon, sabes perfectamente que no voy a darte dinero para petardos.

—¡Pero me lo prometiste!

—Yo no recuerdo haber prometido nada, pero en todo caso, tú también me prometes que no te vas a volver a meter en problemas en el colegio y haces una detrás de otra...

—¡Pues vaya mentirosa que eres! —dice justo antes de salir por la puerta, cruzándose a Harry, que se gira incluso para mirarle.

—Déjale, mamá. Es tonto —afirma Rosie mientras saca las medias del cajón para que le ayude a ponérselas.

—Esto... Mejor no pregunto —dice Harry señalando hacia donde se ha ido su hermano—. Mamá, ¿me tengo que poner esto?

—Esto es una camisa, Harry —le contesto al ver la mueca de asco en la cara—. Y sí, te la metí en la maleta para que te la pusieras hoy. No es una cena como las demás, cariño...

—Pero es que... No me veo con camisa... Es como demasiado, ¿no?

—¿Demasiado qué?

—Demasiado elegante para mí, para la ocasión, para el entorno en el que estamos... ¿Te he dado suficientes motivos como para dejarme poner una sudadera?

—Tal vez, pero te la vas a poner porque eres menor de edad como para decidir, porque soy tu madre y porque yo lo digo. ¿Te he dado suficientes motivos como para ponerte la camisa?

Harry me mira durante unos segundos, sopesando mis palabras. Al rato se le dibuja una sonrisa en la cara y, después de torcer la boca, me dice:

—Tú ganas.

—Gracias. Necesitaba una victoria.

—Lo sé.

—¿Lo sabes? —le pregunto extrañada.

—Sí... Desde que llegó papá, estás como... ausente. Yo pensaba que estarías incómoda o triste, pero no es así. En cambio, estás distraída, pensativa... Como si tuvieras algo rondando la cabeza y no dejaras de pensar en ello...

Sonrío agachando la cabeza, mientras me pongo en pie y ayudo a Rosie a ponerse las medias y el vestido.

—¿Acerté? —insiste acercándose a nosotras.

—Bastante.

—Papá no muerde.

—Tendré en cuenta tu consejo —concluyo mirando de reojo a Rosie, que no nos pierde de vista.

—Vale. Me voy a poner esto... —dice mostrando la camisa.

En cuanto abre la puerta, se encuentra con Lucas que lleva a Simon en brazos, con la cara mojada y los ojos enrojecidos por las lágrimas.

—Esto ya parece el camarote de los Hermanos Marx... —suelta, justo antes de perderse por el pasillo.

Lucas le observa detenidamente hasta que entra en la habitación.

—¡Hola, papá! —le saluda Rosie—. ¡Mírame! ¿Voy guapa?

—¡Guau, cariño! Estás preciosa —contesta mientras Rosie sonríe satisfecha.

—Ve a peinarte, cariño —le digo—. ¿Y a ti qué te pasa?

—Dice que le has mentido porque le has prometido que le comprarías petardos —me informa Lucas, que antes de que yo diga la mía, se apresura a añadir—: Yo ya le he dicho que dudaba mucho que tú le hubieras prometido eso, así que venimos a ver si llegamos a un acuerdo...

—A ver... Sorprendedme.

—Pues verá, señoría, aquí mi cliente asegura que su versión es totalmente verídica, pero como sabe que usted asegura lo contrario, está dispuesto a llegar a un acuerdo que satisfaga a ambas partes...

—Con su permiso, señor letrado, voy a decirle algo a su cliente: Tienes un morro que te lo pisas, chaval. Los dos sabemos que mientes.

—Señora, le prohíbo que hable así a mi cliente. —Entorno los ojos, fulminándole con la mirada, pero lejos de amedrentarse, Lucas prosigue—: Hemos venido aquí de buena voluntad para darle una oportunidad para...

—Lucas, no me toques las pelotas. Habla.

—Uy, parece que tu madre no está de humor... —dice dirigiéndose a Simon, que le mira compungido. Entonces, se vuelve a girar hacia mí y dice—: Dice que ya no se enfadará contigo por mentirle con lo de los petardos si le dejas irse a la cama a la hora que él quiera y si le dejas dormir en mi habitación...

—Te falta algo... —le dice Simon al oído.

—Eso no lo voy a decir...

—Pues ya lo digo yo —contesta en un tono de voz más alto, mirándome a mí—. Que te quería preguntar si me dejas dormir con papá, a no ser que seas tú la que quieras dormir con él... En ese caso, duermo en mi habitación con Rosie.

Miro a Lucas, que se encoge de hombros a modo de disculpa y rehúye mi mirada. En cambio, tanto Rosie como Simon me miran con los ojos muy abiertos, expectantes ante mi respuesta.

—¿Y bien? —me pregunta Rosie—. A mí me parece una buena idea...

—¿Lo ves? Para una vez que Rosie y yo pensamos igual... —interviene Simon.

—Yo ya le dije que... —empieza a decir Lucas.

—Eh... Vale... Puedes...

—¿Sabéis qué? —dice entonces Rosie, agarrando a su hermano por la manga y caminando hacia la puerta—. Creo que necesitáis un rato a solas para discutirlo...

—Rosie, espera. No he acabado de arreglarte y...

—Puedo esperar.

—Pero Simon aún se tiene que vestir y...

—No te preocupes mamá. Soy rápido como Flash y me puedo vestir en un momento.

Justo después, cierran la puerta y nos dejan solos en la habitación.

—¿Por qué me siento como si nos hubieran preparado una encerrona? —me pregunta Lucas.

—Porque lo es... De todas, todas —contesto sin mirarle.

—Lo siento... Yo no quería propiciar nada de esto...

—Eh... No pasa nada...

Me doy la vuelta y empiezo a recoger un poco la habitación. Lucas me imita y coge algunos juguetes del suelo. Los sostiene en las manos sin saber dónde ponerlos, así que sin que me diga nada, como una autómata, se los cojo de las manos y los voy distribuyendo en sus respectivos sitios.

—¿Estás bien? —me pregunta al cabo de unos minutos en los que no paro quieta de un lado a otro.

No es porque la habitación esté más desordenada que otras veces, sino porque siento como que si me detengo, tendré que hablar con él y ya no tendré ninguna excusa para no confesarle lo de mi embarazo.

—¿Quién? ¿Yo?

—No. ¿A quién te parece que le pregunto?

—Sí. ¿Por?

—Porque pareces... nerviosa. Sé que la situación entre nosotros no es, digamos, idílica, pero pensaba que después de lo de antes... el ambiente se había relajado un poco...

—La situación es lo suficientemente incómoda como para necesitar más de cuatro frases para relajarla...

—Entonces, ¿insinúas que seguimos mal?

—Lucas, ¿en serio crees que estamos bien? O sea, ¿esto es estar bien? Que nuestros hijos nos tengan que engañar para que estemos un rato a solas hablando, que nos comportemos como un par de simples conocidos... Yo no sé tú, pero para mí, esto no es nada parecido a una relación normal...

—Para mí, esta situación tampoco es agradable, pero intento llevarla lo mejor posible y comportarme... no sé... como siempre. Tú, en cambio, pareces mucho más nerviosa que yo y...

Se queda callado en cuanto le fulmino con la mirada. Puedo ver cómo sus pupilas se agrandan y cómo, de forma inconsciente, da un paso atrás. Lejos de apiadarme de él, siento cómo me enciendo por segundos y, como si mi rabia me diera la fuerza necesaria para atreverme a hablar, empiezo a vomitar las palabras sin control y sin ningún tipo de filtro previo.

—Puede que si estoy más nerviosa es porque soy yo la que voy con los niños arriba y abajo. La que tengo que hacer verdaderos malabarismos para compaginar mi vida laboral con sus agendas escolares y extraescolares. Tú eres el padre guay, el que los tiene cuarenta y ocho horas cada dos semanas y no se preocupa porque hagan deberes del colegio, se laven los dientes o hagan la cama... Yo soy el ogro y tú eres el que mola, como dicen ellos...

—No entiendo a qué viene esto ahora... Esto... No soy yo quien eligió estar separados...

—¡Por supuesto que fuiste tú! La diferencia es que antes les veías una media de diez días al mes en mi casa y ahora unos cuatro días al mes en la tuya, a casi 2.000 kilómetros de distancia.

—Eh... ¿Quieres que...? Dicho así... O sea...

—¿Y quieres que al reencontrarnos haga ver que todo va bien? ¿Pretendes que intercambiando cuatro frases todo vuelva a ser como antes? Pues lo siento, pero estás muy equivocado... —le corto haciendo aspavientos al hablar y sintiendo un escozor en los ojos que últimamente me es muy familiar.

—Valerie, yo... Espera, ¿estás llorando? ¿Por qué lloras?

Esas frases desencadenan el torrente de lágrimas. Mi cuerpo empieza a temblar y los sollozos se repiten, impidiéndome hablar de forma que Lucas pueda entenderme sin problemas. Le veo entornar los ojos, haciendo verdaderos esfuerzos por seguirme. Al rato, cuando se da por vencido, da unos pasos hacia mí, pero reacciono con rapidez y me alejo como si tuviera la peste.

—No entiendo nada...

—¡Estoy embarazada! ¡¿Contento?! ¡Pues eso!

—¿Emba...? ¿Qué?

—Embarazada. Preñada. Encinta.

—Pero... ¿Cómo es posible?

—Pues verás, son las cosas que pasan cuando se folla sin precaución o, como en nuestro caso, cuando follas habiéndote olvidado de tomar alguna pastilla anticonceptiva.

—Pero... Y... ¿Seguro que es mío?

Sus palabras se clavan en mi corazón como un verdadero puñal. Siento como que no solo no confía en mí, sino que me cree con tan poca integridad como para liarme con cualquiera a las primeras de cambio. ¿Tan poco se piensa que le quiero? ¿Tan fresca se piensa que soy? Así pues, llevada por un sentimiento de ira y tristeza, de rabia y de decepción, levanto una mano y le doy un fuerte tortazo, justo antes de salir de la habitación corriendo y con la cara desencajada.

No veo nada alrededor de mí. Sé que estoy bajando las escaleras pero las lágrimas no me dejan ver con claridad. Tampoco me importa porque lo único que quiero ahora mismo es alejarme de él. Es tan grande mi afán por huir, que debo de poner mal el pie en alguno de los escalones y pierdo el equilibrio.

≈≈≈

—Tranquila —me dice Lori agarrando mi mano—. Seguro que el bebé está perfecto, ¿vale?

Asiento con la cabeza sin dejar de llorar y de temblar. No me hice daño al caer, ni tan siquiera me torcí el tobillo ni debo de tener ningún moratón en el cuerpo, pero tanto Levy como Jerry pensaron que debían traerme al hospital para que me hicieran una ecografía de urgencia y comprobar que el bebé esté bien. Así pues, aquí estoy, tumbada en una camilla, con mi cuñada a mi lado y mi cuñado y me suegro ejerciendo su profesión el día de Nochebuena.

—Lo siento... —susurro.

—No te preocupes. Somos nosotros los que sentimos todo lo que te está pasando... Debiste confiar en nosotros y habérnoslo contado... Aunque entiendo tus motivos para no hacerlo —me dice Levy, acercándose hasta quedar a la altura de mis ojos. Acaricia mi pelo con una mano y besa mi frente con delicadeza—. Todo parece ir bien, pero vamos a asegurarnos del todo, ¿de acuerdo?

—Gracias —contesto con la voz tomada por la emoción.

—Vamos allá, preciosa —dice entonces mi suegro, al que, aun estando ya jubilado y al tratarse del hospital donde él trabajó toda su vida, le han dejado ser él mismo quién me hiciera la revisión—. Como ya sabes, el líquido este está algo frío pero no es nada que las mujeres no podáis soportar. Seguro que nosotros aullaríamos... ¿No es así, Levy?

—Fijo que sí —contesta él con una sonrisa mientras su padre presiona el aparato contra mi barriga. Está claro que ambos intentan tranquilizarme.

Enseguida se ve la imagen en el monitor. Mis ojos van de la pantalla a las caras de mi suegro y Levy sin parar, intentando averiguar por su expresión lo que soy incapaz de adivinar viendo las imágenes.

—Corazón latiendo perfectamente... Medidas perfectas... —dice mi suegro después de unos interminables minutos—. Está perfectamente, Valerie.

—Gracias —contesto con una enorme sonrisa.

—No hay de qué. ¿Quieres seguir sin saber el sexo?

—Hasta ahora, me daba igual si era niño o niña y ahora, más que nunca, así que prefiero seguir sin saberlo.

—Pues entonces lo dejo ahí —concluye.

—¿Quieres decir que sabes qué es, papá? —le pregunta Lori.

—Ajá, pero voy a mantener el secreto —dice sonriéndome afable. Se acerca a mí, me da un beso en la mejilla y me aprieta el brazo para darme seguridad—. Eres una campeona y va todo de maravilla. Y ahora, ¡vámonos a cenar!

—Llama a mamá antes de que le dé un colapso nervioso —le dice Lori mientras su padre asiente resignado.

≈≈≈

—Oh, Dios mío —dice Alice en cuanto traspaso la puerta. Corre hacia mí y me abraza con fuerza—. Lo siento mucho. Lo siento de veras.

—¿Por qué? No ha sido nada... Solo... Tropecé...

—No me habría perdonado en la vida que te pasara algo a ti o a tu bebé...

Enseguida me veo envuelta por una multitud de personas, todos mirándome con una mezcla de alegría por la noticia, susto por lo sucedido, alivio porque no ha pasado nada y, por qué no decirlo, sorpresa por el momento en el que llega este bebé.

—¿Dónde están los chicos? —le pregunto a Alice.

—Están en el salón viendo la televisión... No saben nada acerca del bebé, pero están algo preocupados por lo de tu caída... Sobre todo Harry... Se lo vas a decir, ¿verdad?

Asiento con la cabeza mientras camino hacia el salón. Aunque parecen totalmente abstraídos, en cuanto me escuchan llegar, se ponen en pie y corren hacia mí, incluido Harry, que me mira con cara de más asustado que sus hermanos pequeños.

—¡Mamá! —grita Rosie.

—¿Te has roto algo? No veo escayolas... —pregunta Simon con un deje de decepción en su voz.

—No, estoy bien. Solo ha sido una caída... Pero os tengo que contar una cosa... —digo caminando hacia el sofá y arrastrándoles conmigo.

—Mamá, sabemos que papá y tú no os vais a reconciliar —dice Harry, muy serio mientras Rosie y Simon aprietan los labios y dibujan una mueca de resignación en sus caras—. Así que si es eso lo que nos tienes que decir, te lo puedes ahorrar. Te hemos visto bajar llorando y papá se ha largado después de que te cayeras y te llevaran al hospital, así que damos por hecho que habéis vuelto a pelear.

—Sentimos haberos obligado a hablar al dejaros solos... —dice Rosie.

—No, cariño. No ha sido culpa vuestra. Nada de esto lo es... —afirmo mirando a los tres—. Además, no es eso lo que os quiero contar... Veréis es que... Me he caído porque he sufrido un mareo y... ese mareo es porque... Bueno... Porque estoy embarazada. Vais a tener un hermanito o hermanita.

—¿En serio? —me pregunta Rosie con una enorme sonrisa en la cara. Asiento y enseguida me abraza.

Simon, con la boca abierta, no pierde de vista mi barriga, mirándola como si en cualquier momento fuera a salir el bebé al más puro estilo Alien.

—¿Sy? —le pregunto.

—¿Tienes un bebé ahí dentro?

—Ajá.

—¿Solo uno?

—¿Te parece poco? —le pregunto riendo—. Pero sí, esta vez, solo hay uno.

—¿Chico o chica?

—No lo sé. No lo sabremos hasta que nazca.

—¡Pero eso no puede ser! ¡Se va a quedar sin nombre!

—Simon, no pasa nada... Podemos ponérselo en cuanto nazca, sepamos el sexo y le veamos la cara...

—¿Pero...? ¿Cómo le llamamos hasta entonces? —insiste.

—Podemos pensar un nombre que sirva para chico y para chica... —dice Rosie mientras su hermano la mira torciendo el gesto, así que decide añadir—: Sí... Un nombre como Sam, por ejemplo. Puede ser Samuel para chico o Samantha si es chica.

—Me parece una buena idea —digo yo mientras miro a Harry, dejando a los mellizos enfrascados pensando posibles nombres—. ¿Y bien? ¿Qué te parece?

—¿Qué os pasa cada cinco años? ¿Hay una conjunción cósmica que os hace volveros locos y querer tener hijos aunque no sea el mejor momento posible?

—Alex, que puede ser Alexandra si es chica o Alexander si es chico —dice Simon.

—Eso es —le contesta Rosie—. O... ¡Noah! ¡Sirve tanto para chico como para chica...! ¡Me gusta!

Mientras les escucho de fondo, Harry y yo nos mantenemos la mirada. Con ese comentario, no sé si le parece una buena idea o una espantosa. Conociéndole, supongo que no le hace nada de gracia tener otro hermano o hermana, menos aun cuando él, sin Lucas en casa, tendrá que ejercer de figura adulta como ya hace con los mellizos.

—No estaba planeado... —empiezo a decir—. Pensé en no seguir adelante porque, evidentemente, no es el mejor momento pero luego...

—No tienes que darme explicaciones —me dice en un tono tan similar al de su padre, empleando las mismas palabras que él mismo usó conmigo hace varios días, que me quedo callada de golpe—. Noah Turner. Me gusta.

En cuanto lo dice, esboza una sonrisa tímida, sin despegar los labios uno del otro. Es un gesto simple, pero a mí me parece el más efusivo del mundo. Al instante, le acerco a mí y le estrecho entre mis brazos.

≈≈≈

Estamos sentados alrededor de la mesa. Todos hablan y ríen como si nada hubiera pasado, aunque sé que por dentro, están algo incómodos por la marcha de Lucas, del que no sabemos nada desde que su madre le pegó un sermón de tres pares de narices, palabras textuales de Louis.

—Noah Turner. Sí. Queda bien —dice Laura.

—Es el nombre que han elegido los chicos... Y me gusta —contesto yo.

—Ojalá sea una chica —dice Peggy, la hija pequeña de Laura, que ya tiene casi quince años.

—¡Qué va! ¡Ojalá sea otro macho! —comenta Gabriel, el pequeño de Louis, que tiene ya diecinueve.

—La verdad es que habría que igualar un poco las fuerzas, ¿no? —interviene Liz—. Demasiado macho anda suelto por aquí... Necesitamos una chica más. ¿Verdad, mamá?

Liz mira a Alice, pero esta lleva un rato muy callada, mareando la comida en su plato. Como todos saben que está así por culpa de la marcha de Lucas, enseguida intentan no darle importancia y se enfrascan en otros temas. Yo, en cambio, no la pierdo de vista porque sé que, al fin y al cabo, Lucas es su hijo, es Nochebuena y está solo.

—¿Le has llamado, Alice? —susurro en voz baja. Ella asiente y entonces comprendo que, como me imaginaba, no le ha cogido el teléfono—. Estará bien. Seguro.

De nuevo, asiente con la cabeza, sin mirarme, sorbiendo por la nariz. Apoyo una mano en la suya y la aprieto.

—Le pegué la bronca, ¿sabes? Es mi hijo, pero os antepuse a ti y a Noah. No me arrepiento, porque se lo merecía por dudar de ti, pero estoy algo preocupada. Es Nochebuena y, aunque Lucas ha sido siempre un despegado, nunca ha estado solo esta noche...

—Lo siento mucho...

—No es por tu culpa.

—Sí lo es... Si no hubiera esperado tanto a decírselo, ahora no estaríamos así...

—Sí él se hubiera comportado como debería, no se lo habrías ocultado hasta hoy.

Suspiro y agacho la vista hacia el plato.

—Yo tampoco quería que se lo tomara así... Pensé que... Supongo que fui una idiota y pensé que se lo tomaría bien y que no se haría ninguna pregunta. Supongo que, en el fondo, es lícito que tenga dudas...

—¿Dudas de ti? No creo que le hayas dado motivos...

—Supongo que... Bueno, no sé... —balbuceo encogiéndome de hombros.

—Cuando se fue estaba muy... afectado. Me da miedo que cometa una locura... después de llamarle varias veces para intentar hablar con él, cuando llegasteis del hospital, le mandé un mensaje para informarle de que todo estaba bien.

—Supongo que tampoco te ha contestado a ese.

—No... Pero no es porque no le importe lo que te pase, al contrario... Estaba destrozado cuando se fue... Te quiere con toda su alma...

—Y yo, pero seguimos haciéndonos daño. No nos sale a cuenta querernos tanto.

≈ ≈ ≈

—¿Mamá...? ¿Duermes...?

Llevo un rato metida en la cama cuando la puerta de mi dormitorio se abre y Harry asoma la cabeza por ella.

—No, cariño. ¿Qué pasa?

—¿Estás bien?

Me siento, apoyando la espalda en el cabecero de la cama, y sonrío con cariño. Sé que a Harry no le puedo mentir porque me pillaría enseguida, así que me encojo de hombros. Él camina hasta mi cama y se sienta a mi lado. Sus ojos se desvían constantemente hacia mi barriga.

—He estado informándome acerca de los... embarazos.

—¿Cuándo?

—Ahora, al meterme en la cama... ¿De cuántas semanas estás?

—De veintidós.

—Veintidós... —murmura mirando al techo, parece que pensando—. ¿Sabes que sus ojos ya están formados pero que el iris aún no tiene color? ¿Y que debe de pesar medio kilo aproximadamente?

—Bueno, más o menos... Me dieron la baja porque no cogía peso...

—Pues tienes que tomarte las cosas con más calma —me dice con expresión preocupada.

—Lo intento...

—¡No! Tienes que hacerlo. Y evitar los nervios...

—Bueno... A veces, es algo complicado...

—Cuenta conmigo para lo que sea, ¿vale?

—Lo sé, cariño.

—Yo te voy a cuidar. Y me puedo encargar de Sy y Rosie.

—Lo sé, pero no quiero cargarte con más responsabilidades de las que debes de tener. Al fin y al cabo, solo tienes diez años.

—Pero sabes que puedo.

—Pero quiero que seas lo más niño posible.

—Pero es que, además, quiero ayudarte.

—Bueno, ya llegaremos a un acuerdo. ¿Te parece?

Harry asiente y sus ojos vuelven a centrarse en mi barriga.

—¿Has sufrido calambres en las piernas?

—Eh... No...

—Es que he leído que para compensar el peso de tu vientre, la curvatura de la columna cambia durante el embarazo. La parte baja de la espalda se echa hacia adelante y a consecuencia de esta postura, a menudo se comprime un nervio que va desde la columna hasta las piernas. La presión sobre el nervio es lo que crea esos calambres —dice, hablando como un verdadero experto en el tema—. Para evitarlos puedes hacer yoga o bien practicar algunos estiramientos suaves de la espalda y de las caderas. Ahora que estás de baja, podrías mirar de hacer unas clases y...

Y entonces se me escapa la risa y Harry se queda callado, mirándome fijamente, con los ojos muy abiertos, sin saber por qué tengo esa reacción.

—¿De qué te ríes? —me pregunta muy serio.

—De lo mucho que te quiero —le contesto agarrándole del cuello y acercando su cabeza a mi pecho. Cierro los ojos mientras acaricio su pelo y lo beso con cariño.

—Esa respuesta es un poco extraña. Me desconcierta —susurra al cabo de un rato, aunque sin apartarse de mí—. Pero me da igual.

≈≈≈

El suelo del salón está sepultado por toneladas de papel. Los chicos, desde los más pequeños hasta los más mayores, están sumidos en un estado de excitación que está a punto de rozar niveles peligrosos mientras los adultos les miramos sonrientes, disfrutando de su alegría.

—¡Mira, mamá! ¡El uniforme de los Yankees! —me grita Simon, quitándose la camiseta del pijama para ponerse ya mismo su nueva camiseta.

—¡Qué bien, cariño! —contesto aplaudiendo.

—Esto de los vales para ropa, me parece una idea cojonuda... —susurra la mujer de Levy en mi oreja—. Gracias. Aunque sigo pensando que no deberías haberlo hecho. Son mayores ya...

—Pero siguen siendo mis sobrinos.

—Pero somos muchos y es mucho dinero...

—No te preocupes. Paga Lucas —contesto guiñándole un ojo.

En ese momento, Harry se acerca hasta mí con un paquete en las manos. Le miro extrañada porque habíamos quedado que para los adultos solo compraríamos un regalo a cada uno, haciendo una especie de "amigo invisible". A mí me tocó Laura, y le compré un libro que sé que quería hace tiempo, y yo ya he recibido un jersey precioso que me compró Jerry, seguro que con ayuda de su mujer. Así que, este regalo, no sé de quién es...

—¿Qué es esto...? —pregunto. Miro alrededor y todos niegan con la cabeza o encogen los hombros—. ¿Harry? ¿Sabes algo tú de esto?

—No. Estaba debajo del árbol y pone tu nombre.

En cuanto lo cojo, lo sopeso en mis manos, comprobando que tiene una forma rectangular y que no es rígido. Parece un libro, pero últimamente no soy demasiado aficionada a la lectura, quizá sea porque no tengo demasiado tiempo para hacerlo. Bajo la atenta mirada de todos, empiezo a rasgar el envoltorio, hasta que, simplemente, se me escurre de las manos. Miro la portada del libro con la boca abierta, leyendo el título una y otra vez: ESTA ES NUESTRA HISTORIA.

—¿Qué libro es, mamá? —me pregunta Harry.

Le miro, aún con la boca abierta, pero incapaz de contestarle. Lo abro y se me corta la respiración al encontrar el primer correo electrónico que le escribí a Lucas el mismo día que empecé a trabajar en WWEX. Aquel mail tan extenso en el que le intentaba explicar mis problemas con el programa de expediciones. Aquel mensaje al que él contestó con un escueto "La próxima vez, reinicia antes de llamarme. Y ya de paso, aprende a sintetizar un poco, que me he cansado solo de leer el asunto del correo, no digamos ya el mensaje".

Los ojos empiezan a escocerme y necesito sentarme conforme voy pasando las páginas del libro. Ha recopilado todos y cada uno de nuestros correos electrónicos, ordenándolos cronológicamente. Desde aquellos primeros en los que parecía que nos odiábamos a muerte, en los que nos insultábamos, pasando por aquellos en los que nos empezamos a lanzar indirectas, esos en los que directamente nos invitábamos a pasar tiempo el uno con el otro, o los que ya se podía decir que teníamos una relación pero que la ocultábamos al resto de compañeros de trabajo.

—Valerie, cariño, ¿estás bien? —escucho que me preguntan.

—¿Mamá...?

No contesto porque me limito a seguir pasando las páginas, incapaz de despegar los ojos de esos correos. Llego a aquellos en los que yo estaba histérica con los preparativos de la boda... Luego a los que él me enviaba pidiéndome que cogiera la baja cuando estaba embarazada de Harry... Y a esos en los que la familia aumentó con dos miembros más. Aquellos en los que nuestras vidas eran un completo caos, pero en los que éramos tan felices... Y entonces llego a aquellos que nos enviábamos estando separados por varios kilómetros, cuando sus viajes se hicieron cada vez más frecuentes.

—¿De qué va el libro? ¿Es triste? —pregunta Rosie, alertada por mis lágrimas.

Y entonces paso varias hojas hasta llegar a las últimas. Encuentro nuestro último intercambio de correos, estando ya peleados, pero entonces descubro uno que no recuerdo haber recibido...

Conforme voy leyéndolo me cuesta más y más enfocar la mirada o incluso respirar.

"No sé bien por qué estoy haciendo esto, y tampoco tengo intención de enviarte este correo electrónico"

"Te lo tomaste a cachondeo y, ¿sabes qué? Me sentó fatal que lo hicieras... Estaba completamente enamorado de ti... Como lo sigo estando ahora..."

"Quiero gritar a los cuatro vientos que has sido lo mejor que me ha pasado en la vida"

"Te amo. Para siempre"

Lloro desconsoladamente mientras abrazo el libro y lo aprieto contra mi pecho. No puedo creer que me haya regalado esto, el tiempo que le debe haber llevado prepararlo, el precioso mail que escribió pero que nunca envió, todo el cariño que le puso...

—Valerie... —insiste entonces Alice, a la que le tiendo el libro. Lo hojea durante unos minutos, y entonces veo cómo se le empiezan a saltar las lágrimas—. ¿Lucas te hizo esto?

Asiento mientras intento secarme las lágrimas, justo antes de contestar:

—Sí... Es lo más bonito que he leído en mucho tiempo, y es nuestra historia.

CAPÍTULO 17: ¿Y SABES CÓMO SÉ TODO ESO?

PORQUE YO SIENTO LO MISMO?

"Valerie y el bebé están bien"

Llevo releyendo ese mensaje desde hace... Joder, no sé ni cuantos días llevo así... En cuanto salí por la puerta de casa de mis padres con mi maleta, caminé sin parar hasta que encontré un taxi. Le di un billete de cincuenta dólares al conductor y le pedí que simplemente condujera sin rumbo. Ni siquiera me di cuenta cuando se detuvo frente a un hotel y, con mucho tiento, me dijo:

—Me parece que no tiene a donde ir. Aquí podrá descansar mucho más que en mi taxi. —Me devolvió los cincuenta dólares que le di, y añadió—: Feliz Navidad.

Desde ese momento, tengo la sensación de haber vivido apoltronado en uno de los sofás del bar, bebiéndome las existencias de alcohol de todo el edificio y mirando fijamente la pantalla de mi teléfono, leyendo una y otra vez el mismo mensaje.

"Valerie y el bebé están bien"

Valerie y el bebé están bien. El bebé. Mi bebé... Aún no sé cómo fui capaz de preguntarle si era mío. Como si dudara de ella... Lo único que pretendía era hacerle daño, lo reconozco... Hacerle creer que dudaba de ella por el simple hecho de saber que salía por ahí de marcha, aunque sé que solo fue una vez. Pero es que no lo soporto.

—¿Me puedo sentar?

Levanto la cabeza frunciendo el ceño. No puede ser que...

—¿Qué cojones haces aquí?

—Acabo de dejar a Valerie y los chicos en el aeropuerto.

—Levy, repito. ¿Qué cojones haces aquí?

—Salvarte la vida, imbécil —dice mientras se sienta a mi lado, dándome unos golpecitos en la pierna para que me aparte a un lado. Luego le hace una señal al camarero para que le ponga lo mismo que yo estoy tomando.

—¿Cómo me has encontrado?

—¿Cuánto has bebido?

—Ni puta idea.

—Te lo digo yo entonces: lo suficiente para disminuir de forma considerable tu nivel intelectual. No eres un agente de incógnito, créeme... Y sabía que no te habías largado de Richmond. He tenido que llamar a varios hoteles y preguntar si estabas hospedado en alguno de ellos. Solo me costó seis llamadas encontrarte.

—¿Y a qué viene tanto empeño? ¿No tienes cosas que hacer o una familia a la que atender?

—Estoy de vacaciones, y sí tengo cosas que hacer con mi familia. Tú eres mi cosa que hacer y mi familia. El resto de miembros, saben valerse por sí mismos bastante mejor que tú, por lo que parece.

—Me siento halagado...

—¿Qué? ¿Has asimilado ya que vas a ser padre de nuevo? —me pregunta de sopetón, y sin esperar mi respuesta, continúa—: ¿Sabes que Valerie no quiere saber el sexo del bebé hasta que nazca? ¿Sabes que tus hijos han decidido que se va a llamar Noah porque es un nombre que puede servir para chico y para chica? ¿Te has dado cuenta de que te comportaste como un gilipollas?

Proceso toda la información simulando parecer impasible, aunque por dentro no dejo de repetir su nombre: Noah... Noah... Quiero saberlo todo sobre el embarazo y sobre ese bebé, pero en lugar de eso, pregunto:

—¿Cuándo?

—¿Cuándo, qué?

—Llevo tiempo comportándome como un gilipollas, solo pretendía que precisaras a qué periodo de tiempo te refieres... Quiero decir con eso que soy consciente de que he sido un capullo con ella desde hace tiempo...

—Tú siempre tan pedante como siempre. Aunque sé que a pesar de esa fachada de tipo impasible e inaccesible, ella te importa lo suficiente como para no querer perderla. ¿Cómo si no se te iba a ocurrir la idea de hacerle ese regalo? Tenías intención de reconciliarte con ella con ese libro, ¿verdad? Porque seguro que te llevó un tiempo prepararlo y hacerlo...

—¿Le gustó?

—¿No has oído nada de lo que he dicho?

—Sí, pero me importa una mierda. ¿Le gustó?

—Se emocionó leyendo algunas páginas, lloró a moco tendido delante de todos y se abrazó al libro como si no quisiera soltarlo jamás.

Al principio, esa afirmación me deja totalmente alucinado, pero al rato empiezo a sonreír mordiéndome el labio inferior.

—¿De qué te alegras, capullo?

—De que le haya gustado mi regalo.

—Pero mira dónde estás. ¿De qué te ha servido dárselo?

—Quise dárselo a pesar de todo, incluso cuando supe que no podría quedarme más en casa de mamá y papá, que necesitaba salir de allí. Saqué el regalo de la maleta antes de irme y lo dejé en la cama de Harry. Supe que, al encontrarlo, él se lo haría llegar de alguna forma. No pretendí que solucionara algo que difícilmente tenga arreglo, solo quise hacerla feliz.

—Eso es precioso, Lucas —me dice mientras yo hago una mueca de resignación con los labios—. Tanto, que creo que ella debería saberlo.

—Hombre, supongo que no debe de pensar que le he hecho ese libro para fastidiarla, ¿no?

—A ver, que sí, que eso lo sabe... Me refiero a que tendría que oírlo de tu boca, ¿no? Que vayas y le digas que quieres hacerla feliz. No te lo tomes a mal, pero últimamente parece como si quisierais joderos el uno al otro, y ese libro era una declaración de amor en toda regla.

—Es que yo la amo. Nunca he dejado de quererla y nunca dejaré de hacerlo.

—Pues recuérdaselo.

—Me parece que no quiere verme... No debo de ser una de sus personas favoritas en este mundo...

—Te equivocas.

—Me dio una torta que aún me duele la mejilla...

—Porque fuiste un capullo.

—¿Y su opinión ha cambiado solo con ese libro?

—No, sigues siendo un capullo, pero creo que deberías arriesgarte a recibir otro tortazo.

—Me daría por satisfecho si solo fuera un tortazo... Tengo la sensación de que su nivel de ira va "in crescendo" conforme pasan los días, y si me planto en casa y le pido que me perdone y me deje volver, llamará a la policía y me denunciará por acoso.

—¿Y acaso no merece la pena que corras ese riesgo por ella?

≈≈≈

No sé qué estoy haciendo... La verdad es que me he dejado llevar por las palabras alentadoras de Levy, aunque el alcohol también ha obrado su magia, porque en lugar de coger mi avión de vuelta a Kansas, estoy volando camino de Nueva York.

No sé qué haré al llegar.

No sé qué le diré cuando la vea.

No sé siquiera si querrá verme, pero aquí estoy yo, dispuesto a arriesgarme... Ya no me parece tan buena idea como cuando me convenció Levy para hacerlo, ni como cuando me dejó en el aeropuerto, ni como cuando embarqué. Ahora, una hora y media escasa después de haber embarcado, nos piden que nos atemos de nuevo los cinturones y nos informan de que estamos a punto de aterrizar en el JFK.

—Preséntate en su casa de improvisto —me dijo Levy—. Dale una sorpresa...

¿Cómo lo hago?

¿Qué le digo?

¿Y si nada más aterrizar, voy al mostrador de la aerolínea y compro un billete de vuelta a Kansas? Quizá sea lo más cobarde, pero también lo más sensato.

—¿Le da miedo el aterrizaje? —me pregunta entonces la señora que tengo a mi lado—. Porque entonces ya somos dos... Y le iba a pedir si podía cogerme de la mano pero... Siempre he odiado estos momentos, y antes agarraba la mano de mi marido pero desde que falleció, no he vuelto a viajar... Vengo a Nueva York para visitar a mi hija...

—No, no se preocupe. Estoy bastante habituado a volar —digo agarrando su rugosa mano.

—Ah, como lleva todo el viaje en tensión y está algo pálido... ¿Se encuentra bien?

—Sí... —río—. Mi problema es algo más... terrenal.

—Eso me suena a problemas de faldas... —me dice con una sonrisa pícara en la cara—. Cuéntemelo, así quizá me distraiga y no lo paso tan mal... Si se puede saber, claro está...

La miro durante unos segundos, valorando si hacerla partícipe de mi desgracia. Total, si yo mismo no soy capaz de hacer las cosas bien y me muevo siguiendo los consejos de los demás, no está de más recibirlos de alguien más, ¿no?

—Pues... Vamos a ver... ¿Cómo se lo explico de forma abreviada porque solo tenemos unos minutos antes de aterrizar...?

—Madre mía, esto se pone interesante... —dice removiéndose en el sitio.

—Hasta hace escasos meses, vivía feliz en Nueva York junto a mi mujer y mis tres hijos. Pero la cagué y me echó de casa.

—¿Había otra de por medio? —me pregunta para completar datos de mi historia.

—Sí y no. Es decir, sí había otra mujer de por medio de la que ella sentía celos, pero nunca llegué a liarme con ella. Nunca. Lo prometo. Tiempo después descubrí que los celos de mi mujer no eran infundados y que, lo que yo pensaba que eran imaginaciones suyas, no eran para nada descabelladas. Realmente, Jennifer estaba interesada en tener algo conmigo.

—Las mujeres tenemos un sexto sentido para esas cosas.

—Eso parece... Pues bien, ella me echó de casa, me hospedé en un hotel y empezamos a compartir a nuestros hijos. Pero nos hacíamos daño, irremediablemente. Yo no quería, pero no soportaba no estar con ella y... supongo que a ella le pasaba lo mismo y nos empezamos a decir cosas muy feas y a acusarnos de cosas que no... Bueno, eso... —Dejo ir un largo suspiro, casi un jadeo, y me froto la nuca. Incluso recordarlo me duele—. Así que, llegado el momento, acepté un traslado a Kansas. Pensé que poner kilómetros entre nosotros sería la solución a nuestros males y, aunque nos echáramos de menos, dejaríamos de herirnos continuamente. Me equivoqué, por supuesto. Ella parecía que estaba consiguiendo rehacer su vida poco a poco, empezando a salir con sus amigas cuando los niños estaban conmigo y yo me volví un acosador compulsivo. El problema es que como sabía que ella no me daría ningún tipo de explicaciones, se las pedía a alguna de sus amigas e incluso a mi hijo mayor... Necesitaba saber de ella, pero a la vez me cabreaba al saber que había salido a tomar algo o al cine...

—Mal asunto...

—Sí... Y entonces llegó Navidad. Mis padres, como cada año, nos invitaron a pasarlas todos juntos en su casa, en Richmond. Valerie...

—Su mujer...

—Eso es, mi mujer. Valerie no tiene familia, así que no nos teníamos que dividir y siempre las celebrábamos con mis padres.

—Y se volvieron a encontrar allí...

—Ajá...

—Y volvieron a pelearse...

—Ajá... Me dijo que estaba embarazada de cinco meses —digo mientras ella se lleva las dos manos a la boca para tapársela—, y a mí no se me ocurrió otra cosa que cuestionar que fuera mío.

Los ojos de mi confidente y compañera de vuelo se abren como platos, aún con las manos delante de la boca, haciendo verdaderos esfuerzos por ahogar un grito.

—Lo sé... Cometí un error...

—Uno muy gordo...

—Ella me dio una bofetada...

—Corta se quedó...

—Y se marchó corriendo. Tropezó en las escaleras y se cayó al suelo. Mi padre y mi hermano, que son ginecólogo y pediatra respectivamente, la llevaron al hospital para asegurarse de que todo estaba bien mientras yo recibía una soberana bronca-charla-reprimenda-sermón de mi madre, el resto de mis hermanos, cuñados e incluso sobrinos y sobrinas... Acabé optando por el camino más fácil, que fue largarme de allí, aunque fuera Nochebuena, y me dediqué a beberme las existencias de alcohol de uno de los hoteles del centro de la ciudad. —Hago una pausa y miro por la ventanilla, a través de la cual ya se empiezan a ver los rascacielos de la ciudad—. A pesar de haberme largado, le dejé mi regalo, el que llevaba semanas preparando... Le hice un libro con todos los correos electrónicos que nos hemos enviado durante estos más de diez años de relación. Todos. Desde el primero hasta el último... Incluso incluyendo uno que escribí cuando ya estábamos separados y que nunca llegué a enviarle en el que le abría mi corazón y le confesaba, entre otras cosas, que nunca dejaría de amarla...

—Oh... Madre mía... —susurra—. Ese regalo debió de hacerla muy feliz...

—Esa era mi intención... Mi hermano me convenció para coger un vuelo hacia aquí en lugar de hacia Kansas...

—¿Para volver a intentarlo?

—No lo sé... Para intentar algo, supongo... Verla, hablar con ella, pedirle perdón... Lo que me deje hacer... El problema es que, conforme se acerca el momento, no me parece tan buena idea como hace unas horas... Hace un rato, incluso me estaba planteando ir al mostrador de la compañía nada más aterrizar y comprar un billete de vuelta a Kansas...

—¡Ni se le ocurra hacer eso!

—Yo no lo tengo tan claro...

—¡Pues yo sí!

Justo en ese momento sentimos un leve movimiento en el avión y en cuanto miramos por la ventanilla, nos damos cuenta de que acabamos de aterrizar en una de las pistas del JFK. Enseguida, ella me mira con una sonrisa enorme en los labios.

—¡Madre mía! ¡Es la primera vez que ni me entero del aterrizaje!

—¡Jajaja! De nada...

—¿Ahora no me dirá que se lo ha inventado todo para entretenerme?

—Ojalá... Pero no.

≈≈≈

Después de recoger las maletas, mientras caminamos hacia la salida, mi nueva amiga sigue a mi lado.

—¿Vienen a recogerla? Lo digo porque si quiere, podemos compartir taxi.

—Viene mi hija a recogerme... Pero hágame un favor: no me trate de usted... Después de todo por lo que hemos pasado... Soy Rose —me informa tendiéndome una mano para estrechársela.

—Está bien, Rose —contesto sonriendo.

—Así me llamo.

—Mi hija se llama Rosie... —comento—. Yo soy Lucas.

—Mi marido se llamaba Luke... ¿Crees ahora en el destino? El destino me puso en tu camino para ayudarte a tomar la decisión correcta. Todo va a salir bien. Lo presiento.

—Ojalá no te equivoques.

—¿Qué vas a hacer? ¿Tienes ya algo pensado?

—Bueno, pues supongo que me hospedaré en el mismo hotel donde estaba cuando me echó de casa y luego... no sé... supongo que iré a su casa para intentar hablar con ella.

—¿Sabes qué me gustaría que me hicieran si yo fuera ella? —Niego con la cabeza justo antes de que ella añada—: Me encantaría encontrarme con alguien lo suficientemente terco e insistente como para apostarse en mi puerta y no marcharse hasta no verme o hablar conmigo...

—¿Y si llama a la policía?

—Pagas la fianza y vuelves a insistir.

—Tú quieres que acabe en la cárcel —le digo frunciendo el ceño.

—No, yo lo quiero es que acabes en tu casa, con tu mujer y tus hijos —me contesta sonriendo, justo antes de saludar a alguien, seguramente su hija.

—Ha sido un placer, Rose —le digo al quedarnos quietos, justo antes de que nuestros caminos se separen.

—El placer ha sido mío, en serio.

≈ ≈ ≈

"Quiero hablar contigo. ¿Puedo llamarte?"

"No tenemos nada de qué hablar"

De esa forma acabó mi primer intento de acercamiento nada más subirme en el taxi en el aeropuerto.

Así que, a pesar de ser un gesto muy romántico o de caballero, no me veo aporreando la puerta de mi antiguo apartamento, así que decido buscar una segunda opinión con un comité de expertos.

"Estoy en Nueva York. ¿Cerveza? Pago yo"

Menos de media hora después, estoy siendo zarandeado por Hoyt, Roger y Bruce mientras me avasallan a preguntas.

—¿Y bien? ¿Hasta cuándo te quedas?

—¿Vienes para quedarte?

—¿Estás aún de vacaciones?

—¿No estabais en casa de tus padres?

—¿Cómo te fue por Richmond con Valerie y los niños?

Miro a uno y a otro mientras me preguntan, encogiéndome de hombros hasta que, después de darle un largo trago a la cerveza para coger fuerzas, digo:

—Valerie está embarazada.

Los tres se quedan callados e inmóviles. Bruce incluso sostiene su jarra en el aire, a medio camino de su boca. A él es al que más miro, porque quiero averiguar si lo sabía. Está claro por su cara de estupor que no, porque es imposible que actúe tan bien.

—¿De ti? —pregunta Hoyt.

—Eso mismo le pregunté yo...

—¿Y?

—Pues que me gané una hostia con toda la mano abierta.

—Así que sí es tuyo.

—Pues claro.

—¡La hostia! —interviene Roger—. ¿Y ahora qué?

—No lo sé... Realmente, no sé nada de nada...

—Te juro que no lo sabía, colega... —dice Bruce—. Lo... Lo siento mucho... O sea... No por el embarazo, supongo. ¿O también?

—No... O sea... Supongo que no... —contesto—. Estoy hecho un lío...

—Oh, mierda... Esto es una encerrona... —comenta Roger—. Nos va a utilizar como un puto pañuelo de lágrimas...

—¡Cállate! —le gritan Hoyt y Bruce a la vez.

—Cuéntanoslo todo...

Me tiro unos quince minutos explicando todo lo acontecido. Cuando acabo, me miran fijamente y casi al unísono, me preguntan de nuevo:

—¿Y ahora qué?

—¡Os he dicho que no lo sé...! ¡Menuda ayuda sois...!

—Nos referimos a que queremos saber cómo pretendes reconciliarte con ella. Porque está claro que estás aquí para eso, ¿no?

Estoy unos segundos pensando mi respuesta, hasta que empiezo a asentir con la cabeza. Abro la boca y me veo obligado a tragar saliva para poder decir:

—La necesito... No quiero vivir sin ella...

—Pues ve a por todas. Corre a su casa y díselo —dice Bruce.

—Le he escrito un mensaje y no quiere hablar conmigo.

—¿Y? ¿Vuelas hasta aquí, le escribes un mensaje para hablar con ella, te dice que no y te das por vencido sin más? Para eso haberle escrito el mensaje desde Richmond y te ahorrabas el viaje —dice Roger.

—Además, juegas con ventaja —añade Bruce—. Sabes que tu regalo le encantó y puede que, aunque ahora se esté haciendo la dura, se haya ablandado un poco.

—¿Y qué hago?

—Insistir. Obligarla a hablar contigo. Hacerte pesado.

Sonrío al escuchar el consejo de Hoyt.

—Lo creas o no, es la segunda vez que me dan ese consejo hoy.

—Pues no sé a qué esperas para ponerlo en práctica.

≈≈≈

Dos horas y varias cervezas más tarde, estoy apostado frente a mi antiguo edificio, con la vista clavada en las ventanas del ático. Hay luz dentro, por lo que sé seguro que hay alguien en casa. Ha empezado a nevar con fuerza, así que el frío y el entumecimiento de mis extremidades se están aliando con todos para darme la valentía para dar el siguiente paso. Además, justo en ese momento, el vecino del piso de abajo está acercándose al portal con las llaves en la mano.

—Vamos, joder... —me doy ánimos a mí mismo mientras cruzo la calle a la carrera, antes de que se cierre la puerta.

El vecino decide subir por el ascensor, así que yo lo hago por las escaleras. Primero para no coincidir en un espacio tan reducido que seguro que me obligará a entablar conversación y posiblemente a dar explicaciones acerca de mi ausencia. Segundo, para darme algo más de tiempo a pensar mi estrategia. Pero una vez que llego arriba, sigo sin saber qué hacer, así que, simplemente, actúo por inercia. Dejo que mis nudillos piquen con fuerza contra la madera y luego doy un paso atrás, llevándome las manos a los bolsillos mientras espero pacientemente.

—Quiero esa mesa recogida antes de cenar. Simon, eso también va por ti. Ayuda a tu hermana —escucho que dice Valerie.

—Pero yo he recogido el baño... —se queja.

—Porque lo has ensuciado tú, listo —escucho que le replica Rosie.

—Quien no recoja la mesa, no cena —vuelve a intervenir Valerie, justo delante de la puerta. Lo sé porque escucho su voz con mucha nitidez, así que me pongo algo más nervioso y mi respiración se acelera—: ¿Quién es?

—Valerie... Soy yo... —contesto con un hilo de voz.

Se produce un largo silencio.

—Valerie... Por favor... —insisto por miedo a que se haya alejado de la puerta, acercándome hasta apoyar las palmas en el marco de madera—. Déjame entrar. Necesito hablar contigo.

—¡No!

—¡Valerie! —grito golpeando la puerta al imaginarla alejándose—. ¡Valerie, por favor!

—¡Es papá! —escucho la voz de Rosie.

—¡Rosie, Simon! ¡A vuestra habitación!

—¡Pero...!

—¡No hay pero que valga!

—¡¿Y la mesa?! ¡¿No tenías tanto empeño en que la recogiéramos antes de cenar?!

—¡Simon, por tu bien, no me calientes!

—Pero... queremos ver a papá... —dice entonces Harry.

—Ayúdame. Ponme las cosas fáciles. Le veréis, os lo prometo, pero...

—Está bien... Vamos, Sy. Vamos a mi ordenador un rato, Rosie —les dice a sus hermanos pequeños.

En ese momento, escucho de nuevo los pasos acercarse.

—¿Qué quieres?

—Pedirte perdón, hablar contigo, que me cuentes cosas acerca de tu embarazo...

—Pensaba que ya había respondido a lo único que te interesaba saber acerca de mi embarazo...

—Perdóname, Val... Me bloqueé... Sé que soy el padre, y cuando me lo dijiste también. Solo pretendía...

—Hacerme daño.

—Sí —confieso.

—Pues lo conseguiste.

—Perdóname...

—Vale, ya está. Perdonado. Adiós.

—¡No! ¡Por favor! Necesito... Quiero ver a Noah...

—Vienes con unos meses de antelación.

—No... O sea... Háblame de él o ella... Quiero saber cosas... Quiero estar ahí para el bebé, y para los chicos... Y sobre todo, para ti.

—Un poco tarde.

—Lo sé. Sé que he actuado fatal, pero quiero cambiar. Tú ya me cambiaste una vez, y sé que puedo hacerlo otra vez...

De nuevo nos quedamos en silencio durante un buen rato, escuchando el sonido de nuestras respiraciones. Acaricio la madera de la puerta como si con eso estuviera tocando su piel, y apoyo la frente en ella antes de hablar de nuevo.

—Déjame entrar... —susurro.

—No.

—Déjame entrar —repito con algo más de firmeza.

—Vete.

—Valerie, déjame entrar.

—No.

—Te diré lo que va a pasar... Te voy a pedir que me dejes entrar unas cuantas veces más y tú me dirás que no otras tantas, pero al final me acabarás dejando, porque tú siempre me dejas entrar... Porque me quieres y me echas de menos. Porque sé que lo estás pasando tan mal como yo. Porque sé que el libro hizo renacer sentimientos hacia mí que creías haber enterrado. Porque no puedes vivir sin mí aunque lo intentes. Porque yo ocupo tu último pensamiento al acostarte y el primero al levantarte. ¿Y sabes cómo sé todo eso? Porque yo siento lo mismo.

Escucho un sollozo a través de la puerta y me gustaría atravesarla para estrecharla entre mis brazos.

—Te amo, Valerie...

—Lucas... —jadea—. Escucha... Te voy a dejar entrar para que los niños te vean, pero ahora mismo, aquí, no podemos hablar... Me siento como si estuviera en territorio enemigo aun estando en mi propia casa... Necesito hablar con la cabeza fría. ¿De acuerdo?

—Pero...

—O lo tomas o lo dejas.

—Está bien, está bien...

Al rato, escucho el cerrojo y veo cómo la puerta se abre lentamente. Verla de nuevo y no poder tocarla, es como si me dieran un golpe en el estómago con un bate de baseball. Pero no puedo cagarla, así que sonrío con timidez y espero a que se aparte a un lado para entrar en el apartamento. Enseguida me invaden multitud de olores diferentes aunque totalmente familiares: el de la madera del suelo, el del suavizante de la ropa, el de la comida del horno, el del champú de los niños...

—¡Papá! —gritan los tres, sacándome de mi ensoñación, seguro que atentos a todo lo que pasaba a pesar de estar encerrados en su habitación.

—Hola, chicos —digo agachándome a su altura—. ¿Cómo estáis?

—Bien —contesta Simon—. ¿Te quedas a cenar?

—¿Te quedas unos días? —me pregunta Rosie.

—¿Te quedas para siempre? —dice Harry.

—Eh... Demasiadas preguntas de golpe... A ver... Poco a poco... No me puedo quedar a cenar...

—¿Por qué no? —me corta Simon.

—Porque he quedado con Hoyt, Roger y Bruce... —miento para poder cumplir la promesa que antes le he hecho a Valerie.

—¿Prefieres cenar con ellos a hacerlo con nosotros? —insiste Rosie.

—Es que...

—Chicos, papá hace tiempo que no ve a sus amigos —me ayuda Valerie—. Os prometo que le veréis otro día.

—¿Mañana? —pregunta Simon.

—Bueno, ya veremos.

—Solo venía a deciros hola.

—¿Sabes que mamá va a tener un bebé? —pregunta Rosie.

—Sí... —sonrío.

—Y que se va a llamar Noah aunque no sabemos si es chico o chica?

—Ajá.

—¿Y te gusta? Lo hemos elegido nosotros, ¿sabes?

—Me encanta.

—Tendrás que acompañar a mamá al médico, y cuidarla, así que tendrás que quedarte en Nueva York y no irte a Kansas.

—Rosie tiene razón. Esa casa es muy chula, pero allí no estamos nosotros y ahora que mamá está embarazada, nosotros no nos vamos a separar de ella para cuidarla y eso... —añade Simon.

—Me parece perfecto, campeón. Es más, os prohíbo que la dejéis sola, ¿de acuerdo?

—Prometido —responden los tres, asintiendo a la vez.

—Bueno, y ahora, seguid recogiendo la mesa que cenamos en poco rato —interviene Valerie.

—Jo... Un rato más...

—No, venga va, Sy. Tu madre tiene razón —la ayudo yo ahora—. Me voy ya que no quiero llegar tarde...

—Adiós, papá.

—Adiós, chicos —me despido de los tres dándoles un fuerte abrazo y un beso.

Valerie camina detrás de mí hacia la puerta. En cuanto la abro y salgo al rellano, me doy la vuelta y la miro.

—¿Te parece si te llamo mañana? —le pregunto con tiento.

—De acuerdo.

—Genial... Hasta mañana y gracias...

—Adiós.

Veo cerrarse la puerta a cámara lenta, quiero pensar que porque ella tampoco quiere perderme de vista, aunque sé que es cosa de mi imaginación. Además, todo lo que sucede a continuación, lo hace con la misma parsimonia... Bajo las escaleras como si tuviera pesos de plomo en los zapatos y luego, ya en la calle, arrastro las piernas con apatía, echando rápidos vistazos hacia las ventanas, esperando verla asomada en ellas... Algo que no sucede...

El tiempo también pasa con lentitud, aunque esta vez las paso estirado en la cama de mi habitación, mirando el insulso techo, no bebiendo hasta perder el sentido. Si quiero hacer las cosas de otra manera, debo empezar ya mismo. Giro la cabeza hacia una de las mesitas de noche, donde reposa mi teléfono móvil. No ha sonado en toda la noche, pero aun así, lo compruebo. Resoplo resignado, pero entonces me doy cuenta de que son las doce y media de la noche y de que, por lo tanto, ya es mañana, y como si escuchara de nuevo la voz de Rose, repito "pagas la fianza y vuelves a insistir". Mis dedos vuelan por las teclas, escribiendo el mensaje que voy a enviarle.

"Ya es mañana. ¿A qué hora quedamos?"

Vuelvo a recostar la espalda en el colchón, mirando de nuevo el techo, aún con el teléfono en la mano. Doy un bote cuando vibra.

"He tenido que prometerles a los chicos que nos veríamos por la mañana. Si no, no había manera de que se fueran a la cama. ¿Qué te parece si les llevamos a patinar al parque, y mientras tanto tú y yo hablamos tomando un café?

¿Qué me parece? Ahora mismo, arrancarme con pinzas los pelos de las piernas me parecería un plan perfecto con tal de estar con ella.

"¡Genial! ¿A qué hora os va bien? ¿A las diez? Siento parecer tan ansioso pero es que... lo estoy"

"A las diez me parece bien"

"Perfecto. Os pasaré a recoger. Escucha... ¿tienes una foto de Noah? ¿Me la enseñas?"

Dos minutos después, la foto de una ecografía llega a mi teléfono. La observo durante unos minutos, totalmente embobado, admirando esa enorme cabeza y esas piernas y brazos tan cortitos.

Entonces, de repente, la imagen desaparece de mi pantalla, pero es porque tengo una llamada. Y es Valerie...

—Hola... —susurra.

—Hola —contesto sonriendo, muy nervioso.

—Dijiste que querías saber cosas de Noah...

—Sí. Es... Es perfecto... O perfecta. ¿Va todo... bien?

—Más o menos. Está bien pero no coge peso... Ni el bebé ni yo. Mi doctora dijo que era debido al estrés, por eso me dio la baja...

—Algo me dice que soy en parte responsable...

—En parte no, totalmente responsable.

Como antes, nos sumimos en un completo silencio nada incómodo, al menos para mí. Me podría pasar horas escuchándola respirar, como si lo hiciera en mi oído.

—Yo no te compré nada...

—¿Qué?

—Que no te compré nada por Navidad...

—No... No pasa nada... Este es mi regalo. Tú y los chicos sois mi regalo. ¿Te...? ¿Te gustó el libro?

—Me encantó. De la primera a la última página —contesta remarcando especialmente las dos últimas palabras y haciéndome el hombre más feliz del mundo—. Buenas noches, Lucas.

—Buenas noches, Val. Hasta mañana. Te quiero...

Ella cuelga segundos después. No me ha contestado, pero sé que me ha oído. No me hace falta escuchar que me quiere, solo quiero asegurarme de que no olvide nunca que ella es lo primero para mí. Lo era, lo es y lo será el resto de mi vida.

CAPÍTULO 18: NO SÉ VIVIR ALEJADA DE TI Y SI VA A TENER QUE SER ASÍ, PREFIERO DECIRTE ADIÓS AHORA MISMO

—¿Mamá?

—¿Qué?

—¿A qué hora viene papá?

—Sobre las diez.

—Pues lleva un rato ahí abajo...

—¿Cómo...? —pregunto mientras me acerco hasta Harry, que está a una distancia prudencial de la ventana de su habitación, mirando hacia la calle.

En cuanto llego a su lado, sigo con la mirada hacia donde él señala y le veo de espaldas, con las manos en los bolsillos de la chaqueta y un gorro de lana en la cabeza. Miro la hora en mi reloj de pulsera y compruebo que aún faltan unos minutos para las nueve de la mañana.

—Me parece que tiene muchas ganas de verte... —me dice Harry, mirándome de reojo y con una sonrisa socarrona en la cara.

—Os echa mucho de menos...

—Ya, claro...

—Que sí...

—No lo niego, pero está ahí abajo una hora antes de la hora por ti.

Giro la cabeza y vuelvo a fijar los ojos en él. Un halo de vaho sale de su boca y es que, aunque no está nevando, las calles aún están cubiertas por el manto blanco que cayó ayer y tiene pinta de hacer mucho frío. Va bien abrigado, con sus botas de montaña, un pantalón marrón de pana, su abrigo de invierno y el gorro en la cabeza, pero a pesar de eso, tiene que estar pasándolo mal.

Así que corro hacia mi dormitorio a por el teléfono y vuelvo junto a Harry con él ya en la oreja.

—Mira, mamá, ya le suena... —dice Harry, riendo emocionado, mientras espiamos a Lucas, que se apresura a sacar su móvil del bolsillo de la chaqueta.

—Hola —responde enseguida.

—¿No es algo pronto para pasar frío en la calle?

—¿Eh...? —Y entonces levanta la vista hacia las ventanas y nos ve a Harry y a mí, saludándole con la mano—. Ah... Hola... Eh... Es algo... pronto... Sí, pero... Es que no sabía...

—¿Has desayunado? —le pregunto sonriendo.

—Un café...

—Nosotros íbamos a ello ahora. ¿Quieres subir?

—Bueno, no quiero molestar...

—Lucas, hace mucho frío. Es cuestión de caridad humana...

—Sí, bueno —ríe—, hace algo de frío, sí...

—Te abro. Sube.

No quiero que se me note, pero estoy nerviosa. Volver a tener contacto con él, en casa, en un momento tan familiar como el desayuno, me hace mucha ilusión, aunque también me inquieta. No sé aún qué voy a hacer, si voy a darle otra oportunidad o a decirle adiós definitivamente, y tenerle tan cerca, es como poner a prueba mi fuerza de voluntad. Y es que, aunque más delgado, está igual de guapo que siempre. Puede que haya perdido su punto canalla, su chispa, o que, según me han contado los niños después de visitarle, ya no sea tan divertido como antes, pero sus ojos siguen teniendo esa luz que me atrajo desde el primer día que le vi. Ese azul combinado con esos hoyuelos en las mejillas que ni la barba de varios días puede disimular, han sido mi perdición desde siempre, y no creo haberme vuelto inmune en este tiempo que hemos estado separados.

Voy a la cocina y empiezo a servir el café mientras él sube. Los niños le esperan impacientes frente a la puerta, dispuestos a asaltarle en cuanto aparezca. Verles tan felices, tampoco me ayuda en mi empeño de tomar una decisión con la cabeza y no con el corazón.

—¡Papá! —gritan los mellizos a la vez.

—¡Hola! ¡Eh, que me tiráis...!

Al rato solo escucho sus risas, y a Harry intentando poner un poco de orden. Aparece en la cocina con Simon colgado del cuello, cogiendo a Rosie en brazos y con Harry tirando de su mano.

—Vamos, papá. Ven —le dice este último—, que te lo enseño.

—Y luego a nuestra habitación, que te quiero enseñar la casa de muñecas que me trajo Santa Claus.

—Y a mí me ayudas a ponerme el uniforme de los Yankees, porque iremos al parque a batear, ¿verdad?

—Sí, claro, con la nieve... Pues anda que verás bien la pelota... —le dice Rosie.

—¡Pues sí la veré, lista!

—Buenos días... —me saluda él, sonriendo a pesar de que los dos se están peleando a gritos en su oreja. Y ahí están esos ojos azules y los hoyuelos en ambas mejillas: mi talón de Aquiles.

—Hola —contesto riendo—. ¿Seguro que no te arrepientes de haber venido tan temprano?

—No...

—Vamos, papá... —insiste Harry.

—En cinco minutos estará listo el desayuno, así que no le agobiéis demasiado —les informo.

—¡Vale!

Poco después de perderse por el pasillo, me llega un mensaje de Janet al grupo que tenemos creado con las chicas.

"¡Bruce y los chicos estuvieron tomando una cerveza ayer con Lucas! ¡Está en la ciudad!"

Sonrío al tiempo que escribo la respuesta. Sé que lo que voy a poner va a desatar la Tercera Guerra Mundial, así que me relamo mientras dejo ir la bomba.

"Lo sé. Luego estuvo en casa... De hecho, está aquí ahora"

"¡¿Qué?!"

"¡¿En tu casa?! ¡¿Ayer?! ¡¿Ahora?!"

"¡¿Y POR QUÉ NOS ESTAMOS ENTERANDO AHORA Y NO AYER NADA MÁS SUCEDER?!"

"¡Di algo!"

Gloria me está llamando, pero no me puedo permitir hablar con ella ahora mismo, así que le cuelgo y escribo un mensaje que sirva para todas.

"Ahora no os puedo contar mucho. Ayer vino a verme para hablar, pero yo no estaba preparada. Quedamos para hoy a las diez. Llevaremos a los chicos a patinar y así nosotros hablamos tranquilos"

Tras colgar la llamada de Janet y de Carol también, consigo enviarlo. Recibo varias respuestas en pocos segundos, todas preguntándome prácticamente lo mismo. Resoplo resignada, agudizo el oído y escucho las voces amortiguadas de los cuatro, así que me tomo algo más de tiempo en contestarles.

"¿Y qué le vas a decir? Porque seguro que te pide otra oportunidad..."

"¿Le vas a dar otra oportunidad?"

"¿Qué le vas a pedir a cambio de perdonarle? Porque sé seguro que lo vas a hacer"

"Hazte la dura un poco al menos, que no te cieguen esos ojos azules y ese culo tan prieto..."

"Dime que no ha perdido ni un poco de ese toque canalla tan sexy..."

Vale, quizá no todos los mensajes sean iguales, pero decido contestarles a todas a la vez.

"Aún no sé qué voy a hacer. Le amo y sé que él también a mí, pero no puedo perdonarle sin una garantía de que las cosas no van a ser como poco antes de separarnos. Menos aún ahora, que seremos uno más. Voy a dejar que se explique, al fin y al cabo es él el que ha insistido en hablar conmigo... Y sí, sigue siendo tan sexy como siempre, aunque creo que ha perdido parte de ese toque tan altivo y canalla. Os dejo. Advierto: NO VOY A CONTESTAR NINGÚN MENSAJE NI LLAMADA. Por la noche os cuento"

≈≈≈

—Y Nancy dijo que Santa le iba a traer el coche descapotable de Barbie, pero mamá nos dijo que Santa solo trae regalos que cuesten menos de cien dólares.

—¿Y qué lleva ese descapotable para costar más de cien dólares? ¿Acaso Nancy podrá ir al colegio montada en él? —le pregunta Lucas.

—¡Qué va! —ríe Rosie—. ¡Si no cabe! ¡Es un coche de juguete, papá!

—¿Pues sabes qué te digo? Que Barbie seguro que va igual de bien en un coche mucho más barato... Imagínate que se choca y tiene que cambiarle la carrocería al descapotable... ¡Se iba a dejar un pastón, la pobre!

Los chicos ríen sin parar con las bocas abiertas, dejando a la vista las tostadas que están comiendo, pero no me importa. Hace tanto que no escucho estas risas en casa...

—¿De qué trabaja, Barbie? —prosigue Lucas—. Porque depende de lo que sea, el sueldo no le da para pagar mansión y cochazo...

—Estás loco, papá —contesta Rosie, secándose las lágrimas de los ojos.

—Ahora en serio, mamá tiene razón. Hay muchos niños en el mundo... Santa Claus tiene un presupuesto limitado y si se gasta cien dólares solo en un regalo, le quedará menos dinero para el resto...

—¡Claro! Cuando fuimos a ver a Santa para entregarle nuestra carta, mamá estuvo hablando con él también y le dijo que mejor que no pidiéramos cosas que costasen más de cien dólares y que mejor si valían menos de cincuenta dólares... —interviene Simon—. Yo no sé cómo Nancy puede dormir con la conciencia tranquila sabiendo que un niño se habrá quedado sin regalo por su culpa...

—Hombre, seguro que Santa lo pudo arreglar —digo yo.

—Claro, del dinero que sobró de tu regalo, compró el de otro niño —añade Harry, intentando chinchar a su hermano.

—Además, ¿a que todos habéis recibido lo que queríais? —pregunta Lucas.

Los mellizos asienten con firmeza, Harry en cambio aprieta los labios y tuerce el gesto.

—¿No, Harry? —le pregunto—. ¿Acaso no querías ese patinete?

—Bueno... Sí...

—No pareces muy convencido —le dice Lucas.

—No pasa nada. Deseaba otra cosa aún más que ese patinete, y pensaba que no me lo traería, pero al final, puede que sí lo tenga...

Nos mira a los dos intentando disimular la satisfacción que siente ahora mismo, agachando la cabeza con timidez, mientras que Rosie y Simon le miran con el ceño fruncido.

—¿Santa puede traer regalos aunque no sea Navidad? —le pregunta ella.

—A veces no es Santa el que trae el regalo —contesta Harry.

—¿Quieres decir que vas a recibir otro regalo? ¡Qué morro! ¡Mamá, si Harry recibe un regalo de alguien que no es Santa, yo también quiero uno! —se queja Simon.

—No solo yo... El regalo que yo más quería no es solo para mí.

—¿En serio?

—Confía en mí —le contesta guiñándole un ojo.

Mientras los tres hablan, clavo los ojos en el humo que aún sale de mi taza de café, la cual agarro con ambas manos. Trago saliva varias veces y entonces me atrevo a mirar de reojo a Lucas. Puedo imaginar cuál es el regalo del que habla Harry, y sé que tiene mucho que ver con que su padre esté aquí y vaya a pasar el día con nosotros, solo que él querría que no solo fuera un día, sino algo permanente.

Cuando por fin me atrevo a levantar la cabeza, me topo con los ojos de Lucas. Sonríe cuando nuestras miradas se encuentran. Luego se muerde el labio inferior, compartiendo la misma ilusión que Harry.

—Bueno... ¿Habéis acabado de desayunar? —pregunto intentando romper este clima que se ha formado—. ¿Nos vamos?

≈≈≈

—¡Mírame, papá! —le grita Rosie.

—¡Mira, papá! ¡Voy a ir muy rápido hasta el otro lado! —dice entonces Simon.

—¡Jolín, Simon! ¡Que ahora me tiene que mirar a mí! —se queja Rosie.

—Ni a ti ni a Sy. Papá, ¿me cronometras la vuelta que voy a dar? —interviene entonces Harry.

Lucas mira a uno y otro mientras le hablan, con cara de agobio. Quiere contentar a los tres, pero no se lo están poniendo fácil.

—¿Sabéis qué? Papá y yo nos vamos a tomar un café ahí sentados —salgo en su ayuda señalando hacia las mesas que hay al lado de la pista—, tranquilos y relajados. Patinad y os miraremos desde allí.

—¡Jo...!

—Pues vaya rollo... No patinas con nosotros, no nos miras... ¿Para qué has venido?

Nada más escuchar a Simon, Harry le da una colleja para hacerle callar.

—Para estar con mamá —les dice mientras les coge de las manos y, justo después de guiñarnos un ojo, se aleja arrastrando a sus hermanos con él.

Les observamos alejarse hasta que mi cuerpo tirita de repente, sacándome de esa especie de ensoñación en la que me había sumido al observar a mis tres hijos alejarse radiantes de felicidad. Me subo el cuello del abrigo y me abrazo el cuerpo con ambas manos.

—Vamos a por ese café —me dice Lucas, acercándose a mí lo suficiente como para que nuestros brazos se rocen.

En cuanto encontramos una mesa libre lo suficientemente cercana a la pista, desde la que podemos controlarles mientras patinan, él se ofrece para ir a buscarlos. Miro hacia el hielo y devuelvo el saludo a los chicos. Luego giro la cabeza en dirección contraria y observo a Lucas. Está de espaldas a mí, haciendo cola frente a la pequeña camioneta que hace las veces de cafetería. Lleva el gorro de lana puesto, pero en cambio no los guantes, lo cual compruebo cuando coge la billetera de uno de los bolsillos de atrás del pantalón. Aunque está más delgado, sigue teniendo un culo impresionante, pienso mientras me muerdo el labio inferior de forma lasciva. Y esas espaldas anchas... Me pregunto si las mangas de las camisas y camisetas se le seguirán ciñendo a los bíceps... Nunca ha pisado un gimnasio, él era más de correr y de vez en cuando salir con la bicicleta, pero siempre ha tenido unos brazos bastante fibrados y con los músculos bastante marcados. Sigo recreándome en su cuerpo cuando le veo volver con una pequeña bandeja entre las manos. Sonríe, le devuelvo el gesto y, como una idiota adolescente, agacho la cabeza con timidez.

—Café con leche desnatada y sacarina —me informa una vez sentado en la silla frente a mí, mientras me tiende mi vaso—. Te he traído un donut, para compensar la falta de azúcar del café...

—¡Lucas! No deberías haberme traído ese donut...

—No es para ti, es para Noah.

Volvemos a sonreírnos como unos bobos, y entonces su mirada baja hacia mi vientre. Su expresión se vuelve algo más seria, como melancólica, y por primera vez veo reflejado el paso de estos meses en su rostro, concretamente en unas pequeñas arrugas alrededor de sus ojos.

—¡Mamá! —Doy un respingo encima de la silla y me doy la vuelta aún con la mano encima del pecho—. He tardado solo diez segundos en dar una vuelta.

—¿Diez...? ¿Diez segundos solo? —le pregunto aún con el susto en el cuerpo.

—¡Te lo juro! —contesta Simon con las mejillas rojas y un halo de vaho saliendo de su boca al hablar.

—¿Y cómo sabes que han sido diez? —le pregunta Lucas.

—Porque los he contado.

—Vale, ¿y cómo sabes que han sido diez? —repite la pregunta y, ante la cara de incomprensión de Simon, añade—: A ver, ¿cómo has contado?

—Pues uno... dos... tres...

—Entre tu uno y tu dos, no pasa un segundo, sino dos o incluso tres... Si yo corro de aquí a allí y cuento como tú lo has hecho ahora, calculo que tardaría unos siete segundos cuando, como mínimo, cronómetro en mano, tardaría entre quince y dieciocho segundos. No estoy diciendo que estés mintiendo, solo que tus cálculos son imprecisos...

—Eh... ¿Quieres decir que lo repita? —pregunta inseguro.

—Sí, campeón. Inténtalo de nuevo. Dile a tu hermano que te cronometre con su reloj.

—Vale, papá. Te dejo que estés con mamá.

—Gracias, colega.

Después de varios segundos, se gira de nuevo y me mira fijamente a los ojos.

—Creo que nos hemos asegurado unos cuantos minutos a solas...

—Pues aprovéchalos —contesto.

—¿Por qué me suena a ultimátum?

—No lo es.

—Pues siento como si me lo jugara todo a una sola carta... Como si de lo que dijera ahora, o estos días, dependiera nuestro porvenir... Y por un lado estoy agradecido por esta nueva oportunidad, pero por otra... estoy acojonado, porque no quiero cagarla y no quiero perderos... otra vez. Y... Joder... No sé siquiera ni qué decir...

—Vas bien —le informo para tranquilizarle—. Aunque no puedes perderme otra vez cuando ni siquiera me has vuelto a recuperar.

Se le escapa la risa y agacha la cabeza, rascándose la nuca a la vez. Se queda así, pensativo, durante un buen rato, hasta que le escucho hablar con un hilo de voz.

—Hablo en serio cuando digo que estoy cagado... Por muchas cosas... Cuando digo que no quiero perderte no es porque crea que ya te he recuperado... Sé que tengo que currármelo mucho y demostrarte que he cambiado. Me refiero a que no quiero que esto —dice moviendo un dedo entre los dos— se acabe. Sé que esto a lo mejor no significa nada para ti, pero es un mundo para mí...

Entorno los ojos y le miro algo molesta por su comentario. Afortunadamente para él, enseguida se da cuenta de ello y se apresura a arreglarlo.

—No... O sea... No... Joder... Ya la estoy cagando de nuevo...

—Pues sí, un poco.

—Verás... No es que crea que no te importo, sé que es así porque de lo contrario, no me darías esta oportunidad de explicarme y de compartir este tiempo contigo. A lo que me refiero es a que valoro mucho este rato con vosotros... La cagué mucho, pero nunca quise alejarme de vosotros, al menos de forma consciente. Y nunca has dejado de ser la persona más importante para mí... Eres mi salvación, Valerie... Tú me cambiaste y... nunca pasó nada de nada entre Jennifer y yo... aunque ella se me insinuara.

—Lo sabía... —susurro chasqueando la lengua. El corazón empieza a latirme a mucha más velocidad que hace unos minutos y siento cómo me hierve la sangre.

—Te lo cuento porque quiero que sepas que no pasó nada, que yo nunca te haría eso porque si te tengo a ti, no necesito a nadie más... Y... Fui un gilipollas, ¿sabes?

—¿Cuándo? —me limito a preguntar.

—Siempre —sonríe Lucas con nerviosismo—, pero sobre todo cuando me contaste lo del embarazo. Sabía que era mío, nunca dudé de ti, pero estaba muy celoso...

—¿Celoso? ¿De quién? ¿Te di acaso motivos para estarlo?

—No, nunca... Al menos hasta aquella noche que supe que habías salido con las chicas... Me enteré luego de que Nick y algunos más estuvieron por allí...

—Y mucha gente más, pero no me voy a liar con el primero que se me cruce, Lucas. Yo no soy así...

—Lo sé. En el fondo sabía que no me harías eso, pero estaba celoso de todas formas...

—Creo que te entiendo... —acabo diciendo al final, dándome cuenta de que sus celos no eran tan diferentes a los míos.

Lucas acerca su silla a la mía y, apoyando los codos en sus rodillas, sigue hablando como en susurros, entre largos suspiros.

—¿Cómo hemos dejado que la situación llegara a esto? ¿Por qué no lo hablamos antes?

—Porque nunca estabas aquí para hacerlo...

—Pero quiero estar... Para ti, para los chicos... para Noah...

Clava sus ojos en mi vientre y veo cómo su mano empieza a acercase a mi barriga. Poco antes de llegar, se detiene y me mira dubitativo. Le sonrío, le cojo la mano y le ayudo a recorrer los pocos centímetros que nos separaban. En cuanto me toca, un jadeo se escapa de su boca y veo cómo los ojos se le humedecen.

—Está perfecto... o perfecta —empiezo a decir, sonriéndole con dulzura para intentar tranquilizarle—, aunque, como te dije, algo más pequeño de lo que debería... Tenemos que coger peso los dos. Y además, aún no le he notado, y debería haber empezado a sentir algo... ¿Te acuerdas del embarazo de Simon y Rosie? ¿Te acuerdas cómo se movían dentro de mí?

—Sí... —responde al tiempo que se le escapa una sonrisa melancólica.

—Pues de momento, Noah está muy quieto... La doctora me ha dicho que es normal en casos de estrés y eso... Por eso me dio la baja. Tengo que volver a primeros de año para ver cómo hemos evolucionado los dos...

—¿Qué día vas?

—Tengo hora el dos de Enero.

—Quiero ir contigo. ¿Puedo?

—Eh... Claro... ¿Pero no se supone que deberías estar trabajando para entonces? ¿No tienes una empresa que dirigir? No sé yo si el señor Brancroft estaría muy contento si se enterase de que dejas una de las sucursales que más le preocupa a la deriva...

—Puedo arreglarlo...

—¿Vas a quedarte en Nueva York hasta entonces?

—Sí... Esa sería la idea... —contesta mientras sus dedos se mueven bajo los míos, acariciando suavemente mi vientre.

—Escucha, no te preocupes... Estaremos bien...

—Sí me preocupo... —contesta con cara de agobio. Se remueve en la silla, separándose de mí hasta apoyar la espalda en el respaldo. Se quita el gorro de lana y se rasca la cabeza—. No puedo dejar de pensar en que todo esto es por mi culpa... Si yo hubiera estado a tu lado, Noah y tú estaríais bien.

—Lucas, estamos bien.

—No lo estáis...

—Vale, entendido, reconozco que podríamos estar mejor, pero...

Y entonces, me doy cuenta de que mis dedos llevan un rato enredados en su pelo, peinándoselo con cariño, como solía hacer siempre. Me sonrojo y me apresuro a apartar la mano, pero él me la agarra antes de poder posarla en mi regazo. No nos decimos nada, pero no podemos apartar los ojos el uno del otro. Y no hace falta que me diga nada porque le conozco tan bien que puedo leerle a través de ese azul tan intenso. Puedo saber que está triste por la situación, y a la vez ilusionado por esta nueva y pequeña perspectiva de futuro. Aterrado por la posibilidad de que lo nuestro no vaya bien, y a la vez decidido a hacer todo lo que esté en su mano para conseguirlo. Y sobre todo, puedo saber que me quiere, puedo verlo en sus ojos, mientras que en mi cabeza resuena una frase de ese increíble correo electrónico que adorna la última página de nuestra historia: "Quiero gritar a los cuatro vientos que has sido lo mejor que me ha pasado en la vida".

—¡Diecisiete segundos! —grita entonces Simon, golpeando en la mampara transparente que separa la pista de hielo de nuestra mesa, justo a nuestro lado.

Al momento nos giramos hacia él y hacemos un enorme esfuerzo por sonreír y hacer ver que no acaba de romper un momento bastante íntimo, al menos para lo que estamos acostumbrados últimamente.

—Está perfecto, campeón —le dice Lucas.

Simon nos mira radiante de felicidad por su proeza, hasta que Harry aparece con Rosie de la mano.

—Lo siento... Es que no puedo controlarlos a los dos... —se excusa.

—Pues espera a que seamos uno más —le dice Simon en tono amenazante—. ¡Vas a flipar!

—No pasa nada, cariño... —le digo a Harry, hasta que miro a Lucas—. ¿Por qué no te metes un rato con ellos?

—¡Sí! ¡Vente, papá! —gritan los mellizos.

—¿Y te vas a quedar aquí sola? —me pregunta él.

—No soy ninguna desvalida, te lo aseguro... Que Simon y Rosie me han enseñado karate —contesto poniendo los brazos en pose al más puro estilo karateka.

—¿Estarás bien? ¿Seguro?

—Sí, no te preocupes.

—¿Estamos...? ¿Estamos bien? —insiste con cara de pavor, agachándose frente a mí.

—Sí, de verdad. Tranquilo. Eso también es estar conmigo —digo señalando con la cabeza hacia la pista de hielo.

Y así, durante casi media hora más, observo cómo mis hijos disfrutan a lo grande con su padre, que no me pierde de vista ni un minuto a pesar de estar jugando con ellos. Y entonces todo parece como antes, como si entre nosotros no hubiera habido una separación que casi acaba con lo nuestro.

≈≈≈

Hace un rato que hemos acabado de cenar. Al final, Lucas ha pasado todo el día con nosotros y, aunque no hemos parado, me he podido relajar por primera vez en mucho tiempo. No ha dejado que me ocupe de nada, ni siquiera de hacer la cena cuando hemos llegado a casa. Por eso le pedí que se quedara con nosotros.

Ahora estoy estirada en el sofá, tapada con mi manta, saboreando una taza de té que me ha preparado antes de llevarse a los pequeños a la cama.

—Ya está —dice entonces, apareciendo por el pasillo—. Han caído rendidos.

—Genial... Gracias —contesto apoyando la cabeza de lado en el respaldo del sofá—. Por todo. Ha sido un día increíble.

—Para mí también.

Y entonces siento algo en el estómago. Me incorporo de golpe y me pongo seria. Supongo que mi reacción ha asustado un poco a Lucas porque enseguida se agacha a mi lado.

—Valerie, ¿estás bien?

Aún con la boca abierta, giro la cabeza para mirarle y entonces se me dibuja una sonrisa. Le agarro la mano, me levanto la camiseta y la apoyo en mi piel desnuda.

—Le siento —le digo con los ojos llorosos, muy emocionada—. Se está moviendo. Le siento moverse, Lucas.

Lucas clava su mirada en mi vientre desnudo, mientras mantiene apoyadas ambas manos en él, con el pecho subiendo y bajando con rapidez. Entonces siento el movimiento de nuevo y sé que él lo ha notado también porque sus ojos se abren como platos y una enorme sonrisa se empieza a formar en sus labios. Se me escapa la risa, mezclada con el llanto, un llanto de alivio más que nada.

—Hola, peque... —susurra Lucas, tan cerca de mi piel que su aliento me hace cosquillas—. Soy papá...

Intento ahogar un jadeo en cuanto escucho sus palabras, pero entonces él apoya la frente con suavidad en mi vientre, como si intentara esconder su cara, y le escucho sollozar. Su cuerpo empieza a temblar levemente y siento cómo algunas de sus lágrimas mojan mi piel.

—Lucas... —le llamo con un hilo de voz mientras mis manos se posan en su cabeza y le acarician con cariño.

—Lo siento, lo siento, lo siento... —dice poniéndose en pie de golpe, rehuyendo mi mirada y frotándose la cara.

—Lucas, tranquilo...

Le observo dar vueltas sobre sí mismo, sin saber bien qué hacer, hasta que me mira con los ojos muy rojos y levanta una mano como si quisiera disculparse. Empieza a retroceder de espaldas mientras aprieta los labios con fuerza. Así hasta que agarra el pomo de la puerta y sale despavorido.

≈≈≈

Llevo un buen rato estirada en la cama. Incapaz de dormir, decidí abrir el libro que reposa en mi mesita de noche desde hace como...

casi un año. He releído el mismo párrafo como unas veinte veces sin enterarme lo más mínimo de lo que leía, incapaz de concentrarme en nada que no fuera pensar en Lucas, en el maravilloso día que hemos pasado juntos y, sobre todo, en su reacción al final de la noche. Entonces recibo un mensaje.

"Siento mucho lo de antes... No quería... Es igual. Lo siento. Perdóname"

"No tienes que pedirme perdón porque no tengo nada que perdonarte. No sé qué te pasó antes y tampoco tenías que salir huyendo como has hecho"

"No pretendía huir, solo impedir que me vieras llorar. De repente, al sentir a Noah dentro de ti, al revivir en mi cabeza todo este día de nuevo, he sido del todo consciente de lo que mucho que he perdido"

De repente siento que me falta el aire por culpa de un enorme peso en el pecho. Empiezo a sollozar y a temblar y me cuesta enfocar la vista mientras busco su número de teléfono en la agenda y pulso el botón de llamar. Descuelga al primer tono y, sin dejarle hablar, empiezo a balbucear. El problema es que entre mi respiración errática, el hipo continuo y los sollozos, me cuesta entenderme a mí misma.

—Valerie... No te entiendo... —me dice una y otra vez, y aunque yo me esfuerzo, no logro tranquilizarme y hablar con más claridad. Así que lo único que consigo es asustar a Lucas aún más—. Valerie, ¿estás bien? ¿Va todo bien? ¿Te duele algo? ¿Están los niños bien?

Me agobio con tanta pregunta y, viéndome incapaz de poder responderle con claridad, cuelgo la llamada y empiezo a escribirle un mensaje. También me cuesta lo suyo, y tengo que dejar de teclear varias veces para secarme los ojos o para limpiar la pantalla del teléfono de lágrimas. Pero por fin, después de releerlo varias veces y de borrar y volver a escribir algunas palabras, unos diez minutos después, consigo enviarlo.

"No me has perdido del todo. Nunca lo has hecho, ni siquiera cuando estabas a miles de kilómetros de mí. Pero no quiero volver a pasar por eso. No sé vivir alejada de ti y si va a tener que ser así, prefiero decirte adiós ahora mismo"

Espero su respuesta algunos minutos, hasta que de repente, oigo unos golpes en la puerta principal. Agudizo el oído hasta que me convenzo de que es la mía a la que llaman. Me bajo de la cama y camino con sigilo hasta la puerta.

—¿Quién es? —susurro en voz muy baja.

—Soy Lucas —responde él en el mismo tono.

Abro la puerta, muy confundida, y entonces me encuentro con su cara de susto y las mejillas rojas, supongo que en parte por culpa del esfuerzo, aunque también por el frío que seguro que hace en la calle. Me mira de arriba abajo como si estuviera comprobando si estoy de una pieza.

—¿Qué...? ¿Qué haces aquí?

—¿Estás bien? —me pregunta con el ceño fruncido, aún no convencido del todo a pesar de la primera impresión.

—Eh... Sí...

—Estaba preocupado... Parecías... Y me has colgado y...

—Te he colgado porque no podía parar de llorar y era incapaz de hacerme entender, pero te he enviado un mensaje.

Se palpa los bolsillos del pantalón hasta dar con su teléfono y entonces, al sacarlo, se da cuenta de que estoy diciendo la verdad. Le observo mientras veo sus ojos moverse por la pantalla, leyéndolo. Me siento algo incómoda por estar delante de él mientras lo hace, y me sonrojo. Cuando acaba levanta la cabeza y me mira. Traga saliva y mueve la mano con la que sostiene el teléfono, buscando las palabras adecuadas durante lo que se me antojan siglos, hasta que por fin, con un hilo de voz, dice:

—No me digas adiós... Por favor...

—Pues no me des motivos para hacerlo.

—Vale... —contesta agachando la cabeza, clavando la vista en el suelo. Le agarro de la chaqueta y tiro de él hacia mí, hasta que nuestros cuerpos se rozan con delicadeza. Entonces apoyo la cabeza en su pecho e inspiro con fuerza.

—Estás helado... —susurro mientras él me rodea con sus brazos.

—Tú en cambio estás tan acogedora... Pero no quiero que te enfríes —me dice agarrándome de los brazos y poniendo algo de separación entre los dos. Me mira fijamente a los ojos, con sus manos a ambos lados de mi cara y sus pulgares acariciando mis mejillas—. ¿Te puedo volver a ver mañana? Quiero ganarte de nuevo, Valerie... Ahora que sé que realmente me das esta nueva oportunidad, quiero demostrarte que las cosas serán diferentes. ¿De acuerdo?

—De acuerdo.

—Buenas noches...

—Buenas noches, Lucas.

—Te amo. Para siempre. No lo olvides, ¿vale?

—Nunca lo hago.

Y entonces, a pesar de mis ganas de aferrarme a él y de besarle, de perdonarle ya mismo, hacerle entrar en casa y no dejarle marchar jamás, él empieza a retroceder sin dejar de mirarme. Sonríe y me guiña un ojo, como si hubiera recobrado toda la seguridad en sí mismo de la que siempre ha hecho gala. Como si tuviera un plan...

CAPÍTULO 19: ESA CONFESIÓN ES MIL VECES

MEJOR QUE EL CIBER-SEXO

Tengo un plan para demostrarle que quiero estar con ella y a la vez acabar de un plumazo con todos sus celos, y los míos, para qué negarlo. Así pues, en cuanto llego al hotel, a pesar de ser muy tarde, enciendo mi portátil y le escribo un mail a Doris. Sé que debe de haber vuelto ya del viaje que le regalé, así que mañana mismo la llamaré y le pediré que acorte sus vacaciones para hacerme un enorme favor.

De: Lucas Turner (lturner@wwex.com)

Para: Doris Brown (dbrown@wwex.com)

Asunto: TE NECESITO

Mensaje:

Doris, te necesito para recuperar a mi mujer. Seguí vuestro consejo, hemos hablado y... creo que hemos decidido seguir adelante juntos, pero quiero demostrarle que he cambiado. Voy a cometer una locura, y te necesito para ello.

Necesitaré que me busques los horarios de los vuelos entre Nueva York y Kansas. Normalmente, volaré de Kansas a Nueva York todos los viernes, nada más plegar, y de Nueva York a Kansas todos los lunes, al amanecer. De todos modos, también habrá algún viaje relámpago. Son dos horas y cuarenta minutos de vuelo, así que puedo ir y volver el mismo día.

Eso será solo durante unos meses, porque luego quiero llevarles conmigo a Kansas. Por eso necesito que me busques buenos colegios e institutos por la zona. Quiero saber su plan de estudios completo y su metodología de trabajo. También me interesan las clases extraescolares que impartan.

Voy a hablar con el Sr. Brancroft para pedir el traslado de Valerie a nuestra sucursal. ¿Cómo lo ves? Su expediente es fantástico y sé que estaré aprovechándome de mi posición de poder pero... me la suda.

> *Por cierto, voy a ser padre de nuevo.*
>
> *Lucas Turner*
>
> *Director General de WWEX Kansas*

Después de enviar el mensaje, busco el teléfono de Brancroft en mi agenda y le llamo. La llamada se corta antes de que él pueda descolgar, así que insisto una segunda vez.

—Lucas, estamos de vacaciones, por el amor de Dios —resopla al descolgar.

—¿Recuerda cuando me dijo que me debía un favor por lo de Kansas?

—Feliz Navidad para ti también.

—¿Lo recuerda o no?

—Tienes presente que sigo siendo tu jefe y no un tío que acabas de conocer en un pub, ¿verdad?

—Y usted tiene presente que soy el tipo que le ahorró miles de dólares en pérdidas y salvó una de las delegaciones con más trabajadores hasta convertirla en una de las más productivas, ¿verdad?

Brancroft resopla y al rato le escucho disculparse con unos críos, seguramente sus nietos, y sus pasos resonando contra el suelo.

—A ver... ¿Qué es eso tan importante como para detener mi partida de Super Mario Bros.?

—Necesito preguntarle si, llegado el momento, aceptaría el traslado de Valerie a Kansas.

—Eh... Lucas... ¿Sabes que no soy yo el que decide acerca de esos temas, no?

—Lo tengo presente, señor, pero necesito saber si usted llegaría a estar dispuesto a firmar ese traslado en caso de que Jennifer se negase.

—¿Y por qué se iba a negar Jennifer a firmar el traslado de tu mujer a la delegación que tú diriges? Es lo más normal, ¿no? Que viváis juntos, digo...

—Bueno, digamos que podría alegar... conflicto de intereses, o abuso de poder por mi parte...

—¡Vamos! ¡No me jodas! ¡Todos lo haríamos en tu lugar! ¡Y no estás cometiendo un crimen!

—Lo sé, señor. Pero digamos que quiero cubrirme las espaldas en caso de que se negase.

—Lucas, ¿pasa algo entre tú y Jennifer que deba saber? Parte del éxito de la empresa se debe al buen entendimiento entre los dos y...

—No, señor. No pasa nada, pero quería contar con su apoyo.

—Vale, pues... Lo tienes, claro que lo tienes. ¿Cuándo se haría efectivo?

—Dentro de unos cuatro o cinco meses, puede que seis.

—Así que no sería inmediato... ¿Y a qué vienen tantas prisas?

—Es que... Voy a ser padre de nuevo, señor. Valerie está embarazada de cinco meses...

—¡Enhorabuena, Lucas!

—Gracias, señor. Ahora está de baja porque el bebé no cogía peso, y ella tampoco engordaba. El día dos de enero volvemos al médico... Yo seguiré trabajando en Kansas, e iré y volveré hasta que ella pueda venirse conmigo... Si es que acepta venir.

—Ah, ¿que encima no es algo seguro?

—Bueno, aún no se lo he preguntado...

—Vale, me parece que no quiero saber más —resopla Brancroft—. Me vuelvo con mis nietos que me dan muchos menos quebraderos de cabeza.

—¿Cuento con su aprobación, señor?

—Sí, siempre y cuando no vuelvas a llamarme mientras estés de vacaciones.

—Gracias, señor.

—Descansa, Lucas. Relájate.

≈ ≈ ≈

Mi teléfono suena y me levanto de un salto. Mi portátil, que anoche dejé olvidado encima de la cama, cae al suelo cuando me pongo en pie.

—¡Joder, mierda! —me quejo al recogerlo, comprobando que la pantalla se ha rajado por completo. Lo lanzo sobre el colchón y estiro el brazo para alcanzar mi teléfono—. ¡¿Sí?! ¡¿Hola?!

—¿Vas a ser padre y me lo dices así?

—Buenos días, Doris —saludo sonriendo.

—¡Ni buenos días ni leches!

—¿No es un poco pronto para que me pegues la bronca?

—Voy a acortar mis vacaciones por ti, así que creo que tengo todo el derecho del mundo a hacerlo.

—Tienes razón... —digo frotándome la frente—. Lo siento, pero no sabría hacerlo sin ti.

—Puedes estar seguro de ello... —contesta con un tono de voz más relajado que hace unos segundos—. Así que vas a ser papá de nuevo...

—Sí...

—¿Para cuándo?

—Para Abril.

—Pero eso es ya mismo...

—Sí, está de cinco meses... Es una larga historia —le acabo diciendo al imaginarme las decenas de preguntas que se debe de estar haciendo Doris—. Te lo cuento todo en cuanto nos veamos...

—De acuerdo. Y en cuanto a tus peticiones, tengo ya el contacto de tres colegios que os pueden interesar y de un par de institutos.

—¿Ya?

—¿Acaso lo dudabas? ¿Con quién te piensas que estás hablando?

—¿Pero no estabas de vacaciones?

—Para que veas lo infravalorada que estoy...

—Sabes que no es así... —le contesto casi en un susurro—. Sin ti, estos meses habrían sido una tortura... Si no llega a ser por ti, habría sido el jefe más inepto de la historia de la empresa. Y no contenta con ello, encima me hiciste abrir los ojos...

Al quedarnos en silencio, sé que está sonriendo satisfecha, así que yo hago lo mismo. Todo lo que he dicho es la pura verdad. Cuando llegué a Kansas estaba tan cabreado y a la vez tan desubicado, que si no llega a ser por ella, habría mandado la delegación a pique.

—Además —añado ya en un tono más jocoso—, no suelo premiar a cualquiera con un viaje a Nueva York...

—Eso es cierto...

—¿Os lo pasasteis bien?

—Es precioso, Lucas...

—¿Hicisteis caso de la mini guía que os hice?

—De cabo a rabo. Me encantaron las vistas desde Brooklyn...

—Aquí estoy yo ahora...

—No sé cómo piensas siquiera en mudarte definitivamente aquí a Kansas... Siempre pensé que esto era algo provisional para ti...

—Yo soy feliz donde esté Valerie y sé que ella lo será solo donde nos tengamos a diario... En Nueva York, mi puesto sería el que tenía hasta hace unos meses y eso implica seguir viajando. En Kansas soy el jefe... No hay color...

—Y en Kansas estoy yo.

—Ese es otro de los pros de todo esto —contesto riendo a carcajadas.

—No te rías. En el fondo, me alegro de que sea algo definitivo y te traigas a tu familia.

—Bueno, vamos a ver si logramos convencerles. Por eso te necesito.

—Y por eso me he puesto manos a la obra en cuanto he leído tu correo. He creado un dossier con todos los datos que me pediste, tanto de los colegios como de los institutos. Además, he movido algunos hilos para que, si quieres, puedas entrevistarte con ellos lo antes posible.

—¿En serio?

—Créeme, no es una ciudad tan grande y eres el jefe de una de las multinacionales más grandes del país...

—Creo que me voy a malacostumbrar a este tipo de tratos de favor... —digo sin poder dejar de asentir con la cabeza—. Mándame los teléfonos y búscame un vuelo para esta tarde.

—Pensaba que ibas a pasar el resto de las fiestas con tu familia...

—Quiero pasar el resto de mi vida con ellos, y para ello debo hacer algún sacrificio antes...

≈≈≈

El vuelo sale en una hora y media, pero no puedo irme sin despedirme de mis chicos. Por eso, con una pequeña mochila al hombro como equipaje, llamo a su puerta.

—¡Papá! —grita Rosie tirándose a mis brazos en cuanto abre la puerta.

—Hola, preciosa —contesto cogiéndola en brazos.

—No te oí marcharte anoche.

—Porque os dormisteis enseguida —le digo cerrando la puerta a mi espalda, justo antes de hundir mi cara en su pequeño cuello y hacerle cosquillas.

—Hola, papá —me saluda Simon dando un salto. Estoy rápido y le cojo al vuelo, agarrándole con el otro brazo.

En ese momento llego al salón, donde encuentro a Valerie doblando ropa. Nos miramos y nos sonreímos, aún algo incómodos por las confesiones que nos hicimos anoche.

—Hola —me saluda ella justo antes de morderse el labio inferior.

—Hola —contesto.

Por alguna razón, nos quedamos los dos quietos, mirándonos fijamente, estancados el uno en el otro. Me encantaría acercarme a ella y besarla, igual que anoche, cuando tuve que hacer verdaderos esfuerzos para no cogerla en volandas y llevarla al dormitorio. Simon y Rosie nos miran sin entender nada, hasta que aparece Harry.

—¿A dónde vas?

—¿Eh?

—¿Que a dónde vas? Por la mochila, digo.

—Ah... Esto... —empiezo a decir, dejando en el suelo a los mellizos—. Es que... Veréis... Tengo que irme a Kansas...

—¡Pero nos dijiste que te quedabas con nosotros! —grita Simon con los ojos llorosos.

—Solo serán pocos días, Sy. Te lo prometo.

—¡No nos creemos tus promesas! ¡Ya no te creemos! —interviene Rosie corriendo hacia su habitación.

—¡Espera, Rosie! —empiezo a decir, pero entonces Simon me da una patada en la espinilla y corre detrás de su hermana.

Aun doliéndome del golpe, levanto la vista hacia Harry, que me mira lleno de rabia. Mira a Valerie, que se ha quedado petrificada, abrazada a una toalla que estaba doblando.

—Solo serán unos días... No puedo dejarlo todo sin más... Tengo unas cosas que hacer y...

—No es a mí a quién tienes que dar explicaciones —dice Harry con apatía y con un deje de desprecio en la voz—. Yo hace tiempo que dejé de confiar en ti, pero creo que estás jugando con los sentimientos de mamá. Y no se lo merece.

Se da la vuelta y se pierde por el pasillo y entonces me quedo a solas con Valerie. Doy unos cuantos pasos hacia ella, temeroso de que empiece a gritarme o que se aleje, pero no hace nada de eso. Su mirada está perdida en un punto del suelo y conforme me acerco, intento que nuestros ojos se encuentren. Pocos centímetros antes de llegar a ella, extiendo los brazos y le quito la toalla que se interponía entre nosotros. Entonces, con mucho tiento, rodeo su cintura con mis manos y, aun guardando cierta distancia a pesar de estar en contacto, empiezo a hablar con suavidad.

—Te pido que confíes en mí de nuevo. Tengo que irme unos días para dejar todo atado y así no tener que separarme de vosotros nunca más. ¿Vale?

Valerie asiente con la cabeza, sin decir nada y sin mirarme aún a la cara, así que la cojo de la barbilla y la obligo a hacerlo. Sus ojos están llenos de lágrimas retenidas y sé que en cuanto parpadee, empezarán a rodar por sus mejillas.

—Por favor... —le pido—. Confía en mí...

—Lo hago, te lo prometo —me contesta con un hilo de voz al cabo de unos segundos.

—¿Te acuerdas que te dije que quería hacer las cosas bien y demostrarte que voy a hacer las cosas diferente? —Valerie asiente frotándose los ojos—. Pues aunque te parezca difícil de creer, este viaje es precisamente para lograrlo. No te puedo contar nada aún, pero necesito que confíes en mí.

—¿Cuándo te vas?

—Mi vuelo sale en... poco más de una hora —contesto tras consultar mi reloj.

—Vete. Corre —me dice empujándome por los hombros.

—¿Te...? ¿Te puedo besar?

—No. No te quiero echar más de menos aún de lo que lo voy a hacer ya... Prefiero hacer ver que sigues a miles de kilómetro de distancia...

—Te prometo que me besarás pronto... Te lo prometo. Lo conseguiré —digo de forma teatral, haciéndola reír entre mis brazos—. ¡Lo juro! Rogarás por mis besos...

—Vale, vale... No te emociones tanto... A ver si al final me vas a rogar tú a mí... —me amenaza de mucho mejor humor que hace escasos segundos—. Y ahora vete antes de ponérnoslo más difícil.

—¿Me escribirás?

—¿Me escribirás tú?

—Ajá.

—Pues entonces te escribiré.

—Genial... Adiós —digo mientras camino de espaldas, alejándome de ella aunque sin soltarle la mano.

—Necesitaré mi mano para escribirte...

—¿Estás segura? ¿Sabías que cuando una persona carece de un sentido, aprende a desarrollar los otros cuatro organizando su actividad sensorial de otro modo? Por ejemplo, un invidente de nacimiento tiene un olfato, una capacidad de audición y un sentido del tacto, extremadamente desarrollados y una conciencia muy sutil de su cuerpo en el espacio. En tu caso, debería pasarte lo mismo si te faltase una mano. Aprenderías a desenvolverte con una sola y, con práctica, a hacerlo de forma tan eficaz como si tuvieras las dos.

Entonces me doy cuenta de que me mira con los ojos muy abiertos y las cejas levantadas, como asustada.

—¿Qué pasa? —pregunto, pero entonces ella empieza a reír a carcajadas, dejándome atónito ante tal cambio de actitud—. ¿Estás... bien?

—Que sigues siendo mi Lucas...

≈ ≈ ≈

—¿Alguna maleta que facturar, señor Turner? —me pregunta la chica del mostrador.

—No. Solo llevo esta mochila.

—De acuerdo. Puerta de embarque 74B —me informa después de mirarme de arriba abajo. Supongo que no es muy normal ver a alguien volar en primera clase a un tipo en vaqueros, sudadera y una mochila sucia al hombro como único equipaje—. Dese prisa porque están a punto de cerrar.

—¡Gracias! —digo cogiendo la tarjeta de embarque y empezando a correr hacia la puerta.

Afortunadamente, me conozco este aeropuerto como la palma de mi mano y me cuesta solo un par de minutos en llegar, incluso teniendo que esquivar a varios grupos de turistas perdidos.

—Por los pelos —me dice la azafata cuando derrapo frente a ella.

—Está todo controlado —digo guiñándole un ojo.

En cuanto me dejo caer en mi espacioso asiento, resoplo de puro agotamiento y cierro los ojos unos segundos. Enseguida escucho cómo se cierran las puertas y la cantinela de siempre. Giro la cabeza y miro de forma despreocupada hacia la azafata. Conozco el procedimiento tan bien como ellas, pero por alguna razón siempre las observo. Una vez incluso coincidí en un avión con un auxiliar de vuelo muy divertido que decidió darle un toque de humor a la aburrida retahíla e hizo las delicias de todo el pasaje. Es la misma azafata a la que le he guiñado el ojo antes, y por sus insistentes miradas de reojo y su toque colorado en las mejillas al hacerlo, veo que el gesto no le ha pasado desapercibido.

Siento vibrar mi teléfono en el bolsillo del pantalón y me despierto de golpe. Miro alrededor y luego compruebo la hora en mi reloj. Llevo como media hora durmiendo... Supongo que el cansancio acumulado empieza a hacer mella en mí, y no me lo puedo permitir, así que en cuanto veo aparecer a mi amiga la azafata, levanto una mano y llamo su atención. Se acerca a mí con una enorme sonrisa en la cara:

—Dígame, señor Turner —susurra.

Después de unos segundos de estupor por el hecho de que sepa mi apellido, le pido:

—¿Me puede traer un café?

—Ahora mismo.

Cuando se pierde por las cortinas que separan el compartimento de primera clase del de la tripulación, saco el teléfono del bolsillo y compruebo con una enorme sonrisa que el mensaje que he recibido es de Valerie.

"¿Ves qué bien? Como tengo mis dos manos intactas, te escribo"

Mi corazón se acelera solo ante la idea de volver a escribirme mensajes con ella, como hacíamos hace unos meses, a diario, continuamente, ya fuera a través del teléfono o del correo electrónico.

"También podrías enviarme mensajes de voz. Querer es poder, señora Turner..."

Entorno los ojos y me muerdo el labio inferior, expectante. Y casi puedo asegurar que se me escapa un suspiro de alivio cuando el programa de mensajes me chiva que me está contestando, y otro cuando recibo su respuesta.

"Prefiero que nadie escuche nuestra conversación"

"¿Y qué es eso que me quieres decir que nadie puede escuchar? ¿Me vas a decir cosas guarras? ¿Ciber-sexo?"

"Solo quería contarte el motivo por el que he llorado antes... No era porque dudara de ti, sino porque... Bueno... Me había hecho ilusiones de que pasaras Fin de Año con nosotros. Es una tontería. Solo quería que lo supieras y no pensaras que no confío en ti"

Fin de Año. ¿A qué día estamos? Lo compruebo en el móvil. 30 de diciembre. Al instante, llamo a Doris.

—Hola, Lucas.

—Eh, Doris...

—¿Va todo bien? ¿Estás en el avión?

—Sí, sí... Escucha... Necesito otro favor...

—¿Otro? ¿Te estás volviendo algo así como un adicto...?

—Eso parece... —contesto riendo—. Necesito que me reserves un vuelo para mañana.

—¿Hacia dónde?

—De vuelta a Nueva York.

—¿Otra vez? ¿Aún no has llegado y ya quieres volver?

—Sí... Quiero pasar Fin de Año con mi familia...

—Veré lo que puedo hacer, pero creo que será algo complicado...

—Hazlo, Doris.

—Vale, vale...

—Gracias.

—Te doy algunas ideas para el próximo viaje... Bahamas, Haití, Polinesia...

—Méteme en un vuelo a Nueva York mañana y te regalo una vuelta al mundo.

En cuanto cuelgo el teléfono, veo que tengo otro mensaje de Valerie.

"¿Decepcionado? Supongo que mi confesión sensiblera no es tan interesante como el ciber-sexo"

"Esa confesión es mil veces mejor que el ciber-sexo"

Contesto enseguida, aunque al darme cuenta de que mi respuesta suena a topicazo, me apresuro a añadir:

"Vale, estoy exagerando. Quizá sea solo un poco mejor"

Y luego uno más.

"No me lo tengas en cuenta. Me ha gustado mucho tu confesión, pero donde se ponga una buena sesión de sexo contigo, que se quite todo lo demás"

Me está escribiendo la respuesta, y producto de la expectación, no puedo siquiera quedarme quieto en mi sitio. Me remuevo incómodo hasta que recibo su respuesta y, para mi asombro, esta vez es una nota de voz. Abro los ojos como platos y miro alrededor para comprobar que nadie me esté prestando atención. Luego bajo el volumen del teléfono lo suficiente como para escuchar el mensaje casi en la intimidad y entonces aprieto al botón para reproducirlo.

—Hola... Imagino tu cara ahora... Tranquilo, no alucines... Solo quería decirte que aquel día en el río, cuando me pediste en broma que me casara contigo, yo también estaba completamente enamorada de ti. Gracias por el libro. Ha sido el mejor regalo de Navidad que me han hecho nunca.

Sonrío y vuelvo a mirar alrededor. Después de comprobar que sigo sin levantar la curiosidad de nadie, me acerco el teléfono a la boca, y grabo mi respuesta.

—Esto se pone interesante... ¿Qué llevas puesto?

≈ ≈ ≈

—Gracias, señor Ferguson. Gracias por atender mi llamada.

—De nada, señor Turner. De verdad que para nuestro instituto, sería un honor contar con Harrison entre nuestros alumnos. Tiene un expediente académico brillante a pesar de algún acto de... rebeldía.

—Supongo que tiene más inquietudes que la mayoría de niños de su edad...

—¿En su instituto está adaptado? ¿Lo lleva bien?

Valoro mi respuesta durante unos segundos y entonces me doy cuenta de que no sé qué contestar. Llevo demasiado tiempo alejado de él como para saberlo. Y cuando hemos estado juntos, estaba demasiado ocupado lamiendo mis heridas como para prestarle atención. Así que baso mi respuesta en mi propia experiencia.

—Adaptado en cuanto a los estudios, en lo que se le exige académicamente hablando, totalmente. Adaptado en cuanto a las relaciones con sus compañeros de clase, ni remotamente. Le cuesta encajar porque básicamente poca gente le entiende. Unos le miran como si fuera un bicho raro, otros le tienen miedo y el resto le hacen el vacío por ser un crío. En el fondo, supongo que todos tienen razón, y Harry no se esconde de lo que es, pero nadie es lo suficientemente valiente como para acercarse a él.

—Parece que le conoce y le comprende muy bien, señor Turner —dice Ferguson al cabo de unos segundos de silencio.

—Soy su padre... Supongo que es mi deber...

—Si quiere ver las instalaciones, estaría encantado de mostrárselas... —añade él al cabo de unos minutos.

—No creo que haga falta. Además, es a él a quién le tienen que gustar.

—Como usted guste, señor Turner.

—Tengo otra llamada pero, de nuevo, muchas gracias por su tiempo. Sé que está de vacaciones...

—Un placer, señor Turner.

—Igualmente y gracias de nuevo —digo antes de colgar y coger la otra llamada—. Doris.

—Mañana a las nueve de la noche. Es lo único que he podido encontrar...

—Pero... Llegaré a Nueva York cerca de medianoche, me será imposible encontrar un taxi y no llegaré a casa de Janet y Bruce hasta... ¡quién sabe qué hora! Quiero llegar antes de Fin de Año.

—Pues haberlo pensado antes de Navidad.

—Doris, no lo entiendes... Tengo que estar allí, con ella cuando suenen las campanadas. No puedo empezar el año alejado de Valerie. Tengo que besarla en ese preciso instante. Quiero empezar el año con mi familia.

—Lo sé, y te juro que he hecho lo imposible... Intentaré conseguirte un coche que te espere en la puerta del aeropuerto para llevarte a dónde sea. ¿Qué te parece?

—Hazlo. Menos es nada.

—Y si no... ¿Qué tal estás de forma física?

—¿Estás loca? Janet y Bruce viven en el SoHo. Desde el aeropuerto hasta su casa debe de haber unos veinticuatro kilómetros. Sería como correr una media maratón y en ningún caso podría correrla por debajo de la hora y media... Si cojo el avión a las nueve de la noche, teniendo en cuenta que son dos horas y cuarenta minutos de vuelo, llegaré al JFK a las once y cuarenta minutos. Si luego tengo que correr una hora y media como mínimo, llegaré a las...

—Vale, vale, vale. Lo pillo, so repelente.

—Doris, sigo siendo tu jefe...

—Y yo no me limito a ser solo tu secretaria. Te recuerdo que me encargo de alimentarte también, y de llevar tu ropa a la tintorería, por ejemplo...

—De acuerdo. Pensándolo bien, tienes todo el derecho a insultarme.

—¿Qué te han parecido los colegios e institutos? ¿Has podido hablar con todos ellos?

—Son perfectos, Doris. Me queda hablar solo con uno de los colegios, pero creo que lo tengo todo claro. Los chicos tendrían plaza asegurada en cualquiera de ellos para el curso que viene, así que ahora solo depende de ellos...

—Parece que todo va según lo previsto...

—Eso parece...

—¿Dónde cenas hoy?

—Supongo que pediré algo al llegar a casa.

—Vale, ni hablar. A las seis en mi casa.

—Doris, no...

—Hay puré de patata y relleno de carne.

—¿Puré de patata con piel?

—Ajá...

—¿A qué hora voy a tu casa?

≈≈≈

—Joder, joder, joder...

—Tranquilo, señor. Hacemos todo lo posible...

—¡¿Pero es que no lo entiende?! ¡Necesito que ese avión despegue ya!

—Solo serán unos minutos, señor. Están llenando los depósitos de combustible...

—Mire... —miro la placa con su nombre que lleva enganchada en la camisa del uniforme—, Nina, es importantísimo para mí llegar a Nueva York antes de las doce.

—A todos nos gustaría, señor...

—Mi... Mi matrimonio depende de ello... Se lo prometí... A mi mujer... No puedo permitir que esté sola cuando suenen las campanadas.

Nina me mira y, apretando los labios, resopla por la nariz. En ese momento, suena su teléfono y ella se apresura a descolgar. Me mira con una sonrisa y asiente con la cabeza. En cuanto cuelga, me tiende la mano y comprueba mi tarjeta de embarque.

—Parece que va a poder salvar su matrimonio, después de todo...

—Gracias, gracias, gracias, Nina.

De nuevo, poco más de veinticuatro horas después, me vuelvo a dejar caer en un asiento de avión. De nuevo resoplo de puro agotamiento y cierro los ojos unos segundos, pero esta vez no me duermo, sino que espero a que el avión despegue y, una vez en el aire, nos dejen usar el teléfono para escribirle un mensaje.

"¿Qué llevas puesto?"

Se me escapa una carcajada cuando leo su respuesta.

"Ahora mismo, un pantalón de pijama de Minnie y tu sudadera del MIT. Sexy, sexy..."

"Vas a ir muy guapa a esa fiesta, ¿eh?"

"Ya me conoces, no quiero que nadie se enamore de mí y caiga rendido a mis pies... Esto de ir apartando a los moscones, es un agobio"

"Incluso así vestida causarías sensación"

"¿Has acabado lo que sea que tenías que hacer en Kansas?"

"Casi..."

"Vale. Te tengo que dejar, que voy a ayudar a los chicos a vestirse para la ocasión"

"Déjame adivinar... Harry quiere ir como un mendigo de la calle, Rosie quiere parecer un pastel de fresa y nata y Sy ha elegido una camisa de cuadros, pajarita, un pantalón corto de rallas y botas de agua"

"Casi, así que, como comprenderás, me espera como una hora de duras negociaciones"

"Te amo. Para siempre"

"Lo sé. Dime que me llamarás"

"Te llamaré"

"Para desearme feliz año, me refiero"

"Lo haré"

≈≈≈

En cuanto el avión aterriza, como tampoco he tenido que facturar equipaje, con mi mochila a los hombros, corro hacia el exterior. Tal y como Doris había prometido, hay un coche esperándome fuera. Corro hacia él, me meto dentro y le doy la dirección al conductor, aconsejándole incluso por dónde ir. Me mira mal y sé que quiere asesinarme por pensar que sé más que él. Pero me da igual. Tengo exactamente veinte minutos hasta media noche, y no quiero empezar el año con este tipo.

Pero si el tráfico de esta ciudad es infernal el resto del año, intentar llegar a Manhattan un 31 de diciembre es un suicidio. Así pues, nos quedamos atrapados en un atasco monumental cuando estábamos a punto de entrar en el SoHo. Llevamos aquí poco más de cinco minutos, pero no me puedo permitir perder ni un minuto más en este coche, así que simplemente abro la puerta y empiezo a correr hacia casa de Bruce y Janet.

Son cerca de cinco kilómetros que debo recorrer en poco más de diez minutos. Los pulmones me arden. Las rodillas, algo anquilosadas desde hace tiempo, empiezan a dolerme. La ropa se me pega a la piel por culpa del sudor. Un perfecto atuendo para pretender que la mujer que amo se tire a mis brazos y me dé esa segunda oportunidad que tanto anhelo. Pero se lo prometí. Le dije que le desearía un feliz año nuevo y, ¿qué mejor forma que hacerlo en persona?

CAPÍTULO 20: FÚGATE CONMIGO A KANSAS, VAL

—¡Marchando un mojito sin alcohol para la Kinder Sorpresa! —dice Roger poniendo una copa en mi mano.

—Gracias, Roger.

—Esto... ¿Estás bien?

—¿Por qué me lo preguntas?

—¿No te enfadas por llamarte así...?

—No pasa nada... —contesto encogiéndome de hombros.

—Uy, uy, uy... Ven, vamos a charlar un rato —dice llevándome de la mano hacia el sofá—. ¿Qué te pasa?

—Nada... —contesto al tiempo que me esfuerzo en sonreír.

—¿Qué ha hecho Lucas ahora? —me pregunta entonces.

—Nada.

—Mira, a mí no es que se me dé demasiado bien entenderos y eso, pero sí sé que si respondéis nada cuando se os pregunta qué os pasa, sí os pasa algo.

—Es solo que... Bueno... Es igual. No lo entenderías.

—Le echas de menos —afirma él con rotundidad—. Se supone que aún tienes que decidir si le das esa segunda oportunidad, pero ya estás deseando estar con él de nuevo. Antes de volver con él, quieres que te demuestre que las cosas van a ser diferentes, pero en cambio se te está haciendo un mundo estar con él y no lanzarte a sus brazos.

—¿Cómo...? ¿Cómo sabes todo eso?

—Bueno, aunque sea un bocazas la mayor parte del tiempo, también soy algo observador.

—Vale, pues tienes bastante razón... Mucha, de hecho... En todo.

—¿Va a volver pronto?

—No lo sé. Tenía cosas que solucionar en Kansas.

—Ahora es el jefe.

—Lo sé —contesto bajando la vista hasta mi regazo, donde reposan mis manos.

—Entre tú y yo —dice acercando su cara a la mía—, ¿quieres que le eche algo a ese mojito para hacerlo más divertido?

—No puedo tomar alcohol —contesto usando el mismo tono que yo.

—¿Por un traguito? ¿Quién se va a enterar? No creo que Noah se vaya a ir de la lengua, ¿no? Y a lo mejor convertimos su estancia ahí dentro en algo más divertido.

Me entra la risa y Roger parece satisfecho. Por primera vez desde que le conozco, muestra algo de humanidad y pasa su brazo por encima de mis hombros, acercándome a él. Besa mi frente y sin apartarse de mí, me susurra:

—Está loco por ti. No lo olvides.

—Gracias.

≈≈≈

—Hola, mamá.

—Hola, cariño. ¿Qué tal lo estás pasando?

—Bien. ¿Y tú?

—Muy bien —digo poniendo la sonrisa que llevo poniendo toda la noche cuando alguien me pregunta.

—Mientes fatal.

—Mira quién fue a hablar.

—Tendrías que haberte marchado con papá a Kansas...

—¿Y se puede saber qué se me ha perdido ahí con él?

—¿Y se puede saber qué se te ha perdido aquí sin él?

—Te odio cuando eres así.

—¿Te refieres a que me odias cuando tengo razón? Porque entonces me odias constantemente porque, para tu información, siempre la tengo. Además, eso es mentira, porque soy igual que papá, y a él no le odias, así que a mí menos, porque a él le encontraste en la calle como quien dice, y yo soy sangre de tu sangre.

En ese momento, las chicas se unen a nosotros. Debe hacer un rato que nos escuchan, porque Gloria le dice a Harry:

—Debe de ser agotador ser tú.

—A veces —le contesta riendo.

—Pero estoy de acuerdo contigo —vuelve a decir.

—¿En qué?

—En todo. Y ahora deja que las chicas hablemos. Anda, lárgate por ahí —le dice agarrándole del brazo para alejarle de nosotras.

—¿Vas a dejar que vuelva a casa? —pregunta entonces Carol.

—No lo sé.

—Sí lo sabes —interviene Andrea.

—Está bien, me voy a explicar mejor. Sí sé que quiero hacerlo, pero no sé si es lo correcto. ¿Y si todo vuelve a ser como antes? Porque si voy a estar sola como antes, prefiero no dejarle volver, que haga su vida, y no tener que preocuparme por dónde y con quién duerme.

—Sabes perfectamente que duerme solo cuando no está contigo.

—Pero yo no puedo vivir pensando que esa arpía está cerca de él, y que pasan horas y horas juntos. Confío en él, pero soy débil y los celos me matan.

—Entonces lo tienes complicado...

—Lo sé... No paro de darle vueltas al asunto. Él me ha prometido que todo va a cambiar, pero yo solo pienso en que si le perdono y le dejo volver a casa, en dos semanas estará viajando de nuevo y volveremos a empezar.

—¿Y tenerle no compensa eso con creces?

—Sí, si le tengo, lo compensa. Pero antes de separarnos, pasaba una media de veinte días al mes fuera de casa. El problema es que en solo unos días a su lado, me he hecho ilusiones y he visto cómo es tenerle. Me he dado cuenta de que le echo demasiado de menos... Me dice que confíe en él y que lo va a arreglar todo para no volver a la situación de antes, pero... No es que no le crea, que conste, pero lo veo tan difícil...

—¡Eh! ¡Que se acerca el momento! —grita entonces Bruce—. ¡Janet! ¡Ven!

Todos se ponen en pie y nos acercamos a la pantalla de televisión. Bruce reparte una copa a cada uno para brindar. En mi caso, me sirve Coca-Cola, como a los niños. Mis hijos se acercan a mí para que no esté sola. Harry rodea mi cintura con ambos brazos y me mira sonriente.

—¿Ya sabéis todos a quién va a ser el primero al que besaréis? —dice Roger en voz alta—. ¡Atención mujeres sin pareja! Me ofrezco voluntario para ser el primero del año en daros un beso de tornillo. Por si no lo habíais pillado, Carol, Valerie, este comentario va especialmente dirigido a vosotras dos...

—Me hago lesbiana antes que besarte a ti —responde Carol.

—Eso lo dices porque no me has probado...

—¿Y a mí quién me da un beso, mamá? —me pregunta Simon—. Me niego a que me bese Rosie.

—¡Lo llevas claro si piensas que mis labios van a rozar tu piel!

—Ya os besaré yo misma, no os preocupéis —les aclaro.

En ese momento, empieza la cuenta atrás. El periodista que cubre el evento desde Times Square empieza a gritar, coreado por todos, incluso los que están a mi alrededor.

—¡Diez!

Yo me quedo callada y miro por la ventana. No quiero llorar porque no es un momento triste, sino al contrario.

—¡Nueve!

Estoy con mis hijos, embarazada y rodeada de mis amigos más queridos.

—¡Ocho!

Pero falta él.

—¡Siete!

Fuera, a pesar de la luces de la ciudad, el cielo está realmente oscuro e intento imaginar cómo estará pasando él este momento. ¿Estará frente a un televisor pensando en mí?

—¡Seis!

¿Me llamará? ¿Me escribirá un mensaje?

—¡Cinco!

No creo que pueda llamarme porque las líneas telefónicas suelen estar colapsadas, así que supongo que tendré que esperar hasta dentro de unas horas para poder hablar con él.

—¡Cuatro!

En ese momento se escucha el timbre de la puerta. Bruce gira la cabeza hacia el recibidor con el ceño fruncido.

—¿Quién cojones...? —dice mientras se acerca ante la insistencia.

—¡Tres!

—¡Corre, Bruce! —le grita Janet—. ¡Que te lo pierdes!

—¡Dos!

Y entonces Bruce abre la puerta y como un vendaval, sin siquiera saludarle, entra Lucas. Tiene la cara desencajada y las mejillas muy rojas. El pelo completamente empapado y pegado contra la frente y su respiración es errática. A pesar de todo eso, ante el estupor de todos, que incluso han dejado de recitar la cuenta atrás, corre hacia mí y rodea mi cintura con ambos brazos.

—¡Uno! —grita el periodista de la televisión justo antes de que Times Square estalle de júbilo y el cielo se llene de confeti de colores—. ¡Feliz Año Nuevo, Nueva York!

—Feliz Año Nuevo, Val —susurra.

Su pecho sube y baja con rapidez, pero en cambio él se mueve a cámara lenta mientras acerca su boca a la mía. Cuando se juntan, es como si los fuegos artificiales estallaran en mi estómago. Siento su mano en mi nuca, apretándome contra él, al tiempo que la otra se aferra a mi cintura. Su lengua me reclama de forma posesiva y sus dientes muerden mis labios. No soy consciente siquiera de que nos estamos moviendo, pero mi espalda choca contra algo duro, que supongo debe de ser una pared. Entonces me coge la cara con ambas manos y, apoyando la frente en la mía, separa sus labios de los míos, aunque su aliento sigue acariciándolos.

—Te lo prometí, ¿verdad? Te prometí que te desearía un feliz año, pero no me pareció bien hacerlo por teléfono, así que cogí el vuelo que pude, luego un coche que me dejó a la entrada del SoHo hace unos diez minutos, y después he corrido hasta aquí para hacerlo en persona. Te dije que las cosas iban a cambiar, ¿te acuerdas? —Asiento con los ojos totalmente bañados en lágrimas—. Pues por eso he decidido volver lo antes posible. Desde hoy, no quiero pasar ni un día más separado de ti. ¿Te parece bien?

Muevo la cabeza de nuevo, incapaz de responder con palabras aunque hago varios intentos.

—Te amo, ¿me oyes? Te amo con locura, y quiero que todo el mundo lo sepa. ¿Leíste el libro, verdad? —Vuelvo a asentir—. Pues quiero luchar por todo eso, por nuestra historia, para que el final no sea ese mail que nunca me atreví a enviarte. Quiero que intercambiemos muchos correos electrónicos más... No quiero que esto se acabe...

—Ni yo —consigo decir al fin, con la voz tomada por la emoción.

—¿Sí? —me pregunta muy emocionado, acariciándome la cara y peinando mi pelo con sus dedos—. He estado... pensando en nosotros. Quedarnos aquí significa volver a mi puesto anterior. Lo sabes, ¿verdad? En Kansas no viajo, Valerie. Soy el jefe...

—¿Qué...? ¿Qué quieres decir? —balbuceo.

—Fúgate conmigo a Kansas, Val...

—Pero...

—Lo tengo todo planeado... Por si me dices que sí, claro está. He hablado con el señor Brancroft y aceptaría tu traslado a la delegación de allí. He estado mirando colegios e institutos para los chicos y me he asegurado de que tengan plaza en cualquiera de ellos, en el que más te guste a ti y a ellos... Mi casa de allí es enorme y no habría problemas de espacio con la llegada de Noah.

—¡Y tiene piscina! —interviene entonces Simon, haciéndonos reír a ambos.

En cuanto le miramos, nos damos cuenta de que somos el centro de atención de todo el mundo. Además, por sus caras y sus enormes sonrisas, parece que están disfrutando de la escena.

—¿Qué me decís vosotros? —le pregunta a Simon, Rosie y Harry.

Simon levanta el pulgar y sonríe de oreja a oreja. Rosie aplaude y asiente sin parar. Harry nos mira sonriendo, agarrando a sus hermanos por los hombros. Sonríe de medio lado, con los labios apretados, pero sus ojos están llenos de lágrimas.

—No me puedo resistir a la segunda ciudad con más fuentes del mundo. Ahora no tendremos excusa para no visitarlas todas...

Le miro de forma cómplice y veo cómo asiente de forma imperceptible. Sabe que ahora sí soy feliz, igual que yo también sé que él lo es.

—¿Qué me dices entonces? —insiste Lucas.

—¿Y vas a ser capaz de vivir sin ver cada día tu imagen favorita del mundo? —le pregunto, aún algo abrumada.

—No, por eso le estoy pidiendo que se traslade conmigo a Kansas...

Me sonrojo nada más escuchar esas palabras. Es todo un piropo ya que creía que Lucas sería incapaz de alejarse de Nueva York y dejar de contemplar cada día el atardecer desde el puente de Brooklyn montado en su moto.

—¿No te das cuenta aún de lo mucho que cambiaste mi mundo? Mi imagen favorita en el mundo eres tú,conmigo,a mi lado,debajo o encima de mí... —susurra con cara de pícaro—. Así que, insisto, ¿qué me dices?

—Sí... Sí...

—¡¿Sí?! ¡¿En serio?!

—Ajá... —contesto mordiéndome el labio inferior.

—¡Sí! ¡Genial! —dice cogiéndome en volandas, justo antes de besarme de nuevo repetidas veces por toda la cara.

≈≈≈

—Ya tiene que ser grande tu casa, ¿eh? Porque pensamos ir todas a visitaros —dice Gloria.

—Lo es —responde Lucas con Rosie dormida entre sus brazos—. Y estáis todas invitadas. Solo avisadme unos días antes para que pueda coger fiesta y huir hacia aquí.

—¡Serás...! —se queja Carol lanzándole una serpentina que recoge del suelo.

—Entonces, ¿Noah nacerá en Nueva York? —pregunta Bruce.

—Sí... No quiero que Valerie se estrese con una mudanza y tampoco hay prisa. Además, así los chicos podrán acabar el curso actual.

—¿Y cómo lo harás hasta entonces? —le pregunta el marido de Franny.

—Pues como hoy... Doris me ha sacado los horarios de todos los vuelos de los viernes hacia aquí y de los del lunes hacia allí. Vendré nada más plegar de trabajar y me iría en el primer avión del lunes...

—Eso no sé si me acaba de convencer... —digo apoyando la cabeza en el hombro de Lucas, con la cabeza de Simon, ya dormido, en mi regazo—. Vas a ir muy cansado...

—Me da igual... —contesta sin dar opción a réplica.

—¿Doris? ¿Quién es Doris? —pregunta Hoyt.

—Y lo más importante, ¿está buena? —añade Roger.

—Oh, por favor, Roger, ¡corta el rollo! ¡Siempre estás igual! —se queja Carol.

—A ti lo que te pasa es que, con el numerito que han montado este par, te has quedado con las ganas de que te bese y ahora estás celosa...

Y entonces Carol, sin cortarse un pelo, se pone en pie, camina con decisión hasta él, le agarra de las solapas de la camisa para obligarle a ponerse en pie y cuando le tiene delante, tira de él y le besa. Franny ahoga un grito, Janet se atraganta con su bebida, y el resto les miramos con la boca abierta. Muchos estamos deseando que se separen para ver la reacción de ambos, pero el beso está durando más de lo estrictamente necesario, así que suponemos que a ambos les está gustando más de lo que se imaginaban. Varios segundos después, Carol se separa con el mismo ímpetu con el que se acercó a él y, como si no hubiera pasado nada, se vuelve a sentar en la butaca donde estaba. Se pasa un par de dedos por la comisura de los labios y entonces, rehuyendo la mirada de asombro de Roger, dice:

—¿Y bien? ¿Quién es Doris?

—Mi... Mi secretaria —contesta a trompicones—. Estos meses ha sido como una segunda madre para mí. Me ha dado de comer, me ha cuidado, ha sido mi agenda personal...

—Creo que hablo en nombre de todas cuando pregunto: ¿edad?

—No sé... Como mi madre, quizá.

—Pues ya nos cae muchísimo mejor —dice Franny desatando las risas de los demás.

—No va a ser lo mismo sin ti... —me dice Janet.

—Yo también os voy a echar mucho de menos...

—Pero lo entendemos perfectamente. Además, podemos seguir en contacto a través del correo electrónico —comenta Andrea.

—¡Es verdad!

—Si no trabajas, te echo —me amenaza Lucas.

—Ya, claro. Por la cuenta que te trae, no lo harás... —le contesto.

≈ ≈ ≈

Busco las llaves de casa con prisa ya que Lucas lleva un rato cargando con los mellizos en sus brazos, ambos completamente dormidos. Harry está apoyado en la pared, bostezando, totalmente agotado. En cuanto abro, entra arrastrando los pies y se deja caer sobre el sofá.

—Harry, cielo, ve a ponerte el pijama.

—No me puedo mover... —balbucea.

—Cuando antes lo hagas, antes podrás meterte en la cama —digo cogiendo a Rosie de los brazos de Lucas—. Nosotros vamos a ponerles el pijama y a acostar a tus hermanos. Ahora voy a darte el beso de buenas noches.

Caminamos por el pasillo y entramos en el dormitorio de los pequeños. Lucas abre la luz y deja a Simon estirado en su cama.

—Su pijama está bajo la almohada —le informo mientras empiezo a desvestir a Rosie.

—¿Dónde estamos...? —susurra con los ojos cerrados.

—En casa, cariño —le contesto.

—¿Por qué hay tanta luz...?

—Porque te voy a poner el pijama y para desvestirte necesito ver...

—Tengo mucho sueño...

—Si colaboras un poco —digo sacándole el vestido por la cabeza después de que ella levante los brazos de forma perezosa—, acabaremos antes.

—¡Espera! —dice entonces con los ojos muy abiertos, como asustada—. ¡¿Y papá?! ¡¿No se ha ido, verdad?!

—No, no, no... Tranquila... Está aquí...

—Hola, cariño... —dice Lucas acercándose hasta ella después de dejar a Simon estirado en la cama, a medio vestir.

Rosie se tira en sus brazos y se acurruca contra su pecho, agarrada a su camisa. Para que Simon no coja frío, decido cambiarle el sitio a Lucas y seguir con lo que él estaba haciendo.

—Tranquila... Estoy aquí... —escucho cómo le susurra a Rosie.

—No quiero que te vayas...

—Shhhh... Venga, vamos a seguir con el pijama. ¿Qué son? ¿Ponis?

—Sí. Me lo compró mamá el otro día... —contesta mientras se le vuelven a cerrar los ojos.

—Es muy bonito, cariño.

Poco a poco, Lucas ha conseguido ponérselo. Yo hace un rato que he acabado y le observo mientras arropa a Rosie.

—Te quiero, pequeña —susurra en su oído.

—Y yo, papá —contesta ella sin abrir los ojos.

Luego nos intercambiamos los sitios y mientras él le da un beso de buenas noches a Simon, que duerme como un tronco, sin enterarse de nada, yo hago lo propio con Rosie. Al acabar, cerramos la puerta a nuestras espaldas y caminamos hacia el dormitorio de Harry. Llamo a la puerta con los nudillos.

—Pasa —me dice, como cada noche.

—¿Ya estás? —le pregunto aunque es obvio, porque ya está metido en la cama y tapado hasta el cuello.

—Sí... —contesta sonriente.

—Buenas noches, cariño —le digo cuando ya estoy sentada a su lado, justo antes de darle un beso en la frente.

—Buenas noches, mamá —contesta antes de mirar a su padre, que se ha acercado hasta nosotros.

—Buenas noches, Harry...

—Buenas noches, papá... —Nos mira a uno y a otro y, al rato, añade—: ¿Sabéis qué? Este va a ser un buen año.

—¿Sí?

—Sí. Tengo una corazonada. Además, se supone que un beso después de las campanadas proporciona 365 días de suerte. Y vosotros os habéis besado mucho —dice apretando los labios.

—Sí... Supongo... —digo, intentando disimular mi incomodidad al hablar de esto delante de él, que lejos de sentirse como yo, parece querer seguir hablando del tema.

—¿Sabéis qué tendríais que hacer? Empezar a recuperar el tiempo perdido esta misma noche. No te marches al hotel, papá. Cuida de mamá y de Noah, dales una alegría a Rosie y Simon cuando te vean mañana por la mañana...

—¿Y qué me dices de ti? —le pregunta Lucas.

—Yo soy feliz si vosotros lo sois... Me da igual dónde me llevéis, mientras sea con vosotros. No puedo entender cómo dos personas que se quieren se puedan llegar a hacer tanto daño, por eso estaba enfadado con vosotros.

—Los adultos somos así a menudo, Harry.

—Pues entonces no quiero ser adulto nunca.

—No te preocupes. Tú eres mi versión mejorada. No cometerás los mismos errores que yo porque eres infinitamente más inteligente. —Harry agacha la cabeza, sonriendo con timidez—. Buenas noches, campeón.

—Hasta mañana.

En cuanto salimos al pasillo, le cojo de la mano y le llevo hasta el dormitorio. Él me sigue sin rechistar, aunque algo asustado. Cuando entramos, cierro la puerta a su espalda.

—¿Qué...?

—Shhhh...

—¿Vamos a...?

—Shhhh...

—¿Quieres...?

—Lucas, cariño...

—¿Qué?

—Calla —digo desabrochando los botones de su camisa—. Por una vez en tu vida, no digas nada. No hables... Solo... —Abro su camisa y beso su pecho desnudo—. Déjate llevar...

Lucas echa la cabeza hacia atrás y deja ir un largo jadeo mientras sus brazos me rodean. Mis labios besan cada centímetro de su piel mientras mis manos descienden por su vientre y se acomodan en la cinturilla de su pantalón. Cuando empiezo a desabrochar el botón y a bajarle la cremallera, sus manos se aferran a mis antebrazos y su cuerpo empieza a reaccionar. Me quita la ropa con delicadeza y me contempla embelesado desde una cierta distancia.

—No me mires tanto...

—¿Qué quieres decir con que no te mire tanto? ¿Hay un tiempo límite o algo?

—Tengo tripa, estrías, piel flácida, tetas como botijos y se me han ensanchado las caderas...

—Bueno, esa es la idea, ¿no? Además, ¿te parece que esta sonrisa denota algún tipo de queja con las nuevas formas de tu cuerpo?

—Lo sé, he pasado ya por dos embarazos, pero estas caderas... —digo golpeándomelas con las palmas de las manos—. A este paso, cuando me vea tu padre, me dirá que puedo parir diez bebés a la vez.

—¡Anda ya! ¡Exagerada! —dice acercándose a mí de nuevo—. Además, no estás ni la mitad que cuando estabas embarazada de Simon y Rosie.

—¡¿Ni la mitad de qué?! ¡Acaba la frase! ¡¿De gorda?! —le pregunto con los brazos cruzados sobre el pecho.

—Eh... No quería decir eso... O sea...

Resoplo con fuerza y, exasperada, le doy la espalda y voy hacia el armario. Saco una camiseta de dentro y justo antes de ponérmela, le escucho:

—No, Valerie... Vamos... No te enfades... Sabes que a mí no me importa...

—¡¿Perdona?! ¡Ah, es verdad! ¡Se me olvidaba que estás muy a favor de las tradiciones mauritanas...!

—¡Jajaja!

—No intentaba sonar graciosa —le corto de repente.

—Me refería a que no me importa que cojas unos kilos de más porque a mí me gustas igual. Eres preciosa de todas las maneras...—se apresura a decir, sufriendo de forma visible.

—Ahora no me hagas la pelota...

—No es hacerte la pelota, es decir la pura verdad... A mí llegará un día en que no se me levante, y espero que me quieras igual... —dice mirándome de reojo—. Estoy metido en un problema, ¿verdad?

Le miro fijamente y empiezo a negar con la cabeza.

—¿Qué tengo que hacer para que me perdones? Lo que sea.

—Haz lo que te dé la gana, pero no te pienso perdonar y, por supuesto, hoy no me vas ni a tocar... Debería mandarte al sofá, por borde —digo ya frente al espejo del cuarto de baño, aplicándome la crema para combatir las estrías.

—¿Eso quiere decir que me puedo quedar a pasar la noche aquí?

Levanto la cabeza y veo su reflejo a través del espejo. Está a mi espalda, guardando cierta distancia pero intentando dar pena haciendo pucheros con el labio inferior.

—Los hombres sois muy egoístas y no os hacéis una idea de lo que es pasar por un embarazo. No digamos ya por tres, como es mi caso... El cuerpo cambia tanto en nueve meses que se hace realmente complicado volver a coger la forma, y ya llevo esos cambios lo suficientemente mal como para que vengas tú y me hundas en la miseria...

—No puedo hablar por todos los hombres, pero yo sí soy consciente de lo valiente que sois las mujeres en general y tú en particular. Y te juro que, aunque no sé si lo resistiría, me gustaría ser una parte más activa del embarazo y que no lo tuvieras que cargar tú todo... Algo así como un embarazo compartido... De hecho, en Malasia, por ejemplo, creen que antes de que la mujer se quede en estado, es el hombre quien se queda embarazado. Según suscreencias, un pequeño embrión se implanta en el cerebro del hombre y allí se queda unos cuarenta días, impregnándose de la fuerza y la inteligencia de su padre. Después, emigra de la cabeza hacia su pecho, baja al abdomen y acaba en el miembro viril, desde donde es catapultado al vientre de la futura madre. Así que, si damos algo de veracidad a esa creencia...

Quiero seguir haciéndome la dura, pero verle tan indefenso, tan abrumado, tan arrepentido, tan vulnerable, tan sexy, y sobre todo, tan Lucas como siempre, merma mi resistencia y se me escapa una sonrisa. Entonces me doy cuenta de que él lleva un rato sin hablar. Dejo ir un largo suspiro y me doy la vuelta hasta quedarme de cara a él. Apoyo el trasero y las palmas de las manos en el mueble y le miro.

—¿Qué voy a hacer contigo? —le pregunto.

—¿Quererme...? —me responde torciendo el gesto, indeciso y algo temeroso.

Doy un paso al frente y apoyo las manos y la cabeza en su pecho desnudo. Al rato siento sus brazos rodearme de nuevo y sus labios apoyarse en mi pelo.

—Gracias por soportarme.

—No cuesta tanto hacerlo. Además, te voy a confesar una cosa... Adoro tus datos curiosos, aunque a veces me saquen de quicio.

—¿Te confieso yo algo? Parece que mi cabeza los guarda solo para ti. Es como si los tuviera almacenados ahí dentro y solo los soltara contigo.

—Porque solo conmigo puedes ser tú mismo... —susurro rememorando sus propias palabras.

Entonces levanto la vista y me encuentro con sus ojos.

—Porque te pertenezco por completo —añade—. Porque la versión de mí que ven los demás no es la verdadera. Porque solo contigo soy yo.

≈≈≈

—¿Estás bien? —susurra en mi oído, abrazado a mi espalda.

—Ajá... —contesto soñolienta.

Acabo de disfrutar de un sexo lento y tranquilo, totalmente desconocido para nosotros, que siempre hemos sido muy pasionales. Ni siquiera cuando estuve embarazada de los mellizos, hasta que fue humanamente posible, habíamos hecho el amor con tanta tranquilidad y lentitud, saboreando cada movimiento con mucho cariño. Y lo mejor de todo es que no nos hemos dejado de mirar a los ojos en ningún momento. De esa manera, ambos sabíamos qué sentía el otro sin necesidad de hablarnos.

—¿Tienes frío?

—No...

—¿Segura? ¿Quieres que te acerque el pijama?

—No quiero que te muevas.

—¿En toda la noche? Puede que necesite recuperar la sensibilidad de mi brazo en algún momento —me dice, refiriéndose al brazo que yace debajo de la almohada donde tengo apoyada mi cabeza.

—Ni hablar. ¿Cómo era aquello de que cuando una persona carece de un sentido, aprende a desarrollar los otros cuatro? Pues eso, manco te querré igual.

—Esto de que estés tan atenta a las tonterías que digo, creo que me perjudica más que me beneficia...

—¿Tonterías? ¿Insinúas que te inventas todas estas cosas que dices?

—No me invento nada. Simplemente, las sé. Supongo que retengo todo lo que leo y soy muy curioso. Puedes comprobar todo lo que digo, si no te fías.

—Entonces, ¿en qué quedamos? ¿Son tonterías o son hechos verídicos?

—Oye, ¿tú no tenías sueño?

—Sí, pero la tentación de poder ponerte tan nervioso es muy grande.

Lucas ríe y hunde la cara entre el pelo de mi nuca. Su aliento cosquillea mi piel, así que me remuevo un poco entre sus brazos, que me siguen apretando contra su pecho con firmeza.

—Sabes que te amo, ¿verdad?

—Lo sé. Para siempre. ¿Y tú sabes que...?

Pero entonces escuchamos una voz a lo lejos.

—¿Mami? ¿Mami, puedes venir?

Me levanto de un salto, me pongo una camiseta enorme y salgo de la habitación. Mientras camino por el pasillo, siento la presencia de Lucas a mi espalda. Giro la cabeza y le veo detrás de mí, poniéndose el bóxer y una camiseta.

—¿Simon? —le pregunto en voz baja—. Dime, cariño...

—Me parece que hoy he bebido demasiada Coca-Cola... —contesta él casi sin abrir los ojos, frotándoselos con ambas manos.

—¿No puedes dormir? —Me acerco y me siento en el colchón, a su lado, justo en el momento en que siento algo húmedo en mis piernas.

—No es eso... Es que me he hecho pipí encima.

Doy un salto para ponerme en pie al darme cuenta de que la humedad que siento en mi piel es pipí de mi hijo.

—Vamos a ver... Bájate de la cama...

—¿Por qué? Tengo sueño...

—Porque no puedes dormir con el pijama y las sábanas empapadas. Cogerás frío.

—Pero estoy cansado...

—¿Sabes qué vamos a hacer? Yo te cambio el pijama y te cojo en brazos mientras mamá cambias las sábanas —interviene Lucas.

—¿Papá? —pregunta Simon abriendo los ojos de golpe.

—Sí, cariño...

—¿Estás...? ¿Estás en casa? ¿Te quedas?

—Sí...

—Genial —contesta, volviendo a sucumbir al sueño.

Lucas le cambia el pijama y luego sale de la habitación con Simon aún entre sus brazos. Yo cambio las sábanas y al ver que no vuelven, salgo de la habitación y les busco por toda la casa hasta dar con ellos en nuestro dormitorio. En vez de entrar, me quedo en el pasillo, espiándoles.

—¿Te vas a quedar todas las noches? —le pregunta.

—Casi todas —responde Lucas—. Pero tendré que trabajar en Kansas durante unos meses, al menos hasta que nazca Noah. Y luego, nos mudaremos todos juntos. ¿Te parece bien?

—Ajá... —contesta Simon bostezando mientras yo entro en la habitación, me meto en la cama y me acurruco a la espalda de Lucas.

—Hola... —le saludo.

—¿Te importa si esta noche somos uno más en la cama? —me pregunta.

—Para nada —contesto—. ¿Quién te iba a decir a ti que ibas a estar tan a gusto rodeado de tanta gente...?

—Si es que ya no sé qué hacer para que te des cuenta de que me has cambiado.

—Pero no dejes nunca de ser tú.

—Solo contigo, ya lo sabes.

CAPÍTULO 21: PREFIERO LA CAMA, A TU LADO... O DETRÁS DE TI... O ENCIMA... O DEBAJO...

—A las once tienes reunión con los miembros del comité. Intenté librarte de ello y que fuera solo Charlie, pero no ha colado. A las doce, videoconferencia con Adam de la delegación de Florida. A la una has quedado para comer con Henry Jones, el director del banco...

Sentado detrás de mi escritorio, hago un esfuerzo titánico por escuchar a Doris y guardar todos esos datos en mi memoria. Respiro profundamente, levanto las cejas y me froto los ojos. Al rato, apoyo los codos sobre mi mesa y me aguanto la cabeza con ambas manos, y aunque intento evitarlo por todos los medios, noto cómo los párpados se me van cerrando.

—Lucas... —escucho que susurran en mi oído—. Te he traído un café...

Siento una mano acariciando mi nuca y luego moviendo mi hombro.

—Son las diez y media... En media hora tienes una reunión...

Me incorporo de golpe, asustado y descolocado, mirando alrededor con los ojos a punto de salirse de las órbitas. Y entonces veo a Doris mirándome con una sonrisa cariñosa, una taza de café en las manos y una carpeta bajo el brazo.

—¿Qué...?

—Te has dormido —me informa con voz dulce, como si le estuviera hablando a un niño pequeño.

—¿Y por qué me has dejado?

—Porque lo necesitabas. Llevas tres semanas de un lado para otro, y no descansas nada de nada... —Resoplo y me cojo la cabeza, hundiendo los dedos en mi pelo—. Toma. Bébete el café. En esta carpeta te he puesto el orden del día de la reunión de las once. Cuando salgas, te lo tendré todo preparado para la videoconferencia.

—¿Qué haría yo sin ti, Doris?

—Dormirte, seguro. ¿Ha sido un fin de semana duro?

—Ha sido un fin de semana espectacular. El sábado fuimos a Coney Island a pasar el día, y el domingo, por la mañana salí en bici con Simon, por la tarde Rosie y yo montamos la casa de muñecas y por la noche Harry y yo subimos a la azotea con el telescopio. La contaminación lumínica no nos dejó disfrutar demasiado de las estrellas, pero aun así, estuvo genial.

—¿Y con Valerie?

—¿Hace falta que te cuente lo que hice con ella? —le pregunto formando una sonrisa pícara.

—¡No! —contesta sonrojándose, justo antes de darme un golpe en el hombro—. ¡Serás...! ¡Ya sabes a lo que me refiero!

—¡Jajaja! Lo sé... También tuve tiempo para ella. Poco rato, lo justo entre que se dormían por la noche y se despertaban por la mañana, pero juro que hice que valiera la pena.

—Ese es mi chico... ¿Le fueron bien las sales de Epsom que te di? ¿Le preparaste un baño con ellas?

—Sí, le fueron muy bien. Gracias.

—Sé que van muy bien para la circulación y al decirme que se quejaba de eso... Además, que un baño relajante siempre va bien.

—Y que me lo curré mucho... Con velas, pétalos de rosa y esas cosas...

—¡Vaya! Vamos, que te preparaste bien el terreno para lo que viniera después del baño.

—Bueno, digamos que yo también necesitaba relajarme.

—¿Te das cuenta de que eres mi jefe y que esta conversación podría resultar algo inapropiada, no?

—Eras tú la interesada en conocer detalles de mi vida amorosa...

—No te pases de listo. A lo que íbamos, carpeta de la reunión y en cuanto salgas, tendrás todo listo para la videoconferencia —dice antes de salir por la puerta de mi despacho—. ¡Ah! ¡Por cierto! Recuerda que es el cumpleaños de tu hermano Levy.

—¡¿Ya?! ¡¿Otra vez?!

—Llámale.

—¿Y tú cómo lo sabes?

—Porque aparte de tenerlo apuntado en mi agenda, Valerie me envió un correo electrónico para que te lo recordara.

—Chivata... —susurro—. Le enviaré un mensaje.

—Lucas, llámale.

—Pero...

—No hay pero que valga.

—¿Y qué le compro?

—De eso ya se ha encargado tu mujer, como siempre.

—No me gusta nada de nada que Valerie y tú os llevéis tan bien.

—Las mujeres de tu familia estamos aliadas contra ti por tu bien. Recuerda. Reunión. En diez minutos —dice justo antes de cerrar la puerta de mi despacho.

—Que sí...

Sonrío cuando la veo salir por la puerta y, al saber que aún me quedan unos minutos libres y que además un retraso por mi parte es totalmente disculpable, abro el portátil y el programa del correo electrónico para enviar un mail.

De: Lucas Turner (lturner@wwex.com)

Para: Valerie Turner (vturner@wwex.com)

Asunto: CHIVATA

Mensaje:

¿Sabes qué? Me he dormido encima de mi escritorio... ¡Jajaja! Menudo jefe estoy hecho, ¿eh?

¿Cómo ha ido hoy con los chicos? ¿Se han despertado bien?

Hace cuatro horas escasas que no te toco y ya te echo de menos...

Para siempre.

Lucas Turner

Director General de WWEX Kansas

≈≈≈

—De acuerdo. Genial.

—Volvemos a hablar... digamos... ¿Cómo lo tienes en dos semanas?

—Ni idea. Habla con Doris, ¿vale?

—De acuerdo. Hasta la próxima, Turner.

—Adiós, Adam. ¡Espera! Dame envidia, ¿qué tiempo tenéis por ahí?

—Te lo diré sutilmente... —dice Adam, acercando la cara a la pantalla del ordenador—. Llevo el bañador debajo del traje.

—Cabronazo...

—Te lo digo siempre, y te lo repito: ¡ven a verme un fin de semana!

—Los fines de semana los tengo reservados de por vida.

—Vale, pues invéntate una reunión que no podamos hacer por videoconferencia y vente.

—¿Más aviones? Paso...

—Bueno, pues entonces, seguirás muriéndote de envidia.

—¡Jajaja! Adiós, Adam.

En cuanto apago la conexión de Skype en el portátil, me quito los cascos y compruebo la hora. Se supone que dentro de quince minutos he quedado con el director del banco con el trabajamos para discutir acerca de un crédito que queremos que nos conceda, pero acabo de ver que tengo un correo de Valerie en respuesta a mi mensaje de esta mañana, y me pongo a leerlo.

De: Valerie Turner (*vturner@wwex.com*)

Para: Lucas Turner (*lturner@wwex.com*)

Asunto: Re: CHIVATA —Llámale para felicitarle, nada de mensajes

Mensaje:

¿Sabes que existen unas cosas algo más mullidas y mucho más cómodas que una mesa? Ahora en serio, Lucas, quédate este fin de semana en Kansas. Descansa un poco. No puedes seguir con este ritmo durante mucho tiempo.

Los chicos, como cada lunes, de mal humor. Y les ha costado muchísimo levantarse, a alguno más que a otro... Sí, has acertado. Simon decía que estaba un 60% cabreado contigo por haberte ido y un 40% enfadado con el mundo por ser lunes.

Oye, no quiero que te asustes, pero desde esta mañana, al levantarme, siento una especie de pinchazos en un costado. He llamado al hospital y me han hecho describirles los síntomas. Dicen que seguro que no es nada y, de hecho, no me encuentro mal, pero me han hecho un hueco esta tarde para hacerme una ecografía y comprobar que todo va bien. Te lo cuento para que lo sepas, pero no te vuelvas loco ni paranoico. Estoy perfectamente. Te avisaré en cuanto salga del hospital.

Para siempre.

Valerie.

P.D.: Le hemos comprado unas entradas para la ópera (que lo sepas)

—¡Doris! ¡Doris! ¡Doris! —grito poniéndome en pie y caminando hacia la puerta con paso firme.

Ella abre justo en el instante en el que yo iba a agarrar el pomo, y nos encontramos un frente al otro. Nada más verme, frunce el ceño y me mira con preocupación.

—¿Estás bien? ¿Lucas? ¿Va algo mal?

—¡Necesito un vuelo a Nueva York!

—¿Qué pasa?

—¡Ahora, Doris!

—Pero... ¿Para cuándo?

—Necesito un asiento en el primer vuelo que encuentres. Solo ida. Me da igual lo que cueste. Cárgalo en mi tarjeta, no en la de la empresa.

—Es... ¿personal? —me pregunta mientras yo me acerco a mi escritorio y busco el teléfono para llamar personalmente a Henry, con quién había quedado para comer para aplazar la cita—. ¿Está bien Valerie? ¿Le ha pasado algo a alguno de los niños?

—Doris... Por favor...

Ella sale corriendo hacia su mesa. Después de disculparme con Henry, sin dejar el teléfono, llamo a Valerie.

—Hola, guapo —me saluda al descolgar al cuarto tono.

—¿A qué hora tienes médico?

—Sabía que no tenía que haberte dicho nada... —resopla resignada—. A las cinco... No te preocupes. Estoy bien, he venido a trabajar y todo va bien. Es solo para quedarme más tranquila. ¿Me crees?

—Algo has tenido que sentir para que hayas decidido llamar al médico...

—Unos pinchazos esporádicos, nada más. En serio, Lucas... Tranquilo, por favor... Estoy bien. Repito, ¿me crees?

Cuelgo sin despedirme. Me pongo en pie justo cuando Doris vuelve a irrumpir en mi despacho.

—A las dos menos cuarto. He supuesto que no facturas equipaje y aquí tienes incluso tu tarjeta de embarque —dice dándome un folio de papel.

—Gracias, Doris...

—¿Qué ha pasado, Lucas?

—Valerie ha sentido unas molestias y ha llamado al médico. Va a hacerse una revisión esta tarde y no quiero que vaya sola. Puede que no sea nada, pero no quiero que pase por eso sola...

—¿Ella está tranquila?

—Sí, ella está bien... Y me ha intentado tranquilizar y decirme que no es nada, que es solo para quedarnos tranquilos... Pero...

—Es genial que hagas esto. Seguro que no será nada, pero aunque te haya pedido que no vayas, verte a su lado le va a encantar.

—Gracias, Doris. En cuanto a la vuelta, ya me las apañaré... He llamado a Henry para cancelar la comida para hoy pero le he dicho que puede que le llame para organizarla para mañana. Me ha dicho que le iría bien también, así que te avisaré para que lo organices si vuelvo esta noche o mañana por la mañana.

—Descuida. ¿Te vas ya?

—Eh... Sí... —contesto dando vueltas sobre mí mismo, algo perdido, buscando algo sin saber el qué... Hasta que Doris se planta frente a mí con mi americana en la mano.

—No necesitas más que esto. ¿Llevas el móvil?

—Ajá —contesto palpando el bolsillo de mi pantalón.

—¿Y el billetero?

—Eh... También —digo.

—Pues toma la tarjeta de embarque electrónica y corre.

≈ ≈ ≈

—Al Hospital Presbiteriano. Pero cruce por el puente Triborough.

—Puede que nos encontremos con bastante tráfico, señor —me informa el taxista.

—Lo sé, pero en condiciones normales es la ruta más rápida. Tengo que llegar cuanto antes.

—Como quiera.

Intento llamar de nuevo a Valerie para decirle que estoy en camino pero, como en las cuatro veces que lo he intentado hasta ahora, me vuelve a salir el contestador. Esto ya me pone muy nervioso, porque puede que se haya encontrado peor y... No lo quiero ni pensar.

Entonces mi teléfono empieza a sonar y me precipito para sacarlo del bolsillo. Resoplo hastiado al ver que es mi madre. Estoy tentado de no cogérselo, pero sé que entonces desataré la ira de los dioses y será peor, así que cojo aire y descuelgo.

—¡Hola, mamá! ¿Qué tal?

—Lucas Alexander Turner...

—¿Qué he hecho ahora? —la corto sin ganas de discutir.

—Qué no has hecho, mejor dicho...

—Tienes otros cinco hijos y diecisiete nietos... Seguro que alguno ha hecho algo digno de recibir una bronca, ¿y me la tienes que echar a mí por algo que ni siquiera he hecho?

—Hoy es el cumpleaños de Levy, so antisocial. Sé que lo sabes, y aun así no le has llamado.

Mierda. Lo olvidé... Pero tampoco puedo decirle a mi madre el motivo por el que lo he olvidado, así que intento comportarme con normalidad, a pesar de que eso me cueste una soberana bronca.

—Iba a hacerlo ahora... ¡Al menos le compré un regalo!

—¡Oh, vamos! ¿Y sabes siquiera lo que le has comprado?

Esto... Me lo dijo... Valerie me lo dijo...

—Por supuesto... —Piensa, piensa, piensa... ¡Ya!—. Unas entradas para la ópera.

—Mmmm... Te lo habrá dicho Valerie.

No sé para qué me esfuerzo por quedar bien si, haga lo que haga, mi madre seguirá pensando que soy un paria social.

—Juro que luego le llamo.

—¿Y por qué no ahora?

—Porque no puedo, mamá... Estoy reunido.

—¿Dónde?

—¿Dónde va a ser? En la oficina.

—Mentira. Antes he llamado allí y Doris me ha dicho que habías salido. Por eso te estoy llamando al móvil.

—Joder... —susurro en voz muy baja.

—¡No blasfemes, jovencito!

—Joder, mamá... Dame un respiro... —resoplo frotándome los ojos.

—Pensaba que Valerie había conseguido domarte un poco —dice ella con un deje de decepción en la voz—. Cariño, es tu hermano mayor. Llámale, por favor.

—Lo haré. Te lo prometo. Lo haré...

—Hemos llegado, señor —me informa entonces el taxista.

Me incorporo de golpe, saco un billete de cincuenta dólares y se lo tiendo al conductor.

—¡Mamá, te tengo que dejar!

—Pero...

—¡Le llamo! ¡Te lo juro! ¡Le iré a ver si hace falta, pero te tengo que colgar!

—Señor, su cambio...

—¡Quédeselo! —grito corriendo hacia la entrada del hospital al tiempo que cuelgo la llamada y me guardo el teléfono en el bolsillo.

En cuanto cruzo las puertas automáticas, me dirijo a las escaleras y subo corriendo hacia el sexto piso. En cuanto llego arriba, voy hacia el mostrador de información y me pongo a la cola. Nunca he sido muy paciente, y menos cuando delante tengo a una mujer que debe de ser una persona más ocupada que la Primera Dama, ya que no encuentra un hueco para su próxima visita ginecológica.

—Perdone, por favor... —las interrumpo—. Estoy buscando a mi mujer. Ha venido de urgencias y...

—¿Perdone? —dice la mujer.

—Señor, si puede esperar a su turno, le... —empieza a decir la chica del mostrador.

—He cogido un vuelo desde Kansas, he aplazado una reunión de trabajo y puede que mañana tenga que recuperar varias horas de trabajo. Todo para poder estar con ella en este momento. Y no me puedo creer que no vaya a conseguirlo porque usted no puede encontrar un hueco de una hora en su ajetreada vida...

—¿Cómo se llama su esposa? —me pregunta la chica mientras Doña Ocupada me mira aún con la boca abierta.

—Valerie Turner.

—Sí, aquí está. Consulta cuatro, ya está dentro.

—Gracias, gracias, gracias —contesto corriendo por el pasillo, mirando el número de todas las puertas hasta que doy con la número cuatro y llamo con los nudillos.

—¿Sí? —dice una enfermera asomando la cabeza.

—Soy Lucas Turner, el marido de Valerie Turner. Creo que ella está...

—Ah, sí. Pase. No sabía que vendría —dice echándose a un lado para dejarme entrar—. Venga por aquí.

Me hace entrar en la consulta y me señala hacia la puerta que lleva hacia la sala donde está la máquina de las ecografías. Llamo a esa puerta y cuando escucho una voz masculina, seguramente la del médico de urgencias, dándome permiso para entrar, la abro con decisión.

—Hola... —saludo.

Al escucharme, Valerie gira la cabeza de golpe. Me mira con la boca abierta y enseguida se le humedecen los ojos.

—¿Estás bien? —pregunto asustado—. ¿Noah está bien?

—¿Qué...? ¿Qué haces aquí?

—¿Va todo bien? —insisto, esta vez mirando al médico.

—Sí, de momento no hay nada raro... El bebé está perfectamente. Sus constantes son perfectas, la bolsa está bien, ha recuperado peso...

—¿Y entonces por qué lloras? —le pregunto a Valerie.

—¿Es obvio, no?

—Está claro que no... —contesto—. Ya sabes que soy algo obtuso para ciertas cosas.

—¡Pues porque estás aquí...! ¡¿Qué...?! ¡¿Cómo demonios has venido tan rápido?!

—¿Cómo no iba a venir? ¿Pensabas que te iba a dejar pasar por esto sola? —le pregunto con cariño, acariciando su pelo.

—Estás loco...

—Lo sé —sonrío.

Beso sus labios mientras seco sus lágrimas con los pulgares. La miro embelesado, sonriendo de alivio. Escucho el carraspeo del médico y ambos le miramos.

—Voy a rellenar el informe de la visita para hacérselo llegar a su doctora. Como ya le he dicho, el bebé está perfecto y los pinchazos pueden ser producto del agotamiento. Está ya en el último trimestre, y tiene que empezar a tomarse las cosas con más calma. ¿Sigue trabajando?

—Ajá... —contesta Valerie.

—Pues si quiere puedo darle ya la baja para...

—Pero estoy perfectamente.

—Pero tienes tres hijos y yo solo estoy contigo los fines de semana —me apresuro a decir para intentar hacerles ver mi postura tanto a ella como al médico—. ¿Por qué no coges a baja?

—Creo que su marido tiene razón, aunque es solo una recomendación. No puedo obligarla porque el chico está bien, pero debe empezar a bajar el ritmo...

—Valerie hazle caso porque... —Y entonces caigo en la cuenta de las palabras del médico—. Espere, ¿ha dicho chico? ¿Noah es un niño?

—¿Un niño? —pregunta Valerie.

El médico se ve acorralado y de repente palidece.

—No... ¿No lo sabían? Es que se ve tan claro que... ¿No me digan que no querían saberlo?

—¡Jajaja! ¡Rosie estará contenta! —dice entonces Valerie.

—¿Y eso? Pensaba que ella prefería una niña...

—Sí, hasta que se dio cuenta de que entonces dejaría de ser la única princesa de papi, y entonces pensó que prefería que fuera un chico que le disputara el trono de príncipe de la casa a Harry y Simon.

—Chica lista...

≈≈≈

—Sí, Doris, Valerie está perfectamente —digo con el teléfono pegado a la oreja mientras ella me sonríe—. Espera... Que te pongas.

Le tiendo el teléfono y entonces, quebrantando la promesa que nos habíamos hecho de guardar el secreto, lo suelta nada más acercárselo.

—¡Doris, Noah es un niño!

Levanto los brazos, encojo los hombros y entonces los dejo caer con resignación. Las dos hablan durante casi todo el trayecto en metro, hasta que Valerie corta la llamada y me lo devuelve.

—Tienes el vuelo mañana a las cinco de la madrugada.

—Otra noche contigo... —contesto moviendo las cejas arriba y abajo.

—Sí, y otro madrugón más. Así que esta noche, nada de trasnochar.

—Ni hablar. ¿Te piensas que voy a dejar pasar la oportunidad?

—Lucas, ya tuviste anoche la oportunidad. ¿O acaso has olvidado que ayer dormimos juntos?

—¿Cómo voy a olvidar algo así? —digo mientras las puertas del convoy se abren y salimos al andén.

—Pues eso, que hoy duermes en el sofá.

—¡¿En el sofá?!

Me coloco tras ella en las escaleras mecánicas y en cuanto llegamos arriba, la cojo de la mano y caminamos hacia la salida.

—¿Prefieres el suelo?

—No. Prefiero la cama, a tu lado... O detrás de ti... O encima... O debajo...

Valerie me mira de reojo, levantando una ceja, mientras esquivamos al resto de peatones con los que nos cruzamos de camino a casa, donde los críos están al cuidado de la canguro que Valerie contrata de forma esporádica para cuidar de ellos.

—Por eso mismo vas a dormir en el sofá.

—Vamos. Es broma. Podemos compartir perfectamente la cama sin rozarnos.

—Eso no te lo crees ni tú.

—Sé que soy irresistible...

—Uy, sí... No sé si voy a poder aguantarlo...

—Tendrás que ser fuerte.

Valerie no vuelve a contestar, sino que se limita a mirarme de nuevo de reojo mientras introduce la llave en la cerradura del portal de nuestro edificio. Camino tras ella hacia el ascensor y, en cuanto se cierran las puertas y empieza a ascender, la acorralo contra la pared. Apoyo ambas manos a los lados de su cara y acerco lentamente mi cara a la suya. Me quedo a escasos centímetros de sus labios mientras examino minuciosamente cada centímetro de su piel. Observo cómo ella hace lo mismo y cómo, segundos después, inclina la cabeza hacia atrás, cierra los ojos y abre la boca levemente, como si me diera permiso para entrar. Satisfecho y, por qué no decirlo, con un punto de arrogancia, sonrío de medio lado hasta que ella abre los ojos y me pilla.

—Idiota —dice empujándome con ambas manos para alejarme de ella.

—Si eso es todo lo fuerte que puedes ser, quizá sí sea buena idea que duerma en el sofá —susurro en su oreja mientras abre la puerta de casa—. Tengo miedo de ser violado...

—Calla... —me pide, justo antes de entrar en el salón—. ¡Hola, chicos!

En cuanto los niños levantan las cabezas y me ven a su lado, se ponen en pie de un salto y corren hacia mí.

—¡Papá! ¡Qué bien! —dice Rosie—. ¿No te habías ido?

—Sí...

—Entonces, ¿esta semana no te vas?

—Sí, campeón, me fui, he vuelto, y mañana me vuelvo a ir muy temprano.

—¿Y todo eso lo has hecho por...? —me pregunta Harry—. ¿Pasa algo?

—Bueno, mamá ha ido al médico y quería acompañarla.

Mientras hablo con ellos, Valerie paga a la canguro y, tras intercambiar unas cuantas frases, se marcha.

—Pero no tenías cita... —insiste Harry en cuanto nos quedamos solos—. Te toca en un mes y pico, cerca de la semana treinta de embarazo... ¿Qué ha pasado? ¿Va todo bien, mamá?

—Sí, cariño —contesta Valerie acariciando la cara de Harry—. He ido porque sentía unas molestias, pero me han hecho una ecografía y va todo perfectamente. Vuestro hermano está perfectamente.

—Vale. Genial —interviene Simon—. Entonces, papá, ¿te quedas a cenar?

—Eh... Sí... —contesto mientras intento retener la risa al ver que no ha captado el comentario de su madre. Hemos decidido que, ya que ella no ha podido aguantarse y se lo ha contado a Doris, no tenía sentido ocultarlo durante más tiempo a los demás.

—¿Queréis ver las nuevas fotos que le han sacado a vuestro hermano? —insiste Valerie.

—¿Más? A este paso tendrá más fotos que Simon, aunque eso no es extraño... Con lo feo que es, ¿cómo vais a querer sacarle fotos? Yo le escondería en el trastero.

—¡Calla, ballena!

—Esperad, esperad... —les interrumpe entonces Harry, mirándonos con los ojos entornados—. Noah es... Habéis dicho hermano, en masculino... Pensaba que no querías... Pero habéis dicho que Noah es...

Los tres nos miran con los ojos muy abiertos, totalmente callados, hasta que yo empiezo a asentir con la cabeza.

—¿Es un chico? —pregunta Harry finalmente.

—Ajá. Noah es un chico —contesta Valerie.

Miro fijamente a Rosie. Antes quería tener una hermanita, pero hoy he sabido que no quería compartir el "privilegio" de ser mi chica con nadie. Y realmente parece estar encantada porque de repente se le ha formado una enorme sonrisa en la cara. Me agacho frente a ella y la miro con complicidad, justo antes de que corra a mis brazos.

—¿Estás contenta? —susurro en su oreja. Ella asiente con la cabeza y entonces, añado—: Igualmente, aunque Noah hubiera sido una niña, tú nunca habrías dejado de ser mi chica. Que no se te olvide nunca. Fíjate en los abuelos, por ejemplo, tuvieron seis hijos y tienen diecisiete nietos, casi a punto de dieciocho, y todos somos especiales para ellos...

—Pero yo quiero ser especial para ti.

—Siempre lo serás, mi vida. Siempre serás mi princesa.

≈≈≈

—Hola... —la saludo apoyado en el marco de la puerta del lavabo.

Valerie gira la cabeza y me mira de arriba abajo sin dejar de untarse crema por todo el cuerpo.

—Sigues sin poder dormir en la cama conmigo.

—¡Venga ya! —digo dando un par de pasos al frente.

—¡Aléjate de mí!

—¿Por qué? —le pregunto con voz ronca mientras doy un paso más.

—Porque... sí...

—Porque sabes que si me meto ahí contigo, no vas a poder resistirte a mí...

—No es por eso...

—¿No? —le pregunto quitándome la camiseta muy lentamente, lanzándola luego a un lado del baño.

Valerie intenta hacerse la fuerte, pero veo cómo sus ojos echan pequeños vistazos a mi cuerpo y sé que la tengo en el bote. Se está poniendo nerviosa y ella solita se va acorralando contra una esquina del baño.

—Lucas... —Carraspea varias veces para aclararse la voz—. Necesitas dormir un poco...

—Lo sé, pero también te necesito a ti...

Acaricio su cintura con mis manos y pego mi cuerpo al suyo. Mientras acerco la cara a su cuello, justo cuando seguro que mi aliento empezaba a hacerle cosquillas, cuando ya sentía los dedos de una de sus manos enredados en el pelo de mi nuca, mi teléfono empieza a sonar.

—Te llaman... —me dice sin despegar los labios de los míos.

—Ya se cansarán...

—Puede ser importante.

—No tanto como esto...

—Vas a despertar a los niños.

—Tienen el sueño profundo...

—Será tu madre para recordarte que llames a Levy.

—Le llamo luego... Culparé a la diferencia horaria...

En ese momento, mi teléfono deja de sonar y mi beso se vuelve más intenso... hasta que empieza a sonar el móvil de Valerie.

—Definitivamente, es tu madre... —me dice apoyando las palmas de las manos en mis hombros para separarme de ella.

Resoplo dándome por vencido mientras me aparto para que pueda contestar la llamada. Ambos sabemos que mi madre no parará hasta que alguno le cojamos el teléfono, así que más nos vale atajar el problema de buenas a primeras.

—¡Alice! —la escucho saludarla—. Sí... ¿No? ¿Aún no le ha llamado? Pues...

Cierro los ojos y miro al techo, arrastrando los pies hasta la cama. Me siento, estiro el brazo para agarrar el teléfono y busco el número de mi hermano en la agenda.

—Verás, Alice... No ha podido llamarle aún porque ha tenido que venir a Nueva York de urgencia. Tenía unas molestias y...

La miro con la boca abierta, sosteniendo el teléfono en la mano, mientras hago aspavientos para que no le confiese nada a mi madre. No es una buena idea porque sé que tarde o temprano me meterá la bronca por no haberla llamado. Valerie, en cambio, parece pensar lo contrario, y levanta un brazo, enseñándome la palma de la mano, para pedirme calma.

—No, no... Estoy perfectamente. Solo fue un susto. Pero Lucas no quiso dejarme sola y, a pesar de haber cogido un vuelo a Kansas esta mañana, ha cogido otro para volver a tiempo para estar a mi lado...

Valerie me guiña un ojo y levanta un pulgar, dándome a entender que, contra todo pronóstico, su táctica está funcionando.

—Lo sé... Es genial... —dice mirándome con los ojos llenos de amor—. Además, hemos descubierto algo... Ha sido un accidente pero... Es un niño, Alice. Noah es un chico.

La observo sonreír, totalmente embobado. La sigo mientras camina de un lado a otro de la habitación, gesticulando al hablar, colocándose varios mechones de pelo detrás de las orejas, mordiéndose el labio inferior, sonriendo de pura felicidad. Entonces me mira, ladea la cabeza y, tras chasquear los dedos de una mano, señala mi móvil. La obedezco al instante.

—Son las once y cincuenta y un minutos... Este año te has puesto las pilas, ¿eh? Al menos, me has llamado el mismo día de mi cumpleaños...

—De nada, Levy. ¿Te gustaron las entradas para la ópera?

—¡Vaya! Incluso sabes lo que me habéis regalado... Espera... ¿Estás bien? ¿Te han diagnosticado alguna enfermedad terminal o algo por el estilo y has hecho una promesa...?

—Gilipollas...

—¡Jajaja! Entiéndeme, estoy sorprendido... Ahora en serio, ¿cómo va por Kansas?

—Pues supongo y espero que bien... Estoy en Nueva York.

—¿Qué ha pasado?

—Que voy a tener un niño...

—Espera... ¿Estáis bien? ¿Le pasa algo a Valerie?

—Bueno, esta mañana me dijo que tenía molestias y que le habían dado hora en urgencias para esta tarde, así que cogí un avión para acompañarla y... Bueno, pues que todo está bien y que vamos a tener otro niño.

—¡Ostias! ¡Enhorabuena!

—Gracias.

—Entonces, que a pesar de toda la movida, te hayas acordado de llamarme, tiene aún más mérito.

—Bueno, he tenido cierta ayuda...

—Mamá se ha encargado de recordártelo cada año y aun así...

—Pues entonces, a lo mejor estoy cambiando realmente... —comento con cierto tono melancólico.

—De ahí a hacer fiestas y meter en casa a toda la familia, va un paso...

—Me entran hasta escalofríos solo de pensarlo.

—Antisocial.

—Capullo.

—Paria.

—Limitado.

—Ya veo que no has madurado tanto.

—El que fue a hablar.

Reímos durante un rato y luego nos quedamos callados.

—¿Cómo llevas esto de estar separados? —me pregunta.

—Bueno... Es algo... cansado —río—, pero entonces me acuerdo que hace unas semanas estábamos realmente separados y eso era una puta tortura. Al menos, ahora sé que solo estamos separados en la distancia, pero que nuestros corazones laten en la misma dirección...

—¿Esa mariconada ha salido de ti o quieres asegurarte la sesión de sexo de esta noche?

—No necesito ninguna treta para follar...

—¿O sea, que reconoces que es cosecha propia? —Prefiero no contestar a eso porque realmente es un comentario muy cursi, aunque no puedo negar que siento todas y cada una de esas palabras—. ¡Yo te invoco Satanás para que abandones el cuerpo de Lucas...!

—¡Jajaja! Mamonazo...

—¡Jajaja! Ahora en serio, ten paciencia... Cuando te quieras dar cuenta, estarás gritando a Simon que no se tire a la piscina haciendo el pino, jugando a las princesas con Rosie, mirando el peso atómico de los elementos químicos de la tabla periódica con Harry, y disfrutando de tu mujer todos los días.

—¿Mirando el peso atómico de los elementos de la tabla periódica? ¿En serio?

—¿Los raritos como vosotros no hacéis esas cosas...?

—Pues no...

—Pero los sabes.

—Sí... Pero tú también deberías... ¿Hiciste química en el instituto, no?

—Supongo que es algo que decidí guardar en el cajón de las cosas que me importan una mierda.

—¡Mira qué suerte! Eso es algo que yo no puedo hacer aunque quiera.

En ese momento, Valerie se sienta en la cama frente a mí. Ya ha colgado y se limita a observarme con una sonrisa en los labios. La imito mientras sigo hablando con Levy. Luego veo cómo agacha la cabeza y se mira el vientre, el cual acaricia con ambas manos. Valerie abre los ojos como platos y me coge una mano para que la toque, y enseguida noto una patada de Noah.

—Levy, te tengo que dejar... Mi hijo no nato me está pegando patadas y es algo que no me quiero perder.

—De acuerdo. Gracias por llamar.

—No te acostumbres.

Cuelgo y lanzo el teléfono a un lado de la cama para centrar toda mi atención en mi mujer.

—Tu madre dice que eres un encanto.

—¿Ah, sí?

—De nada...

—La verdad, me da igual. Como cuando pensaba que era un desastre y un paria social... Lo que realmente me importa es lo que opines tú —digo inclinándome hacia ella.

—Ya sabes lo que opino yo —me contesta recostando la espalda en el colchón.

Me coloco entre sus piernas y, sosteniendo el peso de mi cuerpo en mis brazos, hago una flexión hasta que nuestros labios casi se rozan.

—Refréscame la memoria...

Hace ver que piensa, entornando los ojos y mirando el techo de la habitación

—Siempre he dicho que eres el único que consigue hacerme reír cuando estoy triste y llorar cuando soy feliz. Contigo lo siento todo y eso es... genial.

—Vaya...

—¿Y...? ¿Eso es todo? ¿Te he dejado sin palabras así, tan fácil?

—¿Qué esperas que diga?

—Te lo he puesto a huevo...

—No te entiendo...

—¿No me vas a decir ninguna guarrada?

—¡Jajaja! ¡¿Por quién me has tomado?!

—Por el tío del que estoy enamorada...

—¿Eso quiere decir que me estás pidiendo que te haga sentir esta noche?

—Parece que estás volviendo en ti.

—Tenía mis dudas... Como me dijiste que esta noche no podía acercarme a ti...

—No pensaba que te rendirías tan fácilmente.

Acerco mi nariz a su cuello y acaricio su piel. Siento cómo se estremece y cuando la miro a la cara, veo que tiene los ojos cerrados y se está mordiendo en labio. Lo libero con un beso y cuando me mira, le sonrío de forma pícara.

—¿Todo esto formaba parte de tu plan maestro para acostarte conmigo?

—¿Funciona?

—¿A ti qué te parece?

—Que no puedes resistirte a mí.

—Pues eso. Ahora calla y bésame.

CAPÍTULO 22: TU JEFE TE HA DADO PERMISO PARA COGERTE UNOS DÍAS DE VACACIONES. ES UN BUEN TIPO...

Respira. Coge aire. Déjalo ir lentamente. Eso es. Otra vez...

En ese momento, se abre la puerta y Lucas aparece por ella. Se acerca a la camilla y me da un beso tierno en los labios.

—¿Dónde narices estabas?

—Volando.

—Tus padres han llegado antes que tú.

—Lo sé... Los he visto fuera con los niños...

—Ya me veía a tu padre con la cabeza entre mis piernas, y me he negado en rotundo.

—¡Jajaja! Lo siento, lo siento... He venido tan rápido como he podido. Se supone que no tocaba hasta dentro de dos semanas... Si lo llego a saber, no cojo el vuelo de vuelta, que a este paso creo que sería capaz de aprobar el examen de piloto de avión a la primera. ¿Tú sabes la de puntos que tengo en la tarjeta de fidelidad de la compañía aérea? Y los voy a perder porque en cuanto nazca este enano, no pienso pisar un avión en mucho tiempo.

—Lucas.

—¿Qué?

—Calla.

—Vale.

—Necesito acompasar la respiración y me estás estresando.

—Perdona, perdona.

Como un mantra, empiezo a repetirme las mismas consignas de antes. Coge aire. Déjalo ir lentamente. Repite de nuevo... De repente, vuelvo a sentir una fuerte contracción y mi respiración se acelera.

—Vamos, Valerie... Recuerda lo que dijo mi padre... Puedes dar a luz a cinco bebés a la vez. De hecho, ya pariste dos hace cinco años, así que esto no puede ser tan difícil.

Milagrosamente, ya no me duele, porque el dolor ha sido sustituido por la ira y unas ganas enormes de arrearle un puñetazo a Lucas en la cara. Debe intuir que sus palabras no me han gustado nada porque enseguida se queda callado, apretando los labios con fuerza al tiempo que rehúye mi mirada.

—Vamos a pasarte a quirófano —me informa la doctora, que acaba de entrar en la habitación, salvando así a Lucas de una muerte casi segura.

Pocos minutos después, mi respiración es exageradamente rápida, el sudor cubre mi frente y la cara de mi doctora asoma de entre mis piernas para pedirme que empuje. Cuando me derrumbo después de unos interminables segundos empujando, Lucas acerca su cara a la mía.

—Lo estás haciendo genial, Val —dice mientras me quita el pelo de la frente y me lo peina hacia atrás—. ¿Sabías que los bebés lloran en la barriga? Así que, técnicamente, cuando nacen es la primera vez que se les oye hacerlo, pero no la primera vez que lo hacen... Y también he leído que hubo un embarazo que duró 375 días. Y que el bebé más grande jamás nacido, según el Libro Guinness de los Records, fue un bebé nacido en 1879 aquí en Estados Unidos que pesó 10,8 kilos. ¿Te imaginas lo que debe de ser parir eso?

Y entonces, inexplicablemente, empiezo a reír como una loca. Solo a Lucas se le podría pasar por la cabeza explicarme estas cosas mientras estoy con las piernas abiertas intentando dar a luz a su hijo.

—¿Estás... bien? —me pregunta algo asustado.

—Sí, cariño... Sí.

—Empuja, Valerie —me pide de nuevo la doctora. Lo hago durante unos segundos, hasta que vuelvo a caer rendida en la cama—. Lo estás haciendo muy bien. La cabeza está casi asomando ya...

—¿Has leído alguna cosa más últimamente? —le pregunto a Lucas en cuanto recupero el aliento.

—Bueno... Así que recuerde, que el útero aumenta 500 veces su tamaño normal durante el embarazo. Me parece algo alucinante.

—¿Quinientas veces?

—Ajá.

—Vaya...

—Empuja de nuevo, Valerie —me pide la doctora, a la que hago caso al instante—. Aquí está la cabeza. Ven, Lucas. Mira.

—Ve —le tengo que decir para que se separe de mí.

No dejo de mirarle, expectante por su reacción. Según cómo sea, sabré que mi pequeño está bien. Por eso, en cuanto veo su asombro y luego su sonrisa orgullosa, no puedo dejar de empujar hasta que escucho el llanto de Noah.

—Guau... Es... guapísimo... —solloza Lucas con los ojos bañados en lágrimas de la emoción.

La doctora se lo tiende después de cortar el cordón umbilical y envolverle en una sábana y él enseguida me lo acerca.

—Hola, Noah —le saludo—. Se parece mucho a Harry...

—Hola, chiquitín —dice entonces Lucas, apoyando la mano en la pequeña cabeza de nuestro bebé, cubierta por un pequeño gorro de colores que Rosie eligió para él—. Bienvenido a esta familia de locos...

≈≈≈

—Por favor... Es monísimo —dice Laura.

—Es muy guapo, sí —interviene Alice.

—Y muy bueno, porque va de mano en mano y no se ha quejado ni una vez —comenta Peggy.

—Porque no ha abierto los ojos y no se ha asustado al vernos —bromea Holden.

En ese momento, Lucas entra en la habitación con Rosie, Simon y Harry, a los que ha llevado a la cafetería para que merendaran.

—Vale. Se acabó —dice al ver el barullo que se ha formado en la habitación—. Os queremos un montón. Muchas gracias por venir. Bla, bla, bla... Pero ahora, todo el mundo a sus casas. Necesito estar a solas con mi mujer y mis hijos.

—¿Ya? Pero si acabamos de llegar...

—Mamá, llevas aquí horas. De hecho, llegasteis incluso antes que yo. Volved mañana si queréis... De forma escalonada, por favor.

Conseguimos quedarnos los seis solos en la habitación después de que Lucas discutiese con su madre durante un buen rato.

—¿Qué os parece? —les pregunto a los chicos, que no dejan de mirar su hermano.

—Mola... —contesta Simon sonriente.

—¿Puedo cogerle? —me pregunta Rosie.

—Claro —contesta Lucas—. Ven. Siéntate en la cama al lado de mamá y te lo pongo en los brazos.

Se apresura a hacerle caso y entonces le coge con delicadeza cuando su padre se lo pone encima. Simon enseguida se acerca a ellos y pega la nariz a la cabeza de Noah.

—Huele bien.

—Pues claro —dice Rosie.

—Es raro.

—¿Es raro que huela bien? —le pregunto.

—Sí, porque normalmente, los bebés huelen a caca y a vómito...

—¡Jajaja! No todos, so bestia —ríe Lucas.

—Entonces, ¿Noah también olerá a mierda?

—Pues claro...

—Pues a mí que no se me acerque entonces... Y en la casa nueva, le ponéis en la habitación más alejada de la mía.

—Yo había pensado que durmiera contigo.

—¡¿Qué?! ¡De eso nada, papá! Que necesito mi intimidad. ¿Y si invito a mis amigos a casa? No podemos estar en mi habitación, con nuestras cosas, y Noah haciendo caca o llorando a nuestro lado.

—¿Qué amigos? —le pregunta Harry—. No conoces a nadie allí.

—El antisocial eres tú, no yo. No me costará nada de nada hacer nuevos amigos.

—¿Le quieres coger, Harry? —le pregunta Rosie—. Es muy suave...

—Eh... ¿Yo?

—¿Quién si no?

—Ven... Toma... —dice Lucas poniéndoselo en los brazos.

—Sin miedo, Harry —le digo—. Solo tienes que procurar que tenga la cabeza bien apoyada en ti.

—Lo sé... Lo he leído. Es por la fontanela que es blanda. ¿Sabes que se puede ver latir la cabeza? Es porque la fontanela es especialmente sensible al latido cardiaco. Es alucinante, aunque un poco inquietante a la vez, ¿no creéis?

—¿En serio? ¿A ver? —le pide Simon, acercándose a ellos—. Es un poco cabezón, ¿no?

—No. Lo que pasa es que los bebés, proporcionalmente tienen la cabeza más grande que el resto del cuerpo, porque es la parte que antes alcanza el tamaño que tendrá de adulto. Desde que nacen hasta que se hacen mayores, la cabeza ni siquiera duplica su tamaño, mientras que el tronco lo triplica, los brazos lo cuadruplican y las piernas lo quintuplican.

—¡Entonces voy a ser altísimo si mis piernas van a ser cinco veces más largas de lo que son ahora!

—Tú ya has duplicado o incluso triplicado el tamaño que tenían tus piernas al nacer, así que no alucines...

—Creo que se parece a papá, ¿no? —interviene Rosie.

—Sí, yo también lo creo —contesto yo—. A papá y a Harry.

—¿Será rarito, entonces? Madre mía, la que nos espera...

≈ ≈ ≈

—Doris, ¿podrás ir hoy a recoger a Noah?

—Claro que sí.

—¿Seguro? ¿Lucas no se enfadará?

—Lucas es consciente de que ha pasado a ser el Turner que menos me importa...

—¡Jajaja! Gracias.

—A ti. ¡No sabes lo mucho que me gusta estar con tus pequeños...! ¿Y bien? ¿Queréis que nos quedemos con ellos hoy?

—No...

—¿Por qué no? No se cumplen cuarenta años todos los días.

—Es una cifra sobreestimada... No es tan importante cumplir cuarenta.

—Bueno, pero, al fin y al cabo, es tu cumpleaños.

—Lucas y yo quedamos que no haríamos nada especial. Así que supongo que bañaremos a Noah, le daremos de cenar, le acostaremos, luego cenaremos con Rosie, Simon y Harry, veremos una peli...

—Bueno... Si es lo que quieres... Me voy ya.

—Adiós, Doris. Y gracias de nuevo.

En cuanto cuelgo, vuelvo a comprobar mi móvil. Es cierto que mucha gente me ha felicitado, y aunque intento restarle importancia, ¡cumplo cuarenta años! La verdad es que esperaba algo más de entusiasmo. Pensaba que las chicas me enviarían alguna postal graciosa por correo electrónico, esperaba incluso recibir algún ramo de flores, pero nada... Ni Lucas se ha mostrado especialmente emocionado. Sé que le dije que no quería hacer nada especial, pero sobre todo lo hice porque conozco su alergia a socializar, así que esperaba alguna sorpresa. Creía que prepararían algo a mis espaldas, que pillaría a los chicos cuchicheando entre ellos, que encontraría restos de papel de envolver en el cubo de la basura de la cocina... Pero nada.

_De:_ Valerie Turner (_vturner@wwex.com_)

Para: Lucas Turner (_lturner@wwex.com_)

Asunto: HOLA

Mensaje:

¿Qué haces?

Valerie Turner

Responsable de Atención al Cliente

Golpeo mi cuaderno con el bolígrafo durante un buen rato mientras espero su respuesta. Sé que debería estar haciendo los informes mensuales, pero es mi cumpleaños, así que supongo que se me disculpa el hecho de ser algo vaga por un día.

_De:_ Lucas Turner (_lturner@wwex.com_)

Para: Valerie Turner (_vturner@wwex.com_)

Asunto: Re: HOLA - Hola

Mensaje:

Trabajar.

Lucas Turner

Director General de WWEX Kansas

¡Será...! ¡Es mi cumpleaños, por el amor de Dios! ¡No estoy pidiendo una fiesta por todo lo alto, solo un poco de entusiasmo! El otro día, Harry tuvo la delicadeza de advertirme de los síntomas de la famosa y temida crisis de los cuarenta. Yo me lo tomé en broma y no le hice caso, básicamente porque Lucas ya los cumplió y no notamos ningún cambio en él, yo no iba a ser menos, pero pensándolo bien, creo que puedo estar sufriendo esa... cosa.

De: Valerie Turner (vturner@wwex.com)

Para: Lucas Turner (lturner@wwex.com)

Asunto: Re: Re: HOLA – Hola – TE ECHO DE MENOS

Mensaje:

Doris ya ha ido a buscar a Noah.

Valerie Turner

Responsable de Atención al Cliente

¿Acaso no nota que solo quiero algo de conversación? ¿Puede que la carga de trabajo le haya hecho olvidarse de mi cumpleaños? ¿O quizá haya sido mi insistencia en no convertirlo en algo especial? Me habrá comprado un regalo al menos, ¿no? Juro por Dios que como se haya atrevido a no comprarme ningún regalo, dormirá en el sofá el resto de sus días. ¿Y los niños? Sé que siempre me he quejado de los dibujos de Simon, pero juro que ahora daría lo que fuera por saber que está dibujándolo en estos momentos. ¿Y Rosie? ¿Me habrá hecho una de sus famosas postales llenas de mariposas y purpurina rosa? ¿Y Harry? El año pasado le puso mi nombre a una estrella y me regaló el certificado que lo atestiguaba. Eso será difícil de superar, así que me conformo con algo menos… luminoso y lejano.

De: Lucas Turner (lturner@wwex.com)

Para: Valerie Turner (vturner@wwex.com)

Asunto: Re: Re: Re: HOLA – Hola – TE ECHO DE MENOS – Y yo a ti

Mensaje:

Lo sé… De hecho, gracias a eso, estoy fotocopiando yo mismo unos documentos… Estoy gastando tanto papel que a estas alturas debo de haber ayudado a dejar sin casa a varias tribus del Amazonas.

Ahora que lo pienso, ¿no dices que me echas tanto de menos? ¿Sabes cómo fotocopiar a doble cara? Te propongo una cita… TÚ, YO Y LA FOTOCOPIADORA DEL INFIERNO.

Lucas Turner

Director General de WWEX Kansas

Ya está, definitivo. Seguro que este es uno de los motivos por los que caeré en la temida crisis de los cuarenta. ¿Cómo eran...? Ah, sí...

—Los motivos más frecuentes de la crisis de la mediana edad son la inseguridad, la responsabilidad excesiva, la rutina, las parejas conflictivas, darse cuenta de los errores cometidos, aburrimiento, falta de objetivos claros... —comentó Harry—. Por eso muchos de los afectados sienten esa necesidad de volver a ser "jóvenes", lo que les lleva a la búsqueda de nuevas experiencias, a hacer cosas que antes no se habían atrevido a hacer, a vestirse como un adolescente, frecuentar bares o discotecas, y esas cosas.

—Mamá, ¿te vas a vestir como una adolescente? —preguntó Rosie con una mueca de asco dibujada en la cara.

—No, porque eso no me pasará a mí —me atreví a aventurar.

Pues bien, ya no estoy tan segura de ello. Si esto es en lo que se ha convertido nuestra relación, creo que voy a empezar a frecuentar esas tiendas de ropa que tienen la música tan alta que al entrar sientes tentaciones de ir a la cajera y pedirle una copa.

Lucas Turner

Director General de WWEX Kansas

<u>De:</u> Valerie Turner (*vturner@wwex.com*)

<u>Para:</u> Lucas Turner (*lturner@wwex.com*)

<u>Asunto:</u> Re: Re: Re: Re: Re: Re: HOLA – Hola – TE ECHO DÉ MENOS – Y yo a ti – HAS PERDIDO TU CHISPA - ¿Por decir que yo también te echo de menos? – SÍ

<u>Mensaje:</u>

Perfectamente. No me esperes para ir a casa. Pasaré por el centro comercial a comprarme algo de ropa.

Valerie Turner

Responsable de Atención al Cliente

≈ ≈ ≈

Llego a casa unas tres horas después, con las manos vacías, un dolor de cabeza insoportable y un cabreo de tres pares de narices. Nada más cruzar la puerta, me quito los zapatos de tacón y resoplo de alivio. Me froto la nuca y echo la cabeza hacia atrás sin dejar de caminar. La casa está en penumbra y extrañamente silenciosa. Cuando llego a la cocina, me encuentro a Lucas sentado en uno de los taburetes. Tiene los brazos apoyados en la isla de la cocina y sostiene una botella de cerveza entre las manos.

—Eh... Hola... —me saluda con voz dulce y puede que con un deje de culpabilidad.

—Hola —contesto cortante, abriendo la nevera para coger una botella de agua y dar un largo trago—. ¿Dónde están los niños?

—Con Doris.

—¿Aún?

—Eh... Sí... Han salido a dar un paseo. Oye, ¿por qué siento que tengo que pedirte disculpas por algo? —escucho que dice a mi espalda, muy cerca de mí.

—A lo mejor es tu conciencia la que te lo dice. No puedo hacer nada contra ella.

—Eh... Mírame —me pide agarrándome del brazo para darme la vuelta. Le veo mirarme con la cabeza ladeada y los ojos llenos de preocupación y, simplemente, mi barrera se viene abajo—. ¿Estamos bien?

—¿Crees que hemos caído en la rutina?

—¿En la rutina? ¿Nosotros? ¡Ojalá tuviéramos algo de rutina! ¡Pero si aún no nos ha dado tiempo de acostumbrarnos a nuestra nueva vida...!

—Ah, o sea, ¿quieres caer en la rutina?

—En el buen sentido de la palabra. Rutina como algo habitual, no como un aburrimiento. Quiero levantarme a tu lado cada mañana sin tener que palpar el colchón para creerme que es cierto. Quiero volver a casa y escuchar tu risa y la de los niños sin respirar de alivio. Quiero que al llegar el fin de semana, no sienta la tentación de encerrarnos con llave en casa... Esa es la rutina que quiero...

—¿Te atraigo lo mismo que antes?

—¡¿Pero qué pregunta es esa?! Me atraes cada día más y...

—Creo que Harry tiene razón —empiezo a sollozar—. Estoy en plena crisis de los cuarenta. No llevo nada bien esto de cumplir años.

—¿Por qué? Estás genial, somos felices y... Espera... Antes te encantaba cumplir años. ¿Qué hay de diferente esta vez?

—No sé... —contesto encogiéndome de hombros y agachando la cabeza. En realidad, sí sé qué hay de diferente, pero como en el fondo es algo que he provocado o pedido yo misma, no voy a reconocerlo.

—Ven aquí...

Lucas me abraza con fuerza y acaricia mi espalda con ambas manos. Empieza a caminar y yo me dejo llevar por él, tan a gusto entre sus brazos, tan segura de él...

—¡Sorpresa!

—¡Feliz cumpleaños!

De repente se enciende la luz y ya no estoy entre sus brazos. Estoy en mitad del salón, rodeada de globos, confeti, guirnaldas y, sobre todo, de gente. Están los padres de Lucas, todos sus hermanos, cuñados, cuñadas, hijos y parejas de sus hijos. Están Doris y su marido. Las chicas, mis amigas a las que echo tanto de menos, y los chicos, los impresentables amigos de Lucas... Y mis pequeños, mis cuatro tesoros... Todos me besan y me abrazan y me lleva un buen rato saludarlos a todos, hasta que entonces me doy cuenta de que me falta alguien a quién agradecerle todo esto, el que además, seguramente, debe de ser el artífice de todo. Me doy la vuelta y le veo a mi espalda, en un segundo plano, con las manos en los bolsillos del pantalón y una sonrisa satisfecha en la cara que me muestra esos hoyuelos que me traen loca, mirándome muy emocionado.

—Tú... —le digo mientras me acerco.

—Yo... —me contesta.

—¿Cómo...?

—¿En serio pensabas que te iba a dejar sin fiesta de cumpleaños?

—Pero lo has llevado muy en secreto...

—Los chicos han sabido guardar el secreto.

—Incluso Simon.

—Simon está sobornado. Mucho. De hecho, casi me ha costado más caro su soborno que montar todo esto.

—¡Jajaja! —río mientras rodeo su cintura con mis brazos—. Gracias por todo esto...

—No... Gracias a ti por seguirme, por no cansarte de mí, por... quererme a pesar de ser yo.

—Mi rarito... —digo acariciando su cara con mis manos.

—¿Te has enfadado mucho esta mañana?

—Un poco, la verdad.

—Lo sabía, pero no podía dejar que sospecharas nada...

—Pues te has pasado de seco... Estabas demasiado distante. Tanto que casi me obligas a comprarme ropa de colores llamativos y rotos imposibles.

—Te lo dije —interviene entonces Harry, plantado a nuestro lado con Noah en brazos—. De ahí a salir de noche a locales de moda, o a apuntarte a clases de bikram yoga para sanar tus chacras, hay un paso. Yo de ti, me iría con cuidado, papá.

—No creo que llegue a tanto... —digo cogiendo a Noah y dándole un montón de besos en el cuello—. Pero a lo mejor podríamos apuntarnos a clases de baile.

—¿Bailar? ¿Conmigo? Mejor pídeselo al listo de tu hijo —contesta Lucas.

—Conmigo no cuentes —dice Harry.

—¡Pues voy yo! —interviene Simon moviendo la cintura.

—¿Qué haces? —le pregunta Rosie.

—Bailar.

—¿Eso es bailar? Te mueves como si te estuvieran atacando miles de hormigas carnívoras...

—¿Qué sabrás tú lo que es bailar?

—Pues lo mismo que tú, listillo.

—¡Calla, ballena!

—¡Idiota!

—¿Me dejas al enano? —me pregunta Carol.

—Solo si me cuentas qué pasa entre tú y Roger.

—Bueno... No pasa nada concreto...

—¿Pero ha pasado alguna cosa? —insisto.

—Alguna.

—¿Pero quieres que pasen más a menudo? —le pregunta Lucas.

—No lo sé...

—Es Roger —vuelve a insistir él.

—Por eso no lo sé.

—¿Sabes si él quiere? —pregunto yo.

—Sí, quiere —contesta con timidez.

—¡¿En serio?!

—Shhhh... Baja a voz...

—¿En serio? —repito susurrando mientras ella asiente con la cabeza y una enorme sonrisa en los labios.

—Estás sonriendo... —interviene Lucas.

—Puede... —contesta cogiendo a Noah en brazos y llevándoselo.

—¿Quieres beber algo? —me pregunta Lucas señalando una mesa donde hay dispuestos varios vasos de plástico y varias bandejas de comida.

—¿Eso también lo has preparado tú?

—Bueno, en eso he tenido bastante ayuda de Doris...

—Desde luego, eres un hombre de recursos.

≈≈≈

—¡Ahora abre mi regalo, mamá! —grita Simon.

Me tiende un paquete rígido. Parece un marco y mientras lo abro, reconozco que siento algo de miedo. Pero entonces descubro que me ha hecho un retrato precioso. Es algo abstracto, pero muy bonito.

—Cariño... —digo con los ojos bañados en lágrimas.

—¿Tan feo te parece?

—¡No, no, no! ¡Es precioso, mi vida! Me encanta —digo estrechándole entre mis brazos—. De hecho, lo voy a colgar en el salón. ¿Qué te parece?

—¡Genial...! Le ha gustado más que tu cuento —le dice a su hermana.

—Me han gustado los dos. No os peleéis. Y el cupón para clases de yoga de Harry, también. Todos los regalos me han encantado. —Y entonces miro a Lucas, que se mantiene a cierta distancia, observándome—. Y sobre todo, gracias a ti por esta fiesta. ¿Aún no te ha entrado urticaria por estar rodeado de tanta gente?

—¡Jajaja! Parece que no... —contesta mirándose los brazos—. ¿Estaré aprendiendo a socializar?

—Esto es una maravilla, hijo —interviene entonces Alice.

—Seguro que si hace unos años te dicen que el rarito de tu hijo va a acceder a meter en su casa a unas cincuenta personas, no te lo hubieras creído... —dice.

—Seguro...

—Nos has sorprendido a todos, y a mí me has hecho muy feliz. Me encanta mi regalo.

—Pero si no te lo he dado aún...

—¿Cómo...? ¿Esta fiesta no es mi regalo?

—No. Tú regalo es que la semana que viene tienes una cita conmigo. Tú, yo. En las Bahamas.

—¡Venga ya! —grito con las manos tapándome la boca—. ¿Es broma?

—No.

—Pero... ¿y el trabajo?

—Tu jefe te ha dado permiso para cogerte unos días de vacaciones. Es un buen tipo...

—Pero... ¿y los niños?

—He encontrado a unos canguros muy majos... —me contesta señalando a sus padres con la cabeza. Cuando los miro, Alice y Jerry me saludan y sonríen de oreja a oreja.

—No lo puedo creer... ¿A las Bahamas?

—Sí.

—¿Contigo?

—Sí.

—¿Tú y yo?

—Sí.

—¿En serio?

—¿Tan difícil es de creer?

—¿Cuánto hace que no pasamos unos días tú y yo solos?

—Pues desde que Harry nació, hace exactamente once años, dos meses y once días.

—4.093 días —se apresura a contestar Harry.

Todos le miramos con la boca abierta. A algunos se les escapa la risa mientras que otros no salen de su asombro. Martin saca su teléfono y empieza a teclear.

—No... A mí me salen 3.977...

—Porque seguro que has hecho una media de treinta días al mes y no has tenido en cuenta los años bisiestos. Ha habido tres, 2.004, 2.008 y 2.012.

—¿En serio lo has calculado tan rápido? —le pregunta Lucas. Harry asiente sin darle la mayor importancia.

—¿Qué es un año bisnieto? —pregunta Simon a su hermano.

—Bisiesto, no bisnieto. La mayoría de los años tienen 365 días, pero los años bisiestos tienen 366 días, un día más. Ese día extra es el 29 de febrero.

—¿Y por qué no tienen los mismos días? —le pregunta Simon, realmente intrigado.

—Porque la Tierra gira sobre sí misma 365,242375 veces en un año, pero hemos quedado que un año normal solo tiene 365 días, ¿no?

—Sí...

—Pues hay que hacer algo para "alcanzar" esos 0,242375 días al año. Así que cada cuatro años tenemos un día extra, lo que hacen 365,25 días al año. Esto es bastante exacto, pero habrá 1 día de diferencia cada 100 años. Así que cada 100 años no tenemos año bisiesto, y eso da 365,24 días al año. Pero eso todavía no es lo suficientemente exacto, así que otra regla es que cada 400 años hay unaño bisiesto. Con esto son 365,2425 días al año, lo cual está bastante cerca de los 365,242375 como para que no importe mucho.

Cuando acaba de hablar, se da cuenta del silencio que le rodea y de la cara con la que le miramos todos. Traga salivas varias veces y agacha la cabeza.

—Perdón... —susurra.

—De eso nada —le dice Levy—. No tienes nada de lo que avergonzarte.

—Así que un año bisiesto son aquellos que se pueden dividir entre cuatro, menos los que se pueden dividir entre cien, pero sí los que se pueden dividir en cuatrocientos —digo yo—. ¿Lo he entendido bien?

—Sí —contesta Harry con los ojos muy abiertos.

—Lo has explicado genial, cariño. Quizá deberías plantearte dedicarte a la enseñanza. Siempre has dicho que te gustan tantas cosas que no sabes qué estudiar en un futuro. ¿Y si estudias algo que te permita enseñar a los demás todo lo que sabes?

Harry se queda pensativo, con la vista clavada en el suelo. Aun así, creo ver una pequeña sonrisa formándose en su cara. En ese momento, Lucas me coge de la mano y me lleva al jardín para tener algo de intimidad.

—Pues eso, que 4.093 días sin estar solos, son demasiados, ¿no te parece?

—Son muchos, sí... Pero se me han pasado volando —contesto mientras me dejo estrechar entre sus brazos—. ¿Cómo eran aquellas frases...? "Porque no quiero que esto se acabe. No quiero dejar de hacer esto".

—"Quiero gritar a los cuatro vientos que has sido lo mejor que me ha pasado en la vida. No me avergüenza confesar que me has hecho cambiar" —prosigue él—. "No quiero olvidar nada de lo que hemos vivido juntos. Me gustaría que fueras consciente de todo el bien que me has hecho y de lo mucho que has significado y aún significas para mí". —Y entonces añade de su propia cosecha—. Afortunadamente, me diste la oportunidad de decírtelo a la cara, y nunca me cansaré de repetírtelo. Para siempre.

EPÍLOGO

Le conocí hace diez años, en mi primer día de universidad. De hecho, fue la primera persona en la que me fijé. Recuerdo caminar nerviosa por el pasillo, abrumada por todo el alboroto a mi alrededor, con mi planning de clases en una mano, agarrando mi carpeta con la otra y mi bolsa bandolera colgada de un hombro.

No estaba solo nerviosa por ser mi primer día en la universidad, sino que supongo que también influía el hecho de que no sabía realmente qué narices hacía allí. Siempre supe qué quería hacer con mi vida, pero nunca me atreví a decírselo a mis padres, así que llegado el momento de escoger mi camino en la vida, opté por matricularme para estudiar psicología, la misma carrera que mi padre, con la que él se ganaba la vida. Escogí el camino más fácil pero también el menos feliz para mí.

Así pues, con esa mezcla de nervios y desilusión, recorría el pasillo en busca del aula de Antropología, cuando topé con él. Literalmente. Haciendo volar por los aires sus libros y los míos.

—Lo siento, lo siento, lo siento…

—No pasa nada —me contestó con una voz grave.

Los dos nos agachamos y mientras yo me apresuraba a recoger los libros, muy nerviosa, él me miraba con una media sonrisa en la cara. Juro que podía sentir el calor de su mirada durante ese largo rato, hasta que por fin pareció reaccionar y empezó a ayudarme. Olía muy bien, a una mezcla de loción para después del afeitado y a ropa limpia, y empezaba a marearme. Para colmo, cuando sus dedos rozaron mi brazo, me puse tan nerviosa que lo primero que se me ocurrió hacer fue apartarme de él de sopetón, como si quemara.

Recuerdo la conversación como si hubiera sucedido ayer…

—¿Estás bien? —me preguntó al ponerse en pie.

No. No estaba bien. Estaba… impactada. Por sus ojos azules, su mirada intensa, por su perfecto perfil, por su ancha mandíbula y por sus labios tentadores. Por su envergadura, unos veinte centímetros más alto que yo, y por sus espaldas anchas de hombros marcados.

—¿Hola…? —insistió, y entonces, milagrosamente, reaccioné para no quedar como una completa paleta.

—Sí, sí… Perdona. Es mi primer día y voy algo perdida.

—¿Qué clase buscas? —me preguntó afable.

—Introducción a la Antropología... —contesté sin mucho ánimo, mirando el horario que tenía en las manos.

—No pareces muy entusiasmada por esa asignatura.

—Bueno...

—El profesor no es tan ogro como se rumorea.

—¿Corren esos rumores?

—Eso parece, pero no son ciertos.

—Cuando el río suena...

—Aula 14B —me dijo con una sonrisa de medio lado que acabó de destrozarme.

—Vale. Gracias.

—De nada.

Se empezó a alejar caminando de espaldas, con algunos libros bajo el brazo. Parecía moverse con mucha seguridad, así que di por hecho que no era novato, aunque no parecía llevarme muchos años, tres o cuatro como máximo.

Cuando conseguí deshacerme de su hipnosis, justo después de darme cuenta de que se había dado la vuelta hacía rato y que mis ojos eran incapaces de despegarse de su trasero, me di la vuelta y caminé pasillo arriba, en la dirección que él me había indicado.

Entré en el aula, una de esas enormes, tipo anfiteatro romano. Nunca fui una estudiante modelo ni pelota, así que siguiendo mi estilo, me senté hacia el final de la clase, en una silla libre al lado del pasillo.

—Hola —me saludó Tracy, la que se convertiría desde ese día en una de mis mejores amigas.

—Hola. ¿Sabes si los rumores son ciertos?

—¿Qué rumores?

—Dicen que el profesor es un ogro.

—¿En serio? Lo que me faltaba... —Su respuesta me provocó una sonrisa—. No te rías. Estoy aquí por obligación. Yo quiero ser peluquera, pero mis padres me obligan a estudiar una carrera.

—Me río porque te entiendo perfectamente.

—¿Qué querías estudiar tú?

—Nada. Lo que quiero hacer no se estudia en ninguna carrera universitaria...

—Dicen que es un tipo bastante exigente —intervino John, que se sentaba detrás de nosotras—. Tiene una media de aprobados del 60%. No es mucho... Mirad, ahí entra... Espera... ¿Es ese? ¿En serio?

Y entonces, cuando giré la cabeza y miré hacia abajo, se me ralentizó el corazón. Allí estaba él, dejando encima de la enorme mesa destinada al profesor los mismos libros que yo lancé por los aires hacía unos minutos. Cuando se dio la vuelta, hizo un repaso a toda la clase y, con las manos en los bolsillos, dio unos pasos al frente antes de empezar a hablar.

—Buenos días. Me llamo Harrison Turner y voy a emplear cinco minutos, y repito, solo cinco minutos, en responder las dudas que tengan acerca de mí. A partir de ese momento, zanjaremos el tema. Seguro que lo que ahora mismo se les pasa por la cabeza es preguntarse si esto es una broma. No lo es. Sí, soy su profesor y tengo veintidós años. Llevo ejerciendo desde que acabé la carrera, hace tres años. —Al instante, se empezó a escuchar un murmullo por toda la sala—. ¿Preguntas?

—¿Cómo es eso posible? —se escuchó una voz preguntar.

—Porque me gradué del instituto con trece años y con catorce ya estaba matriculado en la universidad.

—¿Es usted un sabelotodo? —preguntó un chico, desatando las risas de la mayor parte de la sala.

—Solían llamarme rarito —contestó riendo—, pero sí, supongo que viene a ser lo mismo.

—¿Es superdotado?

—¿Qué coeficiente tiene?

—Por favor, demostremos que somos la forma más evolucionada de la especie. Uno a uno y levantando la mano, si puede ser. Sí, soy superdotado y tengo un coeficiente intelectual de 180 —contestó señalando a los dos estudiantes que habían preguntado a la vez.

Durante un rato, siguió contestando a varias preguntas y poco a poco se fue relajando el ambiente del aula. Quizá ese fuera su propósito desde un principio, quitarnos de encima los nervios del primer día de clase. Enseguida se escucharon risas y todos los alumnos estábamos mucho más participativos que hacía unos minutos.

—Estudié psicología, pedagogía y antropología, además de hacer un máster en Antropología Forense. Por eso tardé cinco años en licenciarme. Visto así, sí parezco bastante rarito, ¿no? Por favor, no me peguen...

La sala entera estalló en carcajadas, y él siguió contestando preguntas durante algo más del tiempo que dijo nada más empezar.

—¿Por qué tantas carreras?

—¿Y por qué no? Nunca fui capaz de decidirme por una en concreto. Nunca supe qué estudiar porque me atraían demasiadas cosas. Algunos de ustedes han tenido claro lo que querían ser desde hace tiempo. A los que no, no se preocupen. Nunca es tarde.

Al rato, Tracy se inclinó hacia mí y me susurró:

—Yo no sé si será un ogro, pero si la vista y mi buen criterio no están equivocados, está tremendo.

—No te falla —contesté—. Antes me choqué con él en el pasillo y me dejó trastocada.

—¿Es guapo?

—Endiabladamente sexy, diría yo.

—La hostia...

—Y de cerca, impone mucho más...

Y nuestros deseos se hicieron entonces realidad, porque escuchamos un carraspeo a nuestro lado y cuando giramos las cabezas, allí estaba él.

—Parece que les han surgido muchas preguntas... Ahora o nunca.

—Eh... No... En realidad, no —contesté rehuyendo su mirada, con la cara teñida de rojo—. No nos interesa usted para nada...

Sí, dije eso. Sé que ahora mismo os caigo fatal, pero esperad a escuchar toda la historia.

—De acuerdo... —contestó él mientras empezaba a bajar las escaleras.

—¡Sí! —se apresuró a decir Tracy.

—Dispare —dijo sin siquiera detenerse.

—¿Tiene...? ¿Tiene usted novia?

—¡Vaya...!

Se detuvo al instante, se giró y nos miró con una ceja levantada. Yo no podía esconder más la cabeza, y sentía como si me fuera a explotar. Tracy, en cambio, aunque estaba nerviosa, se mostraba bastante más atrevida que yo.

—¿No se suponía que contestaría a cualquier duda que tuviéramos? ¿O acaso es que han pasado ya esos cinco minutos?

—Tiene usted razón, aunque hace bastante rato que han pasado esos cinco minutos que les di al principio... Y en respuesta a su primera pregunta, ¿por qué presupone que soy heterosexual?

—Porque espero que lo sea...

Sí, se atrevió a contestar eso. Al instante, estallaron algunos vítores y aplausos. Ahí es dónde descubrí que mi nueva amiga era una fresca de manual, descarada, sin ningún tipo de filtro entre su mente y su boca, hecho que nos metió en más de un problema.

—No, no tengo novia... De todos modos, siento desilusionarla, pero tiene usted las mismas posibilidades conmigo como si fuera homosexual. Las relaciones sentimentales entre alumnos y profesores están prohibidas. Salta a la vista que para mi desgracia —contestó inclinando la cabeza hacia Tracy, que acaba de recibir calabazas por primera vez en su vida, pero de una forma tan elegante, que no se le borró la sonrisa de la cara en mucho rato.

≈≈≈

A pesar de estar estudiando una carrera que no me atraía para nada, reconozco que las clases del profesor Turner eran apasionantes. Le ponía tanto entusiasmo que lograba contagiárnoslo. Sentía pasión por su trabajo, y eso se notaba. Se movía de un lado a otro del aula, subiendo y bajando las escaleras para acercarse a todos, gesticulaba para dar énfasis a sus palabras... Cualquier cosa que explicaba resultaba apasionante por el simple hecho de que era él quién lo hacía. De hecho, el resto de asignaturas me parecían un soberano aburrimiento. Si alguna vez me saltaba alguna clase, nunca fueron las suyas. Como yo, deberían de opinar los casi cien alumnos de su clase, ya que faltábamos muy poco.

—¿Vas a venir a la fiesta?

—No lo sé...

—No me puedes dejar sola...

—Tracy, es imposible que estés sola en esa fiesta. John seguro que estará encantado de acompañarte. Y Phil —empecé a señalar conforme los veía pasar por delante de nosotras—. Y Oliver. Parker. Steven. Incluso Patricia.

—¿No me jodas que es lesbiana?

—Eso me han dicho.

—Pues es guapa. Bueno es saberlo.

Puse los ojos en blanco y volví a centrarme en mi café, hasta que volví a escucharla hablar, aunque esta vez no conmigo.

—Señor Turner, ¿le gusta beber?

—¿Qué clase de pregunta es esa? ¿Me está preguntando si soy alcohólico? ¿Acaso les he dado indicios de ello?

Por aquel entonces, su cercanía aún me ponía nerviosa, así que no le miraba más que de reojo.

—Es que esta noche hay una fiesta y me preguntaba si iría.

—No creo.

—¿No le gusta bailar?

—Sí, y me permitiría añadir que no se me da nada mal —contestó moviendo las cejas arriba y abajo—, y beber esporádicamente, pero no creo que hacerlo rodeado de mis alumnos sea una buena idea para mi reputación. ¿Ustedes irán?

—Sí. Bueno, yo sí. Alison no lo sabe.

—¿Y eso? Es viernes y está en edad de divertirse —me dijo, y entonces, quizá llevada por un impulso, le hablé mirándole a los ojos por primera vez desde que le conocí.

—Podría decir lo mismo de usted.

—¿Quién le ha dicho a usted que no me voy a divertir esta noche?

—¿Quién le ha dicho a usted que yo lo haría si fuera a esa fiesta?

—Pues entonces le recomiendo que busque algo que la divierta, ya que aún falta mucho hasta mi próxima clase.

Me guiñó el ojo, miró a Tracy y justo después de inclinar la cabeza, salió de la cafetería de la facultad. Como aquel primer día, me quedé como hipnotizada mirando su retaguardia e imaginándomelo desnudo. No tenía aspecto de frecuentar a menudo un gimnasio, pero en cambio parecía gozar de una muy buena forma física. ¿Saldría a correr? ¿O sería más de ir en bicicleta?

—Le gustas —interrumpió Tracy mis pensamientos.

—¿Qué? ¿Estás loca?

—¿Has visto cómo te miraba?

—¿Como con lástima, quieres decir?

—¡No te miraba con lástima!

—¡Anda que no! Le he parecido un bicho raro e inadaptado cuando le he insinuado que no me lo pasaría bien en esa fiesta.

—Él tampoco irá...

—Porque es el profesor y no estaría bien visto que se emborrachase con nosotros...

—Da igual. Estoy segura de que le gustas.

—Lo que tú digas.

A pesar de estar segura de que eran imaginaciones suyas, ese pensamiento empezó a colarse a menudo en mi cabeza. Algunas noches, incluso se logró colar en mis sueños, algunos de ellos algo subidos de tono. Creo que llegué a rozar la obsesión y hubo un momento en el que ya era incapaz de mirarle porque aunque nuestras miradas no se cruzaran, me sonrojaba al recordar las imágenes que la noche anterior se sucedían en mi cabeza.

Solo cuando estaba sentada en mi silla en el aula, a varios metros de distancia, o en la soledad de mi habitación, me permitía hacerle un repaso exhaustivo hasta llegar a conocer todos y cada uno de sus gestos y tics característicos. Como cuando hundía los dedos en su pelo, el cual siempre llevaba despeinado, o esa manera que tenía de entornar los ojos mientras escuchaba a alguien, como si más que observarle, sospechara de esa persona.

Aquella noche fui a esa fiesta y bebí mucho más de lo que mi cuerpo era capaz de soportar. Aún ahora tengo demasiadas lagunas de esa noche y muchas otras fueron rellenadas con lo que Tracy y los demás me explicaron. Por lo que parece, me convertí en la sensación de la noche, al menos hasta que empecé a llorar y proclamar a los cuatro vientos que estaba enamorada de Harrison Turner. Gracias a Dios, las risas y burlas recordándome ese hecho solo duraron unas semanas, aunque yo no lo olvidara nunca.

≈ ≈ ≈

Pero todo cambió una tarde lluviosa del mes de abril de ese año. Tracy no había venido a clase porque se encontraba mal y yo volvía algo más tarde a casa porque había pasado por la biblioteca, el sitio que más me gustaba de toda la universidad, exceptuando la clase del profesor Turner, claro está.

Caminaba bajo la lluvia, agarrando el paraguas con una mano y los libros que había cogido prestados en la otra. Estaba muy oscuro porque se había cortado el suministro eléctrico y el cielo solo se iluminaba cuando relampagueaba. Parecía caminar sola bajo esa tormenta, hasta que de repente escuché que alguien gritaba mi nombre.

—¡Señorita Walsh! —La voz sonaba amortiguaba por el ruido de la lluvia, pero aun así, me resultaba muy familiar—. ¡Señorita Walsh! ¡Espere!

Y entonces, sin tiempo para reaccionar, el profesor Turner estaba a mi lado, cobijándose de la lluvia bajo mi pequeño paraguas. Tenía el pelo empapado y por su cara resbalaban algunas gotas. Dios mío, no podía estar más sexy...

—Siento invadir su espacio de este modo. ¿Me permite ir con usted?

—Eh... —Me quedé sin habla y tuve que carraspear varias veces—. Esto...

—No tiene pinta de amainar en breve, así que parece que es usted mi única oportunidad de volver a casa sin pillar una pulmonía.

—Sí... Sí... Claro...

De repente me imaginé como una heroína, salvándole la vida y pensando en formas en que él me lo podría agradecer. No tuve mucho tiempo para perderme dentro de mi perversa imaginación porque entonces me agarró el paraguas, como un perfecto caballero, y pasó un brazo por encima de mis hombros. De esa manera, ambos quedábamos mejor protegidos, aunque mis rodillas no dejaron de temblar en ningún momento. No quería parecer una lela, y tampoco desaprovechar la oportunidad que me había sido dada, así que me las ingenié para entablar conversación.

—No sabía que viniera caminando a la universidad...

—Y no lo hago. Vengo en moto, pero no me parece muy prudente sacarla del parking de la facultad.

—¿En moto? Vaya...

—¿Qué?

—No sé... No le hacía... Es igual. Tampoco es que sepa nada de usted, así que supongo que le juzgué.

—Suele pasar... La gente tiende a juzgar sin conocer. A mí me pasa muy a menudo, como debe imaginar. No sé si le sirve de consuelo, pero es un mal generalizado de esta sociedad. Ya sabe lo que dicen, mal de muchos...

—¿Me está llamando tonta?

—No, solo estoy haciendo uso de un refrán.

—¿Usted no juzga a la gente?

—Claro, pero tengo la suficiente sensatez como para guardarme el veredicto para mí mismo.

—¿De mí también tiene un veredicto?

—Puede...

De repente se levantó un fuerte viento que provocó que las gotas de lluvia nos mojasen a pesar del paraguas. Él tiró de mí y nos guarecimos en la marquesina de la parada de un autobús.

—Vamos a esperar a que afloje un poco este viento...

Me senté en el banco, me quité la capucha del abrigo y, usando las mangas del jersey, empecé a secarme la cara.

—¿Cumbres borrascosas? —me preguntó entonces.

Levanté la vista y vi cómo señalaba el libro que quedaba a la vista de los dos que había cogido prestados en la biblioteca.

—¿Lo ha leído?

—Sí.

—Lo habré leído decenas de veces, pero siempre que lo hago, descubro algo nuevo y me vuelvo a emocionar con las mismas frases. Creo que incluso podría recitar pasajes enteros. Igual que este... —dije enseñándole el otro, "Lejos del mundanal ruido".

—Tom Hardy... ¿Le gustan los clásicos, eh?

—Me gusta leer, simplemente, de todo.

—A mí también.

—Soy... curiosa —dije, parafraseando una de sus afirmaciones al describirse a sí mismo a principio de curso.

—Yo también —me contestó con una sonrisa.

Nos quedamos en silencio durante un buen rato, aunque no era uno de aquellos incómodos.

—¿Qué quiere hacer el día de mañana? —me preguntó al rato.

—Ser antropóloga forense —contesté sin un ápice de emoción.

—Algo me dice que no quiere ser antropóloga...

Giré la cabeza y le observé durante un buen rato. Tenía la vista fija en un punto en el horizonte, con los ojos entornados, como era habitual en él. Pero entonces me miró y sonrió.

—¿Cómo lo sabe?

—Por sus notas...

—¿Ha estado... espiando mi expediente?

—Soy su profesor, no necesito espiar su expediente. Puedo consultarlo cuando quiera.

—¿Lo ha consultado entonces?

—Llamó mi atención que alguien tan inteligente como usted, saque notas tan mediocres.

—No sé si tomarme eso como un cumplido o como un insulto.

—Es un cumplido, sin duda.

—¿Cómo sabe que no quiero ser antropóloga?

—Porque he visto el brillo en sus ojos cuando hablaba de esos dos libros. He visto... pasión. Sé de lo que hablo porque sé qué se siente cuando haces algo que te apasiona... Y creo que ese brillo no se lo he visto en mis clases y apostaría que tampoco lo ven ninguno de mis compañeros.

Sonreí al darme cuenta de que me había calado. Admito que incluso sentí un cosquilleo en el estómago al notar una especie de complicidad entre nosotros.

—¿Y bien? —insistió y entonces le confesé lo que no me había atrevido a confesar a casi nadie.

—Escribir.

—¿Y por qué no lo hace?

—Porque tengo que estudiar para ganarme la vida.

—Con esas notas no creo que se gane la vida como antropóloga forense... Siento ser tan franco.

—Tampoco creo que lo haga escribiendo.

—¿Por qué no?

Me encogí de hombros y sopesé la respuesta durante un buen rato.

—Mis padres quieren que estudie una carrera...

—¿Quieren que haga algo que no le gusta? ¿En serio? —Al ver que no respondí, insistió—. ¿Lo está intentando, al menos?

—¿El qué?

—Escribir...

—Muy poco.

—¿Por qué?

—Porque tengo que estudiar, y si no lo hiciera, sacaría notas aún más mediocres que las que saco.

—¿Tiene tiempo para un café?

En ese momento, mi mundo se paralizó. Decenas de pensamientos me avasallaron en cuestión de segundos. ¿No se suponía que no estaba bien visto que un profesor y una alumna salieran? Aunque, mirándolo fríamente, no creo que nadie nos viera porque nadie en su sano juicio saldría a la calle ahora mismo. Además, era solo un café... Pero entonces, él se encargó de acabar de un plumazo con todas mis ilusiones.

—Me refiero a que siempre se debería de tener tiempo para hacer lo que a uno realmente le gusta. Sé que le gusta tomar café porque la veo a menudo en la cafetería. Saca tiempo para ello entre clase y clase... ¿Por qué no añade un cuaderno? Además, seguro que cada noche lee un rato antes de dormir. ¿Por qué no lo compagina con escribir?

—Supongo que podría hacerlo...

—Solo se nos da una oportunidad... Solo tenemos una vida... De nosotros depende hacerla memorable —dijo mirando de nuevo al infinito.

Nos quedamos un rato más en silencio, pensativos, hasta que minutos más tarde, se puso en pie.

—Ha amainado y no quiero seguir robándole su espacio vital. ¿Seguirá mi consejo?

—Puede...

—Algún día me gustaría dejar de verla por la facultad. No me malinterprete, pero eso querrá decir que está haciendo lo que realmente le apasiona.

≈≈≈

Y así lo hice. Durante dos cursos enteros, compaginaba mi deber con mi pasión. Iba cansadísima, pero era feliz. Todos notaron ese cambio en mí, pero nunca le conté a nadie el motivo. De alguna manera, me gustaba que solo él supiera el motivo de mi felicidad. Era algo así como nuestro pequeño secreto. Me encantaba que me sonriera con complicidad y que incluso me guiñara un ojo de vez en cuando. Tracy seguía pensando que lo hacía porque yo le gustaba, pero yo sabía la verdad. Él nunca mostró ningún tipo de interés hacia mí más que el mero interés antropológico. Le encantaba entender a las personas, y tenía un don para ello.

Reuní el valor para decírselo a mis padres cuando conseguí que una pequeña editorial confiara en mí y creyera que mi pequeña historia merecía la pena. Supongo que al encontrárselo todo hecho, casi decidido, se vieron en la obligación de no ponerme trabas y desear que me fuera bien. Así pues, dejé la universidad para dedicarme por completo a lo que más me gustaba en el mundo, y me costó mucho tomar la decisión, mucho más de lo que yo pensaba, pero no porque le hubiera cogido cariño a la carrera, ni por miedo a no saber si tendría suerte o a si podría ganarme la vida con ello, sino por dejar de verle. Eso fue lo peor de todo, porque en el fondo no sabía nada de él, no conocía sus gustos, no nos movíamos en el mismo ambiente y, de ese modo, veía muy complicado volver a coincidir.

Pero resultó que tenía razón cuando me dijo que si las cosas se hacían con pasión, resultaba imposible no destacar, y pocos meses después, una editorial importante se puso en contacto conmigo y me pidieron que les enviara un borrador de lo que estaba escribiendo. Les encantó y me hicieron una oferta que no pude rechazar.

Diez años y cuatro éxitos literarios después, estoy considerada como una de las escritoras más prometedoras del país. Y con esa buena propaganda volví a Kansas hace unos días para firmar ejemplares de mi último libro, una historia de amor, dramática aunque llena de optimismo y de segundas oportunidades. Así que allí estaba yo, en la librería más grande de Kansas, sentada detrás de una mesa, con Tracy al lado, dispuesta a firmar ejemplares a un público entusiasmado.

—¿Has visto toda la gente que ha venido?

—Ajá —le respondí con una sonrisa.

—Lo siento, es que aún no me acostumbro a tener una amiga famosa.

Durante todo este tiempo, es la única de la facultad con la que mantuve el contacto, al menos todo lo que nuestras apretadas agendas nos dejaban. Ella siguió mi ejemplo y, poco tiempo después que yo, acabó dejando la carrera para dedicarse a lo que más le gustaba en la vida, la peluquería. Hoy en día es dueña de una de las franquicias de salones de belleza más grandes del país.

—¿Yo famosa? La que fue a hablar...

Así pues, ahí estaba yo, firmando libros sin parar y haciéndome fotos con todo el que me lo pedía. Me encantó estar de vuelta en casa porque mucha de la gente de la cola eran amigos o conocidos. Y entonces...

—Hola.

Me pilló despistada, hablando con mi editora, que vino a darme detalles de una entrevista a la que tenía que asistir luego, pero escuchar su voz me hizo retroceder diez años atrás, a aquella tarde lluviosa en la que me abrió los ojos. Cuando me di la vuelta para mirarle, el pasado cayó sobre mí como una losa, pero era un peso maravilloso.

—Hola —contesté sonriendo como una boba—. ¿Cómo ha...?

—Es usted la persona más famosa de Kansas City, señorita Walsh...

Y ahí estaba la mirada de sospecha, aunque esta vez la adornaba con una sonrisa pícara que estaba alborotando a toda la colonia de mariposas que vivían aletargadas en mi estómago. Parecía que no había pasado el tiempo para él, con la misma planta imponente, las mismas espaldas anchas, y los músculos bien definidos. Llevaba el pelo igual de despeinado que siempre, aunque su barba estaba algo más poblada que hace unos años. Sinceramente, el tiempo sí había pasado para él, pero para mejor. Mucho mejor. Sostenía mi libro entre las manos y me miraba con una mezcla de nerviosismo y orgullo.

—No creía que le gustase este género literario...

—Ya sabe que soy muy curioso...

De repente, todo parecía ser igual que hace diez años, aunque el tiempo que había transcurrido jugaba a mi favor. Yo no era aquella chica tímida e insegura.

—¿Sigue dando clases en la universidad?

—Ajá.

—Ha añadido alguna carrera más a su ya extenso expediente docente, ¿verdad?

—¿Ha estado espiando mi expediente?

—Yo también puedo ser muy curiosa.

En realidad, me lo había dicho Tracy, que se encontró a alguien que se había enterado por otro. Vamos, que no era una información demasiado contrastada, pero me pareció interesante sacarla para intentar conseguir unos segundos extra con él.

—¿Me lo firma?

—Claro —contesté a regañadientes, sabedora de que eso sonaba a despedida.

Así pues, decidí liarme la manta a la cabeza y, recordando aquellas palabras que resonaron en mi cabeza durante mucho tiempo, aquellas que me recordaban que solo se nos da una oportunidad, que solo tenemos una vida y que depende de nosotros hacerla memorable, le escribí la dedicatoria.

Sigo teniendo tiempo para un café. ¿Qué tal mañana a las cinco en la cafetería Peachtree?

Cerré el libro, se lo tendí con una sonrisa en los labios y después de despedirnos, le vi alejarse y atravesar la puerta.

≈ ≈ ≈

Aquí es donde llegamos al presente, algo más de diez años después de aquel encuentro fortuito, esperando con el corazón en un puño a que haya decidido aceptar mi invitación. Llevo aquí sentada unos diez minutos. No es que él llegue tarde, es que yo he llegado mucho antes.

Estoy nerviosa, lo reconozco. Mucho. He soñado con este momento durante mucho tiempo. Y no es que no haya tenido otras relaciones, porque sí las ha habido, aunque ninguna seria. Todos los pretendientes corrían la misma mala suerte: ser comparados con alguien con el que nunca compartí nada íntimo, pero que al que de alguna manera, le debo ser quién soy.

Ya no hay nada que nos lo impida, ya no soy su alumna, ya no estaría mal visto... A no ser que tenga novia... Casado no creo que esté, porque no llevaba anillo en el dedo, es algo en lo que me fijé cuando me tendió el libro para que se lo firmase. A no ser que sean uno de esos matrimonios mordernos...

—Oh, mierda... —susurro para mí misma.

Esto ya no me parece una idea tan brillante como ayer. Ahora me lo imagino riéndose de mí junto a su mujer mientras dice cosas como:

—Pobre infeliz... Está enamorada de mí desde hace años...

—¿Por qué no le dijiste nada, querido?

Porque sí, en mi imaginación la esposa de Harrison es pedante y tiene acento inglés. Además, tiene una de esas caras hechas a golpe de bisturí, con una nariz respingona y unos pómulos tan subidos que le cerrarían los ojos de no ser por el estiramiento de párpados al que se acaba de someter.

Contrariada y, sobre todo, muy enfadada conmigo misma por haber sido tan ingenua, agarro la chaqueta del respaldo de mi silla y me pongo en pie. Pero justo antes de dar un paso para alejarme de la mesa, levanto la cabeza y le veo plantado frente a mí.

—¿Llego tarde? —me pregunta extrañado, mirando el reloj de su muñeca.

—Eh... No...

—¿Y por qué se iba?

—Porque de repente, esto no me pareció una buena idea...

—¿Por qué?

—Pues... No sé...

—¿Ya estaba sacando conclusiones precipitadas de nuevo? —me pregunta con una ceja levantada—. Voy a por un café. ¿Le pido otro?

—Claro... —contesto volviéndome a sentar en la silla—. Con leche desnatada y dos sobres de azúcar.

Y como si fuera una tradición, me limito a observarle de espaldas mientras hace cola para pedir. Apoyo los codos en la mesa y la barbilla en las palmas de las manos, deleitándome con su visión. De hecho, hasta me muerdo el labio de forma lasciva.

—Aquí tiene —me dice plantando una taza de café delante de mí—. He presupuesto que le apetecería algo de comer y le he traído este trozo de tarta. Si no la quiere, yo le echo un cable.

—Pensaba que no era partidario de dar las cosas por sentado...

—Es solo tarta, nada más... Juro que esta merienda no forma parte de ninguna maniobra perversa.

—No me refiero solo a la tarta...

—No entiendo...

—Antes, en la librería, ha dado por supuesto que no estoy casada.

—Firma sus libros con su apellido...

—¿Y quién le dice a usted que no es una simple maniobra de marketing, o una manera de separar mi vida privada de la pública?

—Vaya... Puede que tenga usted razón... —reconoce con asombro—. ¿Me... equivoqué?

—No —contesto con una sonrisa. Realmente estoy disfrutando viéndole sufrir—. Estoy soltera.

Sonríe mientras asiente con la cabeza, dejando que el silencio nos envuelva de nuevo.

—¿Por qué nos seguimos tratando de usted? —se me ocurre preguntar un rato después—. Ya no soy tu alumna y tú no eres mi profesor. Porque esa es la única razón por la que se me ocurre que nos hayamos tratado de usted hasta ahora. ¿Recuerdas el primer día de clase? Nos conocimos antes de que yo supiera que eras mi profesor y durante ese breve intervalo de tiempo, nos tuteamos.

—Puede que tengas razón...

—La tengo. Y ahora que ya no somos lo que éramos... Hola, soy Alison —digo tendiéndole la mano.

—Harrison... Harry, de hecho —contesta.

Estrecha mi mano con firmeza, pero sus dedos acarician mi piel con suavidad. El contacto dura escasos segundos, aunque es lo suficiente como para hacerme estremecer. Me veo obligada a agachar la cabeza, y entonces escucho de nuevo su voz.

—Fue una apuesta arriesgada, lo reconozco. No es habitual que una mujer como tú siga soltera.

—¿Una mujer como yo?

—No estoy prejuzgándote.

—¿Ah, no?

—No. No es una hipótesis. Sé cómo eres.

—No me conoces de nada.

—Te conozco más de lo que tú te crees. Fuiste mi alumna durante dos cursos enteros... Durante 546 días...

—¿Cómo sabes que fueron 546 días?

—Porque lo he calculado. Soy superdotado, ¿recuerdas?

—Eso ya lo sé. Me refería a que puedes saber los días lectivos que hubo durante esos dos cursos, pero en ningún caso puedes recordar si falté a alguna de tus clases...

—Seguro que no faltaste voluntariamente.

—¿Perdona? ¿Qué estás insinuando?

—¿Acaso me equivoco?

Siento cómo me empiezo a sonrojar por segundos, y aprieto los labios con fuerza. Claro que tiene razón. Nunca me salté una de sus clases, e incluso llegué a asistir con fiebre. Pero no estoy dispuesta a dejarme amedrentar por su chulería.

—Faltaste un total de once días...

—¿Qué...? ¿Cómo...? ¿Los contaste? —Agacha la cabeza y asiente temeroso. Es un aspecto de él que me sorprende, y así se lo hago saber—. Qué extraño verte así...

—Tú tampoco me conoces tanto a mí como para saber si este comportamiento es extraño o no...

—Te conozco mejor de lo que te crees. Siempre tan seguro de ti mismo, tan confiado... Sin miedo. Sin dudas...

—Te equivocas.

—Lo dudo.

—Ahora mismo, a decir verdad, sí tengo algo de miedo.

—¿Miedo, tú? ¿A qué?

—A tener que obligarme a olvidarte de nuevo.

Sus palabras desatan un torrente de emociones. De repente, me cuesta respirar, mis mejillas se sonrojan, las mariposas revolotean en mi estómago sin ningún control, un temblor se apodera de mis manos y, a pesar de todo, sonrío de felicidad.

—Ahora mismo, tampoco estoy muy seguro de mí mismo, así que no me vendría mal alguna respuesta a mi atrevimiento...

—¿Qué clase de antropólogo superdotado estás hecho? ¿Acaso no conoces tanto al ser humano? ¿Mi sonrisa no te da ninguna pista?

—Recibo mensajes contradictorios...

—Tenías razón. Nunca falté a tu clase de manera voluntaria... Y eso tiene mucho mérito porque no me gustaba nada la carrera. ¿Eso no te dice nada?

—Puede...

—¿Vas en serio?

—¿Que yo llevara la cuenta de los días que faltaste, tampoco te dice nada a ti?

Acerca su silla a la mía, hasta colocarse a mi lado, y entonces coge mi cara entre sus manos. Me mira detenidamente mientras sus pulgares acarician mis mejillas. Me humedezco los labios, expectante por su inminente movimiento de aproximación. Sus ojos brillan y las comisuras de sus labios se curvan hacia arriba, hasta que me besa. Es un beso tierno y nada precipitado. Se está tomando todo su tiempo en saborear el momento mientras siento las yemas de sus dedos quemando la piel de mi nuca y de mi cara. Se me escapa un jadeo y me doy cuenta de que soy una marioneta, completamente a su merced. Agarro sus muñecas y me separo de él. Me mira extrañado, frunciendo el ceño, y entonces apoyo los dedos en sus labios. Niego con la cabeza mientras me muerdo la carne de la mejilla y apoyo la espalda en el respaldo de la silla.

—¿Qué...? ¿Qué pasa? ¿He hecho algo mal?

—Es que... No... Es igual. Esto no es una buena idea.

Y entonces me pongo en pie y agarro el abrigo antes de salir corriendo hacia la calle. Camino con prisa, sin importarme hacia dónde. Solo quiero alejarme de allí.

—¡Alison! ¡Alison, espera!

Giro la cabeza un momento y veo a Harry correr hacia mí, esquivando a varios peatones que se cruzan en su camino. Vuelvo a mirar hacia delante y empiezo a correr. No tengo un estilo muy depurado, así que me alcanza enseguida.

—Alison... —dice plantándose frente a mí—. ¿Qué pasa?

Rehúyo de nuevo su mirada y giro la cabeza a un lado y a otro para no tener que enfrentarme a él. Al final, cansado de jugar al perro y al gato, Harry rodea mi cintura con un brazo y aprieta su cuerpo contra el mío. Me coge la barbilla con la otra mano y me obliga a mirarle a la cara.

—¿Qué te pasa?

—Es todo muy... precipitado.

—¿Precipitado? Llevo diez años soñando contigo...

—Es que no... No puede ser.

—¿El qué no puede ser?

—Nosotros.

—¿Por qué?

—Porque no me creo que sientas eso por mí.

—¿Por qué no?

—Estuve enamorada de ti durante tanto tiempo y tú no...

—¿Ya no lo estás?

—No, o sea, sí pero... Tengo miedo de no ser correspondida.

Harry me mira frunciendo el ceño, se separa unos pocos centímetros y mira alrededor. Entonces tira de mí hacia unos bancos y me obliga a subirme de pie encima de uno.

—¡¿Hola?! —grita mirando hacia abajo, hacia la multitud de peatones que nos rodean. Cuando muchos de ellos nos miran, prosigue—: Llevo diez años enamorado de esta mujer, pero por alguna razón que se me escapa, no me cree. Sé que a muchos de ustedes les traerá sin cuidado que se lo cuente, pero tengo la esperanza de que si me ve hacer esta locura, me tome en serio. Así que, aquí va: Alison, hace diez años te animé a que hicieras lo que realmente te gustaba, a pesar de que sabía que eso te alejaría de mí. Fue lo más doloroso que he hecho nunca, pero quería que fueras feliz, aunque fuera sin mí. Ahora el destino ha querido recompensarme por esa buena acción y no voy a dejar escapar la oportunidad.

Se me escapa un fuerte sollozo y me llevo las manos a la cara. Mucha gente que nos rodea, nos vitorea y aplaude. Harry, aún algo inseguro, empieza a acercarse a mí y rodea mi cintura con ambos brazos.

—¿Por qué te resistes? Sé que te gusto desde el primer día que nos cruzamos. No disimulas nada bien. —Se me escapa la risa y apoyo la frente en su pecho mientras me agarro de su camiseta—. ¿Te confieso una cosa? Sí fui a esa fiesta, aunque nunca llegué a entrar. ¿Te confieso otra? Aquella tarde lluviosa, llevaba el paraguas en la mochila. ¿Otra? Me hubiera quedado toda la noche contigo bajo aquella marquesina. ¿Otra? Deseé saltarme las reglas más de una vez e incluso valoré renunciar a mi plaza de profesor. Incluso pensé en expulsarte de mi clase, pero eso no hubiera sido justo y prefería verte a menudo.

—¿En...? ¿En serio?

—Por lo que veo, yo disimulo mucho mejor que tú.

—¿Por qué no me dijiste nada cuando te dije que dejaba la universidad?

—Porque me dijiste que te ibas de Kansas para cumplir tu sueño. ¿Quién era yo para retenerte? Yo te animé a hacerlo, no podía cortarte las alas sin más. Además, tenías veinte años cuando te fuiste...

—Y tú veinticuatro.

—Bueno, como diría mi padre, yo ya nací con veinte años de ventaja, así que no estábamos en igualdad de condiciones. No quiero sonar como un anciano, pero era algo así como que yo ya estaba haciendo lo que quería hacer y tú tenías todo un mundo por descubrir. —Me sonríe mientras me coloca algunos mechones de pelo detrás de las orejas—. Ahora solo espero que ya hayas descubierto todo ese mundo o que, al menos, me dejes seguir descubriéndolo contigo.

≈≈≈

—Hemos llegado. Aquí es donde me hospedo mientras estoy aquí... —digo señalando a la puerta del hotel situado a mi espalda—. Mis padres se jubilaron y vendieron la casa para mudarse a su retiro dorado en Florida.

—¿Un hotel de cinco estrellas, eh?

—Sí... Me cuidan bien. —Harry rodea mi cintura con sus brazos y me atrae hacia él. Siento sus dedos en la parte baja de mi espalda y un cosquilleo asentándose en mi entrepierna—. Gracias por la cena.

—Iba a cenar igualmente... Tú la has hecho más interesante.

—Y por invitarme a ese sitio tan caro... No sé si tu sueldo de profesor te da para muchos derroches de estos.

—Me has pillado. Solo trataba de impresionarte, y por culpa de eso, estaré varios días sin poder comer...

—Idiota —le digo dándole un manotazo en el hombro.

—No te preocupes, nos pagan mejor de lo que hacemos ver... —me dice justo antes de cogerme en volandas. Doy un pequeño grito al principio, pero luego me acostumbro a tenerle entre mis piernas.

—Esto es un poco extraño, ¿no? —digo al cabo de un rato.

—¿Por qué?

—Me siento un poco... tonta, pero...

—Tonta, ¿por qué?

—Porque hace unas horas ni siquiera pensaba que esto fuera posible y ahora... estás aquí y... siento que todo esto va algo rápido...

Apoyo las palmas de las manos en su pecho y las muevo lentamente, acariciándole. Harry ladea la cabeza y me escucha detenidamente. Sigue sonriendo, y no quiero que deje de hacerlo, así que busco con tiento mis palabras.

—¿Qué me quieres decir?

Vale. Olvidaba que tiene un don para entender al ser humano en general y, por lo que veo, yo no soy una excepción.

—Necesito ir paso a paso. Creo. O sea, no me malinterpretes... Te... Me... Podrías subir a mi habitación a... ya sabes... pero...

—Buenas noches, Alison.

—No... ¿No te enfadas?

—¿Por qué me voy a enfadar?

—Porque no te invito a subir...

—No quiero que hagas nada que no quieras hacer.

—Sí quiero hacerlo pero... no ahora mismo. O sea, sí quiero, pero...

—Alison... Lo entiendo. De verdad —dice besando mi frente.

Lentamente besa mis mejillas, mi nariz, mis ojos, mi barbilla y luego, cuando está a tan solo unos centímetros de mi boca, levanta los ojos hasta dar con los míos, como si me pidiera permiso.

Creo que aún tengo los ojos cerrados cuando dejo de sentir el contacto de sus labios sobre los míos. Cuando los abro, ya no está siquiera junto a mí, sino que camina de espaldas, alejándose de mí. Levanta una mano sin dejar de sonreír hasta que llega al final de la calle y gira la esquina.

Desde ese momento, desde que le pierdo de vista, se apodera de mí un sentimiento de desazón. Tanto es así, que diez minutos después sigo en la puerta del hotel, mirando fijamente a la esquina por la que Harry ha girado.

—¿De qué te extrañas, idiota? —digo dándome la vuelta, contrariada, entrando en el vestíbulo del hotel, aparentando más decisión de la que realmente dispongo.

Una vez en la habitación, me doy una ducha y me pongo el pijama. Cuando me meto en la cama, miro alrededor, decidiendo qué hacer a continuación. Tengo un libro reposando en la mesita de noche, justo al lado del mando a distancia de la televisión. Al otro lado tengo mi portátil como único compañero de cama, justo al lado del móvil.

—Ahora no te parece tan buena idea lo de hacerte la estrecha, ¿eh? —me digo a mí misma.

Resoplo, aún indecisa, justo en el momento en que me llega un mensaje. Cojo el teléfono y leer su nombre se convierte en un efecto placebo inmediato.

"Hola... Soy Harry. Sé que hemos quedado en vernos de nuevo y no quiero que pienses que estoy obsesionado contigo (puede que solo un poco), pero acabo de darme cuenta de que no hemos quedado en nada concreto, y que tampoco nos hemos dado los números de teléfono. Y ahora es cuando tú te estarás preguntando, ¿si no se lo he dado, cómo ha podido enviarme este mensaje?..."

La verdad es que no me lo había llegado a plantear en ningún momento. Solo sé que desde que he visto su nombre en la pantalla, la sonrisa se ha vuelto a instalar en mi cara.

"...Espero no sonar como un acosador, pero conseguí tu teléfono hace algún tiempo... (Años, en realidad. Diez, para ser exactos. Y puestos a confesar, no lo conseguí, lo copié de tu expediente). A lo que iba, que me voy por las ramas. Que conseguí tu teléfono hace un tiempo, y he pensado que deberías saberlo. Aunque ahora que lo pienso, ¿seguirás teniendo el mismo número? Si no es así y eres otra persona: ¡Hola! Este número pertenecía a la mujer de la que llevo

enamorado diez años y puesto que no me ha dado su nuevo número, creo que

mañana me tocará plantarme en la puerta del hotel hasta que aparezca..."

Suelto una larga carcajada, y luego me descubro mordiéndome el labio inferior mientras me acurruco entre las sábanas.

"...Si no has cambiado de número: ¡Hola, Alison! ¿Podrías contestarme el

mensaje confirmándome que este sigue siendo tu número? Más que nada para

evitarme hacer guardia en la puerta de tu hotel hasta que aparezcas"

Pataleo el colchón de emoción, como una adolescente. No solo no me importa que tenga mi número, sino que me parece una brillante idea la que tuvo hace diez años. Lo que no me parece tan buena idea es mi decisión de tomarme las cosas con calma. Sé que hace solo unas horas que nos hemos reencontrado, pero hace años que esto tendría que haber pasado, y eso también debe de contar para algo, ¿no? Así pues, me lanzo a la piscina.

"Si te digo que sí es mi número, ¿vendrás a hacer guardia en el vestíbulo de

mi hotel de todas formas?"

Miro fijamente la pantalla y no me permito siquiera el placer de parpadear. Creo que incluso estoy aguantando la respiración, al menos hasta que el móvil me chiva que Harry está escribiendo mi respuesta.

"¿Quieres comprobarlo? Knock, knock..."

Frunzo el ceño, confusa, pero entonces escucho unos golpes suaves en la puerta. Me lleva un rato relacionar el mensaje con los golpes de la puerta, pero en cuanto lo hago, corro hacia ella y la abro sin siquiera preguntar quién es. Porque sé quién es. Él.

—¿Qué...? ¡Jajaja! ¿Qué haces aquí? —le pregunto muy emocionada.

—Te mentí —contesta, aún plantado en el pasillo—. Te dije que me plantaría aquí mañana, cuando en realidad ya estaba aquí. Sé que me dijiste que querías ir despacio y...

—Olvida lo que dije.

—Y que querías ir paso a paso...

—Olvídalo, Harry.

—No quiero que te sientas obligada a nada y...

—Harry. —Le cojo de la mano, tiro de él hasta hacerle entrar en la habitación, cierro la puerta y luego cojo su cara entre mis manos—. Estaba equivocada. No quiero tomarme las cosas con calma. Quiero estar contigo. Desde ahora mismo.

≈≈≈

Tengo la cabeza apoyada en su pecho desnudo y llevo un rato escuchando los latidos de su corazón. Se han ido acompasando poco a poco, al igual que su respiración. Creo incluso que se ha llegado a relajar tanto que se ha dormido, pero no me importa porque así puedo disfrutar de él. Le acaricio con las yemas de mis dedos y hago un repaso exhaustivo a cada centímetro de su piel. Llevo un rato repasando uno de sus tatuajes, una frase escrita encima de su corazón.

"Haz que parezca difícil ser tú"

Entonces se remueve sobre el colchón y me mira con ojos adormilados.

—Lo siento. Me quedé traspuesto.

—No pasa nada —susurro, justo antes de preguntarle—: ¿Qué significa esta frase?

—Es una especie de recordatorio. Una vez, una amiga de mi madre me dijo que estaba segura de que era muy difícil ser yo, tener siempre una respuesta para todo, saber qué hacer en cada momento, no descansar jamás. No me lo tomé como un insulto, sino al contrario. Sé que soy diferente, pero no me avergüenzo de ello.

—¿Por qué te ibas a avergonzar de ello?

—Bueno, quizá no avergonzarme, pero no ser tan yo para ser uno más.

—¿Dejar de ser un individuo único para ser uno más del rebaño? ¿En serio? ¿Quién querría eso?

Me mira durante unos segundos, sonríe y luego prosigue:

—Mi padre es como yo, superdotado, quiero decir. Y siempre me cuenta que él tuvo que dejar de ser él mismo para encajar en la sociedad, hasta que encontró a mi madre. Con ella no tenía que... disimular. Y nunca quiso que yo hiciera eso. Me animó a que fuera lo más yo posible. De ahí esa frase.

—Me encanta.

—¿El tatuaje?

—Ajá... Y que seas tú mismo también.

—Bueno, hasta el momento, lo he sido.

—¿Incluso con estas... locuras? ¿Cómo alguien tan... racional, puede cometer estas locuras por algo tan irracional como el amor?

—Supongo que me viene de familia...

—¿En serio? —le pregunto levantando la cabeza para mirarle a la cara.

—Mi padre ha hecho decenas de locuras por mi madre... Incluso nos mudamos aquí a Kansas por ella. —Me acomodo un poco mejor y apoyo la barbilla en su pecho, dispuesta a escuchar la historia—. Mis padres sufrieron una pequeña crisis de confianza. Él viajaba mucho con una compañera de trabajo, mi madre tuvo celos y... Bueno, digamos que mi padre no hizo mucho para que no los tuviera. Él se mudó aquí y vivieron separados durante un tiempo, hasta que se enteraron de que mi madre estaba embarazada de mi hermano Noah y se dieron cuenta de que se echaban demasiado de menos.

—¿Y le pidió que se mudara aquí con ella?

—Ajá. Nos vinimos hacia aquí. El puesto que tenía mi padre en Nueva York implicaba viajar y trabajar codo con codo con Jennifer...

—La otra.

—Exacto. Y en cambio, en Kansas, él es el director general. Los demás viajaban por él.

—Guau... Qué... romántico...

—Bueno, mi padre no lo era para nada. De hecho, él era bastante antisocial... Aún lo es algo, de hecho... Pero por mi madre... A veces les observo y... —ríe mientras piensa—, todo sigue igual entre ellos, ¿sabes?

—Creo que me caerían bien tus padres.

—Me parece que sí...

—¿Les ves mucho?

—Menos de lo que mi madre querría.

—No me digas que eres uno de esos hijos despegados...

—Tengo una familia enorme y empalagosa. Mi padre tiene cinco hermanos, todos ellos con un mínimo de dos hijos, y todos ellos con nietos. Cuando celebramos algo, nos juntamos más de cincuenta personas en casa de mis abuelos...

—¡Qué pasada...!

—Mi padre y yo intentamos librarnos de todas las celebraciones que podemos, pero mi abuelo no está en su mejor momento... Sufrió un infarto hace unos meses y está algo delicado, así que... Bueno, voy...

Acaricio su pecho y beso su piel con cariño.

—No sois tan antisociales como hacéis ver.

—Sí... —ríe—. Supongo que tienes razón.

De repente se mueve y me arrastra con él. Se coloca encima de mí, apoyando el peso de su cuerpo en los antebrazos, dejando su cara a escasos centímetros de la mía.

—Oye... Estaba pensando... ¿Qué haces mañana?

—Me parece que mi editora me organizó una entrevista... Vendrá a recordármelo a primera hora de la mañana.

—¿Debo irme?

—¡No! —contesto de inmediato, dando la impresión de estar algo desesperada, pero me da igual.

—Vale... —contesta sonriendo—. Pues... te propongo un plan. ¿Quieres conocer a mi familia? Sé que es algo... precipitado, pero es el cumpleaños de mi abuela y... puesto que ninguno de los dos queremos perdernos de vista... ¿Qué me dices? Te advierto que será algo abrumador, yo no lo haría ni loco, pero tengo la ferviente convicción de que tú eres mucho más valiente que yo.

—Eh... ¡Vaya!

—¿Vamos demasiado deprisa? Si no quieres, no pasa nada. Puedo poner alguna excusa para no ir...

—Espera, espera, espera... ¿Me estás haciendo sentir culpable? ¿Si yo no voy, tú tampoco?

—¿Cuela?

—Como no vayas al cumpleaños de tu abuela, te las verás conmigo.

—¿Quiere decir eso que me acompañarás?

≈≈≈

—Entonces... A ver si lo he entendido bien... ¿Me estás diciendo que te vas a tomar un descanso en la gira de promoción?

—Sí.

—¿Tres días nada más y nada menos?

—Sí.

—¿Empezando ahora mismo?

—Sí.

—¿Y se supone que tengo que cancelar todos los eventos que teníamos previstos en Chicago para mañana y pasado?

—Ajá.

—¿Y todo esto se lo tengo que agradecer a un tal Harry Turner?

—Sí.

—Pues la verdad, de momento no me cae nada bien.

—Pues la verdad, me importa bien poco cómo te caiga porque a mí, me encanta.

Y entonces, en cuanto llegamos a la calle, ahí está él, apoyado en una motocicleta con los pies por delante del cuerpo, vestido con unos vaqueros y una cazadora negra, con las manos en los bolsillos y unas gafas de sol puestas. Hay un par de cascos colgados del manillar de la moto, y entonces empiezo a atar cabos.

—¿Vamos a ir hasta Richmond en eso?

Él pone cara de asombro y enseguida se pone en pie y acaricia el asiento.

—No vuelvas a decir eso en voz alta. Herirás sus sentimientos. Esto, como tú la llamas, es una Montesa Impala del 82. Era de mi abuelo, luego de mi padre y ahora mía. Es una más de la familia.

—Me dejas mucho más tranquila ahora que sé que vamos a encomendar nuestras vidas a una máquina con tantos años de historia.

—Qué exagerada...

—¿Exagerada? Cuando me comentaste que íbamos a hacer el viaje por carretera, imaginaba un vehículo algo más cómodo teniendo en cuenta que vamos a pasar más de quince horas en él.

—Es comodísima y fiable. Al final de este viaje, acabarás enamorada de ella.

Le miro entornando los ojos, intentando no dejarme cautivar por su sonrisa de medio lado. En ese momento me percato de la presencia de Silvia a mi lado.

—Ah, Harry, te presento a mi editora, Silvia. De momento no le caes muy bien por culpa de este... viajecito que va a trastocar un poco mi agenda.

—Tonterías. Tampoco es para tanto.

Cuando giro la cabeza, la veo mirándole con cara de boba, tendiendo su mano para estrechársela. La muy chaquetera...

—Está bien. Te llamaré cuando vuelva.

—De acuerdo —me contesta sin dejar mi mirarle.

—Encantado —dice Harry—. La cuidaré bien.

—De acuerdo —repite, aun totalmente hipnotizada.

—Esto... ¿Nos vamos? —me dice Harry tendiéndome uno de los cascos.

≈ ≈ ≈

—Aquí es... —dice después de quitarse el casco.

—¿Llegamos un poco tarde, no?

Harry consulta el reloj y hace una mueca con la boca.

—Sí, pero que no viniera era una de las posibilidades, así que creo que mi abuela me perdonará al verme.

Cojo aire hasta llenar mis pulmones y luego lo dejo ir lentamente. Intento quitarme los nervios de encima, justo en el momento en el que Harry me besa.

—¿Quieres que nos vayamos? —me pregunta—. Este viaje ya ha merecido la pena...

—Ni hablar. No voy a cargar sobre mis hombros la culpa de haberte perdido el cumpleaños de tu abuela.

—Vale... Pues vamos allá... Si te agobias, hazme una señal.

—Tranquilo —le digo mientras le obligo a empezar a caminar hacia la puerta de entrada de la enorme casa, con la mochila colgando de un brazo.

—Si mi abuelo te dice algo inapropiado acerca del aparato reproductor femenino o alaba la anchura de tus caderas, tú ni caso. Sonríe, asiente con la cabeza y huye.

—¿Tiene demencia senil?

—No... —se excusa Harry, frotándose la nuca mientras se le escapa una risa nerviosa—. Es un tema recurrente para él...

—Lo tendré en cuenta. Vamos —vuelvo a apremiarle para que camine.

—Y si mi madre, mi abuela y mis tías te arrinconan y empiezan sus maniobras para sonsacarte información, huye también.

—Harry, por favor, me estás asustando.

—Y ojo con Simon. Es un salido que les tira los trastos a todas las mujeres que se cruzan en su camino, sin excepción. Ten cuidado con él.

—Vamos a ver —le digo agarrándole de los hombros, deteniéndole y plantándome frente a él—. Basta ya. No puede ser tan malo, y si lo es, sé defenderme solita. Y ahora empieza a caminar y no te detengas hasta que entremos en esa casa.

Afortunadamente, excepto por alguna duda a medio camino, Harry consigue llegar a la puerta y llamar al timbre. Enseguida se oyen unos pasos acercarse y una vocecita infantil que pregunta quién es.

—Soy Harry, Molly.

—¿Qué Harry?

—Molly...

—¿El rarito?

—Sí... —contesta claudicando, justo en el momento en que se abre la puerta y aparece una niña risueña con el pelo recogido en un par de coletas.

—¡Hola, Harry! —le saluda lanzándose a sus piernas.

—Hola, pequeña.

—La abuela va a flipar.

—Supongo... —dice mientras la cría corre hacia dentro de nuevo.

—¡Ha llegado Harry! ¡Y viene con una chica! —grita Molly.

—Mierda... —resopla.

—¡Qué bonita es!

—Preciosa... —comenta entornando los ojos—. Es hija de Preston, el hijo mayor de Levy, el hermano mayor de mi padre.

—Molly, Preston, Levy. Entendido.

—Somos demasiados. No espero que al acabar el día te acuerdes de más nombres excepto del mío, así que no te preocupes.

Caminamos por el pasillo después de cerrar la puerta a nuestras espaldas. Harry me coge de la mano y siento cómo me la aprieta nervioso. Le devuelvo el gesto para hacerle ver que estoy aquí con él, aunque tantas advertencias, reconozco que me están dando algo de miedo.

En cuando llegamos al salón, nos damos cuenta de que somos el blanco de todas las miradas. Si alguien de la familia no estaba allí, la advertencia de Molly les ha hecho dejar lo que fuera que estuvieran haciendo para congregarse allí y hacer un repaso de la nueva invitada. O sea yo. Esbozo una sonrisa y miro alrededor. Enseguida puedo distinguir a los abuelos de Harry, y creo que a alguno de sus tíos. Y entonces veo al que debe de ser su padre, básicamente porque es como ver al propio Harry con unos años más... Y tengo que reconocer que me gusta mucho lo que veo... Me sonríe desde donde está, y mira con cariño a su hijo mientras abraza a una mujer con una sonrisa espectacular que supongo que debe de ser la madre de Harry.

—Feliz cumpleaños, abuela —dice entonces Harry acercándose a la mujer mayor de aspecto afable que he visto nada más entrar.

—Hola, cielo.

—Siento el retraso...

—Lo entiendo perfectamente —le dice esta mientras me mira de reojo—. ¿Cómo vas a querer pasar el tiempo con un vejestorio como yo cuando puedes pasarlo con esta belleza?

—No es eso, abuela... —sonríe Harry.

—Es culpa mía. Ayer trabajé por la mañana... —intervengo acercándome.

—Abuela, ella es Alison.

—Feliz cumpleaños, señora Turner.

—Llámame Alice, cariño —contesta estrechándome entre sus brazos—. Mira, que te presento... No te preocupes si dentro de cinco minutos no te acuerdas de ninguno. Mientras te acuerdes del mío...

—Eso me suena... —digo mirando de reojo a Harry.

—Este de aquí es Jerry, mi marido.

—Hola, belleza... —me saluda mirándome de arriba abajo justo en el momento en el que Harry se apresura a colocarse a nuestro lado y le abraza. Le susurra algo al oído, seguro que advirtiéndole que mantenga la boca cerrada, advertencia que parece no sentarle muy bien, pero que acaba por aceptar.

—Este es mi hijo mayor, Levy. Y su mujer, Jenny.

—Encantada. Entonces Molly es vuestra nieta. Hija de... Preston.

—Eso es —asiente Levy—. Ellos son Preston y su mujer. Alice y su marido. Y Paul.

Mientras yo les saludo a todos, veo por el rabillo del ojo que Harry se aleja de todos para acercarse a su padre, que le espera con los brazos abiertos. Alice me sigue presentando a los demás, pero yo no dejo de observar a Harry y a su padre...

—Y esta de aquí es Valerie —dice entonces Alice.

—Hola —la saludo—. Encantada.

—Lo mismo digo —responde con una enorme sonrisa—. Mira, él es Simon...

—Hola. Soy el hermano guapo...

—Eso me han dicho, pero ahora, aunque me cueste, no puedo deshacerme de tu hermano... Nuestros caminos no se cruzaron a tiempo... —contesto con total descaro, dejándole con la boca abierta mientras su madre palmea su hombro.

—Ella es Rosie y su novio, Jared.

—Hola —me saluda—. Bienvenida.

—Y él es Noah.

Otro calco de Harry y su padre aunque en una versión bastante más joven.

—¿Qué tal? —pregunta con una enorme sonrisa.

—Y ese de allí, como puedes haber adivinado... Lucas... Eh...

—Perdón, perdón... Hola... ¿Cómo estás? —dice tendiéndome una mano.

—Bien.

—¿Asustada?

—Pues si te digo la verdad, Harry me había advertido tanto que me estaba poniendo nerviosa por segundos, pero por lo que veo... no es para tanto...

—Una valiente, ¿eh? Ni yo mismo les aguanto a veces... —dice Lucas.

—Eso me han contado, sí...

—Es un antisocial, pero estamos haciendo grandes progresos... ¿A que sí? —le pregunta Valerie acariciando su pecho con la palma de la mano mientras él le hace una mueca burlona.

—Quiero decir que... Bueno, son algo empalagosos y un poco pesados... Y como somos tantos, siempre hay algo que celebrar, así que intentarán meterte en su secta cuando menos te lo esperes... Pero son buena gente...

—Lo tendré en cuenta —le contesto sonriendo mientras Harry se pone a mi lado.

Le miro y en un gesto cariñoso, le peino algunos mechones de pelo rebelde. Abre mucho los ojos y se queda con la boca abierta. No sé por qué ese gesto le ha dejado tan descolocado y por un momento tengo miedo de haber hecho algo malo. Al menos hasta que rodea mi cintura con un brazo y me guiña un ojo.

—¿Y bien...? Datos, datos, datos... —interviene una de las tías de Harry—. ¿Dónde, cuándo, cómo, por qué?

—¡Vamos! ¡Cortaos un poco...! —se queja Harry.

—Ni hablar. Es algo por lo que todos hemos tenido que pasar... —dice la mujer de uno de los primos.

—Vamos a ver... —me atrevo a empezar a decir.

—No, Alison, no... No caigas... —le suplico.

—Harry, por Dios, es normal... Y no es para tanto...

—Chica valiente —interviene el abuelo—. Me gusta.

—¿Dónde? En la universidad. ¿Cuándo? Hace diez años. ¿Cómo? Choqué contra él y en cuanto nos miramos, no me lo pude quitar de la cabeza. ¿Por qué? No sé qué queréis saber exactamente con esa pregunta... ¿Por qué hemos esperado tanto? Porque cuando nos conocimos nuestra relación era imposible porque él era mi profesor y yo su alumna. Porque hice caso de su consejo y dejé la carrera para dedicarme a lo que realmente me apasiona: escribir. Porque a raíz de eso me fui de Kansas y nos perdimos la pista hasta antes de ayer...

—Guau...

—Sí... Pero a pesar de todos esos... peros, nunca conseguí olvidarle... Y creo que él tampoco a mí... —Le miro y sonrío agachando la cabeza. Harry parece muy emocionado, así como el "público" que se ha reunido a mi alrededor, entre los que veo bocas abiertas y ojos emocionados—. La verdad es que podría escribir un libro con nuestra historia, ¿verdad?

No sé qué he dicho, pero de repente todas las miradas se centran en los padres de Harry, Lucas y Valerie. Ella le da un suave golpe con el hombro en el pecho de él mientras este pasa un brazo alrededor de su cuello. Se abrazan con cariño, aún bajo la atenta mirada de todos, incluido Harry, que les observa con una mezcla de orgullo, amor y mucha felicidad. Luego clava los ojos en mí, aprieta los labios y levanta las cejas.

—Te quiero… —susurro sin emitir ningún sonido, aprovechando que nadie me mira.

Esas palabras parecen sorprenderle y, entornando los ojos, se acerca a mí. Rodea mi cintura con sus brazos y entonces me dice al oído:

—¿En serio?

Me separo un poco de él y le miro confundida.

—Esa no es la respuesta que una mujer espera escuchar cuando se atreve a confesar ese sentimiento…

—Que me sorprenda no quiere decir que yo no sienta lo mismo… Verás… ¿Te acuerdas que te comenté que mi padre siempre me animó a ser yo mismo? —Asiento dubitativa—. Pues nunca creí que siendo yo mismo lograría encontrar a alguien como tú que me quisiera.

—¿Alguien como yo?

—Sí… Es fácil quererte, enamorarse de ti. En cambio, de mí… Lo encuentro un acto de valentía, para qué te voy a engañar…

—Será un acto imaginario a no ser que digas las palabras mágicas…

—¿Aún hace falta que te lo diga?

—Digamos que "fácil de querer" no es tu mejor piropo…

—Está bien, pues… Estoy completamente enamorado de ti desde hace una década. Diez años durante los cuales he soñado casi a diario con volverme a encontrar contigo. Durante los cuales me maldije, una y otra vez, por no haberme atrevido a confesarte mis sentimientos. Así que, aquí va: Te quiero.

—Guau…

—Esto es como un sueño para mí, Alison…

—Entonces, te prohíbo que despiertes.

FIN

AGRADECIMIENTOS

Siempre leo los agradecimientos de todos los libros que caen en mis manos. Cuando son de escritores de renombre, estos dan las gracias siempre a su agente, a su editor/a, a su publicista, a las fuentes a las que recurren en busca de información... En mi caso, todas esas personas sois vosotros, mi familia y amigos.

Así que, a riesgo de hacerme pesada...

Gracias por inspirarme. Gracias por ayudarme a mejorar. Gracias por las palabras de apoyo que me dais. Gracias por recomendar mis historias. Gracias por estar ahí, día tras día. Gracias por dejarme seguir creyendo que esto se me da bien.

CPSIA information can be obtained at www.ICGtesting.com
Printed in the USA
LVOW11s1733210716

497247LV00003B/593/P